走向深蓝·海洋法学文库

治安管理处罚法导读

裴兆斌　张金明　王　君　著

《大连海洋大学—大连海事法院法学实践教育基地》项目资助
《大连海洋大学—蓝色法学课程群》项目资助
《大连海洋大学—法学特色学科B》项目资助
北京龙图教育集团/龙图法律研究院资助
辽宁省社会科学界联合会：《辽宁海洋发展法律与政策研究基地》项目资助
辽宁省法学会海洋法学研究会资助
大连市社会科学界联合会、大连市国际法学会资助

东南大学出版社
SOUTHEAST UNIVERSITY PRESS
·南京·

图书在版编目(CIP)数据

治安管理处罚法导读 / 裴兆斌，张金明，王君著.
—南京：东南大学出版社，2016.5(2022.2 重印)
(走向深蓝·海洋法学文库 / 姚杰，裴兆斌主编)
ISBN 978-7-5641-6520-8

Ⅰ.①治… Ⅱ.①裴… ②张… ③王… Ⅲ.①海洋法—行政执法—研究—中国 Ⅳ.①D993.5

中国版本图书馆 CIP 数据核字(2016)第 109187 号

治安管理处罚法导读

著　　者	裴兆斌　张金明　王君
出版发行	东南大学出版社
出 版 人	江建中
社　　址	南京市四牌楼 2 号(邮编：210096)
网　　址	http://www.seupress.com
责任编辑	孙松茜(E-mail：ssq19972002@aliyun.com)
经　　销	全国各地新华书店
印　　刷	广东虎彩云印刷有限公司
开　　本	700mm×1000mm　1/16
印　　张	23.75
字　　数	479 千字
版　　次	2016 年 5 月第 1 版
印　　次	2022 年 2 月第 3 次印刷
书　　号	ISBN 978-7-5641-6520-8
定　　价	68.00 元

(本社图书若有印装质量问题，请直接与营销部联系。电话：025-83791830)

走向深蓝·海洋法学文库编委会名单

主　任：姚　杰

副主任：张国琛　胡玉才　宋林生　赵乐天
　　　　裴兆斌

编　委（按姓氏笔画排序）：
　　　　王　君　王太海　田春艳　邓长辉
　　　　刘　臣　刘海廷　刘新山　朱　晖
　　　　李　强　高雪梅　彭绪梅　戴　瑛

总 序

我国迄今为止颁布了多部海洋相关的法律法规,为维护我国海洋权益发挥了积极作用。据不完全统计,当前涉海法律有十余部、涉海行政法规有二十余个、涉海部门规章十余个、地方海洋法规三十余个。此外,还有一些涉海法律规定散见于其他法律和司法解释之中。应该说,自20世纪80年代以来,我国海洋领域的法治建设取得了长足的进步。主要具有以下特点:

一是涉海法律法规数量多。在三十余年的时间内连续出台如此众多的涉海法律、法规,足见国家对依法维护海洋权益的重视。

二是涉及领域广泛。这些法律、法规、规章涉及海域海岛使用管理、海洋环境保护、海洋生物和矿物资源持续开发利用、海上交通运输安全、海洋科学研究、渔业政务、海上维权执法等领域。

三是具有很强的时代性。我国制定的有关涉海法律、法规、规章都是在1982年《联合国海洋法公约》出台以后颁布的。这些法律、法规、规章体现了《联合国海洋法公约》赋予沿海国的权利义务,具有鲜明的时代性。

自20世纪80年代以来,有关海洋环境保护方面,我国已经颁布了多个法律、法规。具体有:《中华人民共和国环境保护法》《海洋环境保护法》《水污染防治法》《防止船舶污染海域管理条例》《防止拆船污染环境管理条例》《海洋石油勘探开发环保条例》《海洋倾废管理条例》《防止陆源污染海洋环境管理条例》《防治海岸工程建设项目污染损害海洋环境管理条例》《海洋行政处罚实施办法》。但是,这些法律、法规由于涉及多个行政主管部门,出现了同一行政部门针对同样的问题,要根据不同的法律、法规进行处理的状况,例如针对同样的船舶污染问题,由于发生水域不同就要根据不同的法律、法规进行处理;有时甚至由于涉及船舶类型不同,就要由不同行政机关根据不同法律、法规进行处理。

可以说,国家海洋发展战略对海洋法治保障提出了新的诉求。为使我国海洋管理和海上维权有一个基本的指导与理论依据,大连海洋大学法学院、海警学院组织部分教师对海洋法律体系进行了研究,形成了"走向深蓝·海洋法学文库"系列丛书的首批成果:

1. 海洋行政法
2. 海域海岛管理法
3. 海洋环境保护法
4. 渔业法概论
5. 海洋科学研究与预报减灾法
6. 治安管理处罚法导读
7. 犯罪心理学与海上行为解析
8. 国际海洋法导读
9. 历史视野中的国家海权
10. 海上跨国犯罪与国际刑事司法协助

本丛书编委会主任由姚杰担任；张国琛、胡玉才、宋林生、赵乐天、裴兆斌担任丛书编委会副主任。王君、王太海、田春艳、邓长辉、刘臣、刘海廷、刘新山、朱晖、李强、高雪梅、彭绪梅、戴瑛担任编委。

本丛书主要作者裴兆斌系大连海洋大学法学院院长、海警学院院长，长期从事海上安全与执法、海上维权与综合执法、海洋行政法、海洋法教学与科研工作，理论基础雄厚。其余作者均系大连海洋大学法学院、海警学院等部门教师、研究生，及其他院校教师、硕士和博士研究生，且均从事海上安全与执法、海上维权与综合执法、海洋行政法、海洋法教学与科研工作，经验十分丰富。

本丛书的最大特点是：准确体现海洋法学内涵；体系完整，涵盖海洋法学所有内容；理论联系实际，理论指导实际，具有操作性。本丛书既可以作为海警和其他海上执法部门执法办案的必备工具书，又可作为海警和其他海上执法部门的培训用书；既可以作为海洋大学法学专业本科生、研究生的教学参考书，又可作为海洋大学法学专业本科生、研究生的专业方向课的教材。

希望本丛书的出版，对完善和提高我国海洋法制水平与能力提供一些有益的帮助和智力支持，更希望海洋管理法治化迈上新台阶。

大连海洋大学校长、教授

二〇一五年十月于大连

前 言^①

　　从《中华人民共和国治安管理处罚法》(以下简称《治安管理处罚法》)实施后的第二年开始,应广大基层民警的要求,我曾探索性地编著了《最新办理治安案件实用手册》《查处治安案件程序规范与文书制作》《网上办理治安案件实用指南》《公安机关治安管理执法规范指南》、农民与律师聊法律系列丛书《刑事治安200问》等多部著作,这些著作已在中国人民公安大学出版社等出版机构出版,受到了广大基层民警和普通百姓的欢迎。

　　从我国法律体系来讲,《治安管理处罚法》自始至终都有其独特的地位,在维护社会治安秩序,保障公共安全,保护公民、法人和其他组织的合法权益方面,一直发挥着其他法律不可替代的作用。它贯穿社会生活各个领域,涉及人民群众切身利益,关系公共安全和社会稳定,特别是自2006年3月1日实施以来备受关注。然而,《治安管理处罚法》的抽象化和语言的专业化,给广大人民群众对其内容的理解造成了诸多障碍,同时也给执法和司法工作者对法律的使用带来了一定的难度。加之,现有法律还有许多不完善的地方,如何正确理解和准确适用该法已成为摆在我们面前的重要问题。

　　为了使广大读者了解《治安管理处罚法》的具体内容和法律适用,我和辽宁公安教育培训中心特级教官张金明、大连海洋大学办公室主任王君三人合作共同撰写了这本著作。本书按照法条顺序,分条文解读、案例解析两大部分对各个法条的立法原意和具体适用做了全面说明。

　　本书着力反映了《治安管理处罚法》的成熟理论和司法实践。全部内容结合最新的法律、法规、规章和司法解释,相关法律的修改也在文中相应部分做了准确说明。

　　由于水平有限,疏漏与不足在所难免,不当之处,敬请读者不吝赐教,批评指正。

2015年9月27日于大连

---

① 基金项目:辽宁省社会科学规划基金项目(L14BFX011)、2016年度辽宁经济社会发展立项课题(2106lslktzifx-02)、2016度大连市社科联(社科院)重点课题(2015dlskzd114)。

目 录

第一章　总则 / 1

第二章　处罚的种类和适用 / 21

第三章　违反治安管理的行为和处罚 / 49

　　第一节　扰乱公共秩序的行为和处罚 / 49

　　第二节　妨害公共安全的行为和处罚 / 66

　　第三节　侵犯人身权利、财产权利的行为和处罚 / 86

　　第四节　妨害社会管理的行为和处罚 / 107

第四章　处罚程序 / 161

　　第一节　调查 / 161

　　第二节　决定 / 195

　　第三节　执行 / 222

第五章　执法监督 / 239

第六章　附则 / 254

附录一：中华人民共和国治安管理处罚法 / 255

附录二：公安部关于印发《公安机关执行〈中华人民共和国治安管理处罚法〉有关问题的解释》的通知 / 272

附录三：公安部关于印发《公安机关执行〈中华人民共和国治安管理处罚法〉有关问题的解释（二）》的通知 / 277

附录四：公安机关办理行政案件程序规定 / 280

附录五：公安部关于印发《违反公安行政管理行为的名称及其适用意见》的通知 / 318

参考文献 / 367

后记 / 369

第一章 总 则

> **第一条 【立法目的】**
> 为维护社会治安秩序,保障公共安全,保护公民、法人和其他组织的合法权益,规范和保障公安机关及其人民警察依法履行治安管理职责,制定本法。

【条文解读】

立法目的也就是立法宗旨,解决的是制定本法的出发点和要达到的根本目标。按照本条的规定,制定治安管理处罚法的目的包括两个方面:一是维护社会治安秩序,保障公共安全,保护公民、法人和其他组织的合法权益;二是规范和保障公安机关及其人民警察依法履行治安管理职责。

"维护社会治安秩序,保障公共安全,保护公民、法人和其他组织的合法权益"是党和国家赋予公安机关及其人民警察的重要职责之一,也是公安机关及其人民警察的重要任务之一。《中华人民共和国人民警察法》(以下简称《人民警察法》)第二条第1款规定:"人民警察的任务是维护国家安全,维护社会治安秩序,保护公民的人身安全、人身自由和合法财产,保护公共财产,预防、制止和惩治违法犯罪活动。"第六条中规定,公安机关的人民警察按照职责分工,依法履行"预防、制止和侦查违法犯罪活动"、"维护社会治安秩序,制止危害社会治安秩序的行为"、"维护国(边)境地区的治安秩序"等职责。社会治安秩序,是指维护社会公共生活所必需的治安秩序,包括公共秩序、社会管理秩序等。公共秩序又称社会秩序,是指人们在道德、纪律和法律的规范下,进行生产、工作、教学、科研、生活的秩序。公共安全,是指不特定多数人的生命、健康和重大公私财产的安全。制定本法,就是要对各种违反治安管理的行为设定相应的治安管理处罚,以维护社会治安秩序,保障公共安全。我国是工人阶级领导的、以工农联盟为基础的人民民主专政的社会主义国家,国家的一切权力属于人民。公安机关及其人民警察的权力来自人民的授予。保护公民、法人和其他组织的合法权益,是我国法律制度的基本点,也是公共行政或者行政权力的使命。因此,公安机关及其人民警察履行维护社会治安的职责、行使治安管理处罚权,必须充分保障公民、法人和其他组织的合法权益。同时,维护社会治安秩序和保障公共安全,也是人民授权公安机关及其人民警察履行公共管理职责的根本原因。公安机关及其人民警察只有切实维护社会治安秩序和保障公共安全,才能真正从根本上保护公民、法人和其他组织的合法权益,才能不负人民的期望、不失自己的职守。

"规范和保障公安机关及其人民警察依法履行治安管理职责"是新增加的内容,《中华人民共和国治安管理处罚条例》没有这方面的规定。治安管理处罚作为一项重要的行政权力,是公安机关及其人民警察依法管理社会治安的一种重要手段。一方面,本法要对治安管理处罚的适用问题进行"规范";另一方面,本法对治安管理处罚适用问题的规范,必须通过"保障公安机关及其人民警察依法履行治安管理职责",实现保护公民、法人和其他组织的合法权益与维护社会治安秩序、保障公共安全的统一。

总的来讲,"保护公民、法人和其他组织的合法权益"是制定治安管理处罚法目的的基本方面。首先,在整部法律中,涉及公安机关的权力与公民、法人和其他组织的权益之间的关系,首先要考虑的是保护公民、法人和其他组织的合法权益。其次,规定"规范和保障公安机关及其人民警察依法履行治安管理职责",也为的是维护社会治安秩序和保障公共安全,以保障全体人民的工作秩序、生活秩序等,保障全体人民的合法权益。

第二条【违反治安管理行为的性质和特征】

扰乱公共秩序,妨害公共安全,侵犯人身权利、财产权利,妨害社会管理,具有社会危害性,依照《中华人民共和国刑法》的规定构成犯罪的,依法追究刑事责任;尚不够刑事处罚的,由公安机关依照本法给予治安管理处罚。

【条文解读】

本条是关于治安管理处罚的适用对象、违反治安管理行为的性质和特征的规定。按照本条的规定,治安管理处罚适用于扰乱公共秩序,妨害公共安全,侵犯人身权利、财产权利,妨害社会管理,具有社会危害性,尚不够刑事处罚的行为,即违反治安管理行为。从中可以看出,违反治安管理行为具有以下几个特征:(1)具有一定的社会危害性。这是违反治安管理行为最基本的特征,也是本法将其规定为违反治安管理行为并给予治安管理处罚的依据所在。行为的社会危害性,是指行为具有威胁和侵害我国社会主义社会关系和社会秩序的性质。某一行为之所以被认定为违反治安管理行为,从根本上说就是因为它对社会造成了一定程度的危害,即对本法或者其他有关治安管理的法律、行政法规、规章所保护的社会关系和社会秩序造成了威胁或者侵害。违反治安管理行为是多种多样的,不同的违反治安管理行为有不同的危害内容。具体到某一个违反治安管理行为的社会危害内容,是由该行为所侵犯的具体社会关系或者社会秩序的性质决定的。从本条的规定来看,社会危害性的内容表现为以下几个方面:一是侵犯社会公共利益,即扰乱公共秩序、危害公共安全;二是侵犯公民人身权利,即公民享有法律规定的人身安全、自由、人格、名誉等不受侵犯的权利;三是侵犯国有财产或者劳动群众集体所有的财产,侵犯公民私人所有的财产;四是妨害社会管理秩序,即法律所保护的国家对社会各个方面的正常管理秩序。(2)具有违法性。这是违反治安管理行为的法律特征,是评价违反治安管理行为的法律标准。这里所讲的"具有违法性",是指行为人不遵守治安管理法律规范的要求,实施了治安管理法律规范禁止的行为,或者拒不实施治安管理法律规范命令实施的行为,违反了治安管理法律义务。也就是说,违反治安管理行为应当是违反了本法和其他有关治安管理的法律、行政法规、规章的行为。行为的违法性和社会危害性具有内在联系。凡是具有社会危害性的行为,也必然具有违法性。治安管理规范之所以要将某一行为认定为违反治安管理行为,就是因为该行为具有一定的社会危害性,超出了社会的容忍度。而在治安管理规范确立后,衡量某一行为是否具有一定的社会危害性并应受到治安管理处罚,最直观的外在标准就是看其是否违反了治安管理法律规范。没有违反治安管理法律规范,该行为就不是违反治安管理行为,因而也不是具有社会危害性并应受到治安管理处罚的行为。(3)尚不够刑事处罚。这是违反治安管理行为区别于犯罪的特征。依照《刑法》第十三条的规定,一切危害国家主权、领土完整和安全,分裂国家、颠覆人民民主专政的政权和推翻社会主义制度,破坏社会秩序和经济秩序,侵犯国有财产或者劳动群众集体所有的财产,侵犯公民私人所有的财产,侵犯公民的人身权利、民主权利和其他权利,以及其他危害社会的行为,依照法律应当受刑罚处罚的,都是犯罪,但是情节显著轻微危害不大的,不认为是犯罪。《刑法》规定的犯罪包括十大类:危害国家安全罪,危害公共安全罪,破坏社会主义市场经济秩序罪,侵犯公民人身权利、民主权利罪,侵犯财产罪,妨害社会管理秩序罪,危害国防利益罪,贪污贿赂罪,渎职罪和军人违反职责罪。其中,危害公共安全罪,侵犯公民人身权利、民主权利罪,侵犯财产罪,妨害社会管理秩序罪等四大类罪中很多犯罪涉及治安管理,有一些犯罪本身就是严重地违反治安管理的行为。对扰乱公共秩序、妨害公共安全、侵犯人身权利和财产权利、妨害社会管理,具有社会危害性,构成犯罪的行为,应当依法追究刑事责任;尚不够刑事处罚的,应当作为违反治安管理行为,依法给予治安管理处罚。需要注意的是,本法规定的一些违反治安管理行为,在表现形态上与刑法规定的某些犯罪相同或者相似,只是有情节或者程度的差别。对此,应当特别注意透过相同的行为特征,区分不同的行为性质,防止将违反治安管理行为与犯罪混淆而造成执法偏差。

违反治安管理行为的上述三个特征之间是内在的、有机联系的统一体,一定程度的社会危害性是违反治安管理行为最基本的属性,是违反治安管理法律、法规的内在根据,也是应当予以治安管理处罚的基础;违反治安管理法律、法规是违反治安管理行为的社会危害性的法律表现,也是违反治安管理行为应当予以治安管理处罚的法律依据;应当予以治安管理处罚则是行为的违法性和社会危害性的当然法律后果。

【实例解析】

冒充国家机关工作人员妨害社会管理的治安违法行为——刘某招摇撞骗案[①]

2013年6月20日11时许,刘某(男,1984年8月21日生,无业)窜至芦屯镇北李屯村伺机作案。刘某发现杜某家正在建房便来到杜家,自称是芦屯镇综合执法局工作人员,同时称杜家建房属于违反国家规定,建房需要接受处罚,之后向杜家索要1000元人民币,据为己有。

经公安机关调查,刘某的行为属于招摇撞骗违法行为,妨害了社会管理秩序,但又不构成刑事犯罪,根据《治安管理处罚法》第五十一条第一款之规定,对刘某给予行政拘留十日的处罚。违法行为人刘某冒充综合执法局工作人员,骗得一千元人民币,尚不够追究刑事责任,应予行政处罚。对其采用上限行政拘留为十日的处罚比较适当。因其没有从重情节故不予并处罚款,综合来看定性准确,量罚适当,体现了国家的立法原则。

本案涉及违反治安管理行为的性质。依本条规定,扰乱公安秩序,妨害公共安全,侵犯人身权利、财产权利,妨害社会管理,具有社会危害性,尚不够刑事处罚的,由公安机关依照本法给予治安管理处罚。可见,违反治安管理行为首先是违法治安管理方面的法律、行政法规的违法行为。其次,违反治安管理行为具有一定社会危害性。但其危害程度又是有一定限度的,超过了这一限度就会成为犯罪行为,而由刑法来调整。

第三条 【处罚应适用的程序】

治安管理处罚的程序,适用本法的规定;本法没有规定的,适用《中华人民共和国行政处罚法》的有关规定。

【条文解读】

本条是关于治安管理处罚应适用何种程序的规定。根据本条规定,公安机关实施治安管理处罚,应当遵守本法设定的程序。对于本法未作专门的具体规定的,应当依照《行政处罚法》的有关规定执行。

[①] 案例来源:辽宁省公安厅治安管理总队整理的案例,有删减。

《中华人民共和国治安管理处罚法》(以下简称《治安管理处罚法》)是一部比较特殊的法律,它集实体规范和程序规范于一身。它沿用治安管理处罚条例的立法模式,是有其中的道理的。行政处罚是行政机关对尚未构成犯罪的违法行为经常使用的制裁手段。行政处罚法对行政处罚的设定和实施作了全面、系统的规范。严格说来,该法是规范所有行政处罚的基本法,一切行政处罚的设定和实施都要遵循该法的规定,除非该法作了"法律另有规定的除外"等授权规定。治安管理处罚是行政处罚的一种,也可以说成是公安机关实施的有关治安管理的行政处罚,也应当符合行政处罚法的规定。如何处理治安管理处罚与行政处罚的关系,是起草中遇到的一个令人头痛的问题。这包括两个方面:一是《治安管理处罚法》与《消防法》《道路交通安全法》《居民身份证法》《中华人民共和国枪支管理法》(以下简称《枪支管理法》)、《中华人民共和国民用爆炸物品管理条例》(以下简称《民用爆炸物品管理条例》)、《娱乐场所管理条例》等其他公安行政管理法律、行政法规设定的行政处罚的关系;二是治安管理处罚与《中华人民共和国产品质量法》(以下简称《产品质量法》)、《中华人民共和国食品卫生法》(以下简称《食品卫生法》)等公安行政管理以外的其他行政管理法律、法规设定的行政处罚的关系。

在制定本法过程中,有一种观点认为,治安管理处罚也是行政处罚,只是实施机关不同,本法可以不规定程序问题,处罚程序完全按照行政处罚法执行;本法仅规定公共秩序的管理问题,法的名称定为"中华人民共和国公共秩序管理法",在法律责任部分对扰乱公共秩序、危害公共安全等违反治安管理行为规定相应的行政处罚,同时对不属于违反公共秩序管理的违法行为,由其他相关法律规定相应的行政处罚。这种观点有一定道理,它符合行政法的基本理论,有利于维护完整的行政法律体系,也可以避免单设一种独立于行政处罚之外的治安管理处罚,从而有效防止执法中产生混淆。但是,这种观点忽略了治安管理处罚不同于其他行政处罚的特殊性,不利于维护社会治安秩序和保障公共安全。治安管理处罚是公安机关对违反治安管理法律规范的个人或者单位实施的一种制裁性的具体行政行为。它是一种行政处罚,但又不同于其他行政处罚,这主要表现在:一是治安管理处罚涉及面较其他行政处罚广。治安管理处罚适用的对象是全方位的,涉及公共秩序、公共安全、公民的人身权利、公私财产等各个方面,与广大人民群众的工作、生活密切相关,任何个人或者单位在理论上都可能成为治安管理处罚的行政相对人。而其他行政机关在各自的职权范围内实施行政管理,并对违法行为实施行政处罚,行使的是某一方面的专项权力,如卫生、税收、工商、环保等。二是治安管理处罚的主体较其他行政处罚单一。治安管理处罚只能由公安机关实施,其他任何机关不得实施治安管理处罚。而其他行政处罚,可以由几个机关共同行使,《行政处罚法》第十六条规定:"国务院或者经国务院授权的省、自治区、直辖市人民政府可以决定一个行政机关行使有关行政机关的行政处罚权,但限制人身自由的行政处罚权只能由公安机关行使。"三是治安管理处罚在处罚程度上较其他行政处罚严厉。它是一种比较严厉的行政处罚，大部分违反治安管理行为可以适用限制人身自由的治安管理处罚，在处罚程度上仅次于刑罚。而其他行政违法行为基本上只能适用非限制人身自由的行政处罚。四是治安管理处罚的时效性较其他行政处罚强。被给予治安管理处罚的大多数是个人，如不及时调查处理，违反治安管理行为人因怕受处罚就会远走高飞，因而本法规定治安管理处罚的追究时效只有6个月。被卫生、环保、工商等部门给予其他行政处罚的大多数是单位，因怕受处罚宁愿放弃生产经营而远走高飞的较少，因而法律规定其他行政处罚的追究时效为2年。因此，为保障治安管理处罚的有效实施，必须规定一些不同于其他行政处罚的实施程序，特别是赋予公安机关特殊的调查措施和手段，如传唤和强制传唤违法行为人、检查与违反治安管理行为有关的场所和物品、扣押与案件有关的需要作为证据的物品、收缴违禁品等。

此外，还需要注意的是，本条的这个规定，既有明确治安管理处罚程序的准据法的作用，还有一种兜底的含义，即本法有关处罚程序规定的未尽事宜，都要依照《行政处罚法》的有关规定。这就可以防止因立法的疏漏而导致无法可依的情况。

第四条　【适用范围】
在中华人民共和国领域内发生的违反治安管理行为，除法律有特别规定的外，适用本法。
在中华人民共和国船舶和航空器内发生的违反治安管理行为，除法律有特别规定的外，适用本法。

【条文解读】

本条是关于本法适用范围的规定。本条第一款是关于本法在我国领域内的适用范围的规定。法律的适用范围也就是法律的效力范围，包括法律的时间效力，即法律在什么时间段内发生效力；法律的空间效力，即法律适用的地域范围；以及法律对人的效力，即法律对什么人（包括自然人、法人和其他组织）适用。本款关于本法的适用范围的规定，实际上包含了本法的空间效力和对人的效力两个方面。根据本款规定，在空间效力上，除法律有特别规定的外，本法适用于我国整个领域内。在对人的效力上，除法律有特别规定的外，本法适用于所有在我国领域内违反治安管理的人。我国领域是指我国国境以内的全部区域，包括领陆、领水及领空。在我国领域内违反治安管理的人，包括自然人、法人和其他组织。其中自然人包括中国公民、外国人和无国籍人。这里的"法律有特别规定的"，主要是指《外交特权与豁免条例》《领事特权与豁免条例》的特别规定。根据本条规定，享有外交特权和豁免权、领事特权和豁免权的人,不适用本法。这并不是说这些人员违反本法的行为不属于违法行为,不需要追究法律责任,而是需要根据国际惯例和国际公约、协议,通过外交等途径解决;对有严重违反治安管理行为的人,还可以要求派遣国召回,或者由我国政府宣布其为不受欢迎的人,限期出境。

本条第二款是关于在我国船舶和航空器内发生的违反治安管理行为,除法律有特别规定的外,适用本法的规定。按照有关国际惯例和国际法,各国所属的船舶、航空器虽然航行、停泊于其领域外,但应视作其领土的延伸部分,各国仍对其行使主权,包括对发生在其内的违法犯罪行为的管辖权。我国的船舶、航空器(包括飞机和其他航空器),包括军用船舶、航空器,也包括民用的船舶、航空器。

【实例解析】

外国人在我国境内赌博的治安管理违法行为——加拿大李某参与赌博案[①]

李某,男,加拿大人,48岁,某市某有限公司执行总裁。2012年3月14日10时许,李某与本公司员工张某等人一起在某酒店以推牌九的方式进行赌博,被群众举报。

经公安机关调查,李某等人没有聚众赌博和开设赌场等犯罪行为,但赌博行为事实清楚,证据确凿,虽然涉案的李某具有加拿大国籍,但是违反治安管理行为发生在我国境内,符合属地管辖的情形,应当适用《治安管理处罚法》,故此,依据《治安管理处罚法》第七十条的规定,对李某处以五日行政拘留的治安处罚。

本案涉及属地管辖原则,根据本条规定,凡在我国领域内发生的违反治安管理行为的,除法律特别规定的例外情形,都适用本法。本案中,李某虽具有外国国籍,但没有法律规定的例外情形,其实施了违反治安管理违法行为,因而应当适用《治安管理处罚法》予以处罚。

第五条 【基本原则】

治安管理处罚必须以事实为依据,与违反治安管理行为的性质、情节以及社会危害程度相当。

实施治安管理处罚,应当公开、公正,尊重和保障人权,保护公民的人格尊严。

办理治安案件应当坚持教育与处罚相结合的原则。

【条文解读】

本条是关于治安管理处罚基本原则的规定。本条共分为三款。第一款和第

[①] 案例来源:辽宁省公安厅治安管理总队整理的案例,有删减。

二款规定了实施治安管理处罚应当遵循的五条基本原则即以事实为依据原则、错罚相当原则、公开原则、公正原则、尊重和保障人权原则;第三款规定了办理治安案件应当遵循的基本原则,即教育与处罚相结合原则。

本条第一款规定确立了治安管理处罚应当遵循的"以事实为依据原则"和"错罚相当原则"。1996年《行政处罚法》早就明确规定,设定和实施行政处罚必须以事实为依据。治安管理处罚作为行政处罚的一种,理所当然要遵循这一原则。"以事实为依据"作为治安管理处罚的一项基本原则,贯穿于治安管理处罚的设定、治安案件的立案、调查、决定全过程,治安管理处罚的立法与执法活动毫无例外都应当自觉遵循这一基本原则。对于立法而言,在治安管理处罚的种类、处罚幅度设定、违反治安管理行为的确定、处罚程序和救济程序的设计等各个方面,都要以事实为依据,重调查研究,广泛听取各方面的意见,从我国当前治安管理的实际出发,而不能凭自己的主观想象或者受部门利益、局部利益左右。对办理治安案件的公安机关及其人民警察来说,"以事实为依据原则"要求在行政执法的各个环节都要本着对事实负责,对当事人负责的精神,始终站在客观公正的立场上,而不能仅凭自己的印象、经验而主观臆断。这种要求具体体现在三个方面:首先,要求人民警察将尊重事实作为办理案件的基本态度,从客观公正的立场出发,按照事实的本来面目认识案件、处理案件。在进行事实调查时,要注意收集各种有利于证明案件事实的证据,不偏听偏信,不刻意寻找不利于违法行为人的证据;对违法行为人的陈述和辩解要认真听取和查证,不应视为"狡辩""态度不老实",而忽略任何可能有助于发现案件事实的有用线索和信息。其次,要求人民警察办理治安案件时,要重证据,重调查研究,不轻信当事人的言词陈述,严禁刑讯逼供或者采用威胁、引诱、欺骗等非法手段收集证据。为了防止过分重视和依赖当事人言词陈述定案,本法明确规定,对于只有本人陈述,没有其他证据证明的,不能作出治安管理处罚决定。另一方面,即使没有本人陈述,但其他证据足以证明案件事实的,可以作出治安管理处罚决定。这一规定正是"以事实为依据原则"的具体体现。最后,在进行处罚决定时,要在对整个案事实和证据进行客观、全面的分析、判断的基础上,形成符合事实的处理意见。对违法事实清楚、证据确实充分的,应当依法作出恰当的处罚决定;对于查明确实没有违法事实的,或者根据调查结果,没有足够的证据能够说明违法事实成立的,应当依法作出不予处罚的决定。不能出于维护面子、怕下不来台、迎合"民意"等因素而"将错就错",或者因为当事人有一定嫌疑,而降低证据的规格和要求。同时,在具体裁量处罚时,对有从轻、减轻、从重处罚情节需要考虑的,也要以相应的事实为依据,该轻则轻,该重则重,不能在没有相应的事实和证据的情况下,任意轻重其罚。

本款规定的治安管理处罚的另一个基本原则是"错罚相当原则",也就是治安管理处罚应当与违反治安管理行为的性质、情节以及社会危害程度相当,这一原则与《行政处罚法》相一致。违反治安管理行为已经实施,就成为一种客观事实,其行为性质、情节、对社会造成的危害程度等都有一定的量的规定性。行为人所犯错误与其受到的惩罚相适应,是法律责任与行为人所实施的特定的违法行为相对应的必然要求,也只有这样,行政处罚才能够起到对违法行为人应有的惩罚和教育作用。具体来说,"错罚相当原则"要求立法在设定治安管理处罚的种类、规定违反治安管理行为及其相应的处罚幅度、确定裁量处罚的原则时,要综合考虑各种不同的情况,做到每个违反治安管理行为与其相应的处罚、各种违反治安管理行为及其处罚之间轻重合理、平衡,罚当其过,不能重错轻罚或者轻错重罚。对于办理治安案件的公安机关及其人民警察而言,要做到错罚相当,首先,要准确地确定违反治安管理行为的性质。只有准确认定每一个特定的违法行为的性质,才谈得到准确地适用法律,处以适当的处罚。其次,为了体现错罚相当原则,本法对不同的违反治安管理行为规定的处罚种类和幅度不同,有的违反治安管理行为还规定了不止一个幅度。因此,在具体决定应当适用的处罚时,要根据违法行为本身的情节,如行为的手段、时间、地点等以及违法行为的社会危害的大小,确定应当适用的处罚的种类和幅度。再次,在确定了应当适用的相应的处罚种类和幅度后,仍然要根据行为的情节和危害程度确定具体的处罚。本法对每种违反治安管理行为都规定了一个处罚的幅度,如二百元以上五百元以下罚款,五日以上十日以下拘留,等等。之所以要规定这种幅度,就是因为同一种违反治安管理行为,可能在具体的情节和社会危害程度等方面有所不同,这就要求公安机关及其人民警察必须根据个案的具体情况作出裁量,重错重罚、轻错轻罚、罚当其过。最后,在决定处罚时,对于有法律规定的从轻、从重、减轻处罚情节的,还要考虑如何体现这些要求。

　　本条第二款规定,实施治安管理处罚应当公开、公正,尊重和保障人权,保护公民人格尊严。这一规定确立了治安管理处罚的公开原则、公正原则、保障人权原则。公开原则也是《行政处罚法》确立的行政处罚的一项基本原则。公开包括治安管理处罚的依据公开和治安管理处罚公开两个方面。治安管理处罚的依据公开,就是公安机关据以认定违反治安管理行为和给予治安管理处罚的规范和依据,应当公之于众。将治安管理处罚的依据公开,社会公众才能了解什么样的行为是法律允许的,什么样的行为是法律禁止的,进而自觉用法律作为自己行动的指南,这样才能够实现预防和减少违反治安管理行为的目的。根据我国《立法法》规定,法律、行政法规、部门规章、地方性法规、地方性规章等都要依照相应的程序向社会公布,这也是公开原则的具体体现。各级公安机关及其人民警察在办理治安案件时,应当以依照法定程序公布的法律、法规、规章等规范性文件为依据。对于未经公布的一些内部决定、指示等,不得直接作为治安管理处罚的依据。公开原则的另一个要求就是治安管理处罚公开,即治安管理处罚的程序、处罚的内容、结果要公开,以便于治安案件的当事人知道处罚的内容,保障其合法权益不受非法侵犯,也便于教育其本人和其他人,便于人民群众监督。

治安管理处罚的"公开"所针对的对象,一般是指对治安案件的当事人,具体来说包括:第一,实施治安管理处罚的人员身份要公开,即办理治安案件的人民警察在调查和实施处罚时,应当向相对人出示证件,以表明其执法人员的身份;第二,在作出治安管理处罚决定前,应当告知当事人作出治安管理处罚所依据的事实、理由及依据,告知当事人依法享有的权利,要给当事人陈述和申辩的机会;第三,处罚决定公开,即决定予以治安管理处罚的,应当制作处罚决定书并向被处罚人宣布、送达,同时告知被侵害人。处罚决定书应当载明违法事实和证据、处罚种类和依据、处罚的执行方式和期限、申请行政复议或者提起行政诉讼的途径和期限等。

公正原则就是在实施治安管理处罚时对当事人要平等对待,不偏袒不歧视。公正包括实体公正和程序公正两个方面。实体公正要求治安管理处罚的结果不偏不倚,这就要求公安机关在处理治安案件时,应当做到相同情况相同处理,不同情况不同处理。具体说,违法行为在情节、社会危害程度等方面基本相当的案件,对行为人的处罚也应当大体相同;违法行为在情节、社会危害程度等方面差异较大的,相应的处罚也应有明显区别。对违法情节、社会危害性相当的行为施以不同的处罚,或者对违法情节、社会危害性相差悬殊的行为施以相同的处罚,都是不符合公正原则的。程序公正是实体公正的实现途径和表现方式,没有程序的公正,实体公正不仅是不完整、不可信的,而且事实上也是难以实现的。程序公正首先要求实施治安管理处罚的公安机关及其人民警察本身必须秉持客观中立的立场,不得与案件的当事人或者案件的处理结果有任何利害关系,本法规定的回避制度就是这一原则的具体体现。程序公正还要求充分保障被处罚人享有陈述、申辩、要求听证、提起行政复议、行政诉讼等各项权利,以便于被处罚人利用这些法定权利维护自己的合法权益,保证治安管理处罚的公正。

保障人权原则是《宪法》关于国家尊重和保障人权的规定在本法中的具体体现。本法规定的违反治安管理行为范围非常广泛,涵盖扰乱公共秩序、妨害公共安全、侵犯人身权利、财产权利、妨害社会管理等方方面面,几乎涉及社会生活的各个方面。本法规定的强制措施和处罚手段对公民人身和财产权利的影响也是比较大的,涉及对财产的扣押、收缴、追缴、罚款,对公安机关发放许可证的吊销,尤其是在涉及公民人身自由方面,规定了拘留这种严厉的处罚措施。从执法主体看,治安管理处罚由各级公安机关及其人民警察实施。总体来说,绝大多数公安机关及其人民警察在治安管理工作中能够做到依法办事,但实践中个别公安机关、人民警察违法行使职权,侵犯公民权利的案件时有发生,有的地方问题还比较突出,主要表现是乱罚款、殴打违反治安管理行为人、不尊重违反治安管理行为人人格等。本法强调公安机关及其人民警察实施治安管理处罚要尊重和保障人权，保护公民的人格尊严，就是针对这些情况的。此外，本法中关于严禁刑讯逼供或者采用威胁、引诱、欺骗等非法手段取证的规定，关于传唤程序和时间的规定，关于不得体罚、虐待、侮辱他人，不得超过传唤时间限制人身自由的规定等，都是这一原则的具体体现。

本条第三款是关于办理治安案件应当坚持教育与处罚相结合的原则的规定。这一原则是我国法律中各种处罚制度（如行政处罚、刑罚）的通行原则。法律作为行为规范，是通过为人们设定义务的方式，来规范和指导人们的行为的，法律区别于道德等其他行为规范的一个重要的特征，就在于法律是以惩罚性后果作为实施后盾的。本法作为一部有关处罚的法律，其主要内容就是关于对各种违反治安管理的行为加以处罚的规定。但是，处罚只是法律的自然属性，并非目的。对违反法律要求的行为人施以处罚，其目的在于使违法行为人认识到自己的错误，并按照法律规范的要求调整自己的行为，自觉履行法律命令其实施一定行为的义务，或者遵守法律的禁令，不再实施法律禁止实施的行为。法律处罚对违法行为人的这种教育功能，正是将教育作为法律处罚的目的的内在根据。本法规定教育与处罚相结合的原则，其根据也在于此。按照教育与处罚相结合的原则，在办理治安案件时，要始终注意充分发挥治安管理处罚的教育作用，防止重处罚轻教育，为处罚而处罚的简单化做法。比如，不能将实施治安管理处罚简单理解为"开罚单"，而是要通过对治安案件的调查、处理，使违反治安管理行为人知道自己行为的违法性和社会危害性所在，认识到承担惩罚性后果的必然性。本法规定，公安机关在作出治安管理处罚决定前，应当告知当事人作出治安管理处罚的事实、理由及依据。这一规定不仅仅是为了保护当事人的知情权，它实际上也是为了让公安机关的执法过程成为教育公民知法、守法的活动。此外，如本法规定的，不满十四周岁的人违反治安管理的，不予处罚，但是应当责令其监护人严加管教；对于情节特别轻微的、主动消除或者减轻违法后果的、有自首、立功表现等违反治安管理行为人，减轻处罚或者不予处罚；违反治安管理行为在六个月内没有被公安机关发现的，不再处罚等，都是教育与处罚相结合原则的体现。

【实例解析】

教育与处罚相结合原则在办理未成年人治安案件中的应用——张某殴打他人案[①]

张某，15岁，两年前父母离异，随母亲一起生活。家庭的变故，给他幼小的心灵造成了创伤，学习成绩直线下滑。后来，他干脆就不上课了，到大街上和一些不三不四的人混在一起。一天，张某在学校门口打伤了原来与他有矛盾的同学。

---

① 案例来源：辽宁省公安厅治安管理总队整理的案例，有删减。

经公安机关调查,张某是未成年人。对于未成年人这一特殊群体,公安机关在办理治安案件时更应当坚持教育与处罚相结合的原则,并以教育促使未成年人从内心认识到自己的错误,及时醒悟。经了解,张某原来是个品学兼优的孩子,通过和张某的母亲取得联系,在征求学校的意见后,根据《治安管理处罚法》第十二条和第四十三条之规定,对张某减轻处罚,处以警告。同时,公安局又派专人负责对张某进行说服教育,积极和学校以及张某的母亲联合对其进行教育。在三方面的努力下,张某终于认识到自己的错误,重返校园学习。

本案涉及办理治安案件的基本原则之一:教育与处罚相结合原则。特别是本案处罚对象为未成年人这一特殊群体时,更应该坚持教育为主,目的即在于能够促使处罚对象及时醒悟,重回正轨。

第六条 【社会治安综合治理】
各级人民政府应当加强社会治安综合治理,采取有效措施,化解社会矛盾,增进社会和谐,维护社会稳定。

【条文解读】

本条是关于对社会治安实行综合治理的规定。根据本条规定,作好社会治安工作要坚持综合治理的方针,各级人民政府要采取有效措施,化解社会矛盾,增进社会和谐,维护社会稳定。

社会治安问题是社会各种矛盾的综合反映,必须动员和组织全社会的力量,运用政治的、法律的、行政的、经济的、文化的、教育的等多种手段进行综合治理,从根本上预防和减少违法犯罪,维护社会秩序,保障社会稳定。1991年3月2日全国人大常委会通过的《关于加强社会治安综合治理的决定》强调指出,为了维护社会治安秩序,维护国家和社会的稳定,保障改革开放和社会主义现代化建设的顺利进行,为全面实现国民经济和社会发展的十年规划及"八五"计划创造良好的社会治安环境,必须加强社会治安综合治理,并作为全社会的共同任务,长期坚持下去。十几年来,各地区、各部门认真贯彻执行全国人大常委会的决定,全面开展社会治安综合治理工作,着力解决影响社会治安的突出问题,取得了积极的效果,有力地维护了社会稳定,对促进社会发展和经济进步起到了重要作用。实践证明,加强社会治安综合治理,是坚持人民民主专政的一项重要工作,是建立和保持良好的社会治安秩序、维护社会稳定的基本方针,也是解决我国社会治安问题的根本途径。在新的历史条件下,面对错综复杂的国际形势和比较严峻的国内治安形势,各级人民政府要进一步提高对社会治安综合治理工作重要性的认识,切实担负起维护社会治安和社会稳定、保一方平安的责任,扎扎实实地抓好社会治安综合治理工作,把各项措施落到实处。各级政法部门特别是公安机关应当充分发挥其职能作用,做好社会治安综合治理的有关工作,努力为全面建设小康社会创造和谐稳定的社会治安环境。

社会治安综合治理的方针是:打击和防范并举,治标和治本兼顾,重在治本。社会治安综合治理的主要任务是:打击各种危害社会的违法犯罪活动,依法严惩严重危害社会治安的刑事犯罪分子;采取各种措施,严密管理制度,加强治安防范工作,堵塞违法犯罪活动的漏洞;加强对全体公民特别是青少年的思想政治教育和法制教育,提高文化、道德素质,增强法制观念;鼓励群众自觉维护社会秩序,同违法犯罪行为作斗争;积极调解、疏导民间纠纷,缓解社会矛盾,消除不安定因素;加强对违法犯罪人员的教育、挽救、改造工作,妥善安置刑满释放和解除劳教的人员,减少重新违法犯罪的发生。

在贯彻依法治国方略的大背景下,加强社会治安综合治理必须依法进行,要善于运用法律武器,搞好社会治安综合治理。全国人大及其常委会通过的刑事的、民事的、行政的、经济的等方面的法律,为社会治安综合治理提供了有力的法律武器和依据。各级国家机关、社会团体、企业、事业单位必须严格依法办事。全体公民要学法、知法、守法,学会运用法律武器同各种违法犯罪行为作斗争。要进一步完善促进社会治安综合治理的法律、法规,把社会治安综合治理包含的打击、防范、教育、管理、建设、改造等各方面的工作纳入法治轨道。

各级人民政府要把社会治安综合治理纳入"三个文明"建设的总体规划,切实加强对社会治安综合治理工作的组织领导,从人力、物力、财力上给予支持和保障。各部门、各单位必须建立综合治理目标管理责任制,做到各尽其职、各负其责、密切配合、互相协调。人民法院、人民检察院和人民政府的公安、安全、司法行政等职能部门,特别是公安部门,应当在社会治安综合治理中充分发挥骨干作用。要采取有效措施,充实维护社会治安的力量,改进预防和惩治犯罪活动的技术装备,切实提高国家执法队伍的素质。各机关、团体、企业、事业单位应当落实内部各项治安防范措施,严防发生违法犯罪和其他治安问题。各部门应当督促下属单位,结合本身业务,积极参与社会治安的综合治理,充分发挥各自的作用。

第七条 【治安管理的主管部门和治安案件的管辖】
国务院公安部门负责全国的治安管理工作。县级以上地方各级人民政府公安机关负责本行政区域内的治安管理工作。
治安案件的管辖由国务院公安部门规定。

【条文解读】

本条是关于治安管理工作的主管部门和治安案件管辖的规定。本条分为两款。第一款是关于治安管理工作的主管部门的规定；第二款是关于治安案件的管辖的授权规定。

本条第一款是关于治安管理工作的主管部门的规定。根据《人民警察法》第六条的规定，公安机关的职责包括：预防、制止和侦查违法犯罪活动；维护社会治安秩序，制止危害社会治安秩序的行为；维护交通安全和交通秩序，处理交通事故；组织、实施消防工作，实行消防监督；管理枪支弹药、管制刀具和易燃易爆、剧毒、放射性等危险物品；对法律、法规规定的特种行业进行管理；警卫国家规定的特定人员，守卫重要的场所和设施；管理集会、游行、示威活动；管理户政、国籍、入境出境事务和外国人在中国境内居留、旅行的有关事务；维护国（边）境地区的治安秩序；对被判处管制、拘役、剥夺政治权力的罪犯和监外执行的罪犯执行刑罚，对被宣告缓刑、假释的罪犯实行监督、考察；监督管理计算机信息系统的安全保护工作；指导和监督国家机关、社会团体、企业、事业组织和重点建设工程的治安保卫工作，指导治安保卫委员会等群众性组织的治安防范工作，以及法律、法规规定的其他职责。因此，公安机关应当是治安管理工作的主管部门。

国务院公安部门即公安部，全称是"中华人民共和国公安部"，它是中央人民政府即国务院的部、委员会之一，是国务院主管全国公安工作的职能部门。治安管理工作是公安工作的重要组成部分。因此，本条规定国务院公安部门负责全国的治安管理工作。公安部设有办公厅、警务督察局、人事训练局、宣传局、经济犯罪侦查局、治安管理局、边防管理局、刑事侦查局、出入境管理局、消防局、警卫局、公共信息网络安全监察局、监所管理局、交通管理局、法制局、国际合作局、装备财务局、禁毒局、科技局、反恐怖局、信息通信局等内设机构。铁道部、交通部、民航总局、国家林业局的公安局和海关总署缉私局列入公安部序列，接受主管部门和公安部的双重领导。其中，治安管理局专门负责指导全国公安机关治安管理工作，主要职责包括：研究、制定有关治安管理工作的政策、规章；研究、指导全国治安系统民警队伍建设和岗位教育训练工作；研究、指导特种行业和公共场所的治安管理工作；研究、指导爆炸、剧毒、放射性等危险物品涉及公共安全的监督管理工作；研究、指导枪支警械管理工作；研究、指导公安派出所工作和群众性治安防范工作；研究、指导巡警、防暴警业务和队伍建设及处置群体性治安事件工作；研究、指导文化、经济单位安全保卫工作和大型活动治安管理工作；研究、指导保安服务业管理及技术防范工作；研究、指导户政和流动人口管理、居民身份证件管理工作；组织实施治安管理信息系统建设工作；指导、协调、办理与治安管理关系密切的95种刑事案件的侦查工作；指导、管理公安部光盘生产源鉴定中心和全国公民身份证号码查询服务中心以及中国保安协会的工作等等。

"县级以上地方各级人民政府公安机关"具体分为三级：一是省级人民政府公安机关，即省、自治区、直辖市公安厅、局；二是设区的市级或者地（市）级人民政府公安机关，即地区行署、市、自治州、盟公安处、局；三是县级人民政府公安机关，即县、自治县、县级市、旗公安局和市辖区公安分局。县级以上地方各级人民政府公安机关负责本行政区域内的治安管理工作。

本条第二款是关于治安案件管辖的授权规定。一般而言，管辖可以分为职能管辖、地域管辖和级别管辖。职能管辖是关于不同职能部门之间管理事项的分工的规定；地域管辖是明确管理事项在不同地域的同一性质的职能部门之间的划分；级别管辖则是明确管理事项在同一性质的职能部门上下级之间的分工。本法对治安案件的管辖并未作明确的规定。根据本法第四条和本条第一款的规定，办理治安案件的主管机关应当是各级公安机关，因此确定治安案件的管辖属于公安机关内部事权划定，不存在职能管辖的问题。但是法律也没有对治安案件的地域管辖和级别管辖作出规定，而是授权国务院公安部门规定（当然公安部出台的配套规定已对此作出详细且明确的规定）。这样规定，一是考虑到治安案件的管辖只涉及公安机关本身在治安管理事项上的分工问题，可以不必在法律中作过细的规定；而且由于不涉及与其他国家机关之间职权的划分，不在法律中作出明确规定也不会产生部门之间由于权责不清导致的扯皮推诿的现象。由公安部根据多年来公安机关治安管理工作的实践经验作出具体、合理的分工规定，能够更符合实际需要，也更具有灵活性。二是考虑到公安机关上下级之间的关系，与人民法院上下级之间的审判监督关系不同，而且公安工作又具有一定的特殊性，很多情况下需要进行警力的统一调配和使用。另外，从我国目前公安机关设置的实际情况看，还有一些特殊的公安机关内设部门并不是按照地域或者级别，而是按照行业设立的，如铁路公安、交通公安、林业公安、民航公安等。这些公安机关按照有关规定也实际承担着一定的治安管理职责。因此在治安案件的管辖上不宜简单化地一律按照地域或者级别来确定。公安部在根据法律规定确定治安案件的管辖时，也应考虑上述因素，根据治安管理工作的特点和实际需要，合理确定治安案件的管辖。

第八条　【违反治安管理行为的民事责任】

违反治安管理的行为对他人造成损害的，行为人或者其监护人应当依法承担民事责任。

【条文解读】

本条是关于违反治安管理行为给他人造成损害的民事责任的承担的规定。

违反治安管理行为是一种侵权行为,即由于过错或过失侵害他人财产或者人身权利,依法应当承担法律责任的违法行为。根据成立条件和表现形式的不同,侵权行为一般包括侵权行为和特殊侵权行为两大类,违反治安管理行为大部分属于一般侵权行为,也有一部分属于特殊侵权行为。一般侵权行为又称直接侵权行为,即行为人出于自己的故意或者过失直接对他人的人身或者财产权利施加侵害的不法行为,以及故意违背善良道德、公共秩序而加害他人的不当行为。特殊侵权行为又称间接侵权行为,是相对于一般侵权行为而言的,指不问其是否完全具备一般侵权行为成立之要件,而由法律特别规定的致使他人人身、财产损害应承担侵权民事责任的特殊行为或者自己行为以外的事实。本法规定的特殊侵权行为包括两种:一种是无行为能力人、限制行为能力人造成损害的侵权行为;另一种是饲养的动物造成他人损害的侵权行为。违反治安管理的行为对他人造成损害,是指违反治安管理行为对国家的、集体的、他人的财产造成损害和对他人的人身造成损害。违反治安管理行为应当承担的法律责任,包括行政法律责任和民事法律责任。违反治安管理行为人承担行政法律责任,就是指受到治安管理处罚。民事法律责任就是"民事责任",也就是说,违反治安管理行为人不仅应当依法受到治安管理处罚,而且应当依法承担民事责任。《中华人民共和国民法通则》(以下简称民法通则)第一百零六条第2款规定:公民、法人由于过错侵害国家的、集体的财产,侵害他人财产、人身的,应当承担民事责任。从理论上讲,民事责任,是指由民法规定的对民事违法行为人所采取的一种以恢复被损害的权利为目的,并与一定的民事制裁措施相联系的国家强制形式。违反治安管理行为应当承担的民事责任,是一种侵权的民事责任,又称侵权损害的民事责任。它是违反治安管理行为产生的民事法律后果,即由民法规定的违反治安管理行为人对其不法行为造成他人财产或者人身权利损害应当承担的法律责任。

按照民法通则的规定,承担侵权民事责任的主要方式有:(1)停止侵害、排除妨碍、消除危险。这三种方式,均以防止或者除去损害为目的,属于防止性的责任方式。它们既适用于侵害公民、法人或者其他组织财产权的情况,也适用于侵害公民人身权的情况。(2)返还财产、恢复原状。这两种方式,均以恢复权利的原状为目的,属于回复性的责任方式,都适用于侵害公民、法人或者其他组织财产权的情况。但是,返还财产仅适用于财产被侵占、原物还在,而且有返还可能的情况;而恢复原状则适用于财产被损坏或者改变其性状而有修复可能的情况。返还财产或者恢复原状不可能,或者因此降低原有价值时,都应当折价赔偿。(3)消除影响、恢复名誉、赔礼道歉等。消除影响、恢复名誉是以除去损害,恢复被损害的权利为目的,但它并无财产内容,也不具有补偿性质,属于非财产责任方式。赔礼道歉也属于非财产责任方式,是对我国民间调解民事纠纷的传统经验的总结,是道德责任的法律化。

违反治安管理行为人承担民事责任最常见的一种是损害赔偿,它是指违反治安管理行为致人损害所应负的民事责任。它既可以适用于财产损害,也可以适用于非财产损害(如精神损害)。财产损害可以是积极的损害(现有财产的损坏、灭失或者减少),也可以是消极的损害(未来可得财产利益的丧失);可以是直接的损害,也可以是间接的损害(如侵害他人身体而造成他人误工收入的损失)。

【实例解析】

殴打他人的违法行为人,既要承担相应的治安管理处罚,还要承担相应的民事责任——吕某殴打他人案[①]

2012年12月14日,吕某酒后来到某市高新社区其前妻刘某的妈妈家看自己的女儿,因吕某要抱女儿出去玩,刘某的妈妈不让,二人发生口角,并厮打起来,吕某动用拳头将刘某的妈妈头、面部打伤,致使其住院治疗,共花医药费计1500元。

经公安机关调查,吕某实施的殴打他人的违反治安管理的违法行为,不仅给刘某的妈妈造成了伤痛,而且因住院疗伤,花去医药费一千五百元,给刘某的妈妈造成了经济损失。吕某在受到治安管理处罚的同时,还应当对刘某的妈妈住院费给予赔偿。为此,公安机关依法作出治安处罚决定,对吕某处五日行政拘留,并责令吕某承担一千五百元的医疗费。

本案涉及违反治安管理行为人的民事责任。对于行为人在实施违反治安管理行为过程中,还造成了他人的人身、财产等经济损害的,除承担本法规定的行政责任外,还应当承担民事赔偿责任。故此,本案中,对吕某实施的殴打他人行为,除予以治安处罚外,责令其赔偿因刘某的妈妈住院所造成的经济损失的决定是正确的。

> **第九条 【治安调解】**
>
> 对于因民间纠纷引起的打架斗殴或者损毁他人财物等违反治安管理行为,情节较轻的,公安机关可以调解处理。经公安机关调解,当事人达成协议的,不予处罚。经调解未达成协议或者达成协议后不履行的,公安机关应当依照本法的规定对违反治安管理行为人给予处罚,并告知当事人可以就民事争议依法向人民法院提起民事诉讼。

【条文解读】

本条是关于公安机关调解处理治安案件的规定。所谓调解,是指在第三人的

[①] 案例来源:辽宁省公安厅治安管理总队整理的案例,有删减。

主持和疏导下,促使双方当事人交换意见、互谅互让、以一定条件和解,从而解决纠纷的一种方法。在我国,调解大致可以分为人民调解、司法调解、行政调解和仲裁调解四种。公安机关对因民间纠纷引起的治安案件的调解,属于行政调解,也称为治安调解。治安案件应当具备哪些条件,公安机关才可以调解?也就是说,公安机关在什么情况下,可以对治安案件进行调解?一是调解的治安案件必须属于法定范围。即属于"因民间纠纷引起的打架斗殴或者损毁他人财物等违反治安管理行为,情节较轻的"治安案件,公安机关对其他治安案件不得调解处理。这一条件又包含三个要点:首先,引发违反治安管理行为的原因必须是民间纠纷。民间纠纷,是指公民之间因家庭、邻里、婚姻、继承、扶养、礼仪、财产等民间关系引起的权益争执。对于非因民间纠纷引起的违反治安管理行为,不适用调解。其次,可以调解的治安案件的范围仅限于打架斗殴或者损毁他人财物等违反治安管理行为。对这里的"等"有两种理解,一种认为,应当限于"等"内的违反治安管理行为,即"打架斗殴或者损毁他人财物"两种行为;另一种认为,不限于"等"内的行为,而应当包括"等"外的其他相类似的违反治安管理行为,只要是因民间纠纷引起的违反治安管理行为都可以,如制造噪声干扰他人正常生活的行为、饲养动物干扰他人正常生活的行为、侮辱他人的行为等。我们认为,第二种理解是正确的,对此类行为进行调解处理,社会效果会更好,也符合构建和谐社会的要求。对此,《公安机关办理行政案件程序规定》第一百五十三条第一款作了明确规定:"对于因民间纠纷引起的殴打他人、故意伤害、侮辱、诽谤、诬告陷害、故意损毁财物、干扰他人正常生活、侵犯隐私、非法侵入住宅等违反治安管理行为,情节较轻,且具有下列情形之一的,可以调解处理:(一)亲友、邻里、同事、在校学生之间因琐事发生纠纷引起的;(二)行为人的侵害行为系由被侵害人事前的过错行为引起的;(三)其他适用调解处理更易化解矛盾的。"2004年5月18日最高人民法院发布的《关于审理行政案件适用法律规范问题的座谈会纪要》也作了明确规定,在裁判案件中解释法律规范,是人民法院适用法律的重要组成部分。法律规范在列举其适用的典型事项后,又以"等""其他"等词语进行表述的,属于不完全列举的例示性规定。以"等""其他"等概括性用语表示的事项,均为明文列举的事项以外的事项,且其所概括的情形应为与列举事项类似的事项。再次,可以调解的治安案件的范围仅限于"情节轻微"的违反治安管理行为。因民间纠纷引起的打架斗殴或者损毁他人财物等违反治安管理行为,有的情节较重,有的情节较轻。适用调解处理的只限于情节较轻的行为。情节较轻,是指违反治安管理行为的性质比较轻、手段不恶劣、动机不狠毒、后果不严重、社会危害性比较小。雇凶伤害他人的、结伙斗殴或者其他寻衅滋事的,多次实施违反治安管理行为的公安机关就不适宜调解。二是治安调解必须在公安机关的主持下进行。实际工作中公安机关主持表现为公安民警主持。如果没有第三人主持,则不能叫作调解;如果不是公安机关主持,则不是本条规定的治安调解。调解必须坚持自愿原则,在双方自愿的情况下达成协议。如果当事人一方不愿意调解,不能强行调解。在调解过程中,还应调查事实,分清是非,然后教育和帮助纠纷当事人互相谅解,在团结的基础上解决矛盾。应该强调,调解所达成的协议,决不能违背国家的法律规定。当事人明确表示不愿意调解处理的,当事人在治安调解过程中又针对对方实施违反治安管理行为的,调解过程中,违法嫌疑人逃跑的情形就不适用调解。此外,还应注意两点:一是并非所有的因民事纠纷引起的治安案件都要首先经过调解,也就是说,调解不是处理这类案件的必经程序;二是调解达成协议并履行的,公安机关不再处罚。对调解未达成协议或者达成协议后不履行的,公安机关应当对违反治安管理行为人依法予以处罚;对违法行为造成的损害赔偿纠纷,应当告知当事人向人民法院提起民事诉讼。

【实例解析】

可以适用调解处理的轻微治安纠纷——李某与刘某因民间纠纷引起的故意毁坏财物案[①]

李某与刘某系多年的同事,同在一个车间工作,但两人关系一直不怎么好。某日中午休息时,李某认为刘某的收音机声音太大,影响了自己的休息,要求刘某将音量降低,刘某不予理睬。李某非常生气,抢过刘某的收音机摔在地上,俩人发生了撕扯,幸亏其他同事及时劝阻,才没有进一步恶化。刘某随后向公安机关报警。

经公安机关调查,收音机已被摔坏,李某与刘某的纠纷属于性质轻微的民间纠纷,事实清楚,公安机关可以进行调解,不予处罚。经调解,双方达成协议,李某赔偿刘某损失五百元。但协议后,李某拒不赔偿刘某五百元。公安机关依法对李某进行了行政拘留五日的处罚,并告知刘某可就其民事损害赔偿向人民法院起诉李某。

本案涉及治安调解的适用条件之一:案件情节轻微。适用治安调解的目的在于有效的化解矛盾,解决纠纷,促进已有的民间关系和谐稳定。如果情节超过轻微的界限,达到较重,甚至是严重的程度,则失去了进行治安调解的基础。本案中,李某与刘某是多年的同事,纠纷的性质及危害都属于情节轻微,适用治安调解是正确的。

根据《治安管理处罚法》第九条规定,对符合调解条件的案件,公安机关可以调解处理,而不是必须调解处理。也就是说,是否适用治安调解,公安机关享有一定自由裁量权,既可以选择适用治安调解,也可以选择不适用治安调解,依法适用

[①] 案例来源:公安专网案例选编,中国公安信息网 www.ga/(10.1.30.13),有删减。

处罚。至于是适用治安调解还是适用治安处罚，应从实际出发，以能达到教育双方、解决矛盾、不再继续违反治安管理并消除社会影响为目的。对于没有协商调解可能性，或者具有"不宜调解处理"的情形，如当事人态度恶劣、拒不认错、案件影响恶劣以及当事人一贯为非作歹等情形的公安机关有权决定不适用治安调解，依法适用治安管理处罚。

第二章　处罚的种类和适用

> 第十条　【处罚种类】
> 治安管理处罚的种类分为：
> （一）警告；
> （二）罚款；
> （三）行政拘留；
> （四）吊销公安机关发放的许可证。
> 对违反治安管理的外国人，可以附加适用限期出境或者驱逐出境。

【条文解读】

本条是关于治安管理处罚的种类和可以对外国人适用限期出境、驱逐出境的规定。

本条第一款是关于治安管理处罚种类的规定。根据本条第一款的规定，对违反治安管理行为人，根据其所实施的具体的违反治安管理行为，可以给予的处罚有四种：警告、罚款、行政拘留、吊销公安机关发放的许可证。

警告是最轻微的一种治安管理处罚，属于申诫罚。所谓申诫罚，是公安机关对违反公安行政管理的相对人的谴责和告诫。其主要目的和作用是通过对违法行为人精神上的惩戒，引起被处罚人思想上的注意和警戒，使其以后不再违法。警告只适用于违反治安管理情节轻微的情形，或者违反治安管理行为人具有法定从轻、减轻处罚的情节的情况。警告具有谴责和训诫两重含义。在一般情况下，警告可以适用于任何违法行为。警告适用的对象也比较广泛，既可以适用于公民个人，也可适用于法人或其他组织，它是针对那些违法行为情节极其轻微，没有造成实际危害后果的情形而设立的，其目的是通过对违法者精神上的惩戒，以申明其有违法行为，使其以后不再违法，否则将会受到更严厉的处罚。警告应以书面的形式作出裁决，并立即向本人宣布。

警告与批评教育是有区别的。二者从内容到方法上都有许多相似之处。都要摆事实，讲道理，以理服人，明确责任，讲明后果及危害。所不同的是，警告作为一种处罚，必须由执行机关作出书面裁决并向行为人宣布裁决结果，具有国家强制性。如果不服，可以依法申请复议或提起诉讼。而批评教育不是处罚，不具有国家强制性，是通过思想说服工作，触动其自觉改正错误。

罚款，是指公安机关对违反治安管理行为人，依法强制其在一定的期限内向国家缴纳一定数额金钱的治安管理处罚。罚款的目的是使违反治安管理行为人在经济上受到损失，从而受到触动、教育，并改正错误，以后不再实施违反治安管理行为。本条对罚款的幅度未作规定，但本法第三章在规定具体违反治安管理的行为和处罚时，对罚款的幅度分别作了规定，大致分为以下几个档次：200元以下；500元以下和200元以上500元以下；1 000元以下和500元以上1 000元以下；2 000元以下和500元以上2 000元以下；3 000元以下和500元以上3 000元以下；5 000元以下和1 000元以上5 000元以下。这样一来，就便于公安机关在决定罚款处罚时，根据每个具体违反治安管理行为的性质、情节、后果及违反治安管理行为人的态度等情况，分别适用不同的罚款档次，在法定幅度内，合理确定罚款数额。这里的罚款与刑法规定的"罚金"不同，罚款是一种治安管理处罚，适用于违反治安管理，尚不构成犯罪的行政违法行为人，由公安机关决定；罚金则是一种刑罚，适用于已经构成犯罪的犯罪分子，由人民法院判决。本法规定的罚款在本质上也属于行政处罚，它与其他法律、法规、规章规定的作为行政处罚的罚款，主要区别也是适用对象不同和作出决定的机关不同。此外，这里的罚款与《中华人民共和国刑事诉讼法》（以下简称刑事诉讼法）《中华人民共和国民事诉讼法》（以下简称民事诉讼法）和行政诉讼法中规定的"罚款"也不同。后者是对妨害刑事诉讼、民事诉讼、行政诉讼的诉讼参与人采取的司法处分，目的是维护正常的诉讼程序，保障诉讼活动的顺利进行。公安机关在适用罚款处罚时要注意两个问题：一是罚款要力求客观合理，符合错罚相当原则。要根据案件的性质、情节等具体情况，通盘考虑，客观分析，力求准确无误，合情合理。不得凭自己的情绪随意确定罚款数额，不得超越法律规定随意进行罚款，更不得以创收或者弥补经费不足为目的而滥施罚款。要做到作出罚款决定后，不仅办案民警自己感到合法、合理，而且被处罚人感到公平、公正，口服心服。只有这样，才能达到罚款的目的，才能维护法律的尊严。二是要严格履行罚款的法律手续。罚款手续是公安机关对被处罚人出具的结论性材料，也是公安机关实施罚款处罚、违反治安管理行为人受到罚款处罚的凭据。办案民警应当将处罚决定书和罚款收据交给被处罚人，不得给被处罚人打白条，也不得以扣押财物的文书替代；否则，很容易让被处罚人产生怀疑和误解，造成不良的社会效果。

行政拘留属于人身罚，人身罚又称为自由罚，是指公安机关对违反公安行政管理法规的相对人，依法作出的限制其人身自由的一种行政处罚。行政拘留是指法定的行政机关依法对违反行政法律规范的人，在短期内剥夺人身自由的一种行政处罚。行政拘留是最严厉的一种行政处罚，通常适用于严重违反治安管理但不构成犯罪，而警告、罚款处罚不足以惩戒的情况。因此法律对它的设定及实施条件和程序均有严格的规定。行政拘留裁决权属于县级以上公安机关;期限一般为一日以上、十五日以下。根据《治安管理处罚法》的规定,数行为并罚合并执行的行政拘留最长不超过二十日。行政拘留决定宣告后,在申请复议和行政诉讼期间,被处罚的人及其亲属找到保证人或者按规定交纳保证金的,可申请行政主体暂缓执行行政拘留。

根据《治安管理处罚法》第二十一条的规定,违反治安管理行为人有下列情形之一,依照本法应当给予行政拘留处罚的,不执行行政拘留处罚:已满十四周岁不满十六周岁的;已满十六周岁不满十八周岁,初次违反治安管理的;七十周岁以上的;怀孕或者哺乳自己不满一周岁婴儿的。根据《公安机关办理行政案件程序规定》第一百四十条规定,违法行为人具有下列情形之一,依法应当给予行政拘留处罚的,应当作出处罚决定,但不送拘留所执行:已满十四周岁不满十六周岁的;已满十六周岁不满十八周岁,初次违反治安管理或者其他公安行政管理的。但是,曾被收容教养、被行政拘留依法不执行行政拘留或者曾因实施扰乱公共秩序,妨害公共安全,侵犯人身权利、财产权利,妨害社会管理的行为被人民法院判决有罪的除外;七十周岁以上的;孕妇或者正在哺乳自己婴儿的妇女。根据《公安机关办理行政案件程序规定》第一百四十八条规定,行政拘留处罚由县级以上公安机关或者出入境边防检查机关决定。依法应当对违法行为人予以行政拘留的,公安派出所、依法具有独立执法主体资格的公安机关业务部门应当报其所属的县级以上公安机关决定。第一百四十九条规定,对县级以上的各级人民代表大会代表予以行政拘留的,作出处罚决定前应当经该级人民代表大会主席团或者人民代表大会常务委员会许可。对乡、民族乡、镇的人民代表大会代表予以行政拘留的,作出决定的公安机关应当立即报告乡、民族乡、镇的人民代表大会。

吊销公安机关发放的许可证,是剥夺违反治安管理行为人已经取得的,由公安机关依法发放的从事某项与治安管理有关的行政许可事项的许可证,使其丧失继续从事该项行政许可事项的资格的一种处罚。为了维护社会治安秩序,有关的法律、行政法规对一些与治安管理工作关系比较密切的事项,规定实行许可制度,由公安机关依法审核、发放许可证。没有依法取得许可证而从事相关业务和活动的,属于违反治安管理行为,应当依法给予相应的处罚;已经依法取得相关许可的,也应当在许可的范围内依照有关规定从事活动,不得超越许可范围或者违反有关规定从事活动。对于超越许可范围或者违反有关规定从事活动,情节严重,不适宜继续享有特许权的,就有必要由公安机关依法吊销其已经取得的许可证,收回其已经取得的特许权。根据本法的规定,吊销公安机关发放的许可证的处罚,应当由县级以上公安机关决定。

本条第二款是关于对违反治安管理的外国人可以附加适用限期出境或者驱逐出境的规定。在我国领域内的外国人,其合法权益受我国法律保护,同时也要尊重和遵守我国法律的规定。对于外国人违反治安管理的案件,如果根据维护我国国家利益、社会公共利益的需要,认为其不适合继续在我国停留的,可以由公安机关责令其限期出境或者将其驱逐出境。限期出境就是由公安机关责令违反治安管理的外国人在规定的时限内离开我国国(边)境,属于责令自行离境,但负责执行的公安机关可以监督其离开。驱逐出境就是强迫违反治安管理的外国人离开我国国(边)境,是比限期出境更为严厉的一种手段,需要由负责执行的公安机关将其强制押解出境。限期出境和驱逐出境只适用于外国人,包括无国籍的人。这两种手段是比较严厉的,因此,公安机关在办理涉外的治安案件时,要根据我国国家利益和社会公共利益的需要,慎重决定适用。至于是否符合我国国家利益和社会公共利益的需要,应由办理案件的公安机关根据案件的具体情况、违反治安管理的外国人本人的情况以及外交等方面因素,综合考量。

【实例解析】

依法给予行政拘留的伪造国家机关公文骗取钱财的治安违法行为——李某伪造国家机关公文骗取钱财案[①]

2013年3月,某市公安局前进分局接到一名妇女刘某报案:称其被李某(男)持所伪造的某市林业局文件以能帮助办理绿化造林低息贷款为由骗走人民币八百元。前进分局接到报案后,迅速开展调查,经过调查了解,情况如下:李某听说赤峰等地有绿化造林低息贷款,就产生了通过造假印章的办法骗钱的想法。李某到达赤峰市后,在赤峰市林业局的厕所里终于找到废弃的文件。拿回某市后,就伪造了某市林业部门的印章扣在了经修改的"赤峰市"的文件上,用来骗人。最后利用伪造的文件骗得刘某的信任,交给李某活动费八百元。刘某见钱交出好久也未见贷款的影,觉得可能是上当了,就向公安机关报案。

经公安机关调查,李某伪造了某市林业部门的印章,其行为扰乱了正常的社会管理秩序,而且利用伪造的印章、文件骗走人民币八百元,属于本法规定的"情节较重"情形,事实清楚,证据充分,前进分局依据《治安管理处罚法》第五十二条之规定,对李某予以行政拘留十日,并处一千元罚款的处罚。

本案涉及行政拘留的适用问题。本法规定的拘留是剥夺人身自由的、最严厉的一种处罚方式,根据本法第四条"过罚相当"原则,只能适用于违反治安管理行为性质、情节以及社会危害性程序较为严重的行为。本案中,李某伪造了某市林业部门的印章,并骗走人民币八百元,属于"情节较重"的情形,对其予以行政拘留处罚是正确的。

[①] 案例来源:辽宁省公安厅治安管理总队整理的案例,有删减。

第十一条 【查获违禁品、工具和违法所得财物的处理】

办理治安案件所查获的毒品、淫秽物品等违禁品,赌具、赌资,吸食、注射毒品的用具以及直接用于实施违反治安管理行为的本人所有的工具,应当收缴,按照规定处理。

违反治安管理所得的财物,追缴退还被侵害人;没有被侵害人的,登记造册,公开拍卖或者按照国家有关规定处理,所得款项上缴国库。

【条文解读】

本条是关于办理治安案件查获的违禁品、本人工具和违法所得财物如何处理的规定。

第一款是关于办理治安案件所查获的违禁品、本人所有工具如何处理的规定。公安机关办理治安案件"所查获的毒品、淫秽物品等违禁品,赌具、赌资,吸食、注射毒品的用具以及直接用于实施违反治安管理行为的本人所有的工具",可以统称为"非法财物"。这里的违禁品,是指国家法律、法规明确规定,禁止私自制造、销售、购买、持有、使用、储存和运输的物品。我国规定的违禁品,主要有毒品、淫秽物品、枪支、弹药、爆炸物品、剧毒物品、放射性物品,以及邪教组织、会道门、迷信宣传品等。赌具,是指赌博行为人直接用于赌博的本人所有的工具,如麻将牌、扑克牌、纸牌、牌九等。根据 2005 年 5 月 11 日最高人民法院、最高人民检察院公布的《关于办理赌博刑事案件具体应用法律若干问题的解释》(法释〔2005〕3号)第 8 条和 2005 年 5 月 25 日公安部印发的《关于办理赌博违法案件适用法律若干问题的通知》(公通字〔2005〕30 号)第 5 条的规定,赌资,是指赌博活动中用作赌注的款物、换取筹码的款物和通过赌博赢取的款物。在利用计算机网络进行的赌博活动中,分赌场、下级庄家或者赌博参与者在组织或者参与赌博前向赌博组织者、上级庄家或者赌博公司交付的押金,应当视为赌资。吸食、注射毒品的用具,是指吸食、注射毒品行为人直接用于吸食、注射毒品的器具,如用于吸食鸦片、注射吗啡、海洛因的吸管、托盘、针管、注射器等器具。认定"直接用于实施违反治安管理行为的本人所有的工具",要注意两点:一是违反治安管理行为人"直接用于"实施违反治安管理行为的工具,而不是"间接用于"实施违反治安管理行为的工具。如赌博行为人专门用于赌博的交通工具、通讯工具等,属于"直接用于"赌博活动的工具,但赌博行为人非专门用于赌博活动,而是在实施赌博行为的过程中偶然使用的交通工具、通讯工具等,不属于"直接用于实施违反治安管理行为的本人所有的工具";二是违反治安管理行为人"本人所有"的工具,而不是"他人所有"的工具。"本人所有",即违反治安管理行为人本人对该工具具有合法的所有权,不含违反治安管理行为人租、借或者偷、抢来的属于他人合法所有的工具。对

"所查获的毒品、淫秽物品等违禁品,赌具、赌资,吸食、注射毒品的用具以及直接用于实施违反治安管理行为的本人所有的工具"等违反治安管理的非法财物,公安机关应当予以收缴。收缴,是指将违反治安管理行为人实施违反治安管理行为的非法财物收回并上缴到公安机关。

第二款是关于对违反治安管理所得的财物如何处理的规定。"违反治安管理所得的财物",是指违法行为人因为实施违反治安管理的行为而取得的所有财物,如盗窃、骗取、哄抢、敲诈勒索所得到的金钱或者物品。这些物品又可分为特定物与种类物,特定物就是具有独特性和排他性的物品,如某人的字画等;种类物是与同种类的其他物品难以区分的一般物品,如正在流通的货币等。对于违反治安管理所得的财物,本款规定了两种处理方式:一是有被侵害人的,应当追缴退还被侵害人。这里规定的"追缴",是指应当收缴、但还没在公安机关实际控制之中的财物。对这类财物,不论违反治安管理所得的财物被转移到何处、转手给何人,都应依法追回并收缴。二是对于没有被侵害人的违反治安管理所得的财物,应当登记造册、公开拍卖或者按照国家有关规定处理,所得款项上缴国库。公安机关对于收缴的财物应当妥善保管,不便于长期保存的一些容易腐烂、变质的财物,应当依照规定及时处理,以避免不必要的损失。这里所说的没有被侵害人的有两种情况:第一种情况是违反治安管理的行为没有特定的被侵害人,如出售淫秽物品所得的财物、赌博活动所得的财物等;第二种情况是虽然有特定的被侵害人,但被侵害人无法查找或者已经死亡且没有继承人的。对于这些财物,应当按照本款的规定登记造册、公开拍卖或者按照国家有关规定处理,所得款项上缴国库,决不允许私自挪用或者自行违法处理。这里规定的"登记造册",是指对违反治安管理所得的财物按照种类、名称等分别记录,并造册备案存档。本款规定对财物要公开拍卖或者按照国家有关规定处理,是要在处理上述财物时依法公开透明,实现财物的最大价值,上缴国库,防止低价变卖、集体私分或者其他个人从中牟利等情况发生。"上缴国库",是指要将所得的款项上缴给国家财政,由国家所有和支配。

第十二条 【未成年人违法的处罚】

已满十四周岁不满十八周岁的人违反治安管理的,从轻或者减轻处罚;不满十四周岁的人违反治安管理的,不予处罚,但是应当责令其监护人严加管教。

【条文解读】

本条是关于未成年人违反治安管理的处罚规定。本条根据未成年人的生理、心理发育和知识、社会生活阅历的发展状况,从对未成年人一贯坚持教育为主、处罚为辅的政策出发,就未成年人违反治安管理的处理规定了两种情况,即相对负法律责任和完全不负法律责任。这是从人类的一般成长阶段划分的。一般来说,一个正常人生理上成长到一定时期时,大脑对自己的行为就具有一定的支配能力,同时对外界事物也具有了一定的认识能力,这时可以说自己的行为是代表了自己的意志,并且是受自己意志支配的。根据这种能力的有无,就产生了人们对自己的行为是否应当承担责任的问题。未成年人正处在独立意识和辨别是非的能力从无到有,从不完全到完全的重要发展时期,正确确定未成年人对自己的违反治安管理行为开始负责和相对负责的年龄,既非常重要,也非常复杂。本条对未成年人违反治安管理的行为规定了具体的处罚原则,正是体现了对未成年人保护和教育的原则。

  本条有两方面的含义:一是对于已满十四周岁不满十八周岁的未成年人违反治安管理的,从轻或者减轻处罚。"从轻或者减轻处罚"是"应当"从轻或者减轻处罚,而不是"可以"从轻或者减轻处罚。本条规定的"从轻处罚",是指根据本人违反治安管理的行为确定应当给予的治安管理处罚,在这一档处罚幅度内,选择较轻或者最轻的处罚。如依照本法规定,对结伙斗殴行为应给予五日以上十日以下拘留,对已满十四周岁不满十八周岁的未成年人有这一违法行为的,从轻给予八日、九日或者六日治安拘留的处罚。"减轻处罚",是指根据本人违反治安管理的行为确定应当给予的治安管理处罚,在这一档处罚的下一档处罚幅度内给予治安处罚。如对盗窃公私财物的,法律规定了拘留和罚款两档处罚,如果已满十四周岁不满十八周岁的人盗窃,本应处拘留,但依照本条规定,应减轻处罚处以罚款。二是规定对不满十四周岁的人违反治安管理的,不予处罚,但是应当责令其监护人严加管教。不满十四周岁的人还处于幼年时期,社会知识少,对自己行为的后果没有预见能力,也没有承担责任的能力。这些未成年人违反治安管理的,主要应当进行教育,使其明辨是非,不再给予处罚,更有利于他们的健康成长。不处罚不等于放任不管,本条同时规定,要责令其监护人严加管教,以教育行为人,防止其继续危害社会。本条规定的不满十四周岁的人的"监护人",其范围可以适用《民法通则》的规定:"未成年人的父母是未成年人的监护人。未成年人的父母已经死亡或者没有监护能力的,由下列人员中有监护能力的人担任监护人:(一)祖父母、外祖父母;(二)兄、姐;(三)关系密切的其他亲属、朋友愿意承担监护责任,经未成年人的父、母的所在单位或者未成年人住所地的居民委员会、村民委员会同意的。对担任监护人有争议的,由未成年人的父、母的所在单位或者未成年人住所地的居民委员会、村民委员会在近亲属中指定。对指定不服提起诉讼的,由人民法院裁决。没有第一款、第二款规定的监护人的,由未成年人的父、母的所在单位或者未成年人住所地的居民委员会、村民委员会或者民政部门担任监护人。"

【实例解析】

应该从轻或者减轻处罚的未成年人违反治安管理行为——王某寻衅滋事案[①]

王某一向学习很好,是个很懂事的孩子,但是在他15岁时,其父亲在外面有了第三者,母亲因受不了打击,得了精神分裂症。没人管的王某学习成绩一落千丈。后来,发展到随意逃课缺课,到外面和一些"小混混"掺和在一起。一天,王某因同学间的小矛盾,从外面带两个人打伤了班上的两个同学。之后,王某又多次来学校寻衅闹事。没有办法,学校向公安机关寻求解决。

经公安机关调查,王某寻衅滋事行为事实清楚,证据充分,但是,王某属于在校的未成年人,又了解到王某家庭的变故使其学习生活发生了变化,考虑到王某家庭特殊的情况,派出所与王某的班主任取得联系。在派出所和班主任老师的教育批评帮助下,王某认识到自己行为的违法性,并保证以后不再犯。公安机关根据《治安管理处罚法》关于"已满14周岁不满18周岁的人违反治安管理的,从轻或者减轻处罚"的规定,给予王某警告处罚。

本案涉及未成年人违法治安管理行为的处罚问题。根据本条规定,已满14周岁不满18周岁的人违反治安管理的,从轻或者减轻处罚。本案中,王某在实施违反治安管理行为时,属于已满14周岁未满18周岁的未成年人,在处罚时应当予以从轻或者减轻处罚。另外,考虑到王某"学坏"的特殊原因,公安机关给予王某警告处罚是正确的。

第十三条 【精神病人违法的处罚】

精神病人在不能辨认或者不能控制自己行为的时候违反治安管理的,不予处罚,但是应当责令其监护人严加看管和治疗。间歇性的精神病人在精神正常的时候违反治安管理的,应当给予处罚。

【条文解读】

本条是关于精神病人违反治安管理的处罚规定。精神病人是患有各类精神疾病的人。本条对于精神病人违反治安管理的处罚作了特殊规定,体现了法律对精神病人既不歧视又要保护的原则。本条主要规定了两方面的内容:

一是精神病人在不能辨认或者不能控制自己行为的时候违反治安管理的如何处理的规定。本条规定以精神病人是否有行为能力、是否能够辨认或者控制自

[①] 案例来源:《〈中华人民共和国治安管理处罚法〉案例解读本》,法律出版社2009年版,第8-9页,经过改编。

己的行为为标准,来确定精神病人是否要为其违反治安管理的行为负责,是否要受到治安处罚。这一规定既体现了对精神病人的保护,又有利于维护社会的治安。按照本条规定,精神病人在不能辨认或者不能控制自己行为的时候违反治安管理的,不予处罚,但是应当责令其监护人严加看管和治疗。这里规定的"不能辨认自己的行为""不能控制自己的行为"是选择性的,即只要精神病人符合其中的一种情形,就不予处罚。

实践中,对于违反治安管理的行为人是否是精神病人,要有科学、客观、准确的判断。本条没有规定有《刑法》规定的严格的对精神病人的鉴定程序,不能只听信行为人或者是被侵害人的一面之词,但是应当有证据证明是精神病人,必要的时候可以通过鉴定确认。精神病人违反治安管理的,即使不予处罚,也不能放任不管,任其危害社会和他人,要责令其监护人严加看管和治疗。这里规定的精神病人的"监护人",可以适用《民法通则》第十七条的规定:"无民事行为能力或者限制民事行为能力的精神病人,由下列人员担任监护人:(一)配偶;(二)父母;(三)成年子女;(四)其他近亲属;(五)关系密切的其他亲属、朋友愿意承担监护责任,经精神病人的所在单位或者住所地的居民委员会、村民委员会同意的。对担任监护人有争议的,由精神病人的所在单位或者住所地的居民委员会、村民委员会在近亲属中指定。对指定不服提起诉讼的,由人民法院裁决。没有第一款规定的监护人的,由精神病人的所在单位或者住所地的居民委员会、村民委员会或者民政部门担任监护人。"监护人应当认真履行其监护职责,对违反治安管理的精神病人严加看管和治疗。按照《民法通则》的规定,精神病人的监护人不履行监护职责或者侵害被监护人的合法权益的,应当承担责任;给被监护人造成财产损失的,应当赔偿损失。人民法院可以根据有关人员或者有关单位的申请,撤销监护人的资格。应当强调的是,精神病人违反治安管理不予处罚的,如果给他人造成了损害,按照《民法通则》的规定,要由监护人承担民事责任,监护人尽了监护责任的,可以适当减轻他的民事责任。

二是对间歇性的精神病人在精神正常的时候违反治安管理的如何处理的规定。间歇性精神病人是指精神并非一直处于错乱而完全失去辨认或者控制自己行为的能力,其精神疾病有时发作、有时不发作,精神有时正常、有时不正常的精神病人。在间歇性精神病人精神正常的情况下,他们具有辨认和控制自己行为的能力,这时与常人无异,违反治安管理的,应当予以处罚。

【实例解析】

间歇性的精神病人在精神正常的时候违反治安管理的,应当给予处罚。——精神病人李某寻衅滋事案①

2012年6月9日,在某商场门前,在一个多小时内,李某装疯卖傻,追逐、拦截过往数位行人,造成商场门前秩序一度混乱,商场保安向公安机关报案。

经公安机关调查,李某实施寻衅滋事行为事实清楚,有证人、被害人及商场监控为证。但李某家人提出李某有精神病,不应承担责任。但经过鉴定,李某是间歇性精神病人,其在实施寻衅滋事行为时,精神是正常的。依据《治安管理处罚法》规定,对李某给予治安处罚。

本案涉及精神病人违反治安管理的处罚问题。根据本条规定,精神病人在不能辨认或者不能控制自己行为的时候违反治安管理的,不予处罚,但是应当责令其监护人严加看管和治疗。本案中,李某在实施违反治安管理行为时,精神正常,因此应追究其法律责任。故此,本案中,公安机关对李某给予治安处罚是正确的。

第十四条 【盲人或聋哑人违法的处罚】
盲人或者又聋又哑的人违反治安管理的,可以从轻、减轻或者不予处罚。

【条文解读】

本条是关于对盲人或者又聋又哑的人违反治安管理的处罚规定。一般说来,精神正常的人的智力和知识会随着年龄的增长而发展,达到一定的年龄即开始具有辨认和控制自己行为的能力,年满18周岁即标志着这种能力达到了完备的程度。但是,人也有可能由于视能、听能、语能等重要生理功能的缺失或者丧失而影响其接受教育,影响其开发智力和学习知识,从而影响其具有完全辨认和控制自己行为的能力。如果这些人实施违反治安管理行为时,对他们像一般正常人一样给予治安管理处罚,就显得不够公正。盲人或者又聋又哑的人是限制责任能力的人。因此,本条明确规定:"盲人或者又聋又哑的人违反治安管理的,可以从轻、减轻或者不予处罚。"

盲人,是指双目均丧失视力的人。通俗地讲,盲人就是双眼看不见东西的人。聋,是指因听觉器官存在疾患而没有听觉。哑,是指发声器官存在疾患,或者发声器官虽无疾患,但因先天性耳聋而不能讲话。又聋又哑的人,是指同时缺失或丧失听力和语言功能的人。对于聋人或者哑人,由于他们并非同时缺失或丧失听力和语言功能,所以不能适用本条规定。盲人或者又聋又哑的人,多数是先天或者

---

① 案例来源:辽宁省公安厅治安管理总队整理的案例,有删减。

幼年即双目均缺失或丧失视力,或者缺失或丧失听力和语言功能。按照本条的规定,盲人或者又聋又哑的人违反治安管理的,"可以"从轻、减轻或者不予处罚,而不是"应当"从轻、减轻或者不予处罚。这里的"不予处罚"与第十二条和第十三条对未成年人和精神病人规定的"不予处罚"不同,它是指公安机关依照法律、法规的规定,考虑到有法定的特殊情况存在,对依法本应给予治安管理处罚的行为人,对其不予适用治安管理处罚。因此,公安机关在办理盲人或者又聋又哑的人违反治安管理的治安案件时,要结合违反治安管理行为人和案件的具体情况,依法合理地决定是否从轻、减轻或者不予处罚,以及是选择从轻处罚、减轻处罚,还是选择不予处罚。

应当注意的是,本条针对的对象是盲人或者又聋又哑的人,其他生理上有缺陷的人,如肢体有残疾的人等不在本条规定范围内。聋而不哑或者哑而不聋的人也不适用本条规定。本条规定对盲人或者又聋又哑的人违反治安管理的,"可以"从轻、减轻或者不予处罚,这里规定的是"可以",而非"应当",是指公安机关要根据违反治安管理的行为人的生理情况、违法行为的具体情况来酌定是否从轻、减轻或者不予处罚,而不是一律从轻、减轻或者不予处罚。

【实例解析】

盲人违法应予以治安管理处罚——张某抢越铁路案[①]

某日中午,K125次列车从丹东开往沈阳,火车行至本溪附近时,司机发现有个人在前方铁轨上行走,赶紧鸣笛示警,但这个人没有停下来的意思,司机紧急制动,迫使列车停了下来,耽误了5分钟,并导致了随后经过的数次列车晚点或者临时变线,扰乱了铁路运输秩序,给国家造成了一定的经济损失。

经公安机关调查,张某是盲人,因为生理障碍,认为沿着铁路行走比较方便,对于火车经过与否欠缺考虑。但张某作为成年人,应当意识到铁路是危险地带,不能在铁路线上行走。因此,对张某应当予以治安处罚,但考虑其为盲人,根据本条及其本法第三十六条之规定,盲人或者又聋又哑的人违反治安管理的,可以从轻、减轻或者不予处罚。公安机关对张某进行了安全教育,给予张某警告的治安处罚。

本案涉及盲人是否予以治安处罚问题。根据本条规定,盲人或者聋哑人违反治安管理的,可以从轻、减轻或者不予处罚。本案中,张某是盲人,由于生理障碍无法及时发现有火车经过这一事实,可以认为其生理缺陷影响到自己的认识和判断能力。但张某事先应当意识到铁路是危险地带,不能在轨道上行走。因此,对张某应当予以治安处罚,但须考虑其为盲人的从轻或减轻情节。故此,给予张某

[①] 案例来源:《〈中华人民共和国治安管理处罚法〉案例解读本》,法律出版社2009年版,第10-11页,经过改编。

警告的治安处罚是正确的。

> **第十五条 【酗酒的人违法的处罚】**
> 醉酒的人违反治安管理的,应当给予处罚。
> 醉酒的人在醉酒状态中,对本人有危险或者对他人的人身、财产或者公共安全有威胁的,应当对其采取保护性措施约束至酒醒。

【条文解读】

本条是关于对醉酒的人违反治安管理的,如何处罚以及采取保护性约束措施的规定。第一款是关于醉酒的人违反治安管理的应当给予处罚的规定。醉酒的人,是指饮酒过量而不能自制的人。目前,对"醉酒"法律没有规定一个统一、明确的标准。在现实生活中,每个人的体质和对酒精的耐受力也各不相同,有的人酒量大,有的人酒量小。有些人大量饮酒也不醉,而有些人少量饮酒,血液中酒精含量浓度很低,但其认知能力、判断能力和控制能力却受到很大影响。因此,实践中判断一个人是否醉酒,要综合考虑其酒量和酒后行为的表现,因人而异,对具体情况具体分析后认定。醉酒的人既不属于无责任能力的人,也不属于限制责任能力的人。从医学观点来看,在醉酒状态下,行为人的精神虽然出现了某些变化,但只是高级的最复杂的精神机能开始削弱,表现为语言增多、行为放纵、情绪不稳,常常由快乐变为激怒,并出现冲突与侵犯的倾向。不过,尽管行为人有上述精神上的变化,但并没有完全丧失辨别和控制自己行为的能力。他们对周围的事情和自己的所作所为,通常都能分析、判断和理解。同时,醉酒是一种不良习气,它不符合社会公共道德的要求,也有碍正常的社会秩序,应当受到道德和法律的约束。因此,醉酒的人违反治安管理的,应当负法律责任,公安机关应当依法给予治安管理处罚。当然,严重醉酒也能使人处于不能辨认或者不能控制自己行为的状态。但是,由于造成醉酒的原因是本人在清醒状态时酗酒所致,因而醉酒不能作为不予处罚的理由。反过来讲,如果将醉酒作为不予处罚的理由,那么一些不法分子就会钻法律的空子,以醉酒为借口去实施违反治安管理行为。

第二款是关于应当对醉酒的人采取保护性措施约束至酒醒的规定。醉酒的人在醉酒状态中,意识不清醒,有些人有醉酒后的生理反应,容易对本人造成危险,如酒精中毒、呕吐导致窒息等;有些人会做出一些不理智的事情,如破坏公物、殴打他人等。根据本款规定,如果醉酒的人没有上述社会危险性,如酒醉的人已有家人陪伴处于比较安全的环境中,不必对其进行约束,可以将其交由亲友看护或者护送至家中。本款这样规定,既是对醉酒公民人身的保护,也是对社会治安秩序的保护。这里规定的"约束至酒醒",不是对醉酒人的一种处罚,而是保护性的强制措施,待醉酒的人酒醒后、意识清楚后,可以自由离开或者根据其违反治安管理的行为给予处罚。在《道路交通安全法》中,对醉酒后驾驶机动车的,也规定要由公安机关交通管理部门将其约束至酒醒。《公安机关办理行政案件程序规定》四十六条规定,违法嫌疑人在醉酒状态中,对本人有危险或者对他人的人身、财产或者公共安全有威胁的,可以对其采取保护性措施约束至酒醒,也可以通知其家属、亲友或者所属单位将其领回看管,必要时,应当送医院醒酒。对行为举止失控的醉酒人,可以使用约束带或者警绳等进行约束,但是不得使用手铐、脚镣等警械。约束过程中,应当指定专人严加看护。确认醉酒人酒醒后,应当立即解除约束,并进行询问。约束时间不计算在询问查证时间内。《人民警察法》第十四条也规定,公安机关的人民警察对严重危害公共安全或者他人人身安全的精神病人,可以采取保护性的约束措施。这些法律中规定的约束措施的性质和目的都是一样的。

【实例解析】

醉酒行为人违法,应予以治安管理处罚——王某故意毁坏财物案[①]

2013年5月8日晚,王某在一小吃部喝酒,一直喝到22点多钟,并已明显喝多了,王某还继续要酒,店主怕王某出现意外,就善意地撒谎说酒没了。这惹怒了王某,王某借着酒劲儿砸碎了两箱啤酒。店主向派出所报案。

经公安机关调查,王某在醉酒状态下,并未失去辨别是非和控制自己行为的能力,而且应当预见到自己酒后的行为和后果,其砸毁小吃部两箱啤酒的行为,存在主观故意,应当对自己违反治安管理的行为负责。因此,根据本法第四十九条和本条之规定,对王某处以五日行政拘留,并处五百元罚款。

本案涉及醉酒后违法治安管理的处罚。根据本法规定,醉酒的人违反治安管理的,应当予以处罚,这是由于醉酒的人并未失去辨别是非和控制自己行为的能力,而且应当预见到自己酒后的行为和后果。在本案中,王某喝酒后故意毁坏小吃部啤酒的行为,性质比较恶劣,应予以治安处罚。故此,对王某处以五日行政拘留,并处五百元罚款是正确的。

第十六条 【有两种以上的违法行为的处罚】
有两种以上违反治安管理行为的,分别决定,合并执行。行政拘留处罚合并执行,最长不超过二十日。

---

① 案例来源:辽宁省公安厅治安管理总队整理的案例,有删减。

【条文解读】

本条规定的决定,是指公安机关依法就违反治安管理行为人违反治安管理的实体性问题,作出是否给予治安管理处罚及给予何种治安管理处罚的决定。执行,是指公安机关依照法定程序,按照已经发生法律效力的决定的内容和要求予以具体实施的行为。对一个人有两种以上违反治安管理行为的,实行"分别决定、合并执行"的原则。分别决定,是指对于一个违反治安管理行为人有两种或者两种以上违反治安管理行为的,就其每一个违反治安管理行为分别依法进行决定,确定对每一个违反治安管理行为应当给予的治安管理处罚。合并执行,是指将分别决定的治安管理处罚合并起来,并将同一种处罚的数额和期限相加在一起,最后决定给予哪些处罚及给予多重的处罚。

本条实质上规定了数过并罚的原则。数过并罚是治安管理处罚的裁量制度,指公安机关对同一行为人所实施的数个违反治安管理行为分别决定后,按照法定的并罚原则,决定其执行的治安管理处罚的制度。根据本法的规定,数过并罚具有以下两个特征:一是必须一行为人实施数个违反治安管理行为。这是适用数过并罚原则的前提条件。数个违反治安管理行为,既可以是行为人单独实施的,也可以是行为人伙同他人共同实施的。二是公安机关必须在对数个违反治安管理行为分别决定的基础上,依照法定的并罚原则,决定执行的治安管理处罚。这是数过并罚的程序规则和实际操作准则。实行数过并罚的结果,是对数个违反治安管理行为产生一个决定结果、制作一份《治安管理处罚决定书》,而不是几个相互独立的决定结果、制作几份《治安管理处罚决定书》。

本条所确定的数过并罚的原则,即对一人所实施的数个违反治安管理行为合并处罚应当依据的规则,也就是以并科原则为主,以限制加重原则为补充的折中原则。并科原则,又称相加原则、累加原则或者合并原则等,是指将一人所实施的数个违反治安管理行为分别决定的处罚绝对相加、合并执行的合并处罚原则。该原则主要适用于罚款处罚。限制加重原则,又称限制并科原则,是指以一人所实施的数个违反治安管理行为中应当决定的最重的处罚为基础,再在一定限度之内对其予以加重作为执行处罚的合并处罚原则。该原则只适用于行政拘留处罚。根据本条的规定,合并处罚原则的具体适用范围和基本适用规则如下:(1)决定的数个处罚为罚款的,采用并科原则,将罚款数额累加,决定执行的罚款数额。(2)决定的数个处罚为行政拘留的,采用限制加重原则,将拘留期限累加,决定执行的拘留期限,但最长不超过二十日。(3)决定的数个处罚对个人为一个警告、罚款、行政拘留、限期出境或者驱逐出境的,对单位为一个警告、罚款、吊销许可证的,按照采用并科原则的精神,决定执行的处罚,即对个人可以同时决定执行一个警告、罚款、行政拘留和限期出境或者驱逐出境,对单位可以同时决定一个警告、罚款和吊销许可证。但是,决定的数个处罚对个人为两个或者两个以上警告、限期出境或驱逐出境，对单位为两个或者两个以上警告或吊销许可证的，不适用"合并执行"的原则，而只能各执行一个处罚，如不能将两次警告处罚合并为一次严重警告或者合并改为罚款、行政拘留。

【实例解析】

两种违法行为，分别决定，合并执行——张某殴打他人和故意毁坏财物案①

2013年10月16日晚，在一酒吧内，张某与朋友们在一起喝酒，因与邻桌喝酒的汪某发生矛盾，遂对汪某进行了殴打。服务员上前制止，张某不但不听，反而以为服务员有意偏向汪某，因而怒砸酒桌，店主向派出所报案。

经公安机关调查，张某借着酒精的作用，与他人发生冲突，给他人造成轻微伤，又砸毁酒桌，经鉴定酒吧财物损失480元。基于以上事实，张某构成了殴打他人和故意毁坏公私财物两个违反治安管理的行为，事实清楚，证据充分。根据本条及本法第四十三条、第四十九条之规定，对张某的两个违反治安管理行为应分别决定，合并执行。为此，公安机关据本法第四十三条给予张某五日拘留，根据本法第四十九条给予王某五日拘留，合并执行十日行政拘留。

本案涉及有两种以上违反治安管理行为的处罚问题。根据本条规定，有两种以上违反治安管理行为的，分别决定，合并执行。在本案中，张某先殴打他人，后又实施故意毁坏财物行为，对他的两个违反治安管理行为应分别决定，合并执行。故此，公安机关给予张某合并执行十日行政拘留是正确的。

第十七条 【共同违法行为的处罚】

共同违反治安管理的，根据违反治安管理行为人在违反治安管理行为中所起的作用，分别处罚。

教唆、胁迫、诱骗他人违反治安管理的，按照其教唆、胁迫、诱骗的行为处罚。

【条文解读】

本条是关于共同违反治安管理的处罚原则的规定以及对教唆、胁迫、诱骗他人违反治安管理的如何处罚的规定。

第一款是关于共同违反治安管理的处罚原则的规定。"共同违反治安管理的"，是指两个或者两个以上的行为人，出于共同的违反治安管理的故意，实施了共同的违反治安管理的行为。"共同违反治安管理"应当符合以下特征：(1) 行为

---

① 案例来源：《〈中华人民共和国治安管理处罚法〉案例解读本》，法律出版社2009年版，第11-12页，经过改编。

主体是两个人或者两个以上的人。（2）几个违法行为人必须要有共同的故意。即行为人对于自己实施的违法行为持故意的心理状态，其明知自己的行为会发生危害社会的后果而希望或者有意放任这种结果的发生；同时，几个行为人相互明知在共同实施违反治安管理的行为。如果行为人是过失的违法，比如在施工中过失破坏了电力设备等，不能构成共同违反治安管理。几个行为人虽然是故意违反治安管理，如果没有共谋，只是各自实施了违反治安管理的，也不构成共同违反治安管理。（3）几个违法行为人必须有共同的违反治安管理的行为。违法行为人各自的行为都是在他们共同故意的支配下，围绕共同的侵害对象，为实现共同的违法目的而实施的。他们每个人所实施的违法行为都同违反治安管理的危害结果具有因果关系，是完成某一违法活动不可缺少的组成部分。依照本条的规定，对于共同违反治安管理的行为人，要根据其在违反治安管理行为中所起的作用，分别处罚。"行为人在违反治安管理行为中所起的作用"，是指每个违反治安管理的行为人在共同违反治安管理的违法活动中的作用，具体分为起组织、指挥、领导作用，起主要的作用，起次要或者辅助作用等。由于每个违法行为人在共同违反治安管理行为中的作用不同，决定了对他们的治安处罚的轻重也有所不同；起到的作用越是重要，受到的处罚也越重；起到的作用越是次要，受到的处罚也越轻。根据本条规定，对共同违反治安管理的行为人要分别处罚，即不能只根据违法行为的后果、社会危害以及法律有关规定对所有行为人给予相同的处罚，而要同时考虑每个人的不同作用，并区别对待，分别予以处罚，以体现错罚相当的原则。

本条第二款是关于教唆、胁迫、诱骗他人违反治安管理的如何处罚的规定。教唆、胁迫、诱骗他人违反治安管理的人与因受教唆、胁迫、诱骗而实施违反治安管理行为的人是共同违反治安管理，要按照其教唆、胁迫、诱骗的行为处罚，本法第二十条还规定对这些人应当从重处罚。"教唆他人违反治安管理"，是指唆使、怂恿他人实施违反治安管理的行为；"胁迫他人违反治安管理"，是指对他人进行威胁、恐吓等精神强制，使他人不敢不实施违反治安管理的行为；"诱骗他人违反治安管理"，是指以隐瞒后果等手段，诱导、欺骗他人实施违反治安管理的行为。教唆、胁迫、诱骗他人违反治安管理的，有的也同时直接参与实施了其所教唆、胁迫、诱骗的违反治安管理的行为，有的并未直接参与实施违反治安管理的行为，无论是何种情况，都要按照其所教唆、胁迫、诱骗的行为处罚。具体处罚的轻重，要根据本条第一款的规定及本法第二十条的规定予以处罚。

【实例解析】

教唆他人违法，按共同违法行为处罚——吴某教唆他人扰乱单位秩序案[①]

2012年8月7日，吴某因为乡长在电视上"虚夸"打井抗旱实情，遂教唆同村

[①] 案例来源：公安专网案例选编．中国公安信息网 www.ga/(10.1.30.13)，有删减。

民组张某等11人到乡政府讨说法。8月7日上午吴某一行12人一起到乡政府集体访、滞留,要求面见乡长,并声称"你们领导公然说谎,欺骗老百姓"。吴某一行12人把乡政府大门堵上,并控制了几个工作人员办公室,使乡政府无法正常工作达两个小时。

经公安机关调查,吴某与被教唆人张某等人共同参与了8月7日上午扰乱乡政府单位秩序活动,根据《治安管理处罚法》第二十三条第二款之规定,构成扰乱单位秩序行为,应以扰乱单位秩序对吴某等人予以处罚。因吴某教唆、聚众他人实施违法行为,给予十五日行政拘留,并处一千元罚款的从重处罚。

本案涉及教唆他人违反治安管理的处罚问题。根据本条规定,教唆他人违反治安管理的,按照其教唆行为处罚。同时,根据本法第二十条规定,教唆他人违法,从重处罚。本案中,吴某与被教唆人张某等人共同参与了8月7日上午扰乱乡政府单位秩序活动,使乡政府无法正常工作达两个小时。故此,公安机关对吴某进行十五日行政拘留、并处一千元罚款处罚是正确的。

第十八条 【单位违法行为的处罚】
单位违反治安管理的,对其直接负责的主管人员和其他直接责任人员依照本法的规定处罚。其他法律、行政法规对同一行为规定给予单位处罚的,依照其规定处罚。

【条文解读】

本条是关于单位违反治安管理的处罚规定。实践中,违反治安管理的主要是自然人,有些情况下单位也会成为违反治安管理的主体。单位违反治安管理是区别于自然人违反治安管理的一种违法形态,是指单位成为违反治安管理行为的主体。如本法第五十九条规定了对典当业等取得公安机关许可的行业经营者,违反治安管理的,可以依法予以处罚,其中就有可能存在单位违反治安管理行为。本条规定的"单位",包括企业、事业单位,机关,团体等单位。单位违反治安管理也体现在自然人的行为上,如何定性一个违法行为是单位违反治安管理还是自然人违反治安管理,一般来讲有几个界限:一是单位违法是由单位领导集体决定或者单位的主管领导决定,并组织有关人员实施的,而自然人违法则是由个人决定实施的,即使是个人打着单位的旗号或者以单位名义实施的,也是自然人违法;二是单位违法一般是出于为单位的利益或目的,非法利益归单位所有,自然人违法则一般是出于个人的目的。

本条对于单位违反治安管理的处罚对象和处罚原则作了明确的规定,有三层意思:一是单位违反治安管理的,处罚其直接负责的主管人员和其他直接责任人员。就是说,对于单位违反治安管理的,首先要处罚单位违反治安管理的直接负责的主管人员和其他直接责任人员。二是对单位违反治安管理的,对单位直接负责的主管人员和其他直接责任人员是按照本法关于对自然人违反治安管理行为的处罚规定去处罚。三是如果其他的法律、行政法规对同一行为规定给予单位处罚的,则应依照其他法律、行政法规规定的处罚种类、处罚幅度,由其他法律、行政法规规定的处罚决定机关,对该单位给予处罚。

《治安管理处罚法》第十八条规定,"单位违反治安管理的,对其直接负责的主管人员和其他直接责任人员依照本法的规定处罚。其他法律、行政法规对同一行为规定给予单位处罚的,依照其规定处罚",并在第五十四条规定可以吊销公安机关发放的许可证。根据公安部《公安机关执行〈中华人民共和国治安管理处罚法〉有关问题的解释》四、关于对单位违反治安管理的处罚问题,对单位实施《治安管理处罚法》第三章所规定的违反治安管理行为的,应当依法对其直接负责的主管人员和其他直接责任人员予以治安管理处罚;其他法律、行政法规对同一行为明确规定由公安机关给予单位警告、罚款、没收违法所得、没收非法财物等处罚,或者采取责令其限期停业整顿、停业整顿、取缔等强制措施的,应当依照其规定办理。对被依法吊销许可证的单位,应当同时依法收缴非法财物、追缴违法所得。参照刑法的规定,单位是指公司、企业、事业单位、机关、团体。

第十九条　【减轻处罚或不予处罚的情形】

违反治安管理有下列情形之一的,减轻处罚或者不予处罚:
(一) 情节特别轻微的;
(二) 主动消除或者减轻违法后果,并取得被侵害人谅解的;
(三) 出于他人胁迫或者诱骗的;
(四) 主动投案,向公安机关如实陈述自己的违法行为的;
(五) 有立功表现的。

【条文解读】

本条是关于违反治安管理应当减轻处罚或者不予处罚的情形的规定。违反治安管理的,应当依法处罚。本法第十二条、第十三条、第十四条规定,对于已满十四周岁不满十八周岁的未成年人、盲人或者又聋又哑的人违反治安管理的,可以减轻处罚;对于不满十四岁的人违反治安管理的或者精神病人在不能辨认或者不能控制自己行为的时候违反治安管理的,不予处罚。这些对行为人减轻处罚或者不予处罚的情形,是由于行为主体自身的年龄和生理特点决定的,本条规定的一些减轻处罚或者不予处罚的情形,是考虑到行为人的行为特征、行为后果、社会

危害等客观因素,主要有以下几种情形:

(1) 情节特别轻微的。实践中违反治安管理的行为多种多样,为了体现对违法行为人教育与处罚相结合的原则,本条规定对情节特别轻微的违反治安管理的行为,应当减轻处罚或者不予处罚。这里规定的"情节特别轻微的",主要是指违反治安管理的行为没有造成危害后果或者危害后果很轻微的情况。

(2) 主动消除或者减轻违法后果,并取得被侵害人谅解的。违法行为一般都会有危害社会的后果,有的造成被侵害人财产损失、人身伤害或者是精神上的损害,有的是扰乱了公共秩序、妨害了公共安全或者是妨害了社会管理秩序等。违法行为有的有被侵害人,如被殴打的人、被盗窃的人等;有的违法行为没有特定的被侵害人,如一些妨害社会管理或者妨害公共安全的行为等。本项规定的对行为人减轻处罚或者不予处罚的情形要同时符合两个条件:一是行为人主动消除或者减轻违法后果。违法后果越是严重,其社会危害性就越大,越应当从严惩处,如果行为人及时、主动地消除或者减轻违法后果,不仅对社会的危害小了,而且也表明行为人主观上意识到了自己的错误,有悔改的表现。二是取得被侵害人的谅解。违法行为毕竟不是犯罪行为,其社会危害性相对较小,对被侵害人的侵害相对较轻,对于行为人违反治安管理有被侵害人的情况,应当积极取得被侵害人的谅解,这样有利于消除矛盾,增进社会和谐,促进构建一个和谐的社会。同时这样规定,也使公安机关在处理违法行为时,必须要考虑到被侵害人的态度,如果没有被侵害人对行为人的谅解,没有被侵害人的同意,不能任意减轻违法行为人的处罚或者不予处罚,防止任意执法、徇私枉法。

(3) 出于他人胁迫或者诱骗的。受到他人的胁迫或者诱骗而违反治安管理的,行为人是在精神受到强制或者是受骗上当产生错误认识情况下违法的,虽然有过错,应当负责任,但是主观恶性相对较小,因而应当减轻处罚或者不予处罚。本条规定的"胁迫"和"诱骗"的含义与本法第十七条规定的含义是相同的。

(4) 主动投案,向公安机关如实陈述自己的违法行为的。本项规定的减轻处罚或者不予处罚的情形要同时符合两个条件:一是违法行为人主动投案。所谓"主动投案",是指违法行为人在其违法行为尚未被公安机关发现以前,或者公安机关虽已发现但尚不知道行为人的,或者是虽已掌握违法事实和违法行为人但尚未追查之前,违法行为人出于悔过、惧怕处罚、亲友教育等原因,自己主动到公安机关承认违法行为并自愿接受处理的。实践中下列情形都是属于主动投案:违法行为人在异地向公安机关投案的;由于自身行动不便而委托他人代为投案的;在公安机关未掌握其违法行为时,因受到盘查、教育而主动交代违法行为的,等等。不论行为人出于何种原因、何种形式,主动投案的实质是违法行为人主动到公安机关接受处理。二是违法行为人要向公安机关如实陈述自己的违法行为。行为人主动投案以后,必须如实陈述其违法行为,包括具体的时间、地点、当事人以及作案手段等等。如果有些细节或者事实，行为人确实记不清了或者记错了，只要不是有意隐瞒，基本事实和主要情节如实说清楚了，还是应当认定为是如实陈述了违法行为。有的违法行为人为了逃避打击，投案以后采取种种手段隐瞒真相、避重就轻或者只供述一部分违法事实，企图蒙混过关，对这类人必须依法惩处。只有同时符合上述两个条件的，公安机关才可以依照本法规定，对行为人减轻处罚或者不予处罚。

（5）有立功表现的。这里规定的"立功表现"，主要是指违法行为人在实施违法行为后，有揭发其他违法犯罪事实、阻止他人的违法犯罪活动以及有其他突出贡献的等情况。《行政处罚法》规定，对于配合行政机关查处违法行为有立功表现的，应当依法从轻或者减轻处罚。《刑法》也规定，对于有立功表现的犯罪分子，可以从轻、减轻或者免除处罚。本条的规定与这些法律规定的精神是统一的，即给了违法行为人改过自新、服务社会的机会，也有利于打击其他各类违法犯罪活动。

在掌握以上关于违反治安管理应当减轻处罚或者不予处罚的法定情形的前提下，我们在司法实务中该如何把握呢？根据公安部《公安机关执行〈中华人民共和国治安管理处罚法〉有关问题的解释（二）》四、关于减轻处罚的适用问题，违反治安管理行为人具有《治安管理处罚法》第十二条、第十四条、第十九条减轻处罚情节的，按下列规定适用：法定处罚种类只有一种，在该法定处罚种类的幅度以下减轻处罚；法定处罚种类只有一种，在该法定处罚种类的幅度以下无法再减轻处罚的，不予处罚；规定拘留并处罚款的，在法定处罚幅度以下单独或者同时减轻拘留和罚款，或者在法定处罚幅度内单处拘留；规定拘留可以并处罚款的，在拘留的法定处罚幅度以下减轻处罚；在拘留的法定处罚幅度以下无法再减轻处罚的，不予处罚。

【实例解析】

主动消除或者减轻违法后果，并取得被侵害人谅解的，减轻处罚或者不予处罚——吕某殴打他人案[①]

2013年3月30日20时许，某县居民吕某陪其妻子到县恩良医院急诊室治疗，包扎其妻子头部受的外伤，因嫌值班医生董某未先给其妻子处理伤口，踢了董某腹部一脚，吕某走后，董某住院治疗，并向公安机关报案，要求处理此案。

某县公安局台南派出所接报警后赶到现场，得知董某伤情较轻微，未构成伤害犯罪行为，按照董某提供的线索，于次日找到了违法行为人吕某，吕某承认一时气愤踢了董某一脚，没想到会给他造成伤害。因自己是国家干部，不希望派出所给自己处罚，主动向派出所承认错误，并立即到医院看望董某，向董某赔礼道歉，

[①] 案例来源：辽宁省公安厅治安管理总队存档案例，有删减。

全部承担了董某看病住院治疗花掉的医药费,取得了被害人董某及家人的谅解。根据《治安管理处罚法》第四十三条第一款、第十九条第二项,《公安机关执行〈中华人民共和国治安管理处罚法〉有关问题的解释(二)》四的规定,决定认定吕某殴打他人的违法行为成立,不予处罚。

本案涉及违反治安管理行为不予处罚的情形之一——主动消除或者减轻违法后果,并取得被侵害人谅解的。根据本条规定,吕某虽然实施了违反治安管理行为,但主动消除或者减轻违法后果,并取得了被侵害人的谅解,减轻处罚或者不予处罚。在本案中,吕某踢打他人后,在公安机关向其了解情况后,能主动如实陈述自己的违法行为,并积极主动的承担被害人的医药费,主动向被害人赔礼道歉,且给被害人造成的伤较轻微,对其不予处罚是正确的。

第二十条 【从重处罚的情形】
违反治安管理有下列情形之一的,从重处罚:
(一)有较严重后果的;
(二)教唆、胁迫、诱骗他人违反治安管理的;
(三)对报案人、控告人、举报人、证人打击报复的;
(四)六个月内曾受过治安管理处罚的。

【条文解读】
本条是关于违反治安管理从重处罚的情形的规定。从重处罚,是指公安机关在法律、法规和规章规定的处罚方式和处罚幅度内,对违反治安管理行为人在几种可能的处罚方式内选择适用较重的处罚方式,或者在同一种处罚方式下在允许的幅度内选择幅度的较高限进行处罚。一种情况是:公安机关对违反治安管理行为人在几种可能的处罚方式内选择适用较重的处罚方式。例如,本法第四十五条规定:"有下列行为之一的,处五日以下拘留或者警告:(一)虐待家庭成员,被虐待人要求处理的;(二)遗弃没有独立生活能力的被扶养人的。"行为人违反上述规定,如果具有本条规定的四种情形之一的,公安机关可以对行为人处5日以下拘留,即在法定处罚方式行政拘留和警告中,选择适用较重的处罚方式。另一种情况是:公安机关在同一种处罚方式下在允许的幅度内选择幅度的较高限进行处罚。例如,本法第四十七条规定:"煽动民族仇恨、民族歧视,或者在出版物、计算机信息网络中刊载民族歧视、侮辱内容的,处十日以上十五日以下拘留,可以并处一千元以下罚款。"行为人违反上述规定,如果具有本条规定的四种情形之一的,公安机关可以对行为人处十三日、十四日或者十五日行政拘留。这种从重处罚,是选择法定的"处十日以上十五日以下拘留"的行政拘留幅度较高限给予的处罚。

根据案件的具体情况，如果行为人因实施该违反治安管理行为获取了物质利益的，公安机关还可以在"一千元以下罚款"的幅度内选择并处一定数额的罚款。本条规定要从重处罚的情形主要有：

（1）有较严重后果的。本条规定的"较严重后果"，是指违反治安管理的行为造成了比较严重的现实危害后果，如严重扰乱了社会秩序、严重妨害公共安全、对他人人身财产权利造成严重危害、严重妨害社会管理秩序等等。违反治安管理造成的后果越是严重，其社会危害性越大，应当予以从重处罚。

（2）教唆、胁迫、诱骗他人违反治安管理的。教唆、胁迫、诱骗的含义在本法第十七条的释义中已有明确阐述。教唆、胁迫、诱骗他人违反治安管理的人，不但自己有违反治安管理的故意，而且还采取教唆、胁迫、诱骗等手段，使原本没有违反治安管理故意的人成为危害社会的违法行为人，这些人的主观恶性很大，必须予以从重处罚，以教育公民，更好维护社会治安秩序。

（3）对报案人、控告人、举报人、证人打击报复的。本条规定的"报案人"，是指向司法机关报告发现的违法犯罪事实或者违法犯罪嫌疑人的人，也包括违法犯罪行为的被害人。"举报人"，是指当事人以外的向司法机关检举、揭发、报告违法犯罪事实或者违法犯罪嫌疑人的其他知情人。"控告人"，是指被害人及其近亲属或其诉讼代理人，他们对侵害被害人合法权益的违法犯罪行为向司法机关告诉，要求追究侵害人法律责任。"证人"，是指知道案件全部或者部分真实情况，以自己的证言作为证据揭露违法犯罪行为的人。这里规定的"打击报复"的形式是多样的，既包括对报案人、控告人、举报人、证人的人身、财产的损害，也包括对他们精神上的折磨，如进行暴力伤害、利用职权辞退以及当众侮辱等等。报案人、控告人、举报人、证人都是在维护自己的合法权益或者利用自己的权利揭露违法犯罪，这既是公民的权利，也是公民的责任，有利于打击违法犯罪行为，维护社会的治安秩序，对他们进行打击报复，不仅是侵犯了他们合法的人身财产等权利，也妨害了司法机关打击违法犯罪的司法活动，其社会影响很坏，不利于弘扬社会正气，因而必须予以从重处罚。应当注意的是，《刑法》第三百零八条规定了打击报复证人的犯罪，对证人作了特殊的保护，打击报复证人构成犯罪的，应当依法追究刑事责任；不构成犯罪的，应当依照本条规定从重予以治安处罚。

（4）六个月内曾受过治安管理处罚的。刚刚受过治安管理处罚，在六个月内又违反治安管理的，属于屡教不改，应当从重处罚。

【实例解析】

六个月内曾受过治安管理处罚的,从重处罚——杨某聚众赌博案[①]

杨某下岗在家,没有其他正当职业。于是杨某在城郊结合部租住了一间平房,纠集一些人在屋内赌博,严重影响了邻居的生活和休息。邻居王某实在无法忍受,某日到派出所向民警反映了这一情况。基于邻居反映的情况,次日,派出所民警将正在进行赌博的人全部抓获,因相关证据证明不了杨某聚众赌博构成犯罪,所以对杨某按照聚众赌博违法行为、对其他行为人按照参与赌博进行了处罚。

经公安机关调查,杨某在五个月前,还与邻居王某发生纠纷,殴打王某并致轻微伤,构成了违反治安管理行为,被派出所处以五百元罚款。杨某五个月内两次违反治安管理行为,依照本条规定属于应当从重处罚的情节,因此,公安机关对杨某聚众赌博行为处以十五日行政拘留,并处罚款三千元。

本案涉及违反治安管理行为的从重处罚情形之一——六个月内曾受过治安管理处罚的。所谓六个月内曾受过治安管理处罚的,也就是说,刚刚受过治安管理处罚,在六个月内又违反治安管理的,属于屡教不改,应当从重处罚。

本案中,杨某五个月前,曾殴打邻居被治安处罚过,杨某在没超过六个月时间内,再一次聚众赌博,这属于给予治安处罚的从重处罚情形。故此,公安机关对杨某处以十五日行政拘留,并处罚款三千元是正确的。

第二十一条 【行政拘留执行豁免】

违反治安管理行为人有下列情形之一,依照本法应当给予行政拘留处罚的,不执行行政拘留处罚:

(一)已满十四周岁不满十六周岁的;

(二)已满十六周岁不满十八周岁,初次违反治安管理的;

(三)七十周岁以上的;

(四)怀孕或者哺乳自己不满一周岁婴儿的。

【条文解读】

本条是关于行政拘留执行豁免的规定,即作出行政拘留不执行。规定的目的在于体现对弱势群体的特殊保护。不执行行政拘留处罚,是指公安机关依法对违反治安管理行为人作出行政拘留决定,但考虑到行为人具有法定的特殊情况,而实际上不执行行政拘留。既包括不将违反治安管理行为人送达拘留所执行,也包

[①] 案例来源:《中华人民共和国治安管理处罚法》案例解读本》,法律出版社 2009 年版,第 13–14 页,经过改编。

括不搞所外执行。

首先,第一项所规定的对"已满十四周岁不满十六周岁的"人不执行行政拘留处罚,侧重的是对未成年人的保护,是出于对未成年人的保护和责任承担能力上的考虑。一般来说,承担责任,要求行为人对其行为及后果有意识和意志能力,也就是能认识到自己行为的性质和后果并能控制自己的行为。只有行为人在能意识到自己行为的性质和后果,并出于自主的意志而选择去做这种行为,要求他对其行为及后果承担责任才是适当的。在我国的相关法律中,在民事责任和刑事责任的承担上,对未成年人都有特殊的规定。比如,《刑法》第十七条即规定:"已满十六周岁的人犯罪,应当负刑事责任。""已满十四周岁不满十六周岁的人,犯故意杀人、故意伤害致人重伤或者死亡、强奸、抢劫、贩卖毒品、放火、爆炸、投毒罪的,应当负刑事责任。"也就是说不满十六周岁的人,对于上述罪名之外的其他犯罪行为是不承担刑事责任的。作为行政责任制裁之一的行政拘留在执行对象上排除一部分未成年人,也是出于同样的考虑。"教育、感化、挽救"是对犯了错误的未成年人保护的基本原则。在对未成年人的责任归结上,教育挽救是目的。这种责任承担上的限制也有利于给已满十四周岁未满十六周岁、智力发育尚未成熟的人更多改过自新的机会,避免行政拘留处罚对其成长可能造成的不利影响。不满十六周岁,是决定是否对行为人适用行政拘留的年龄界限,在实践中应当一律按照公历年、月、日计算实足年龄。必须是过了十六周岁生日的,才认为已满十六周岁。

其次,第二项所规定的对"已满十六周岁不满十八周岁,初次违反治安管理的"人不执行行政拘留处罚,同样是基于对未成年人的保护。相对于已满十四周岁不满十六周岁的人来说,已满十六周岁不满十八周岁的人对行为性质及其后果的认识和控制能力有所提高,但和已经年满十八周岁的成年人相比还是有差距的。另外,考虑到不满十八周岁的人一旦被公安机关执行拘留处罚,对其本人的心理、周围的人对他的评价和其今后的人生发展都会产生比较负面的影响。因此本法规定对这一部分人,初次违反治安管理的,不执行行政拘留的处罚。这样规定的目的是想将拘留处罚对这些人今后成长的负面影响减少到最低,但又能通过对他给予治安拘留处罚却不实际执行的方式,对其起到教育警示作用。当然,本项是对已满十六周岁不满十八周岁的人初次违反治安管理,依法应当给予行政拘留处罚的,不予执行的规定;如果行为人不思改正,不吸取教训,再次违反治安管理,又依法应当治安拘留的,就应执行行政拘留处罚。根据公安部《公安机关执行〈中华人民共和国治安管理处罚法〉有关问题的解释(二)》五、关于"初次违反治安管理"的认定问题,《治安管理处罚法》第二十一条第二项规定的"初次违反治安管理",是指行为人的违反治安管理行为第一次被公安机关发现或者查处。但具有下列情形之一的,不属于"初次违反治安管理":曾违反治安管理,虽未被公安机关发现或者查处,但仍在法定追究时效内的;曾因不满十六周岁违反治安管理,不执行行政拘留的;曾违反治安管理,经公安机关调解结案的;曾被收容教养、劳动教养的;曾因实施扰乱公共秩序,妨害公共安全,侵犯人身权利、财产权利,妨害社会管理的行为被人民法院判处刑罚或者免除刑事处罚的。

再次,根据第三项的规定对"七十周岁以上的"人不执行行政拘留处罚。这一规定主要是出于人道主义的考虑。年迈的人大多身体较弱,若处以行政拘留,在自由被剥夺的情况下,有可能引发进一步的健康恶化或其他的隐患,给责任人造成超出责任限度之外的不利后果。责任承担的方式是多样的,对七十周岁以上的人违反治安管理行为不执行行政拘留处罚,并不意味着免除他的责任,还可以对其执行其他更为合适的处罚方式。

第四项规定的"怀孕或者哺乳自己不满一周岁婴儿的"也是出于人道主义的考虑。《刑法》第四十九条即规定:"犯罪的时候不满十八周岁的人和审判的时候怀孕的妇女,不适用死刑。"本项规定中的"哺乳自己不满一周岁婴儿"指的是哺乳未满一周岁的婴儿的哺乳期,作此规定既是对妇女的保护,也是对胎儿和婴儿成长发育的保护。规定对"怀孕或者哺乳自己不满一周岁婴儿的"妇女不执行行政拘留处罚也不意味着免除她的责任,而是可以考虑其他的行政处罚措施。

对以上四种对象的违反治安管理行为,公安机关根据本法的有关规定应当给予其行政拘留处罚的,仍然可以裁定予以行政拘留处罚,只是该行政拘留不实际执行。"给予行政拘留处罚"体现的是对行为人所实施的违反治安管理行为的否定性评价,不实际执行表明对上述四种对象的特殊保护。根据公安部《公安机关执行〈中华人民共和国治安管理处罚法〉有关问题的解释》五、关于不执行行政拘留处罚问题,以及《治安管理处罚法》第二十一条的规定,对"已满十四周岁不满十六周岁的"、"已满十六周岁不满十八周岁,初次违反治安管理的"、"七十周岁以上的"、"怀孕或者哺乳自己不满一周岁婴儿的"违反治安管理行为人,可以依法作出行政拘留处罚决定,但不投送拘留所执行。被处罚人居住地公安派出所应当会同被处罚人所在单位、学校、家庭、居(村)民委员会、未成年人保护组织和有关社会团体进行帮教。上述未成年人、老年人的年龄、怀孕或者哺乳自己不满1周岁婴儿的妇女的情况,以其实施违反治安管理行为或者正要执行行政拘留时的实际情况确定,即违反治安管理行为人在实施违反治安管理行为时具有上述情形之一的,或者执行行政拘留时符合上述情形之一的,均不再投送拘留所执行行政拘留。

【实例解析】

哺乳自己不满一周岁婴儿的妇女盗窃,作出行政拘留不执行——哺乳婴儿妇女王某盗窃案[①]

2012年6月9日10时20分,某公安派出所接到报告说,本村王某骑摩托车

---

① 案例来源:辽宁省公安厅治安管理总队整理的案例,有删减。

到外地偷狗,把偷来的狗卖给本村村民。

接到报告后,当地派出所立即对案件展开调查,经调查,掌握了一定事实后,马上传唤有偷狗嫌疑的王某。经进一步询问,王某承认在2011年12月10日以来,因丈夫患病去世,生活困难,为了照顾自己不满一周岁的女儿,先后在王庄村、刘家庄等地先后偷了三只小狗卖给本村的村民,获款八百五十元。

公安机关根据王某的违法事实,依据本法第四十九条之规定,对王某给予行政拘留五日的处罚。因王某(女)正在哺乳自己未满周岁的女儿,依据本法第二十一条一款第四项之规定,不执行行政拘留。

本案涉及应给予行政拘留处罚而不予执行的情形之一——哺乳自己不满一周岁婴儿的。对哺乳自己不满一周岁婴儿的人实施违反治安管理行为的,虽然依法应当予以行政拘留,但出于对不满一周岁婴儿的保护上的考虑,以及考虑到坚持教育与处罚相结合原则等因素,不予执行更有利于婴儿的身心健康。本案中,王某多次盗窃应当拘留,但因其正在哺乳自己未满周岁的女儿,依据本条规定,不执行拘留是正确的。

第二十二条 【追究时效】

违反治安管理行为在六个月内没有被公安机关发现的,不再处罚。

前款规定的期限,从违反治安管理行为发生之日起计算;违反治安管理行为有连续或者继续状态的,从行为终了之日起计算。

【条文解读】

本条是关于违反治安管理行为追究时效的规定。

本条第一款是关于追究时效期限的规定。追究时效,又称追溯期,是指对违法犯罪行为追究法律责任的有效期限。按照本条的规定,违反治安管理行为的追究时效为6个月,即违反治安管理行为在6个月内没有被公安机关发现的,不再给予治安管理处罚。也就是说,在违反治安管理行为发生后的6个月内,公安机关未发现这一违反治安管理的事实,那么在规定的6个月后,公安机关无论在何时发现了这一违反治安管理的事实,对当时的违反治安管理行为人都不再给予治安管理处罚。所谓"被公安机关发现",不能仅仅理解为公安机关直接发现,需由公安机关人民警察亲眼所见,还包括间接发现,如受害人向公安机关报告,单位或者群众举报等。这里的未被"发现",既包括违反治安管理行为没有被发现,也包括虽然发现了违反治安管理行为,但不知该行为是由何人实施的这两种情形。

本条第二款是关于追究时效期限的计算的规定。本款规定的追究时效的期限有两种起算情况:

第一,一般情况下追究期限的起算时间是从行为发生之日起计算。"行为发生之日"是指违反治安管理行为完成或者停止之日。如非法运输少量未经灭活的罂粟等毒品原植物种子或者幼苗的,在路途上用了三天,应当以第三天将罂粟等运到并转交他人起开始计算追究时效的期限。

第二,特殊情况下的追究期限的起算时间,有两种情形:(1)违反治安管理行为处于连续状态的,从行为终了之日起计算。就是说违反治安管理行为人连续实施同一治安违法行为,时效期限从其最后一个行为施行完毕时开始计算。"连续状态"是指治安违法行为人在时间间隔较短的一定时期内,基于同一的或者概括的违法意图,连续实施数个性质相同的违反治安管理行为的情形。如违反治安管理行为人在公共汽车上多次偷窃或者存较短的时期内多次殴打他人等。(2)违反治安管理行为处于继续状态的,从违反治安管理行为终了之日起计算。就是说行为人所实施的违反治安管理行为在一定时间内处于持续状态的,时效期限自这种持续状态停止的时候开始计算。"继续状态"也就是持续状态,是指行为人实施的同一种违反治安管理行为在一定时期内处于接连不断的状态,没有停止和间断的现象,如非法限制人身自由等。

值得注意的是,被侵害人在违法行为追究时效内向公安机关控告,公安机关应当受理而不受理的,不受本条追究时效的限制。另外,根据公安部《公安机关执行〈中华人民共和国治安管理处罚法〉有关问题的解释》三、第二款《治安管理处罚法》第二十二条对违反治安管理行为的追究时效作了明确规定,公安机关对超过追究时效的违反治安管理行为不再处罚,但有违禁品的,应当依法予以收缴。

【实例解析】
违反治安管理行为人六个月后被公安机关发现,仍应予以处罚——李某故意毁坏公私财物案[①]

2013年,为了报复小区物业管理收费"过高"及停车费问题,小区业主李某,趁人不备,把小区门口的"栏杆"给砸断,给小区物业造成四百五十元的损失,物业发现后到公安机关报案。经公安机关查证,情况属实,但因李某在逃一直没有进行处罚。一年后,李某回家。邻居将其回家的消息报告到当地公安派出所。

经公安机关调查,李某的毁坏他人财物行为虽然已经过去一年,但其违法行为在案发的当日已经被公安机关发现,只是由于李某在逃,因此不受"6个月内"期限的限制。因此,根据本法第四十九条规定,派出所经报批准对李某进行了5日行政拘留处罚。

---

① 案例来源:辽宁省公安厅治安管理总队整理的案例,有删减。

本案涉及违反治安管理行为的追究时效问题。根据本条规定，违反治安管理行为在六个月内没有被公安机关发现的，不再处罚。这里所规定的是"违反治安管理行为"，而不是"违反治安管理行为人"。这里所规定的被公安机关发现，当然包括当事人报案的情形。本案中，李某的故意毁坏公私财物行为属于被公安机关发现的范围，只是由于李某在逃而没有被及时处罚，因此不受"六个月内"期限的限制。故此，公安机关对李某的处罚是正确的。

第三章　违反治安管理的行为和处罚

第一节　扰乱公共秩序的行为和处罚

> 第二十三条　【扰乱单位秩序;扰乱公共场所秩序;扰乱公共交通工具上的秩序;妨碍交通工具正常行驶;破坏选举秩序;聚众扰乱单位秩序;聚众扰乱公共场所秩序;聚众扰乱公共交通工具上的秩序;聚众妨碍交通工具正常行驶;聚众破坏选举秩序】
>
> 有下列行为之一的,处警告或者二百元以下罚款;情节较重的,处五日以上十日以下拘留,可以并处五百元以下罚款:
>
> (一)扰乱机关、团体、企业、事业单位秩序,致使工作、生产、营业、医疗、教学、科研不能正常进行,尚未造成严重损失的;
>
> (二)扰乱车站、港口、码头、机场、商场、公园、展览馆或者其他公共场所秩序的;
>
> (三)扰乱公共汽车、电车、火车、船舶、航空器或者其他公共交通工具上的秩序的;
>
> (四)非法拦截或者强登、扒乘机动车、船舶、航空器以及其他交通工具,影响交通工具正常行驶的;
>
> (五)破坏依法进行的选举秩序的。
>
> 聚众实施前款行为的,对首要分子处十日以上十五日以下拘留,可以并处一千元以下罚款。

【条文解读】

本条是关于扰乱单位秩序、扰乱公共场所秩序、扰乱公共交通工具上的秩序、妨碍交通工具正常行驶、破坏选举秩序、聚众扰乱单位秩序、聚众扰乱公共场所秩序、聚众扰乱公共交通工具上的秩序、聚众妨碍交通工具正常行驶、聚众破坏选举秩序的行为及其处罚的规定。本条第一款是关于扰乱机关单位、公共场所、公共交通和选举秩序等具体情形的规定。根据本款规定,扰乱机关单位、公共场所、公共交通和选举秩序主要包括如下几种情形:

第一,扰乱机关、团体、企业、事业单位秩序,致使工作、生产、营业、医疗、教学、科研不能正常进行,尚未造成严重损失的。本项规定的是扰乱单位秩序的行为,表现为实施扰乱机关、团体、企业事业单位秩序的行为,并造成这些单位的工作、生产、营业、医疗、教学、科研不能正常进行,但尚未造成严重损失。扰乱是指造成秩序的混乱,具体表现为使单位秩序的有序性变为无序性。扰乱行为既有暴力性质的,也有非暴力性质的。暴力性质的扰乱行为具体表现为:在机关、团体、企业、事业单位内砸办公用具、物品、门窗等物,毁坏文件材料等;纠缠有关国家工作人员、职工、教师、科研人员等。非暴力性质的扰乱行为具体表现为:在机关、团体、企业、事业单位内起哄、闹事、辱骂;擅自封闭机关、团体、企业、事业单位的出入通道;占据办公室、实验室、教室、生产车间以及其他工作场所。扰乱行为必须造成一定的社会后果,即"致使工作、生产、营业、医疗、教学、科研不能正常进行的",如有的被辞退的违纪职工拒绝接受企业的正确处理,无理纠缠,致使企业不能正常生产;有的病人或者其家属借医疗事故在医院大吵大闹,不听劝阻,致使医院的医疗工作受到影响。构成本行为的前提是尚未造成严重损失,即未造成停产停业或者重大经济损失等其他情形。如果行为人的扰乱行为经有关人员劝阻后,停止扰乱行为,没有造成影响和损失的,则可不予处罚。

第二,扰乱车站、港口、码头、机场、商场、公园、展览馆或者其他公共场所秩序的。本项行为侵犯的客体是公共场所的秩序,侵犯的对象是公共场所。公共场所根据本条第二项所列举的有车站、港口、码头、机场、商场、公园、展览馆或者其他公共场所等。其他公共场所包括礼堂、公共食堂、游泳池、浴池、宾馆饭店等供不特定多数人随时出入、停留、使用的场所。公共场所具有人员聚集量大、流动量大的特征,如果公共场所的秩序受到破坏,就会出现混乱状态,影响其他人的正常活动和公共场所的正常秩序。行为人扰乱公共场所秩序的目的一般是制造事端,给有关机关部门施加压力,以满足其无理或过分的要求,有的是乘机闹事。本项行为具体表现为在公共场所内打架斗殴、损毁财物、制造混乱、阻碍干扰维持秩序人员依法履行职务,影响活动的正常进行等,一般是尚未达到情节严重的程度。本项行为的主体为一般主体,即符合法律规定应当承担违反治安管理职责的任何自然人。

第三,扰乱公共汽车、电车、火车、船舶、航空器或者其他公共交通工具上的秩序的。本项规定的是扰乱公共交通工具秩序的行为。本项行为具有如下特征:扰乱公共交通工具秩序的行为侵犯的是公共交通工具上的秩序,而不是其他交通工具上的秩序,也不是交通管理秩序。公共交通工具是指正在运营的公共汽车、电车、火车、船舶、航空器或者其他公共交通工具。扰乱公共交通工具秩序的行为表现为实施了扰乱公共交通工具上的秩序的行为,影响了公共交通工具的正常运行,一般是尚未达到情节严重的程度。各级人民政府和有关交通管理部门对公共交通工具上的秩序有很多规定。例如:乘车必须购票;不得拒绝乘务人员查票;必须在站台候车;车到终点必须全部下车;不得违章使用车票、月票;不得在车身和车内设备上乱涂、乱写、乱画;严禁在车内吸烟;严禁携带危害公众安全的蛇、狗等动物乘车;严禁携带危险物品乘车;服从船舶以及港站工作人员的指挥和管理,不得强行登船、抢下抢上或在港口、渡口、码头、售票处和船舶上滋事打闹等。

第四,非法拦截或者强登、扒乘机动车、船舶、航空器以及其他交通工具,影响交通工具正常行驶的。本项行为规定的是非法拦截、扒乘交通工具的行为。行为表现为采用非法拦截或者强登、扒乘等方法影响机动车、船舶、航空器以及其他交通工具正常行驶。本项行为的侵犯对象包括机动车、船舶、航空器以及其他交通工具,不限于公共交通工具。本项行为与扰乱公共交通工具上的秩序的行为的区别在于,本项行为侧重于对交通行为本身的扰乱、妨碍,后者侧重于对交通工具秩序的扰乱;本项行为所针对的对象不限于公共交通工具,后者限于公共交通工具。

第五,破坏依法进行的选举秩序的。本项规定的是破坏选举秩序的行为。这里所规定的选举是广义的法律规定的各类选举。所谓"依法进行的选举",是指依照法律规定的需要,按照法律规定的程序进行的选举,包括选举各级人民代表大会代表或者国家机关领导人。破坏选举秩序的行为不要求"情节严重",只要使得选举无法正常进行或者影响正常的选举结果即可。

另外,根据公安部《公安机关执行〈中华人民共和国治安管理处罚法〉有关问题的解释(二)》六、关于扰乱居(村)民委员会秩序和破坏居(村)民委员会选举秩序行为的法律适用问题,对扰乱居(村)民委员会秩序的行为,应当根据其具体表现形式,如侮辱、诽谤、殴打他人、故意伤害、故意损毁财物等,依照《治安管理处罚法》的相关规定予以处罚。对破坏居(村)民委员会选举秩序的行为,应当依照《治安管理处罚法》第二十三条第一款第五项的规定予以处罚。

【实例解析】

扰乱机关正常工作秩序,情节较重的,应予以处罚——张某等扰乱市委市政府秩序案[①]

2012年8月,张某等人召集100余名退伍转业军人,以要求解决政治待遇和生活待遇为由到市委市政府门前静坐,长达两个多小时,干扰了市委市政府机关的正常工作,使交通受到了一定的阻塞。在劝阻无效的情况下,当地公安机关依法控制了张某。

经公安机关调查,张某等人召集100余名退伍转业军人到市委市政府门前静坐,扰乱了机关正常的工作秩序,属于情节较重,应当按照本条第(一)项予以处罚,公安机关依法对张某处以行政拘留五日的治安管理处罚。

本案涉及扰乱机关秩序案的认定及处罚。依本条第(一)项规定,扰乱机关、

---

① 案例来源:辽宁省公安厅治安管理总队整理的案例,有删减。

团体、企业、事业单位秩序,致使工作、生产、营业、医疗、教学、科研不能正常进行,尚未造成严重损失的,处以警告或者二百元以下罚款;情节较重的,处五日以上十日以下拘留,可以并处五百元以下罚款。本案中,张某等人召集 100 余名退伍转业军人到市委市政府门前静坐,扰乱了机关的正常工作秩序,达到了情节较重的情形,故此,按照本条的"情节较重"标准予以处罚是正确的。

第二十四条 【扰乱大型群众性活动秩序的行为及处罚】

有下列行为之一,扰乱文化、体育等大型群众性活动秩序的,处警告或者二百元以下罚款;情节严重的,处五日以上十日以下拘留,可以并处五百元以下罚款:

(一)强行进入场内的;

(二)违反规定,在场内燃放烟花爆竹或者其他物品的;

(三)展示侮辱性标语、条幅等物品的;

(四)围攻裁判员、运动员或者其他工作人员的;

(五)向场内投掷杂物,不听制止的;

(六)扰乱大型群众性活动秩序的其他行为。

因扰乱体育比赛秩序被处以拘留处罚的,可以同时责令其十二个月内不得进入体育场馆观看同类比赛;违反规定进入体育场馆的,强行带离现场。

【条文解读】

本条是关于扰乱大型群众性活动秩序的行为及处罚的规定。根据国务院发布的《大型群众性活动安全管理条例》第二条的规定,大型群众性活动大型群众性活动是指法人或者其他组织面向社会公众举办的每场次预计参加人数达到1 000人以上的体育比赛、演唱会、音乐会等文艺演出、展览、展销、游园、灯会、庙会、花会、焰火晚会、人才招聘会、现场开奖的彩票销售等活动。《大型群众性活动安全管理条例》对参加人数较多的大型群众性文化体育活动实行行政许可制度。根据该条例的规定,大型群众性活动的预计参加人数在 1 000 人以上 5 000 人以下的,由活动所在地县级人民政府公安机关实施安全许可;预计参加人数在 5 000 人以上的,由活动所在地设区的市级人民政府公安机关或者直辖市人民政府公安机关实施安全许可;跨省、自治区、直辖市举办大型群众性活动的,由国务院公安部门实施安全许可。在《行政许可法》实施之后,国务院对全国的行政许可项目进行了清理,颁布了《国务院对确需保留的行政审批项目设定行政许可的决定》,即国务院令第 412 号,保留了公安机关对大型群众文化体育活动的安全许可。

本条第一款是关于扰乱文化、体育等大型群众性活动秩序具体情形的规定。

根据本款规定,扰乱文化、体育比赛等大型群众性活动秩序主要包括如下几种情形:

(一)强行进入场内。这主要是针对有封闭活动场所的大型活动所作的规定。这里的"强行进入场内",具体是指行为人不购买门票或者入场券,并且不听工作人员的制止,强行进入场内观看比赛或者进行其他活动,或者虽持有票证,但不服从安全检查工作人员的安全检查,而强行进入场内以及其他强行进入场内的情形。

(二)违反规定,在场内燃放烟花爆竹或者其他物品。在大型群众性活动场内擅自燃放烟花爆竹容易引发火灾或者导致现场秩序混乱,从而危及公共安全,发生群死群伤的事件。因此,对文化、体育等大型群众性活动,应从管理规范上健全这一防范性要求,禁止在大型群众性活动场内擅自燃放烟花爆竹。其他物品包括衣物、报刊等。实践中,一部分情绪激动的行为人,在大型活动现场有燃烧衣物、起哄闹事等情形,扰乱了现场秩序。因此,在特定的时间和特定的地点禁止燃放烟花爆竹,对于保护环境,维护人民的正常生活秩序,都是十分有利的,各地对于燃放烟花爆竹都有特定的规定。根据本项规定,在场内燃放烟花爆竹或者其他物品的,应当符合大型活动所在地的地方性法规以及赛事组织者关于燃放的具体规定。所谓烟花爆竹之外的其他物品,主要是指燃放后可能造成环境污染,留下安全隐患,干扰文化、体育等大型群众性活动正常进行的物品,如燃烧报纸、扫帚、横幅、标语等。

(三)展示侮辱性标语、条幅等物品。为了活跃气氛,表达自己对参赛选手的支持、对赛事的喜爱等,文化、体育活动等大型活动的参与者通常会在大型活动的现场悬挂各种标语、条幅等物品,有时赛事的组织者也会悬挂标语、条幅。但行使自己的权利和自由的时候,不得损害他人的合法权益和自由,在大型活动的举办场所不应当展示侮辱性标语、条幅等物品,这既是对他人的尊重,也是赛场文明的重要内容。展示侮辱性标语、条幅等易挑起双方观众的对立情绪,伤害受侮辱一方运动员的比赛积极性,引发球员之间、观众之间的冲突,同时也对他人的人格权造成了侵害,必须从法律上加以禁止。

(四)围攻裁判员、运动员或者其他工作人员。这主要是针对大型体育比赛活动所作的规定。裁判员、运动员或者其他工作人员是大型活动的主要参与者,其人身安全应该得到有效保障,这也是维护正常的大型活动秩序必不可少的要求。同时,围攻裁判员、运动员或者其他工作人员,还可能引发更大范围的混乱,造成更为严重的后果。这里的"围攻"是指众人包围、攻击他人的行为。围攻裁判员、运动员或者其他工作人员。这是一种比较严重的扰乱大型群众性活动秩序行为,它直接影响到比赛等大型群众性活动的正常进行。对于实施此类行为的人员应当从严处罚。如果围攻行为导致他人受到轻微伤的,则在扰乱大型活动秩序和故意伤害中择一处罚重的行为处罚。如果对他人造成了比较重的伤害,达到了刑事案件的立案标准,则应依法追究行为人的刑事责任。

（五）向场内投掷杂物,不听制止。在大型活动的进行过程中,有的参与者可能会基于各种动机往场内投掷杂物,比如,表达对裁判的不满,不满意某球员的表现等。但不论是出于何种动机,这种行为会威胁他人的人身安全,妨碍体育比赛等大型活动的秩序,干扰大型活动的正常进行。因此,对于向场内投掷杂物的行为,赛事的组织者和在现场维持秩序的人员应当及时制止。对于不听制止的,应当根据本法的规定,予以处理。

（六）扰乱大型群众性活动秩序的其他行为。是指其他妨碍大型群众性活动的秩序,扰乱大型群众性活动正常进行的行为,如不听制止,跳入场内追逐裁判、运动员等行为。

本条第二款是针对因扰乱体育比赛秩序被处以拘留处罚的人所作的特别规定。对因扰乱体育比赛秩序被处以拘留处罚的,可以同时责令其十二个月内不得进入体育场馆观看同类比赛;违反规定进入体育场馆的,应当强行带离现场。法律作这样的规定,主要是为了避免体育场馆内秩序受已有"捣乱"记录的人的破坏,使体育比赛能够正常进行。这里所规定的"可以",表明不是对所有曾因扰乱体育比赛秩序被处以拘留处罚的人都要责令其十二个月内不得进入体育场馆观看同类比赛,而应当充分考虑其人身危险性、对体育比赛的干扰可能性等具体情形,由公安机关来决定是否需要禁止其在十二个月内不得进入体育场馆观看同类比赛。

【实例解析】

向场内投掷杂物,不听制止的,属于违反治安管理行为——李某扰乱体育比赛活动秩序案①

2012年7月15日下午,西安赛区全国足球甲B联赛第十六轮陕西国力队与成都五牛队比赛结束后,由于对当值主裁判的判罚不满,少数球迷高喊"黑哨"口号。同时,以李某为首的少数球迷向场内乱扔矿泉水瓶等杂物,不听制止,使比赛不得不中断10分钟。

经公安机关调查,李某等人因对当值主裁判不满,为发泄情绪,不听劝阻向场内乱扔杂物,引起比赛中断,事实清楚,证据确凿,且情节严重,属于违反治安管理行为,应当按照本条第五项规定,给予李某五日行政拘留,并处以五百元罚款的处罚。

本案涉及向场内投掷杂物,不听制止的行为认定与处罚问题。在比赛进行过程中,李某等出于对裁判的不满,向场内投掷杂物,这种行为威胁了他人的人身安全,妨碍了体育比赛活动的秩序,干扰了比赛活动的正常进行。因此,对于向场内

---

① 案例来源:辽宁公安教育培训中心整理的案例,有删减。

投掷杂物的行为,赛事的组织者和在现场维持秩序的人员都及时进行了制止。但李某等不听制止,因此,依据本法的规定,予以李某五日行政拘留,并处以五百元罚款的处罚是正确的。

第二十五条 【虚构事实扰乱公共秩序;投放虚假危险物质扰乱公共秩序;扬言实施放火、爆炸、投放危险物质扰乱公共秩序】

有下列行为之一的,处五日以上十日以下拘留,可以并处五百元以下罚款;情节较轻的,处五日以下拘留或者五百元以下罚款:

(一)散布谣言,谎报险情、疫情、警情或者以其他方法故意扰乱公共秩序的;

(二)投放虚假的爆炸性、毒害性、放射性、腐蚀性物质或者传染病病原体等危险物质扰乱公共秩序的;

(三)扬言实施放火、爆炸、投放危险物质扰乱公共秩序的。

【条文解读】

本条是关于散布谣言,谎报险情、疫情、警情,投放虚假的危险物质和散布恐怖信息等扰乱公共秩序的行为及其处罚的规定。投放虚假的危险物质以及扬言实施放火、爆炸、投放危险物质扰乱公共秩序是本法新增加的违反治安管理行为。美国"9·11"恐怖事件发生后,在一些国家相继发生了一系列投放炭疽菌病毒的恐怖活动,继而又出现以假的炭疽菌病毒制造恐慌的事件,在我国也曾发生过类似的事件。这种投放虚假炭疽菌病毒的行为虽然在客观上不能造成炭疽病的传播,但会造成一定范围内的社会恐慌,扰乱社会公共秩序。因此,2001年12月29日第九届全国人大常委会第二十五次会议通过的《中华人民共和国刑法修正案(三)》规定:"投放虚假的爆炸性、毒害性、放射性、传染病病原体等物质,或者编造爆炸威胁、生化威胁、放射威胁等恐怖信息,或者明知是编造的恐怖信息而故意传播,严重扰乱社会秩序的,处五年以下有期徒刑、拘役或者管制;造成严重后果的,处五年以上有期徒刑。"在本次制定治安管理处罚法过程中,与刑法修正案作了衔接,规定对投放虚假的危险物质扰乱公共秩序,尚不够刑事处罚的,应当给予治安管理处罚。

其一,散布谣言,谎报险情、疫情、警情或者以其他方法故意扰乱公共秩序的行为。本项规定的行为的主体是达到责任年龄且具有责任能力的公民。本项规定的行为在主观上是出于故意,是为了扰乱社会公共秩序而散布谣言,谎报险情、疫情、警情。如果行为人主观上不是出于故意,则不构成违反治安管理行为。如对道听途说信以为真或者由于认识判断上的失误而出于责任心向有关部门报错了险情、疫情、警情的，不能视为违反治安管理的行为。此外，还应当明确，无论行为人是否实现扰乱公共秩序的目的，不影响对本项规定的行为的认定。本项规定的行为在客观方面表现为散布谣言、谎报险情、疫情、警情或者以其他方法故意扰乱公共秩序，尚不够刑事处罚的行为。所谓"散布谣言"，是指捏造并散布没有事实根据的谎言用以迷惑不明真相的群众，扰乱社会公共秩序的行为。"谎报险情、疫情、警情"，是指编造火灾、水灾、地质灾害以及其他危险情况和传染病传播的情况以及有违法犯罪行为发生或者明知是虚假的险情、疫情、警情，向有关部门报告的行为。

其二，投放虚假的危险物质。投放虚假的危险物质，是指明知是虚假的危险物质而以邮寄、放置等方式将虚假的类似于爆炸性、毒害性、放射性、腐蚀性物质或者传染病病原体等物质置于他人或者公众面前或者周围的行为。这种投放虚假的危险物质的行为，虽然不至于发生真正的爆炸、毒害、放射后果以及传染性疾病的传播，但是会造成一定范围的恐慌，严重扰乱社会公共秩序，特别是在恐怖分子投放真的危险物质的情况下，这种投放虚假的危险物质的行为，会使人真假难辨，危害更大，应当予以适当的处罚。对于严重扰乱社会秩序的，应当根据刑法的规定追究刑事责任。由于这种行为不可能实际造成爆炸、毒害、放射性、传染性疾病的传播等后果，不致危害公共安全，因此属于扰乱公共秩序行为。所谓危险物质是指具有爆炸性、毒害性、放射性、腐蚀性的物质和传染病病原体等物质。具体来说，所谓"爆炸性物质"是指在受到摩擦、撞击、震动、高温或者其他因素的激发下，能产生激烈的化学反应，在瞬间产生大量的气体和热量并伴有光和声等效应，使周围空气压力急剧上升，发生爆炸的物品，如各种炸药、雷管、导火索、黑火药、烟火剂、民用信号弹和烟花爆竹等。"毒害性物质"是指少量进入人体即能使得肌体受到损害或者破坏其正常的生理机能，使其产生暂时或者永久性的病理状态，甚至导致肌体死亡的物质，包括化学性毒物、生物性毒物和微生物类毒物，常见的有氰化钾、砷化氢、磷化氢、砒霜、信石、吗啡、升汞及各种剧毒农药（敌敌畏、乐果）等。"放射性物质"是指能放射出射线的物质。某些元素和它们的化合物，结构不稳定，衰变时能从原子核中放射出肉眼看不见的、有穿透性的粒子——射线。具有这种特性的元素以及它们的化合物称为放射性物质，如钴60、铯137、铀矿沙、硝酸铀等。"腐蚀性物质"是指硫酸、盐酸等能够严重毁坏其他物品以及人身的物品。"传染病病原体"是指能在人体或者动物体内生长、繁殖，通过空气、饮食、接触等方式传播，能对人体健康造成危害的传染病菌种和毒种。

其三，散布恐怖信息的行为。散布恐怖信息的行为是指扬言实施放火、爆炸、投放危险物质，扰乱公共秩序的行为。本类行为的主体是一般主体，具有完全的行为能力和责任能力的均可成为本类行为的主体。本类行为在客观方面表现为扬言实施放火、爆炸、投放危险物质。"放火"是指故意纵火焚烧公私财物，严重危害公共安全的行为；"爆炸"是指故意引起爆炸物爆炸，危害公共安全的行为；"投放危险物质",是指向公共饮用水源、食品或者公共场所、设施或者其他场所投放能够致人死亡或者严重危害人体健康的毒害性、放射性、传染病病原体等物质的行为。所谓"扬言实施"是指以公开表达的方式使人相信其将实施上述行为。构成本类行为并非没有程度的要求,除了扬言实施放火、爆炸、投放危险物质之外,客观上还要求该行为达到了扰乱了正常的公共秩序的程度。本类行为在主观上是故意,至于行为的动机则各种各样,如有的人是因为个人的某些要求没有得到满足而实施,有的是出于对他人的仇视而实施等。

【实例解析】

网络造谣扰乱公共秩序的治安违法行为——潘某散布谣言扰乱公共秩序案[①]

"宁海艾滋病!危!危!危!危!危!危!危!危!危!"2013年8月23日,名为"Mr.Pan"的网民在宁海某论坛发布这一看似危急的帖子:宁海范围内KTV足浴店小姐中有567位患有艾滋病,现正在向普通人扩散。此信息一出引起当地网民较多关注。

经公安机关调查,这其实是23岁的宁海人潘某凭空捏造的谣言。为了提高自己的知名度,潘某(男,23岁,宁海人)用"Mr.Pan"的网名在宁海某论坛发帖,称"宁海县范围内KTV足浴店小姐中有567位患有艾滋病,现正向普通人扩散"。因散布谣言,扰乱了公共秩序,构成治安违法行为,依据本条第一项规定,潘某被警方行政拘留三日。

本案涉及虚构事实扰乱公共秩序的认定及处罚。虚构事实扰乱公共秩序即本条第一项的"谎报险情、疫情、警情",是指编造火灾、水灾、地质灾害以及其他危险情况和传染病传播的情况以及有违法犯罪行为发生或者明知是虚假的险情、疫情、警情,向有关部门报告的行为。依本条第一项之规定,虚构事实扰乱公共秩序的,处五日以上十日以下拘留,可以并处五百元以下罚款;情节较轻的,处五日以下拘留或者五百元以下罚款。在本案中,潘某散布谣言,谎报险情的行为属于虚构事实扰乱公共秩序,公安机关对潘某处以三日行政拘留是正确的。

第二十六条 【寻衅滋事】

有下列行为之一的,处五日以上十日以下拘留,可以并处五百元以下罚款;情节较重的,处十日以上十五日以下拘留,可以并处一千元以下罚款:

(一)结伙斗殴的;

[①] 公安专网案例选编。见中国公安信息网 www.ga/(10.1.30.13),有删减

> （二）追逐、拦截他人的；
> （三）强拿硬要或者任意损毁、占用公私财物的；
> （四）其他寻衅滋事行为。

【条文解读】

本条是关于寻衅滋事行为及其处罚的规定。所谓寻衅滋事行为，是指在公共场所无事生非，起哄闹事，肆意挑衅，横行霸道，打群架，破坏公共秩序，尚未造成严重后果的行为。

本类行为表现为行为人公然藐视国家法纪、社会公德，破坏公共场所秩序和生活中人们应当遵守的共同准则，实施寻衅滋事行为扰乱公共秩序的行为。寻衅滋事的动机一般不是完全为了某种个人的利害冲突，也不是单纯为了取得某种物质利益，而是企图通过寻衅滋事行为的实施来寻求刺激或者追求某种卑鄙欲念的满足。行为人是为了填补精神上的空虚，或者为寻求精神刺激、发泄对社会的不满，或是为了在某一地区称王称霸、显示威风，为了哥们儿义气进行报复等。寻衅滋事行为多发生在公共场所（也有一些发生在偏僻隐蔽的地方），常常给公民的人身、人格或公私财产造成损害，但是寻衅滋事行为一般侵犯的并不是特定的人身、人格或公私财产，而主要是指向公共秩序，向整个社会挑战，蔑视社会主义道德和法制。

根据本条规定，寻衅滋事行为主要表现为如下几种形式：第一，结伙斗殴的。一般是指出于私仇宿怨、争霸一方或者其他动机而以结成团伙的方式打群架。第二，追逐、拦截他人的。是指出于取乐、寻求精神刺激等不健康动机，无故无理追赶、拦挡他人以及追逐、拦截异性等。第三，强拿硬要或者任意损毁、占用公私财物的。是指以蛮不讲理的流氓手段，强行索要市场、商店的商品以及他人的财物，或者随心所欲损坏、毁灭、占用公私财物。第四，其他寻衅滋事行为。是指上述行为以外的其他寻衅滋事扰乱公共秩序的行为。

值得注意的是，司法实践中我们应区分治安违法与刑事犯罪的寻衅滋事行为。根据《刑法》第二百九十三条规定，有下列寻衅滋事行为之一，破坏社会秩序的，处五年以下有期徒刑、拘役或者管制：随意殴打他人，情节恶劣的；追逐、拦截、辱骂、恐吓他人，情节恶劣的；强拿硬要或者任意损毁、占用公私财物，情节严重的；在公共场所起哄闹事，造成公共场所秩序严重混乱的。纠集他人多次实施"前款"行为，严重破坏社会秩序的，处五年以上十年以下有期徒刑，可以并处罚金。根据《关于办理寻衅滋事刑事案件适用法律的若干问题解释》第一条规定，行为人为寻求刺激、发泄情绪、逞强耍横等，无事生非，实施刑法第二百九十三条规定的行为的，应当认定为"寻衅滋事"。行为人因日常生活中的偶发矛盾纠纷，借故生非,实施刑法第二百九十三条规定的行为的,应当认定为"寻衅滋事",但矛盾系由被害人故意引发或者被害人对矛盾激化负有主要责任的除外。行为人因婚恋、家庭、邻里、债务等纠纷,实施殴打、辱骂、恐吓他人或者损毁、占用他人财物等行为的,一般不认定为"寻衅滋事",但经有关部门批评制止或者处理处罚后,继续实施前列行为、破坏社会秩序的除外。

【实例解析】

任意损毁、占用公私财物的寻衅滋事行为——阚某寻衅滋事案[①]

2011年5月1日,某村"小混混"阚某因不满本村村民张某的土地没有承包给自己,对张某承包给刘某的两亩土地进行了破坏——阚某把刘某已播种的两亩土地用犁杖都给挑了。刘某到当地派出所报案。

经公安机关调查,阚某为了自己的私利,发泄自己的不满,强行耍横,对他人播种的土地进行破坏,无事生非,起哄闹事,肆意挑衅,属于寻衅滋事行为,且情节较重,但尚未造成严重后果,应当依据本条规定处以十日以上十五日以下拘留,可以并处一千元以下罚款。

本案涉及寻衅滋事行为的认定及处罚。寻衅滋事,是指在公共场所无事生非,起哄闹事,肆意挑衅,为了在某一地区称王称霸、显示威风,以蛮不讲理的流氓手段,随心所欲损坏、毁灭、占用公私财物,破坏既有的公序良俗,尚未造成严重后果的行为。本案中,阚某对他人播种的土地进行肆意破坏行为,已经构成寻衅滋事,依据本条规定给予治安处罚是正确的。

第二十七条 【组织、教唆、胁迫、诱骗、煽动从事邪教、会道门活动;利用邪教、会道门、迷信活动危害社会;冒用宗教、气功名义危害社会】

有下列行为之一的,处十日以上十五日以下拘留,可以并处一千元以下罚款;情节较轻的,处五日以上十日以下拘留,可以并处五百元以下罚款:

(一)组织、教唆、胁迫、诱骗、煽动他人从事邪教、会道门活动或者利用邪教、会道门、迷信活动,扰乱社会秩序、损害他人身体健康的;

(二)冒用宗教、气功名义进行扰乱社会秩序、损害他人身体健康活动的。

【条文解读】

本条是关于利用封建迷信、会道门,冒用宗教、气功名义进行非法活动的行为及其处罚的规定。

近年来,在我国消失已久的会道门和邪教组织在一些地方死灰复燃,其成员

---

① 案例来源:辽宁省公安厅治安管理总队整理的案例,有删减。

打着宗教或者练气功的幌子,大肆传播封建迷信思想、煽动反社会、反人类情绪、蛊惑人心、蒙骗群众,严重扰乱了社会秩序,并给人民群众的生命财产造成严重损害。为此,我国刑法规定了组织、利用会道门、邪教组织、利用迷信破坏法律实施罪和组织、利用会道门、邪教组织、利用迷信致人死亡罪。1999年10月,全国人大常委会通过了《关于取缔邪教组织、防范和惩治邪教活动的决定》,规定:"坚决依法取缔邪教组织,严厉惩治邪教组织的各种犯罪活动。邪教组织冒用宗教、气功或者其他名义,采用各种手段扰乱社会秩序,危害人民群众生命财产安全和经济发展,必须依法取缔,坚决惩治。人民法院、人民检察院和公安、国家安全、司法行政机关要各司其职,共同做好这项工作。对组织和利用邪教组织破坏国家法律、行政法规实施,聚众闹事,扰乱社会秩序,以迷信邪说蒙骗他人,致人死亡,或者奸淫妇女、诈骗财物等犯罪活动,依法予以严惩。"本条与刑法相衔接,规定对利用邪教活动、会道门,冒用宗教、气功名义或者利用迷信扰乱社会秩序、损害他人身体健康,尚不够刑事处罚的,应当给予治安管理处罚。

本条规定的利用封建迷信、会道门进行非法活动的行为,主要包括两个方面的内容:首先,组织、教唆、胁迫、诱骗、煽动他人从事邪教、会道门活动。这一规定侧重于组织、教唆、胁迫、诱骗、煽动他人参加会道门、邪教组织的行为。所谓"组织",是指为组成、建立会道门、邪教组织而开展的鼓动、纠集、纠合他人参加等组织活动,如创设会道门、邪教组织,恢复已查禁的会道门、邪教组织,发展教徒、道徒,招收会员,秘密设坛、设点等等。所谓"教唆",是指通过刺激、利诱、怂恿等方法使被教唆者接受教唆意图,并从事某种行为。所谓"胁迫",是指行为人以将要发生的损害或者以直接实施损害相威胁,对被害人实行精神强制进而使对方当事人产生恐惧而作出违背其真实意愿的行为。所谓"诱骗",是指通过物质或者非物质的利益等方式欺骗他人。所谓"煽动",是指以语言、文字、图像等方式对他人进行鼓动、宣传,意图使他人相信其所煽动的内容,或者意图使他人去实施所煽动的行为。所谓"邪教组织",是指冒用宗教教义而建立的,不受国家法律承认和保护的非法组织。与宗教组织相比较,其发展教徒、筹集活动经费、传教方式是反社会的、反道德的、是邪恶的,故称之为邪教组织。所谓"会道门",是封建迷信活动组织的总称,如我国历史上曾经出现的一贯道、九宫道、哥老会、先天道、后天道等组织。这些带有封建迷信色彩或者反社会性质的会道门组织,建国后曾经被彻底取缔,但近年来在有些地方又死灰复燃,秘密进行一些破坏社会秩序的活动。

利用封建迷信、会道门进行非法活动的行为,还必须要求造成一定危害后果,即利用邪教、会道门、迷信活动扰乱社会秩序、损害他人身体健康的。这一方面的规定侧重于活动所造成的结果,需要造成了扰乱社会秩序、损害他人身体健康的结果。

本条也规定了冒用宗教、气功名义进行扰乱社会秩序、损害他人身体健康的行为。我国《宪法》第三十六条明确规定:"中华人民共和国公民有宗教信仰自由。"正常的宗教活动以及以强身健体为目的的气功活动是受国家保护的,任何人不得冒用宗教、气功名义进行破坏社会秩序、损害公民身体健康的活动,否则即应承担相应的法律责任。

【实例解析】

冒用气功名义的违反治安管理行为——吴某冒用气功扰乱社会秩序案[①]

2011年10月至2011年12月间,违法嫌疑人吴某利用业余时间,在居住地使用钢笔和圆珠笔在红线双格纸及红线双格信纸上先后制作和手抄有关题为"善缘""你知道吗"等所谓气功宣传品计100余份。12月3日晚7时左右,吴某将制作好的100余份"气功"传单装在衣服口袋里,带手电筒,骑自行车从市区出发,沿公路至某镇境内,将100余份"气功"宣传品投放于公路两侧的居民住宅内。后经人举报,公安机关将其抓获。

经公安机关调查,吴某的所谓"气功"只是模仿一些气功动作,其目的在于骗取一些财物。鉴于其骗取财物尚未得逞,属于情节较轻,为此,公安机关对吴某进行了批评教育,吴某如实交代了想利用"气功"为载体"发财"的违法行为,并保证不再犯。根据本条之规定,公安机关对吴某处以五日行政拘留处罚。

本案涉及冒用"气功"活动危害社会行为的认定及处罚。根据本条规定,冒用气功名义进行扰乱社会秩序、损害他人身体健康活动的,处十日以上十五日以下拘留,可以并处一千元以下罚款;情节较轻的,处五日以上十日以下拘留,可以并处五百元以下罚款。本案吴某将制作好的100余份"气功"传单进行散发,具有一定危害性,可以认定为冒用气功扰乱社会秩序的违法行为。由此,本案中,公安机关对吴某的处罚是正确的。

第二十八条 【故意干扰无线电业务正常进行;拒不消除对无线电台(站)的有害干扰】

违反国家规定,故意干扰无线电业务正常进行的,或者对正常运行的无线电台(站)产生有害干扰,经有关主管部门指出后,拒不采取有效措施消除的,处五日以上十日以下拘留;情节严重的,处十日以上十五日以下拘留。

【条文解读】

本条是关于故意干扰无线电业务的正常进行和干扰无线电台(站)的行为及

[①] 案例来源:《〈中华人民共和国治安管理处罚法〉案例解读本》,法律出版社2009年版,第22页,经过改编。

处罚的规定。

近年来,故意干扰无线电业务的行为频繁发生,如对政府、军队通信系统的干扰,对防汛、防火、气象等系统的干扰,对铁路、交通、电力、电信、广播、电视等系统的干扰,甚至发生恶意干扰民航无线电专用频率的事件。我国刑法虽然规定了扰乱无线电通讯管理秩序罪,但据国家无线电管理部门介绍,由于刑法设定的构成犯罪条件比较高,大量的干扰无线电业务的违法行为未得到应有的惩处,而有关行政法规的行政处罚又起不到震慑和教育作用。

根据本条规定,故意干扰无线电业务正常进行的和干扰无线电台(站)的行为有以下特征:一是行为人违反了国家规定,即行为具有违法性。这里的"国家规定",是指国家有关无线电业务和无线电台(站)管理的有关法律、行政法规及相关规范性文件,如《电信条例》《无线电管理条例》《广播电视管理条例》等。如果行为人没有违反国家规定,虽然客观上其行为造成了对无线电业务的干扰,但也不属于违反治安管理的行为,可以通过技术手段予以解决。二是行为必须具有一定的危害后果,即故意干扰无线电业务的正常进行,或者对正常运行的无线电台(站)产生有害干扰,经有关主管部门指出后,拒不采取有效措施消除。故意干扰无线电业务正常进行的行为人必须是主观故意心态,即明知该行为会产生干扰无线电业务的正常进行的后果,仍希望这种危害后果的发生。如果这种危害结果的发生是因过失行为造成的,则不属于本法调整的范围,可以通过其他法律、法规等予以解决。而后一种行为构成违法的条件是:对正常运转的无线电台(站)产生的有害干扰虽然不是行为人故意造成的,但经有关主管部门指出后,拒不采取有效措施消除对无线电台(站)的有害干扰。这就是说,对于不是故意的干扰行为是否构成违法,需要有一个前置条件,即有关主管部门履行自己的监管职能,发现了干扰无线电台(站)的行为,向其指出干扰行为,并要求其采取措施予以消除。如果没有这个前置程序,则不构成本条规定的违反治安管理行为。这里的"主管部门",是指无线电管理部门。在实践中,查处干扰无线电业务行为的主管部门是无线电管理部门,而不是公安机关。因此,发现干扰无线电业务行为的具体查处和向其指出并要求采取相应措施予以消除的部门,也是无线电管理部门。对符合本条规定的违法行为,应当给予拘留处罚的,无线电管理部门应当将案件查处的证据材料移送公安机关,由公安机关给予拘留处罚。至于其他处罚,可根据本法第十八条的规定,由有关部门行使处罚权。"有害干扰",是指危害无线电导航或者其他安全业务的正常运行,或者严重地损害、阻碍,以及一再阻断按照规定正常开展的无线电业务的干扰。在无线电业务的开展过程中,无线电干扰不可避免地存在着,但只有有害干扰才会达到危害无线电导航或者其他安全业务的正常运行的结果。

【实例解析】

故意干扰无线电业务正常进行的治安违法行为——陶某干扰无线电业务案[①]

2012年3月30日,湖北省无委办襄樊市管理处将陶某故意干扰无线电业务正常运行案移交襄樊市治安支队办理。

经公安机关调查,陶某于2012年3月2日下午至3月5日下午在南车集团襄樊牵引电机有限责任公司有线电视机房设置屏蔽器,发射无线电干扰信号,使二汽开发区、襄北机务段等单位约2万户有线电视用户无法正常收看电视节目。且2012年3月5日上午9时许,省无委办襄樊市管理处工作人员曾到南车集团襄樊牵引电机有限责任公司检测并确定干扰信号源在该公司有线电视机房内,并明确告知陶某其行为的性质,可是直到当天下午5时,陶某才关闭屏蔽器,并私自将屏蔽器转移走。根据本条之规定,公安机关给予陶某行政拘留五日的处罚,并收缴作案工具屏蔽器一台。

本案涉及故意干扰无线电业务的正常进行的违法行为及处罚。本案由湖北省无委办襄樊市管理处将此案移交给襄樊市治安支队。治安支队审核了湖北省无委办襄樊市管理处移交的案件材料,调查陶某的询问笔录,梁××、王××的旁证材料等证据。因此,公安机关给予陶某行政拘留五日的处罚是正确的。

第二十九条 【非法侵入计算机信息系统;非法改变计算机信息系统功能;非法改变计算机信息系统数据和应用程序;故意制作、传播计算机破坏性程序】

有下列行为之一的,处五日以下拘留;情节较重的,处五日以上十日以下拘留:

(一)违反国家规定,侵入计算机信息系统,造成危害的;

(二)违反国家规定,对计算机信息系统功能进行删除、修改、增加、干扰,造成计算机信息系统不能正常运行的;

(三)违反国家规定,对计算机信息系统中存储、处理、传输的数据和应用程序进行删除、修改、增加的;

(四)故意制作、传播计算机病毒等破坏性程序,影响计算机信息系统正常运行的。

【条文解读】

本条是关于侵入计算机信息系统、破坏计算机信息系统功能、破坏计算机信

[①] 案例来源:辽宁公安教育培训中心整理的案例,有删减。

息系统数据和应用程序、故意制作、传播破坏性程序的行为及其处罚的规定。

在实践中,尚存在很多非法侵入计算机信息系统和破坏计算机信息系统但不构成犯罪的违法行为。这些行为对人们正常的生产、工作和生活都会造成一定的影响,给社会带来一定的危害,有必要给予限制人身自由的处罚,来防止此类行为的发生。因此治安管理处罚法规定了非法侵入、破坏计算机信息系统的违反治安管理行为。本条规定的违反治安管理行为主要包括如下四个方面的内容:

第一项是关于侵入计算机信息系统行为的规定。其中的"违反国家规定",是指违反国家关于保护计算机安全的有关规定,目前主要是指违反《计算机安全保护条例》的规定。根据本款规定,仅仅侵入计算机信息系统本身并不构成违反治安管理行为,还必须造成了一定的危害。

第二项是关于破坏计算机信息系统功能的行为的规定。根据本款规定,破坏计算机信息系统功能的行为,是指违反国家规定,对计算机信息系统功能进行删除、修改、增加、干扰,造成计算机信息系统不能正常运行的行为。这里的"违反国家规定",目前主要是指违反《计算机安全保护条例》的规定;"计算机信息系统功能",是指在计算机中,按照一定的应用目标和规则对信息进行采集、加工、存储、传输和检索的功用和能力;"删除",是指将原有的计算机信息系统功能除去,使之不能正常运转;"修改",是指对原有的计算机信息功能进行改动,使之不能正常运转;"增加",是指在计算机系统里增加某种功能,致使原有的功能受到影响或者破坏,无法正常运转;"干扰",是指用删除、修改、增加以外的其他方法,破坏计算机信息系统功能,使其不能正常运行;"不能正常运行",是指计算机信息系统失去功能,不能运行或者计算机信息系统功能不能按原来设计的要求运行。

第三项是关于破坏计算机信息系统数据和应用程序的行为的规定。根据本款规定,这一行为是指违反国家规定,对计算机信息系统中存储、处理或者传输的数据和应用程序进行删除、修改、增加的行为。这里规定的"违反国家规定",是指违反国家对计算机管理的有关规定,目前主要是指《计算机安全保护条例》的规定;"计算机信息系统中存储、处理或者传输的数据",是指在计算机信息系统中实际处理的一切文字、符号、声音、图像等内容有意义的组合;所谓"计算机程序",是指为了得到某种结果而可以由计算机等具有信息处理能力的装置执行的代码化指令序列,或者可被自动转换成代码化指令序列的符号化指令序列或者符号化语句序列;"计算机应用程序",是用户使用数据库的一种方式,是用户按数据库授予的子模式的逻辑结构,书写对数据进行操作和运算的程序;"删除操作",是指将计算机信息系统中存储、处理或者传输的数据和应用程序的全部或者部分删去;"修改操作",是指对上述数据和应用程序进行改动;"增加操作",是指在计算机信息系统中增加新的数据和应用程序。

第四项是关于故意制作、传播破坏性程序行为的规定。根据本款规定,这一行为是指故意制作、传播计算机病毒等破坏性程序,影响计算机系统正常运行的行为。这里规定的"故意制作",是指通过计算机,编制、设计针对计算机信息系统的破坏性程序的行为;"故意传播",是指通过计算机信息系统(含网络),直接输入、输出破坏性程序,或者将已输入破坏性程序的软件加以派送、散发、销售的行为;"计算机破坏性程序",是指隐藏在可执行程序中或数据文件中,在计算机内部运行的一种干扰程序,这种破坏性程序的典型是计算机病毒。"计算机病毒",是指在计算机中编制的或者在计算机程序中插入的破坏计算机功能或者毁坏数据,影响计算机使用,并能自我复制的一组计算机指令或者程序代码,其本质是非授权的程序加载。计算机病毒具有可传播性、可激发性和可潜伏性,对于大、中、小、微型计算机和计算机网络都具有巨大的危害和破坏性,是对计算机进行攻击的最严重的方法,可能会夺走大量的资金、人力和计算机资源,甚至破坏各种文件及数据,造成机器的瘫痪,带来难以挽回的损失。计算机病毒同一般生物病毒一样,具有多样性和传染性,可以繁殖和传播,有些病毒传播很快,并且一旦侵入系统就马上摧毁系统,另一些病毒则有较长的潜伏期,在潜伏一段时间后才发作。所谓"影响计算机系统正常运行",是指计算机病毒等破坏性程序发作后,导致原有的计算机信息系统和应用程序不能正常运行。

【实例解析】

制作病毒在互联网上传播的违法治安管理行为——邹某故意制作、传播计算机破坏性程序案[①]

2011年7月4日,某市公安机关接到某物流公司报案称:"该公司网络程序被他人故意使用病毒破坏,网络已经瘫痪。"接到报警后,某市公安机关网络安全监察支队立即开展了调查,经调查发现,当地A公司开发研制了一种互联网安全软件,在没有采取任何安全保护措施的情况下,在与互联网相连接的局域网上进行了测毒,造成了该物流公司网络程序瘫痪,直接损失三十万元。

某市公安机关网络安全监察支队经调查后,依据《计算机信息网络国际联网安全保护管理办法》和《计算机病毒防治管理办法》的规定,建议工商、电信等部门对A公司的经营许可资格进行重新审查,并对该公司总经理邹某予以深入调查。

经调查,该公司总经理邹某等人故意制作、传播计算机病毒等破坏性程序,严重影响计算机信息系统正常运行,造成的直接损失达三十万元,属于情节较重,应当处五日以上十日以下拘留。

本案涉及故意制作、传播计算机破坏性程序的认定与处罚。"计算机破坏性程序",一般是指隐藏在可执行程序中或数据文件中,在计算机内部运行的一种干

[①] 案例来源:辽宁省公安厅治安管理总队整理的案例,有删减。

扰程序,其中,典型的就是"木马"、"蠕虫"等病毒。本案中,邹某等人利用研制研制软件产品的条件,制作传播破坏性病毒行为,已构成故意制作、传播计算机破坏性程序。故此,公安机关对其依据本条进行治安管理处罚是正确的。

第二节　妨害公共安全的行为和处罚

> **第三十条　【违反危险物质管理规定的行为及处罚】**
> 　　违反国家规定,制造、买卖、储存、运输、邮寄、携带、使用、提供、处置爆炸性、毒害性、放射性、腐蚀性物质或者传染病病原体等危险物质的,处十日以上十五日以下拘留;情节较轻的,处五日以上十日以下拘留。

【条文解读】

本条是关于违反危险物质管理的行为及其处罚的规定。根据本条的规定,违反危险物质管理的行为,主要是指违反国家有关规定,制造、买卖、储存、运输、邮寄、携带、使用、提供、处置爆炸性、毒害性、放射性、腐蚀性物质和传染病病原体等危险物质的行为。这种行为之所以要受到处罚,其前提条件是违反了"国家规定",具有社会危害性。违反国家有关危险物质管理规定,这里的有关危险物质管理规定既包括相关法律、行政法规的规定,也包括部门规章、通告等规范性文件的规定,如《中华人民共和国传染病防治法》《民用爆炸物品管理条例》《危险化学品安全管理条例》《放射性同位素与射线装置放射防护条例》《核材料管理条例》《农药安全使用规定》《关于加强烟花爆竹企业安全生产管理的紧急通知》等。制造是指以各种方法生产爆炸性、毒害性、放射性、腐蚀性物质和传染病病原体等危险物质的行为;买卖是指行为人购买或者销售爆炸性、毒害性、放射性、腐蚀性物质和传染病病原体等危险物质的行为;储存是指行为人将爆炸性、毒害性、放射性、腐蚀性物质和传染病病原体等危险物质存放在仓库或者其他场所;运输是指通过各种交通工具运送爆炸性、毒害性、放射性、腐蚀性物质和传染病病原体等危险物质;邮寄是指通过邮局把爆炸性、毒害性、放射性、腐蚀性物质和传染病病原体等危险物质寄往目的地;携带是指将少量爆炸性、毒害性、放射性、腐蚀性物质和传染病病原体等危险物质从一地带到另外一地或进入公共场所;使用是指在生产、科研或者日常生活过程中使用爆炸性、毒害性、放射性、腐蚀性物质和传染病病原体等危险物质;提供是指将爆炸性、毒害性、放射性、腐蚀性物质和传染病病原体等危险物质出借或赠与给他人或单位;处置是指将爆炸性、毒害性、放射性、腐蚀性物质和传染病病原体等危险物质进行销毁或者作其他处理。对于危险物质的制造、买卖、储存、运输、邮寄、携带、使用、提供和处置,我国已有明确的规定,如

《危险化学品安全管理条例》第四条规定："生产、经营、储存、运输、使用危险化学品和处置废弃危险化学品的单位（以下统称危险化学品单位），其主要负责人必须保证本单位危险化学品的安全管理符合有关法律、法规、规章的规定和国家标准的要求，并对本单位危险化学品的安全负责。"第十二条规定："依法设立的危险化学品生产企业，必须向国务院质检部门申请领取危险化学品生产许可证；未取得危险化学品生产许可证的，不得开工生产。"第二十七条规定："国家对危险化学品经营销售实行许可制度。未经许可，任何单位和个人不得经营销售危险化学品。"第三十五条规定："国家对危险化学品的运输实行资质认定制度；未经资质认定，不得运输危险化学品。"第四十五条规定："任何单位和个人不得邮寄或者在邮件内夹带危险化学品，不得将危险化学品匿报或者谎报为普通物品邮寄。"《民用爆炸物品管理条例》第二十六条规定："严禁个人随身携带爆破器材搭乘公共汽车、电车、火车、轮船、飞机。严禁在托运的行李包裹和邮寄的邮件中夹带爆破器材。"第三十三条规定："严禁任何单位和个人私拿、私用、私藏、赠送、转让、转卖、转借爆破器材。"随着社会经济的发展和环保意识的增强，人们也越来越重视对危险物质的处置，这是防止危险物质危及公共安全的重要步骤。但由于经济技术水平的限制，人类至今还不可能将危险物质完全消灭在生产过程中或者将产生的危险物质全部回收利用。对无法用尽的危险物质进行最终处理、处置，是对危险物质实施无害于环境管理的最后措施。为了有效控制危险物质污染环境和危害公共安全，近年来我国陆续通过了一些法律、法规、规章及相应的规范性文件，对危险物质的处置予以严格规范，如《固体废物污染环境防治法》第十七条规定："收集、贮存、运输、利用、处置固体废物的单位和个人，必须采取防扬散、防流失、防渗漏或者其他防止污染环境的措施；不得擅自倾倒、堆放、丢弃、遗撒固体废物。禁止任何单位或者个人向江河、湖泊、运河、渠道、水库及其最高水位线以下的滩地和岸坡等法律、法规规定禁止倾倒、堆放废弃物的地点倾倒、堆放固体废物。"第五十七条规定："从事收集、贮存、处置危险废物经营活动的单位，必须向县级以上人民政府环境保护行政主管部门申请领取经营许可证；从事利用危险废物经营活动的单位，必须向国务院环境保护行政主管部门或者省、自治区、直辖市人民政府环境保护行政主管部门申请领取经营许可证。具体管理办法由国务院规定。禁止无经营许可证或者不按照经营许可证规定从事危险废物收集、贮存、利用、处置的经营活动。禁止将危险废物提供或者委托给无经营许可证的单位从事收集、贮存、利用、处置的经营活动。"在对危险物质管理过程中，违反了法律、行政法规的具体规定，就构成了本条所规定的"违反国家规定"。

【实例解析】

违规运输烟花爆竹的违反治安管理行为——董某非法运输危险物质案[①]

2012年12月25日,某市一高速公路交警在例行检查时,发现董某驾驶的一辆运输烟花爆竹的车没有准运手续,于是将这一违法行为移交给了当地公安机关治安部门。

经当地公安机关治安部门调查,认定董某违反了危险品运输的有关规定,运送烟花爆竹未办理有关运输许可。根据本条规定,其行为构成了非法运输危险物质行为,公安机关依据本条规定对其给予了行政拘留五日的治安管理处罚。

本案涉及非法运输危险物质行为的认定与处罚。在本案中,驾驶员董某违反了危险品运输的有关规定,没有造成严重后果,其行为已经构成非法运输危险物质,公安机关依据本条规定对其给予行政拘留五日的治安管理处罚是正确的。

第三十一条 【危险物质被盗、被抢、丢失后不按规定报告行为及处罚】

爆炸性、毒害性、放射性、腐蚀性物质或者传染病病原体等危险物质被盗、被抢或者丢失,未按规定报告的,处五日以下拘留;故意隐瞒不报的,处五日以上十日以下拘留。

【条文解读】

本条是关于危险物质被盗被抢丢失不报告或者隐瞒不报的行为及其处罚的规定。

本条规定了两种应受处罚的行为,即危险物质被盗、被抢、丢失不报告或者隐瞒不报的行为。危险物质被盗、被抢、丢失不报告,主要是指爆炸性、毒害性、放射性、腐蚀性物质或者传染病病原体等危险物质被盗、被抢或者丢失,未按规定报告的行为。这里的"未按规定报告"中的"规定",包括法律、法规、规章等的规定。爆炸性、毒害性、放射性、腐蚀性物质和传染病病原体等危险物质被盗、被抢或者丢失,流失在社会上,会给人民群众的生命财产安全带来很大的隐患,有的单位或个人所有的危险物质被盗、被抢或者丢失后,怕承担责任,不按照规定向公安机关报告,甚至隐瞒不报这是一种较为严重的危害公共安全行为,除了依照相关法规给予处罚外,还必须给予限制人身自由的处罚。本法对这类行为直接给予拘留处罚,以示惩戒;同时可以依照其他法规由有关主管部门给予罚款以及其他行政处罚。危险物质是指爆炸性、毒害性、放射性、腐蚀性物质和传染病病原体等物质。爆炸性物质包括雷管、导火索、导爆管、非电导爆系统等各种起爆器材,雷汞、雷银

[①] 案例来源:辽宁省公安厅治安管理总队整理的案例,有删减。

等起爆药,硝基化合物类炸药、硝基胺类炸药、硝酸类炸药、高能混合炸药、爆破剂等各类炸药,以及烟火剂、民用信号弹、烟花爆竹等。毒害性物质包括氰化物、磷化物、砷化物等,如氰化钾、氰化溴、磷化钾、砷化氢、亚砷酸盐、砷酸盐、亚硒酸盐、硒化物等,如亚砷酸钙、砷酸铵、硒酸铜等;有机剧毒物品,如氯苯乙酮、苯肼化二氯、甲醛氟磷异丙酯(沙林)、阿托品、吗啡、海洛因及其盐类化合物、部分农药。放射性物质是指通过原子核裂变能够放出射线,发生放射性衰变的物质,包括镭、铀、钴等。腐蚀性物质是指能够灼伤皮肤引起表层红肿、腐烂,误食则会迅速破坏肠胃等组织器官,严重的可在短时间内导致死亡;同时,又会对其他物品造成腐蚀损坏,导致治安事故或生产事故发生的物质。常见的腐蚀性物质有硫酸、盐酸、硝酸等。传染病病原体是指能够引起传染病发生的细菌、病毒等病原体物质。引起传染病的病原体包括病毒、细菌、真菌、衣原体、立克次氏体、支原体、螺旋体以及寄生虫中的原虫和蠕虫。常见的传染病病原体有乙肝病毒、炭疽菌病毒、结核杆菌等。我国对危险物质的被盗、被抢或者丢失行为的发生,规定了相关单位或者责任人的报告义务。如《危险化学品安全管理条例》第十九条规定:"剧毒化学品的生产、储存、使用单位,应当对剧毒化学品的产量、流向、储存量和用途如实记录,并采取必要的保安措施,防止剧毒化学品被盗、丢失或者误售、误用;发现剧毒化学品被盗、丢失或者误售、误用时,必须立即向当地公安部门报告。"《民用爆炸物品管理条例》第十六条规定:储存爆破器材的仓库、储存室发现爆破器材丢失、被盗,必须及时报告所在地公安机关。《核材料管制条例》第十五条规定:"发现核材料被盗、破坏、丢失、非法转让和非法使用的事件,当事单位必须立即追查原因、追回核材料,并迅速报告其上级领导部门、核工业部、国防科学技术工业委员会和国家核安全局。对核材料被盗、破坏、丢失等事件,必须迅速报告当地公安机关"。其中,"未按规定报告",是指有关单位或者个人,未按照规定的时间或者规定的程序及时向主管部门或者本单位报告危险物质被盗、被抢或者丢失的情形。"故意隐瞒不报",是指发生危险物质被盗、被抢或者丢失后,隐瞒实际情况,而不如实报告的行为。这种行为的危害在于,隐瞒不报不仅掩盖危险物质被盗、被抢或者丢失的实情,而且往往使上级主管部门或者本单位失去了及时采取有关措施,找回危险物质或者防止危害结果发生或者扩大的最佳时机,因而有更大危害性。

【实例解析】

民用炸药丢失不报告的违反治安管理行为——张某危险物质丢失不报告案[①]

某地村民向当地公安派出所报案称,他早上起来上地的途中,在路上捡了两包标有炸药字眼的物品,因为对炸药不熟悉,遂来公安机关说明情况。

[①] 案例来源:辽宁省公安厅治安管理总队整理的案例,有删减。

经公安机关调查,认定村民所捡到的两包东西是民用炸药。经进一步调查得知,这两包炸药是该村开采矿石的张某从当地公安机关通过合法手续领取的,但是在运输途中,张某因疏忽把炸药弄丢,当公安机关向张某了解相关情况时,张某承认了自己昨天在运输途中把炸药丢失的事实,因害怕没及时向公安机关报告。根据本条规定,公安机关对张某处以五日行政拘留。

本案涉及危险物质丢失后不按规定报告行为的认定与处罚。"未按规定报告",是指有关单位或者个人,未按照规定的时间或者规定的程序及时向主管部门或者本单位报告危险物质被盗、被抢或者丢失的情形。在本案中,张某丢失炸药后,怕承担责任,未及时向公安机关报告,给人民群众的生命财产安全带来很大的隐患,因此依照本条给予张某处以五日行政拘留是正确的。

> **第三十二条 【非法携带枪支、弹药、管制器具行为及处罚】**
> 非法携带枪支、弹药或者弩、匕首等国家规定的管制器具的,处五日以下拘留,可以并处五百元以下罚款;情节较轻的,处警告或者二百元以下罚款。
> 非法携带枪支、弹药或者弩、匕首等国家规定的管制器具进入公共场所或者公共交通工具的,处五日以上十日以下拘留,可以并处五百元以下罚款。

【条文解读】

本条是关于非法携带枪支、弹药或者弩、匕首等管制器具妨害公共安全的规定。本条共分两款。

本条所规定的"枪支",是指以火药或者压缩气体等为动力,利用管制器具发射金属弹丸或者其他物质,足以致人伤亡或者丧失知觉的各种枪支,包括军用的手枪、步枪、冲锋枪、机枪以及射击运动用的各种枪支,还有各种民用的狩猎用枪等。"弹药",是指上述枪支所使用的子弹、火药等。这里的"管制器具"是个广义的概念,既包括管制刀具,也包括弩等器具。相对于管制器具,管制刀具是我们多年来约定俗成的概念,且有其特定的范围。考虑到近年来我国正在酝酿着对管制刀具的改革,所以将管制范围扩大到弩等,并采用管制器具的概念,这里的"管制器具",是指国家依法进行管制,只能由特定人员持有、使用,禁止私自生产、买卖、持有的弩、匕首、三棱刮刀、弹簧刀以及类似的单刃刀、双刃刀等。其中,弩是在弓的基础上创造出来的,主要由弩弓和弩臂两部分组成,弓上装弦,臂上装弩机,两者配合而放箭。弩和弓相比,更利于瞄准、命中率高、射程远、杀伤力大,是具有相当威力的远射武器。

公安部《关于对以气体等为动力发射金属弹丸或者其他物质的仿真枪认定问题的批复》规定,依据《中华人民共和国枪支管理法》第四十六条的规定,利用气瓶、弹簧、电机等形成压缩气体为动力、发射金属弹丸或者其他物质并具有杀伤力的"仿真枪",具备制式气枪的本质特征,应认定为枪支,并按气枪进行管制处理。对非法制造、买卖、运输、储存、邮寄、持有、携带和走私此类枪支的,应当依照《中华人民共和国枪支管理法》《中华人民共和国刑法》《中华人民共和国治安管理处罚法》的有关规定,追究当事人的法律责任。对不具有杀伤力但符合仿真枪认定规定的,应认定为仿真枪;对非法制造、销售此类仿真枪的,应当依照《中华人民共和国枪支管理法》的有关规定,予以处罚。公安部《关于涉弩违法犯罪行为的处理及性能鉴定问题的批复》规定,弩是一种具有一定杀伤能力的运动器材,但其结构和性能不符合《中华人民共和国枪支管理法》对枪支的定义,不属于枪支范畴。因此,不能按照《最高人民法院关于审理非法制造、买卖、运输枪支、弹药、爆炸物等刑事案件具体应用法律若干问题的解释》(法释〔2001〕15号)追究刑事责任,仍应按照《公安部、国家工商行政管理局关于加强弩管理的通知》(公治〔1999〕1646号)的规定,对非法制造、销售、运输、持有弩的登记收缴,消除社会治安隐患。对弩的鉴定工作,不能参照公安部《公安机关涉案枪支弹药性能鉴定工作规定》(公通字〔2001〕68号)进行。鉴于目前社会上非法制造、销售、运输、持有的弩均为制式产品,不存在非制式弩的情况,因此不需要进行技术鉴定。公安部《关于将陶瓷类刀具纳入管制刀具管理问题的批复》规定,陶瓷类刀具具有超高硬度、超高耐磨、刃口锋利等特点,其技术特性已达到或超过了部分金属刀具的性能,对符合《管制刀具认定标准》(公通字〔2007〕2号)规定的刀具类型、刀刃长度和刀尖角度等条件的陶瓷类刀具,应当作为管制刀具管理。

本条第一款是关于非法携带枪支、弹药或者管制器具的规定。根据本条的规定,非法携带枪支、弹药或者管制器具的行为,主要是指行为人违反有关规定,携带枪支、弹药或者弩、匕首等国家管制器具的行为。即行为人只要违反有关规定,非法携带枪支、弹药或者弩、匕首等国家规定的管制器具的,即构成本条规定的违法行为。该行为主要特点是:行为人必须实施了非法携带枪支、弹药或者弩、匕首等国家规定的管制器具的行为。这里的"非法",是指违反有关管制器具管理的法律、法规、规章及相关规范性文件的行为。如《枪支管理法》对可以佩带枪支的人员、配置枪支的单位以及枪支管理、使用等,都作了明确的规定,违反这些规定,携带枪支、弹药的即属于违法;公安部《对部分刀具实行管制的暂行规定》规定,"匕首,除中国人民解放军和人民警察作为武器、警械配备的以外,专业狩猎人员和地质、勘探等野外作业人员必须持有的,须由县以上主管单位出具证明,经县以上公安机关批准,发给《匕首佩带证》,方准持有佩带。""严禁任何单位和个人非法制造、销售和贩卖匕首、三棱刀、弹簧刀等属于管制范围内的各种刀具。严禁非法携带上述刀具进入车站、码头、机场、公园、商场、影剧院、展览馆或其他公共场所和乘坐火车、汽车、轮船、飞机。"

本条第二款是关于非法携带枪支、弹药或者弩、匕首等国家规定的管制器具进入公共场所或者公共交通工具的规定。根据本款的规定，非法携带枪支、弹药或者管制器具妨害公共安全的行为，是指行为人违反有关规定，非法携带枪支、弹药或者弩、匕首等国家规定的管制器具进入公共场所或者公共交通工具的行为，即构成本款规定的行为。本款规定的行为具有以下特点：一是行为人具有非法携带枪支、弹药或者管制器具的行为。二是必须非法携带枪支、弹药或者管制器具进入公共场所或者公共交通工具。"公共场所"，主要是指以下大众进行公开活动的场所：公共活动的中心场所，如中心广场、会堂；商业服务场所，如商店、市场等；文化娱乐场所，如影剧院；体育场所，如体育场、运动场；风景浏览场所，如公园、名胜、古迹；交通场所，如车站、码头、街道等。"公共交通工具"，是指列车、轮船、长途客运汽车、公共电汽车、民用航空器等。

值得注意的是，在实践中经常发生有些少数民族公民佩带刀具乘坐火车的情况，对这种情况如何处理？根据公安部《关于对少数民族人员佩带刀具乘坐火车如何处理问题的批复》的规定，少数民族人员只能在民族自治地区佩带、销售和使用藏刀、腰刀、靴刀等民族刀具；在非民族自治地区，只要少数民族人员所携带的刀具属于管制刀具范围，公安机关就应当严格按照相应规定予以管理。少数民族人员违反《铁路法》和《铁路运输安全保护条例》携带管制刀具进入车站、乘坐火车的，由公安机关依法予以没收，但在本少数民族自治地区携具有特殊纪念意义或者比较珍贵的民族刀具进入车站的，可以由携带人交其亲友带回或者交由车站派出所暂时保存并出具相应手续，携带人返回时领回；对不服从管理，构成违反治安管理行为的，依法予以治安处罚；构成犯罪的，依法追究其刑事责任。

【实例解析】
携带三棱尖刀的治安违法行为——钱某非法携带管制器具案①

2014年8月9日，钱某携带一把三棱尖刀在乘坐长途客车时被公交分局查获。

经公安机关调查，并对其携带的三棱尖刀进行了鉴定，钱某所携带的三棱尖刀刀尖角度小于60度，刀身长度超过150毫米，符合《管制刀具认定标准》（公通字〔2007〕2号）的认定标准，认定为管制刀具。遂对钱某作出行政拘留十日，收缴管制刀具三棱尖刀一把的处理决定。

本案涉及非法携带管制刀具行为的认定与处罚。"管制器具"，是指国家依法进行管制，只能由特定人员持有、使用，禁止私自生产、买卖、持有的弩、匕首、三棱刮刀、弹簧刀以及类似的单刃刀、双刃刀等。本案中，钱某所携带的三棱尖刀属于

---

① 案例来源：辽宁省公安厅治安管理总队整理的案例，有删减。

典型的管制刀具,钱某的行为已经构成了在公共交通工具上非法携带管制刀具。按照本条第二款规定,非法携带枪支、弹药或者弩、匕首等国家规定的管制器具进入公共场所或者公共交通工具的,处五日以上十日以下拘留,可以并处五百元以下罚款。故此,公安机关对其作出行政拘留十日的处罚是正确的。

> **第三十三条** 【盗窃、损毁公共设施;移动、损毁边境、领土、领海标志设施;非法进行影响国(边)界线走向的活动;非法修建有碍国(边)境管理的设施】
> 　　有下列行为之一的,处十日以上十五日以下拘留:
> 　　(一)盗窃、损毁油气管道设施、电力电信设施、广播电视设施、水利防汛工程设施或者水文监测、测量、气象测报、环境监测、地质监测、地震监测等公共设施的;
> 　　(二)移动、损毁国家边境的界碑、界桩以及其他边境标志、边境设施或者领土、领海标志设施的;
> 　　(三)非法进行影响国(边)界线走向的活动或者修建有碍国(边)境管理的设施的。

【条文解读】

　　本条是关于盗窃、损毁公共设施、影响国(边)境管理设施的行为的规定。本条第一项是关于盗窃、损毁公共设施的行为。这里的"盗窃",是指以非法占有为目的,采用秘密窃取等手段窃取,尚不够刑事处罚的行为。损毁,是指行为人出于故意或者过失损坏或者毁坏公私财物的行为。这里的公共设施,主要是指油气管道设施、电力电信设施、广播电视设施、水利防汛工程设施或者水文监测、测量、气象测报、环境监测、地质监测、地震监测等公共设施。

　　根据《石油天然气管道保护条例》的规定,"油气管道设施"包括:(一)输送石油、天然气(含煤气)的管道;(二)管道防腐保护设施,包括阴极保护站、阴极保护测试桩、阳极地床和杂散电流排流站;(三)管道水工防护构筑物、抗震设施、管堤、管桥及管道专用涵洞和隧道;(四)加压站、加热站、计量站、集油(气)站、输气站、配气站、处理场(站)、清管站、各类阀室(井)及放空设施、油库、装卸栈桥及装卸场;(五)管道标志、标识和穿越公(铁)路检漏装置。实践中,破坏、侵占油气田的输油输气管道现象十分严重,形成了诸多重大事故隐患,并引发了一些事故。主要表现为:一是不法分子为偷油偷气,在管道上打孔、肆意破坏油气管道等生产设施,严重影响管道安全运行。二是违法开采油气,破坏油气田设施,甚至个别地方人民政府的有关人员支持一些人破坏已建成运行的输气管道,强行安装阀门,破坏正常供气等。

根据《电力设施保护条例》的规定,"电力设施"包括:发电设施、变电设施和电力线路设施。其中,发电设施、变电设施的保护范围包括:(一)发电厂、变电站、换流站、开关站等厂、站内的设施;(二)发电厂、变电站外各种专用的管道(沟)、储灰场、水井、泵站、冷却水塔、油库、堤坝、铁路、道路、桥梁、码头、燃料装卸设施、避雷装置、消防设施及其有关辅助设施;(三)水力发电厂使用的水库、大坝、取水口、引水隧洞(含支洞口)、引水渠道、调压井(塔)、露天高压管道、厂房、尾水渠、厂房与大坝间的通信设施及其有关辅助设施。电力线路设施的保护范围包括:(一)架空电力线路:杆塔、基础、拉线、接地装置、导线、避雷线、金具、绝缘子、登杆塔的爬梯和脚钉,导线跨越航道的保护设施,巡(保)线站,巡视检修专用道路、船舶和桥梁,标志牌及其有关辅助设施;(二)电力电缆线路:架空、地下、水底电力电缆和电缆联结装置,电缆管道、电缆隧道、电缆沟、电缆桥,电缆井、盖板、人孔、标石、水线标志牌及其有关辅助设施;(三)电力线路上的变压器、电容器、电抗器、断路器、隔离开关、避雷器、互感器、熔断器、计量仪表装置、配电室、箱式变电站及其有关辅助设施;(四)电力调度设施:电力调度场所、电力调度通信设施、电网调度自动化设施、电网运行控制设施。

根据《电信管理条例》的规定,"电信设施",是指公用电信网、专用电信网、广播电视传输网的设施,包括所有有线、无线、电信管道和卫星等设施。根据《广播电视设施保护条例》的规定,"广播电视设施",包括广播电视台、站(包括有线广播电视台、站,下同)和广播电视传输网的下列设施:(一)广播电视信号发射设施,包括天线、馈线、塔桅(杆)、地网、卫星发射天线及其附属设备等;(二)广播电视信号专用传输设施,包括电缆线路、光缆线路(以下统称传输线路)、塔桅(杆)、微波等空中专用传输通路、微波站、卫星地面接收设施、转播设备及其附属设备等;(三)广播电视信号监测设施,包括监测接收天线、馈线、塔桅(杆)、测向场强室及其附属设备等。

根据《防洪法》及相关法规的规定,"水利防汛工程设施",主要由国有防汛工程设施和集体所有的防汛工程设施组成。包括挡水、泄水建筑物、引水系统、尾水系统、分洪道及其附属建筑物,附属道路、交通设施,供电、供水、供风、供热及制冷设施;水闸、泵站、涵洞、桥梁、道路工程及其管护设施;蓄滞洪区、防护林带、滩区安全建设工程等。"水文监测、测量设施",是指水利、电力、气象、海洋、农林等部门用于测算水位、流量等数据的水文站、雨量站等设施。"气象测报设施",是指气象探测设施、气象信息专用传输设施、大型气象专用技术装备等气象仪器、设施、标志。《气象法》第十一条规定:"国家依法保护气象设施,任何组织或者个人不得侵占、损毁或者擅自移动气象设施。""环境监测设施",是指用于监控和测量环境资源的质量、污染程度等各项指标设施、设备,如渗沥液监测井、尾气取样孔等。"地震监测设施",是指地震监测台网的监测设施、设备、仪器和其他依照国务院地震行政主管部门的规定设立的地震监测设施、设备、仪器。根据《防震减灾法》的规定,国家依法保护地震监测设施和地震观测环境,任何单位和个人不得危害地震监测设施和地震观测环境。

本条第二项是关于移动、损毁国家边境的界碑、界桩以及其他边境标志、边境设施或者领土、领海标志设施行为的规定。"移动、损毁",是指将界碑、界桩以及其他边境标志、边境设施或者领土、领海标志设施砸毁、拆除、挖掉、盗走、移动或者改变其原样等,从而使其失去原有的意义和作用的行为。"国家边境的界碑、界桩",是指我国政府与邻国按照条约规定或者历史上实际形成的管辖范围,在陆地接壤地区里埋设的指示边境分界及走向的标志物。界碑和界桩没有实质的区别,只是形状不同。"领土"指一个国家主权管辖下的区域,包括领陆(陆地)、领水(水域及其底土)和领空(领陆和领水上空)等。"领水"包括内水和领海。内水指国家领陆内以及领海基线(沿海国划定其领海外部界限的起算线)向陆地一面的水域,指河流、湖泊、内海、封闭性海湾和港口等泊船处。"领空"指隶属于国家主权的领陆和领水上空,一般指领陆和领水上面的大气空间。"领海",指沿海主权所及的与其海岸或内水相邻接的一定范围的海域。

本条第三项是关于非法进行影响国(边)界线走向的活动或者修建有碍国(边)境管理设施的行为。根据本条的规定,非法进行影响国(边)界线走向的活动或者修建有碍国(边)境管理设施的行为,主要是指行为人的行为已经影响了国(边)界线走向,如在临近国(边)界线附近挖沙、耕种、采伐树木,已在客观上影响了国(边)界规定的路线或者方向,或者其修建的设施影响国(边)境管理的行为,如在靠近国(边)境位置修建房屋、挖鱼塘等,从而妨碍国家对国(边)境管理的行为。

【实例解析】
盗窃、损毁电力电信设施的治安违法行为——石某、张某盗窃、损毁公共设施案[①]

2014年2月20日,贵州省福泉市凤山镇甘巴哨村农民刘某,到当地派出所举报本村村民石某、张某盗窃、损毁电线违法行为。

经公安机关调查,2014年2月上旬,贵州省福泉市凤山镇甘巴哨村农民石某(男,1969年6月12日生,文盲)邀约本村村民张某(男,1987年1月23日生,小学文化)携带扳手、钢锯、破坏钳等作案工具,将都匀供电局所属的110KV福麻线054♯、055♯、056♯附01♯和110KV麻龙线以及接地线盗走,销赃后得款九十元,石某分得赃款六十元,张某分得三十元。以上事实清楚,有确凿证据,因此,公

[①] 案例来源:辽宁公安教育培训中心整理的案例,有删减。

安机关依据本条第一项之规定,给予石某、张某分别行政拘留十日的行政处罚。

本案涉及盗窃、损毁电力电信设施行为的认定与处罚。按照本条第一项规定,盗窃、损毁油气管道设施、电力电信设施、广播电视设施、水利防汛工程设施或者水文监测、测量、气象测报、环境监测、地质监测、地震监测等公共设施的,处十日以上十五日以下拘留。故此,公安机关对石某、张某作出行政拘留十日的处罚是正确的。

> **第三十四条 【盗窃、损坏、擅自移动航空设施;强行进入航空器驾驶舱;在航空器上非法使用器具、工具】**
> 盗窃、损坏、擅自移动使用中的航空设施,或者强行进入航空器驾驶舱的,处十日以上十五日以下拘留。
> 在使用中的航空器上使用可能影响导航系统正常功能的器具、工具,不听劝阻的,处五日以下拘留或者五百元以下罚款。

【条文解读】

本条是关于对妨害航空器飞行安全行为及其处罚的规定。刑法规定了破坏交通设施罪,但盗窃、损坏、擅自移动使用中的航空设施,尚不构成犯罪的违法行为,也具有较大的社会危害性,应当给予治安管理处罚。在飞机上拨打手机会严重干扰飞机的导航系统,为了保证飞机的航行安全,在飞行期间严格禁止拨打手机或者使用其他可能会影响导航系统正常功能的器具。

本条第一款是关于盗窃、损坏、擅自移动航空设施,或者强行进入航空器驾驶舱的规定。盗窃、损坏、擅自移动航空设施的行为,是指行为人盗窃、损坏、擅自移动使用中的航空设施的行为。如果行为人盗窃、损坏、擅自移动的不是正在使用中的航空设施,如正在施工、修理或者废置不用的航空设施,不构成本行为。"盗窃",是指行为人以非法占有为目的,秘密窃取航空设施的行为。"损坏",是指行为人出于故意的心理,实施不当的行为,从而致使有关航空设施的功能失去或者部分失去效能的行为。"擅自移动",是指行为人未经允许,而根据自己的意愿,将有关的航空设施移走、改变方向等行为。实践中,"航空设施",通常包括飞行区设施,包括跑道、升降带、跑道端安全地区、滑行道系统、机坪、目视助航系统设施、机场围界及巡场路、净空障碍物限制等设施;空中交通管理系统,包括航管、通信、导航、气象等设施;以及其他与飞行安全有关的各类设施。强行进入航空器驾驶舱的行为,是指航空器上的非机组人员不听劝阻,执意进入航空器驾驶舱的行为。为了保证驾驶航空器不受任何干扰,驾驶舱与乘务舱、行李舱是分离的。而强行闯入驾驶舱的行为对航空器的正常运行危害特别大,容易干扰航空器驾驶员对航空器的操控，从而影响到航空器的正常驾驶，需要予以相应的法律制裁。这里的"航空器"，主要是民用航空器，即除用于执行军事、海关、警察飞行任务外的民航客机、运输机等。

本条第二款是关于在使用中的航空器上使用可能影响导航系统正常功能的器具、工具，不听劝阻的规定。在使用中的航空器上使用可能影响导航系统正常功能的器具、工具的行为，主要是指在使用中的航空器上经乘务人员的劝阻，仍坚持自己的意愿，故意使用可能影响航空飞行安全的航空器上禁止使用的器具、工具，如移动电话、游戏机等。构成该项违反治安管理行为的条件如下：一是行为人持主观故意心态，即明知在使用中的航空器中使用可能影响导航系统正常功能的器具、工具，会危及航空器飞行安全，仍积极从事该行为。二是行为人必须是在使用中的航空器上使用上述器具、工具。"使用中的航空器上"，是指正在进行商业飞行的民用飞机、飞艇等航空器，而不包括停放在机场停机坪或者正在维修的航空器。三是该项违反治安管理行为侵犯的客体是公共安全。因本条所规定的这类行为容易干扰航空器上无线电业务的正常进行和航空器的飞行安全，所以其侵犯的客体属于公共安全，即不特定多数人的生命、财产安全及其他重大公共利益。这里的"可能影响导航系统正常功能的器具、工具"，是指一些由于其本身属性，一旦在使用中的航空器上使用可能会对航空器导航系统的正常操作产生一定的影响的电子设备，如移动电话。

【实例解析】

强行进入航空器驾驶舱的违反治安管理行为——郑某妨害航空器飞行安全案[①]

2012年4月1日，某航班将要从沈阳桃仙机场起飞，乘客郑某因为好奇，在机组人员进入驾驶舱的刹那间，也强行进入了驾驶舱，机组人员"命令"其赶紧离开，可他不予理睬，最后航空乘警把郑某强行带离驾驶舱。

经民航公安机关调查，郑某无视航空安全，违反规定强行进入驾驶舱，且不听从机组人员的劝阻，仍坚持自己的意愿，已经构成了本条规定强行进入驾驶舱的违法行为，为此，根据本条之规定，对行为人予以十日行政拘留的处罚。

本案涉及强行进入航空器驾驶舱行为的认定与处罚。本案中，郑某明知自己违反规定还强行进入驾驶舱，且不听从机组人员的劝阻，认定其构成强行进入航空器驾驶舱的违法行为是正确的，公安机关对郑某的行政拘留处罚也是合法的。

---

① 案例来源：根据辽宁省公安厅治安管理总队归档案卷整理，有删减。

第三十五条 【盗窃、损毁、擅自移动铁路设施、设备、机车车辆配件、安全标志;在铁路线上放置障碍物;故意向列车投掷物品;在铁路沿线非法挖掘坑穴、采石取沙;在铁路线路上私设道口、平交过道】

有下列行为之一的,处五日以上十日以下拘留,可以并处五百元以下罚款;情节较轻的,处五日以下拘留或者五百元以下罚款:

(一)盗窃、损毁或者擅自移动铁路设施、设备、机车车辆配件或者安全标志的;

(二)在铁路线路上放置障碍物,或者故意向列车投掷物品的;

(三)在铁路线路、桥梁、涵洞处挖掘坑穴、采石取沙的;

(四)在铁路线路上私设道口或者平交过道的。

【条文解读】

本条是关于妨害铁路运行安全的行为及其处罚的规定。本条共分四项:

一、盗窃、损毁或者擅自移动铁路设施、设备、机车车辆配件或者安全标志的。这里的"铁路设施、设备",是指构成铁路路网的固定设施、设备,包括线路、桥涵、站场、电力系统、通信信号系统等,如信号机抗流变压器、铁路信号接线盒、钢轨扣件等。"机车车辆配件",是指蒸汽、内燃、电力机车车轴、油罐车底架、各类机车轮对、主变压器、受电弓、电机座等零部件。

二、在铁路线路上放置障碍物,或者故意向列车投掷物品的。本项所列行为是没有造成现实危害或者不足以构成现实危险,尚不构成犯罪行为。在实践中应当注意的是,本行为是行为犯,只要有在铁路线路上放置障碍物,或者故意向列车投掷物品的行为,就构成了本行为。如果造成了严重的后果,则应追究刑事责任。如果在铁路线路上放置障碍物足以使列车发生倾覆危险,尚未造成严重后果的,按照《刑法》第一百一十七条规定的破坏交通设施罪定罪处刑;如果造成严重后果的,则按照《刑法》第一百一十九条规定的破坏交通设施罪和过失损坏交通设施罪定罪处刑。如果行为人故意向列车投掷物品造成车上人员伤亡的,则按照《刑法》第二百三十四条关于故意伤害罪的规定定罪处刑;如果造成列车机车损毁的,则要按照《刑法》第二百七十五条关于故意毁坏财物罪的规定定罪处刑。

三、在铁路线路、桥梁、涵洞处挖掘坑穴、采石取沙的。铁路路基与线路是铁路运行安全的最重要基础,如果一旦受到破坏,容易发生列车倾覆危险,危及公共安全,因此采取法律手段予以相应的保障是非常必要的。根据《铁路法》规定,在铁路线路和铁路桥梁、涵洞两侧一定距离内,修建山塘、水库、堤坝,开挖河道、干渠,采石挖砂,打井取水,影响铁路路基稳定或者危害铁路桥梁、涵洞安全的,由县级以上地方人民政府责令停止建设或者采挖、打井等活动,限期恢复原状或者责令采取必要的安全防护措施。在铁路线路上架设电力、通讯线路,埋置电缆、管道设施,穿凿通过铁路路基的地下坑道,必须经铁路运输企业同意,并采取安全防护措施。根据本条的规定,构成本项违反治安管理行为的主观心态既包括故意,也包括过失。至于挖掘坑穴、采石取沙的目的如何,不影响本行为的构成。

四、在铁路线路上私设道口或者平交过道的。根据《铁路运输安全保护条例》的规定,任何单位和个人不得擅自设置或者拓宽铁路道口。同时,该条例还规定,设置或者拓宽铁路道口、人行过道,应当向铁路管理机构提出申请,并按如下程序审批:城市内设置或者拓宽铁路道口、人行过道,由铁路管理机构会同城市规划部门根据国家有关规定自收到申请之日起30日内共同作出批准或者不予批准的决定;城市外设置或者拓宽铁路道口、人行过道,由铁路管理机构会同当地人民政府根据国家有关规定自收到申请之日起30日内共同作出批准或者不予批准的决定。铁路道口,系指铁路上铺面宽度在2.5米及以上,直接与道路贯通的平面交叉。按看守情况分为"有人看守道口"和"无人看守道口"。"平交过道",即平交道口和人行过道的简称。平交道口,是指铁路与城市道路交叉的道口,但该道口为平面交叉而非立体交叉。

【实例解析】

故意向列车投掷物品的违反治安管理行为——林某妨害铁路运行安全案[①]

2012年10月10日,在沙区雅玛里克山雪莲社区,乌鲁木齐铁路公安处民警为孩子们讲解过铁路的安全常识。"以后你们可不要再对着火车扔石头了,这样做是要被罚款的!"乌鲁木齐铁路公安处治安支队支队长刘成生介绍,9月12日,某中学生林某(15周岁),为了练习自己的"投掷手法",对经过的雅玛里克山地区的某列车,投掷石块,砸碎了玻璃,造成靠窗的一名旅客脸部受轻微伤。

经铁路公安机关调查,林某无视行车安全,违反规定向正在飞驰的列车投掷石块,造成一定的财产损失和人身伤害,事实清楚,已经构成了本条规定的故意向列车投掷物品的违法行为,经过民警的批评教育,林某认识到自己行为的危害性,积极悔过。为此,根据本条之规定,对行为人予以五百元罚款的处罚。

本案涉及故意向列车投掷物品行为的认定与处罚。本案中,林某无视行车安全,违反规定向正在飞驰的列车投掷石块。根据本条规定,故意向列车投掷物品的,处五日以上十日以下拘留,可以并处五百元以下罚款;情节较轻的,处五日以下拘留或者五百元以下罚款。故此,公安机关对林某的五百元罚是合法的。

[①] 案例来源:辽宁公安教育培训中心整理的案例,有删减。

第三十六条 【擅自进入铁路防护网；违法在铁路线上行走坐卧、抢越铁路】

擅自进入铁路防护网或者火车来临时在铁路线路上行走坐卧、抢越铁路，影响行车安全的，处警告或者二百元以下罚款。

【条文解读】

本条是关于影响火车行车安全的行为及处罚。在铁路线路上行走坐卧和擅自进入铁路防护网的行为不但影响列车的正常运行，对众多乘客的人身安全构成威胁，也对行为者本身的人身安全具有极大的危险。为了增强人们爱路护路、珍爱生命的思想意识，维护铁路的运行畅通，惩戒影响安全行车的行为，本法设定了本条规定的违反治安管理行为。根据本条的规定，影响火车行车安全的行为主要有以下三种情形：

一是擅自进入铁路防护网的违法行为。铁路防护网是铁路部门为了防止行人、牲畜进入铁路而设置的防护网，其目的是为了维护列车的行车安全和保护人民群众的生命、财产安全。擅自进入铁路防护网，即行为人明知铁路防护网对保障火车行车安全的重要性，是禁止进入的，但为了个人便利，未经铁路工作人员的允许而进入。

二是火车来临时在铁路线路上行走坐卧，影响行车安全的。《铁路法》规定，禁止在铁路线路上行走坐卧。在铁路线路上行走坐卧行为的发生有的是出于某种目的，如自杀、劳资纠纷、居民拆迁等，也有的是无意间实施了本项行为，即行为人的主观心理可能是故意，也可能是过失。

三是火车来临时抢越铁路，影响行车安全的。这种行为属于妨害火车行车安全的最常见的类型。行为人往往心存侥幸心理，认为自己能抢在火车到达前穿过线路。但火车的速度超出行为人的想象，因而许多火车交通事故由此发生。因此，对这种行为也需要相应的惩处。

第三十七条 【擅自安装、使用电网；安装、使用电网不符合安全规定；道路施工不设置安全防护设施；故意损毁、移动道路施工安全防护设施；盗窃、损毁路面公共设施】

有下列行为之一的，处五日以下拘留或者五百元以下罚款；情节严重的，处五日以上十日以下拘留，可以并处五百元以下罚款：

（一）未经批准，安装、使用电网的，或者安装、使用电网不符合安全规定的；

（二）在车辆、行人通行的地方施工，对沟井坎穴不设覆盖物、防围和警示标志的，或者故意损毁、移动覆盖物、防围和警示标志的；
　　（三）盗窃、损毁路面井盖、照明等公共设施的。

【条文解读】

　　本条是关于擅自安装、使用电网；安装、使用电网不符合安全规定；道路施工不设置安全防护设施；故意损毁、移动道路施工安全防护设施；盗窃、损毁路面公共设施行为及其处罚的规定。

　　其一，未经批准，安装、使用电网的，或者安装、使用电网不符合安全规定的。这里的"未经批准，安装、使用电网"，是指未经主管部门批准，安装和使用电网的。根据1983年9月23日水利电力部、公安部《关于严禁在农村安装电网的通告》的规定，安装电网的主管部门是公安机关。根据上述规定，"凡安装电网者，必须将安装地点、理由，并附有安装电网的四邻距离图，以及使用电压等级和采取的预防误触电措施等有关资料，向所在地县（市）公安局申报，经审查批准，方可安装。""严禁社队企业、作坊安装电网护厂（场）防盗防窃。""严禁私人安装电网圈拦房舍、园地、谷仓、畜圈、禽舍等。""严禁用电网捕鱼、狩猎、捕鼠或灭害等。"这里的"安装、使用电网不符合安全规定"，是指虽经过批准，但安装、使用电网不符合安全规定的行为。这里的"安全规定"，是指警示装置、保险设备、电压标准等安全要求。实践中，如果行为人未经批准，安装、使用电网，或者安装、使用电网不符合安全规定，并造成严重后果的，如造成人身伤害、致人死亡的，则应当依法追究其刑事责任。

　　其二，在车辆、行人通行的地方施工，对沟井坎穴不设覆盖物、防围和警示标志的，或者故意损毁、移动覆盖物、防围和警示标志的。该行为的危害性在于可能导致车辆、行人陷入或者跌入沟井坎穴，造成车毁人伤。至于事实上是否发生了车毁人伤的后果，不影响行为的成立。只要实施了上述行为之一的，就可以给予处罚。如果发生了严重的车毁人亡的后果，则按照刑法的有关规定追究刑事责任。因此，在施工的时候，建设施工方必须采取相应的安全防范措施，如在车辆、行人通行的地方施工，要对沟井坎穴设覆盖物、防围和警示标志，以免车辆、行人发生危险。这里的"覆盖物、防围"，是指在道路施工中为了防止非机动车、行人跌落或者机动车损毁的发生，用于遮拦开凿挖掘的沟井坎穴所开的铁板、帆布、毡布、护栏、塑料布等。"警示标志"，是指警示灯、旗帜、标志杆、警告牌等。

　　其三，盗窃、损毁路面井盖、照明等公共设施的。这里的盗窃，是指以非法占有为目的，秘密窃取公私财物的行为。损毁，是指破坏物品、设施的完整性，使其失去正常的使用。"路面井盖"，包括自来水井盖、污水井盖，也包括电信井盖等。

此外,"等公共设施",还包括邮筒、公用电话亭等。如果行为人盗窃公共设施的数额较大,且尚不构成刑事犯罪,应当以本法第四十九条规定的盗窃行为予以相应的处罚,因盗窃行为的处罚重于本项规定。

【实例解析】

未经批准,安装、使用电网的治安违法行为——张某、黄某私设电网案[①]

2013年8月14日上午,吉安县公安局敖城派出所接到群众报警,称在敖城镇湖陂村委朱家自然村路段有人非法狩猎。

公安机关积极展开调查,民警在赶赴现场对现场进行勘察时发现有架设的电网,初步判断为有人非法安装使用猎捕器。依据铁丝走向,经走访现场村民,得知有两人近一个星期内在该自然村田埂周围架设电网猎捕野猪的信息。后民警于8月16日晚在重点路段蹲坑守候,并与当晚23时30分将涉嫌非法使用电网的张某、黄某抓获,据当事人交代,为猎捕野猪牟利,指阳乡村民黄某和太和县桥头乡村民张某纠集在一起,在泰和县禾市镇购买2台猎捕器、电瓶及电缆线等作案工具。2013年8月初起,二人在朱家自然村田埂周围私设电网并捕获野猪两头,属于情节严重,因此对张某、黄某分别处以五日行政拘留,并处五百元罚款。

本案涉及未经批准,安装、使用电网违法行为的认定与处罚。根据本条规定,未经批准,安装、使用电网的,处五日以下拘留或者五百元以下罚款;情节严重的,处五日以上十日以下拘留,可以并处五百元以下罚款。本案中,张某、黄某私设电网进行非法捕猎野猪两头的违法行为,情节比较严重,故此,公安机关对张某、黄某分别处以五日行政拘留,并处五百元罚款的处罚是正确的。

第三十八条 【违反规定举办大型活动】

举办文化、体育等大型群众性活动,违反有关规定,有发生安全事故危险的,责令停止活动,立即疏散;对组织者处五日以上十日以下拘留,并处二百元以上五百元以下罚款;情节较轻的,处五日以下拘留或者五百元以下罚款。

【条文解读】

本条是关于举办大型活动违反有关规定的行为及其处罚的规定。大型活动的举办,其特点是在一定的时间和有限的空间内,人员众多,身份复杂,物资汇聚;涉及单位、部门多,影响大,敏感性强;易发生重大伤害事故。举办群众性文化体育活动要经过审批许可的程序,这对于预防和减少事故的发生,确保人民群众人身财产安全具有重要意义。2007年10月1日起实施的《大型群众性活动安全管

[①] 案例来源:辽宁公安教育培训中心整理的案例,有删减。

理条例》规定,本条例所称大型群众性活动,是指法人或者其他组织面向社会公众举办的每场次预计参加人数达到 1 000 人以上的下列活动:(一)体育比赛活动;(二)演唱会、音乐会等文艺演出活动;(三)展览、展销等活动;(四)游园、灯会、庙会、花会、焰火晚会等活动;(五)人才招聘会、现场开奖的彩票销售等活动。影剧院、音乐厅、公园、娱乐场所等在其日常业务范围内举办的活动,不适用本条例的规定。《大型群众性活动安全管理条例》对人数较多的大型群众性文化体育活动实行行政许可制度。根据该条例的规定,大型群众性活动的预计参加人数在 1 000 人以上 5 000 人以下的,由活动所在地县级人民政府公安机关实施安全许可;预计参加人数在 5 000 人以上的,由活动所在地设区的市级人民政府公安机关或者直辖市人民政府公安机关实施安全许可;跨省、自治区、直辖市举办大型群众性活动的,由国务院公安部门实施安全许可。在行政许可法实施之后,国务院对全国的行政许可项目进行了清理,颁布了《国务院对确需保留的行政审批项目设定行政许可的决定》(国务院令第 412 号),保留了公安机关的大型群众文化体育活动安全许可。

举办文化、体育等大型群众性活动不符合有关规定的行为,是指举办大型活动违反有关规定,有发生安全事故危险的行为。这里的"有关规定"是广义的,包括举办大型活动未经许可,不符合有关的安全规定等内容,例如参加者大大超出场地人员的核定容量,没有迅速疏散人员的应急预案等存在严重安全隐患,不符合举办大型活动的安全要求,可能危及参加者人身财产安全等情况。群众性活动的承办者,应在公安机关的协助和指导下,拟定安全方案,落实安全措施。《大型群众性活动安全管理条例》第六条规定,举办大型群众性活动,承办者应当制定大型群众性活动安全工作方案。大型群众性活动安全工作方案包括下列内容:(一)活动的时间、地点、内容及组织方式;(二)安全工作人员的数量、任务分配和识别标志;(三)活动场所消防安全措施;(四)活动场所可容纳的人员数量以及活动预计参加人数;(五)治安缓冲区域的设定及其标识;(六)入场人员的票证查验和安全检查措施;(七)车辆停放、疏导措施;(八)现场秩序维护、人员疏导措施;(九)应急救援预案。各级公安机关要切实履行职责,加强群众性文化体育活动的审批、检查和安全保卫等方面的工作。对于已批准开展的活动,要在活动举行前对其安全保卫工作方案的落实情况进行实际检查,一旦发现各类安全隐患要立即通知主办者整改,整改合格后方可举办。要按照"谁主办,谁负责"的原则,积极主动地与主办单位、场地所有单位及体育、文化等有关部门联系,密切配合,共同做好活动期间的各项安全保卫工作。对重大群众性文化体育活动,还应制定应急预案,确保一旦发生事故后能快速处置、救助。

【实例解析】

违反安全规定举办大型群众性活动的治安违法行为——赵某及公园违反规定举办大型活动案[①]

正月十五是传统的闹花灯的时间,晚上9时许,某市局治安支队接到派出所上报信息,称"某县文化局为了活跃群众文化活动,在公园举办了大型迎春灯展活动"。闻讯后,治安支队和派出所民警立即赶赴现场,发现公园外已人山人海,游人如织。安全管理人员有限,现场秩序混乱。

经民警调查了解,此次活动主办方,事前未向当地公安机关申报,便于当日擅自开始活动。公安机关负责人当即指示,立即停止此次活动,并要求对主办方和场地提供方依法进行处罚。随后,经过民警2小时的疏散,现场秩序恢复正常。

经公安机关调查认定,主办该活动的负责人赵某以及公园举办迎春灯展等大型群众性活动,违反安全规定,有发生安全事故危险的严重隐患,依据本条规定,予以行政拘留十日,并处罚款五百元;场地提供方——公园被行政罚款一万元。

本案涉及违反规定举办大型活动的认定及处罚。违反规定举办大型活动是指举办大型活动违反有关规定,有发生安全事故危险的行为。本案中,作为主办方的赵某及提供方,既未按规定申报,也未提供相关安全保障,已经构成违反规定举办大型活动。故此,公安机关对其拘留及罚款处罚是正确的。

第三十九条 【公共场所经营管理人员违反安全规定】

旅馆、饭店、影剧院、娱乐场、运动场、展览馆或者其他供社会公众活动的场所的经营管理人员,违反安全规定,致使该场所有发生安全事故危险,经公安机关责令改正,拒不改正的,处五日以下拘留。

【条文解读】

本条是关于公共场所经营管理人员违反安全规定的行为及其处罚的规定。本节已经对违反有关规定举办大型群众性活动的行为作出了处罚规定。实践中,一些供社会公众活动的场所,在未举办大型活动期间,也有相当一部分存在安全隐患,如座椅或看台设置年久失修、场馆出入口设置不合理等,如缺乏日常的监管措施,待举办大型活动时再责令改正或停止活动,为时已晚,也会给经营者和参加者带来更大的损失。因此,作为社会治安管理的主管部门,公安机关应当加强对供社会公众活动的场所的管理和检查,并及时发现安全问题,予以整改。作为场所的经营管理人员,也有义务为社会公众提供一个安全、舒适的活动场所。

[①] 案例来源:辽宁省公安厅治安管理总队整理的案例,有删减。

公共场所经营管理人员违反安全规定的行为具有以下特征：

一是旅馆、饭店、影剧院、娱乐场、运动场、展览馆或者其他供社会公众活动的场所，违反安全规定，致使该场所有发生安全事故危险的。这里的"违反安全规定"，是指违反国家或者各级人民政府和有关主管部门制定的各种关于安全管理的规章制度。"有发生安全事故危险"，是指因供社会公众活动的场所违反安全规定，有发生重特大火灾等重大事故的危险，从而危及不特定的多数人的生命、健康和财产安全。

二是旅馆、饭店、影剧院、娱乐场、运动场、展览馆或者其他供社会公众活动的场所的经营管理人员，明知该场所违反安全规定，有发生安全事故危险，并经公安机关责令改正采取措施消除危险，但拒不提出整改措施予以改正的。这是区分是否违法的重要界限，如果针对公安机关的责令改正通知，这些供社会公众活动的场所能够及时采取相应的整改措施并予以改正，则不在本条调整范围内。这里的"责令改正"，主要是指公安机关通过下达整改通知书等书面通知，要求违反安全规定的社会公众场所采取措施消除事故危险。

【实例解析】

电影院不注意安全管理的治安违法行为——公共场所经营管理人员郑某违反安全规定案[①]

2013年10月8日19时左右，某公安派出所在管区检查公共场所时发现辖区电影院二楼东侧没有安全出口，派出所检查人员给电影院老板郑某下达限期整改通知书，令其限期整改。2013年10月23日20时左右，派出所检查人员再次来到电影院进行检查时，发现电影院未进行整改，且在正常营业。

经调查，郑某虽负责经营电影院，但长期以来不注意安全管理，无视可能发生事故的危险。在查清上述事实及相关证据的情况下，认定经营人员郑某违反安全规定的事实成立，根据本条规定，给予郑某行政拘留五日的行政处罚。

本案涉及公共场所经营管理人员违反安全规定的认定及处罚。本案中，郑某在公安机关对其经营管理的场所责令其限期整改后，未进行整改，可以认定其为公共场所经营管理人员违反安全规定。由此，公安机关对郑某予以行政拘留处罚是正确的。

---

① 案例来源：辽宁省公安厅治安管理总队整理的案例，有删减。

第三节　侵犯人身权利、财产权利的行为和处罚

> **第四十条　【组织、胁迫、诱骗进行恐怖、残忍表演；强迫劳动、非法限制人身自由；非法侵入住宅；非法搜查身体】**
> 　　有下列行为之一的，处十日以上十五日以下拘留，并处五百元以上一千元以下罚款；情节较轻的，处五日以上十日以下拘留，并处二百元以上五百元以下罚款：
> 　　（一）组织、胁迫、诱骗不满十六周岁的人或者残疾人进行恐怖、残忍表演的；
> 　　（二）以暴力、威胁或者其他手段强迫他人劳动的；
> 　　（三）非法限制他人人身自由、非法侵入他人住宅或者非法搜查他人身体的。

【条文解读】

本条是关于恐怖表演、强迫劳动、非法限制他人人身自由、非法侵入他人住宅或者非法搜查他人身体的处罚规定。本条共分三项：

本条第一项是关于组织、胁迫、诱骗不满十六周岁的人或者残疾人进行恐怖、残忍表演的处罚规定。这种行为的特征表现为三个方面：第一，行为人必须实施了组织、胁迫、诱骗的行为。所谓"组织"是指行为人通过纠集、控制不满十六周岁的人、残疾人或者以雇佣、招募等手段让不满十六周岁的人、残疾人表演恐怖、残忍节目的行为。"胁迫"是指行为人以立即实施暴力或其他有损身心健康的行为，如冻饿、罚跪等相要挟，逼迫不满十六周岁的人、残疾人按其要求表演恐怖、残忍节目的行为。"诱骗"是指行为人利用不满十六周岁的人年幼无知的弱点或亲属等其他人身依附关系，或者利用残疾人的自身弱点，以许愿、诱惑、欺骗等手段使不满十六周岁的人、残疾人按其要求表演恐怖、残忍节目的行为。第二，组织、胁迫、诱骗的对象必须是不满十六周岁的人或者残疾人。不满十六周岁的人，根据《残疾人保障法》规定，"残疾人"是指在心理、生理、人体结构上，某种组织、功能丧失或者不正常，全部或者部分丧失以正常方式从事某种活动的能力的人。残疾人包括视力残疾、听力残疾、言语残疾、肢体残疾、智力残疾、精神残疾、多重残疾和其他残疾的人。第三，组织、胁迫、诱骗不满十六周岁的人或者残疾人进行的是恐怖、残忍表演。这里所说的"恐怖"表演，是指营造凶杀、暴力等恐怖气氛的表演项目，如碎尸万段、刀劈活人、大卸人体组织等。"残忍"表演，是指对人的身体进行残酷折磨，以营造残忍气氛的表演项目，如脚踩女孩、人吃活蛇、蛇钻七窍、油锤贯

顶、钉板打石、汽车过人、铁钉刺鼻等。这些表演项目严重摧残了满十六周岁的人和残疾人的身心健康,影响了他们的正常发育。

本条第二项是关于以暴力、威胁或者其他手段强迫他人劳动的处罚规定。强迫他人劳动主要表现为:第一,行为人必须采用暴力、威胁或者其他手段。所谓"暴力"手段,是指行为人对他人人身实行殴打、捆绑等强制手段,使他人不得不按行为人的要求进行劳动;"威胁"手段,是指行为人对他人实行恐吓、要挟等精神强制手段,如以人身伤害、毁坏财物、损害名誉等相要挟,使他人产生恐惧,不敢做真实的意思表示,而不得不按行为人的要求进行劳动;"其他手段",是指使用暴力、胁迫以外的使他人不敢抗拒、无法抗拒的强制手段,如禁止离厂、不让回家等。第二,行为人实施了强迫他人劳动的行为。这种强迫他人劳动的行为,是以暴力、威胁或者其他手段,且违背他人的主观意志,强迫他人进行劳动的行为。如果行为人并没有使用暴力、威胁或者其他手段强迫他人进行劳动,只是对劳动者在工作中进行严格要求,或者劳动者自愿超时间、超负荷地工作,行为人并未对其进行强迫,则不属于强迫他人劳动的违反治安管理行为。

本条第三项是关于非法限制他人人身自由、非法侵入他人住宅或者非法搜查他人身体的处罚规定。这里包括了三种行为:一是非法限制他人人身自由的行为。非法限制他人人身自由的方式多种多样,如捆绑、关押、扣留身份证件不让随意外出或者与外界联系等,其实质就是强制剥夺他人的人身自由。实践中应当注意的是,依据《刑事诉讼法》及有关法律的规定,公民对正在实施违法犯罪或者违法犯罪后被及时发觉的、通缉在案的、越狱逃跑的、正在被追捕的人有权立即扭送到司法机关。这种扭送行为,包括在途中实施的捆绑、扣留等行为的,不能认为是非法限制他人人身自由的行为。二是非法侵入他人住宅的行为。这里的"非法侵入他人住宅",是指未经住宅主人同意,非法强行闯入他人住宅,或者无正当理由进入他人住宅,经住宅主人要求其退出仍拒不退出等行为。如果是事先征得住宅主人同意的,或者是司法工作人员为依法执行搜查、逮捕、拘留等任务而进入他人住宅的,或者依法对违法犯罪嫌疑人住所进行搜查、检查而进入他人住宅的,则不是非法侵入他人住宅。三是非法搜查他人身体的行为。这里的"非法搜查"有两层意思:一层意思是指无权进行搜查的单位和个人,非法对他人身体进行搜查;另一层意思是指有搜查权的侦查人员,滥用职权,擅自决定对他人身体进行搜查或者搜查的程序和手续不符合法律规定。违反治安管理,非法搜查他人身体的行为,主要是指无权进行搜查的单位或者个人,非法对他人身体进行搜查的行为。

【实例解析】

强行进入他人住宅的治安违法行为——邹某非法侵入住宅案[①]

2012年3月9日晚22时10分许,村民邹某翻墙进入本村李某家院内,并用螺丝刀撬坏房门进入李某家屋内。后李某报警。

经公安机关调查,邹某怀疑妻子与李某有婚外情,在明知妻子回娘家的情况下,强行闯入李某家进行"捉奸"。在李某不应允其进入的情况下,仍用翻墙破锁的方式闯入被侵害人家中,其行为和后果都比较严重。根据本条条第三项之规定,给予邹某行政拘留十日,并处五百元罚款的处罚。

本案涉及非法侵入他人住宅行为的认定与处罚。非法侵入住宅是指未经住宅主人同意,非法强行闯入他人住宅,或者无正当理由进入他人住宅,经住宅主人要求其退出仍拒不退出等行为。本案中,邹某采用毁坏居民房门的方式,未经住宅主人同意,强行闯入他人住宅,已经构成非法侵入住宅。故此,公安机关对其予以行政拘留十日,并处五百元罚款的处罚是正确的。

第四十一条 【胁迫、诱骗、利用他人乞讨;以滋扰他人的方式乞讨】

胁迫、诱骗或者利用他人乞讨的,处十日以上十五日以下拘留,可以并处一千元以下罚款。

反复纠缠、强行讨要或者以其他滋扰他人的方式乞讨的,处五日以下拘留或者警告。

【条文解读】

本条是关于胁迫、诱骗或者利用他人乞讨,或者以滋扰方式乞讨的处罚规定。当前,流浪乞讨活动主要呈现四个特点:一是大中城市流浪乞讨人员明显增多。二是欺骗和强讨恶要成为乞讨的主要手段。不少流浪乞讨人员为博取同情,采用伪装身体残疾、谎称家庭困难、遭遇意外事故等欺诈性方式行乞;有的采取抱腿纠缠、贴身跟随等方式强讨恶要。三是组织、利用儿童和残疾人进行骗讨的现象较为突出。一些地方儿童、残疾人已逐渐被人组织利用成为流浪乞讨、赚钱发财的"工具",少数不法分子甚至专门到经济欠发达地区收买、租借儿童特别是残疾儿童,进城乞讨。四是流浪乞讨人员职业化倾向明显,并有向团伙化、帮派化方向发展的趋势。据调查,相当一部分流浪乞讨人员一天能讨得50元至100元钱,其收入远远高于城市"低保"和农村"五保"等困难群体,也高于一般进城务工人员。一些好逸恶劳者视此为致富之路,过起了"城里磕头,家里盖楼"的职业乞丐生活。

[①] 案例来源:辽宁省公安厅治安管理总队整理的案例,有删减。

此外，一些流浪乞讨人员以血缘、地缘为纽带，逐步形成了有组织、有分工的团伙帮派。流浪乞讨人员的急剧增多，不仅损害国家形象、妨害城市管理，而且极易诱发治安问题，影响社会稳定。由于大多数流浪乞讨人员缺乏谋生技能和法制观念，在乞讨不足、处境艰难时容易实施偷、扒、抢等违法犯罪行为，成为危害社会治安的隐患。有的乞丐团伙之间为争夺地盘，聚众斗殴、故意伤害案件时有发生，扰乱治安秩序。一些乞丐团伙和人员为骗取同情，聚敛钱财，以暴力胁迫儿童尤其是残疾儿童行乞，已成为一个日益突出的社会问题。根据上述实际情况，参考国外有关流浪乞讨行为的法律规定，治安管理处罚法规定了对违法乞讨的行为进行治安管理处罚，在保护乞讨人员的正当权益时，也要打击流浪乞讨中的违法行为。

本条第一款是关于胁迫、诱骗或者利用他人乞讨的处罚规定。本款规定的违反治安管理行为表现为：第一，行为人必须采用胁迫、诱骗或者利用的手段。所谓"胁迫"他人乞讨，是指行为人以立即实施暴力或其他有损身心健康的行为，如冻饿、罚跪等相要挟，逼迫他人进行乞讨的行为。"诱骗"他人乞讨，是指行为人利用他人的弱点或亲属等人身依附关系，或者以许愿、诱惑、欺骗等手段指使他人进行乞讨的行为。"利用"他人乞讨，是指行为人怀有个人私利，使用各种手段让他人自愿地按其要求进行乞讨的行为。第二，行为人实施了胁迫、诱骗或者利用他人乞讨，为自己牟取利益的行为。乞讨者进行乞讨并不是出于本人自愿，而是被行为人胁迫、诱骗或者利用而进行乞讨的，行为人胁迫、诱骗或者利用他人乞讨的目的是为了给自己牟取利益，将他人乞讨来的财物据为己有，这里的"乞讨"是指向他人乞求讨要食品、金钱和衣物等。根据上述实际情况，参考国外有关流浪乞讨行为的 法律规定，在这次制定治安管理处罚法时，规定了对违法乞讨的行为进行治安管理处罚，在保护乞讨人员的正当权益时，也要打击流浪乞讨中的违法行为。

本条第二款是关于反复纠缠、强行讨要或者以其他滋扰他人的方式乞讨的处罚规定。本款规定的违反治安管理行为表现为：行为人必须采用反复纠缠、强行讨要或者以其他滋扰他人的方式。这里所说的"反复纠缠"是指一次又一次、不断地缠着他人进行乞讨的行为。一般表现为拽衣服、抱腿、不给钱就不松手等方式纠缠路人。"强行讨要"是指以蛮不讲理的方式，向他人乞讨，致使他人不得不满足其乞讨要求的行为。"其他滋扰他人的方式"是指采用除反复纠缠、强行讨要以外的其他方式进行乞讨的行为。

【实例解析】
胁迫、诱骗或者利用他人乞讨的治安违法行为——付某胁迫他人乞讨案[①]
2011年10月10日上午，某市公安机关在整治乞讨专项行动中，在对一个可疑乞讨儿童进行询问时，该名流浪儿童告诉警察，他是被付某骗到这里的，付某还

[①] 案例来源：辽宁省公安厅治安管理总队整理的案例，有删减。

经常以冻饿、罚跪等相要挟,逼迫他进行乞讨。在该儿童的协助下,公安机关在某出租屋内将嫌疑人付某抓获。经进一步询问,付某交代了逼迫流浪儿童乞讨的违法事实。为此,某市公安机关对付某作出了行政拘留十日的处罚决定。

本案涉及的是胁迫他人乞讨行为。近年来,在城市街头人们经常可以看到这样的景象,几个衣着褴褛的成年人带着两三个孩子在街头向过往行人乞讨,一些小孩子会伸着脏兮兮的小手拦在行人的前面一路跟随,甚至牵衣抱腿又哭又叫强行乞讨,让人避之不及。这种现象和行为正是本条所要禁止的情形。对于胁迫、诱骗或者利用他人乞讨的,处十日以上十五日以下拘留,可以并处一千元以下罚款。本案中,公安机关针对付某逼迫流浪儿童乞讨的违法事实,作出行政拘留十日的处罚决定是正确的。

第四十二条 【威胁人身安全;侮辱;诽谤;诬告陷害;威胁、侮辱、殴打、打击报复证人及其近亲属;发送信息干扰正常生活;侵犯隐私】

有下列行为之一的,处五日以下拘留或者五百元以下罚款;情节较重的,处五日以上十日以下拘留,可以并处五百元以下罚款:

(一)写恐吓信或者以其他方法威胁他人人身安全的;

(二)公然侮辱他人或者捏造事实诽谤他人的;

(三)捏造事实诬告陷害他人,企图使他人受到刑事追究或者受到治安管理处罚的;

(四)对证人及其近亲属进行威胁、侮辱、殴打或者打击报复的;

(五)多次发送淫秽、侮辱、恐吓或者其他信息,干扰他人正常生活的;

(六)偷窥、偷拍、窃听、散布他人隐私的。

【条文解读】

本条是关于威胁人身安全;侮辱;诽谤;诬告陷害;威胁、侮辱、殴打、打击报复证人及其近亲属;发送信息干扰正常生活;侵犯隐私的处罚规定。本条共分六项。

本条第一项是关于写恐吓信或者以其他方法威胁他人人身安全的处罚规定。本行为在客观方面表现为行为人写恐吓信或者以其他方法威胁他人人身安全。威胁的方法既包括写恐吓信,也包括其他方法如投寄恐吓物(如子弹、匕首)等;既可以是直接的威胁,也可以通过暗示的方法威胁;既可以是行为人自己威胁,也可以通过第三人的转告来威胁;还有的行为人利用公开别人的隐私来威胁。不管什么手段来威胁,不管有没有后果发生,不影响本行为的成立,方法和手段以及后果只作为处罚的酌定情节。威胁的对象是特定的个人。行为人目的直接指向他人的生命健康安全,动机可能多种多样,有的是为了发泄不满而报复,有的是为了获取不正当的政治、经济以及其他利益。如果行为人通过威胁获得了财物,则构成了敲诈勒索的行为。这种行为侵犯了他人的合法权益,应当受到处罚。

本条第二项是关于公然侮辱他人或者捏造事实诽谤他人的处罚规定。这里所说的"侮辱",是指公然诋毁他人人格,破坏他人名誉。我国宪法第三十八条规定,中华人民共和国公民的人格尊严不受侵犯。禁止用任何方法对公民进行侮辱、诽谤和诬告陷害。姓名权是公民依法决定、使用、改变自己姓名和保护自己姓名的权利。姓名是公民特定的人身专用的文字符号,是公民人格特征的重要标志。以侮辱方式侵害他人姓名权的行为,一般表现为漫骂、羞辱他人的姓名,对他人的姓名进行有损人格的恶意解释,以使他人的人格、名誉受到损害。肖像权是公民对自己的肖像利用和保护的权利。肖像与人的人格不可分离,直接关系到公民的形象的社会评价和人格尊严。侮辱肖像的行为也一定会侵害他人的人格。名誉是公民在社会生活中所获得的名望声誉,是一个公民的品德、才干、信誉等在社会生活中所获得的社会评价。根据我国民法规定,公民自出生之日起,即平等地享有人格权、名誉权和隐私权等人身权利。本行为在客观上表现为公然侮辱他人,但情节和后果尚不够刑事处罚。公然,是指当着众人或者第三人的面,或者是利用可以使不特定的多人听到、看到的方式,对他人进行侮辱。至于被侵害人是否在场,不影响本行为的成立。侮辱既可以是暴力倾向的,如以墨涂人,强迫他人做有损人格的动作等;也可以是文字的,如以大字报、小字报、漫画等形式攻击被侵害人人格;还可以是口头的,如以言语对被侵害人进行嘲笑、辱骂等;对肖像的侮辱也可以构成本行为,如涂划、玷污、践踏、损毁他人肖像。诽谤行为必须是针对特定的人进行的,但不一定要指名道姓,只要从诽谤的内容上知道是谁或者可以推断出或者明显地影射特定的人,就可以构成诽谤行为,如果行为人散布的事实没有特定的对象,不可能贬损某人的人格、名誉,就不能以诽谤行为论处。

本条第三项是关于诬告陷害他人的处罚规定。本行为在客观方面表现为捏造事实诬告陷害他人,企图使他人受到刑事追究或者受到治安管理处罚。捏造事实,是指捏造他人违反治安管理的事实或者犯罪事实,即以根本不存在的、可能引起公安机关、司法机关给予治安管理处罚和追究刑事责任的事实,强加给被诬陷者,以使被诬陷者有可能受到治安管理处罚和刑事处罚。如果捏造的不是违反治安管理的事实或者犯罪事实,而是一般的生活等问题,则不构成本行为。诬告,是指向国家机关和有关单位作虚假告发。诬告是手段,陷害是目的。如果没有告发,其陷害的目的就无法实现。因此,向国家机关和有关单位告发是构成本行为的前提。诬告必须有特定的对象,必须是自然人,不能是法人或者其他组织。诬告的形式多种多样,有口头的、书面的;有署名的、有匿名的;有直接向司法、公安机关诬告的、有向有关单位诬告的。无论采取什么形式,只要可能导致司法、公安机关追究刑事责任、治安违法责任的,就是实施了诬告行为。行为人具有诬陷的目的,是使他人受到刑事追究或受到治安管理处罚。诬陷的动机是多种多样的,有的是挟嫌报复、栽赃陷害、发泄私愤;有的是名利熏心、嫉贤妒能、邀功请赏;有的是排除异己、取而代之;有的是自己犯了错误,为了洗刷自己、摆脱困境,嫁祸于人等。只要行为人实施了这种行为,不论被诬告人是否受到刑事处罚和治安管理处罚,都不影响本行为的成立。

本条第四项是关于对证人及其近亲属进行威胁、侮辱、殴打或者打击报复的处罚规定。为了保证公安机关、人民检察院和人民法院查明事实,打击犯罪或者确认民事权利义务关系,正确适用法律,及时审理刑事和民事案件,保护当事人的合法权益,维护社会秩序、经济秩序,《刑事诉讼法》第四十八条规定:"凡是知道案件情况的人,都有作证的义务。"《民事诉讼法》第七十条规定:"凡是知道案件情况的单位和个人,都有义务出庭作证。"作证是公民的义务,要保障证人有客观、充分地提供证据的条件,履行作证的法定义务,如实地提供案件的真实情况,首先就要保障证人及其近亲属的安全,对于威胁、侮辱、殴打或者打击报复证人及其近亲属的行为,必须予以严厉打击。根据本条规定,该行为的主要特征是:(1) 行为侵害的对象必须是证人及其近亲属。"证人"不仅包括刑事诉讼中的证人,也包括民事诉讼、行政诉讼中的证人以及行政执法活动中涉及的证人。"近亲属",根据《刑事诉讼法》的规定,是指夫、妻、父、母、子、女、同胞兄弟姊妹。(2) 行为人对证人及其近亲属实施威胁、侮辱、殴打或者打击报复的行为。"威胁"是指实行恐吓、要挟等精神强制手段,如以人身伤害、毁坏财物、损害名誉等相要挟,使人产生恐惧;"侮辱"是指公然诋毁证人及其近亲属人格,破坏其名誉;"殴打"是指采用拳打脚踢等方式打人;"打击报复"包括多种方式,如利用职权降薪、降职、辞退等。

本条第五项关于发送淫秽、侮辱、恐吓或者其他信息,干扰他人正常生活的处罚规定。本行为在客观方面表现为多次通过信件、电话、计算机信息网络等途径传送淫秽、侮辱、恐吓或者其他骚扰信息,干扰他人正常生活。计算机信息网络包括国际互联网和局域网。淫秽信息,是指具体描绘性行为或者露骨宣扬色情的诲淫性信息;侮辱信息,是指含有恶意攻击、谩骂、羞辱等有损他人人格尊严的信息;其他信息,是指过于频繁地或者在休息时间发送提供服务、商品的信息或者其他信息,可能干扰他人正常生活的。行为人通过发送骚扰信息扰乱了他人正常生活,影响到他人的休息、工作或者学习。行为人的动机多种多样,有的是为了报复,有的是为了寻求刺激,有的是为了恶作剧等等。本行为必须是多次实施,即重复实施三次以上的,才应予以治安管理处罚。

本条第六项是关于偷窥、偷拍、窃听、散布他人隐私的处罚规定。本行为在客观方面表现为偷窥、偷拍、窃听、散布他人隐私。隐私,是指不愿意让他人知道的,属于个人的生活秘密,如两性关系、生育能力等。一旦公开将会给当事人的生活、心理带来压力。偷窥,是指行为人在当事人不知道的情况下,秘密偷看他人隐私的行为,行为人有的是在隐私场所直接用眼睛偷窥,如偷窥女厕所、女浴室等;有的是通过安装针孔摄像头等设备来偷窥他人隐私。偷拍,是指行为人趁当事人不备,利用照相机、手机、摄像机等器材秘密拍摄他人的隐私,包括他人身体的隐私部位、隐私活动等。窃听,是指行为人通过秘密方式偷听他人隐私的行为。散布,是指行为人用各种方式将知悉的他人的隐私传播于众的行为,传播的方式包括用语言、文字、图片、电子信息等形式在广播电视、报纸、网络等媒介上传播。他人隐私,既包括合法知悉的他人隐私,也包括非法知悉的他人隐私。行为人动机具有多样性,有的行为人是为了寻求刺激、满足某种下流的欲望;有的是为了损坏他人名誉而偷看、偷窥他人隐私并进行传播。行为人的动机和采用的手段不影响本行为的成立,但可以作为处罚的情节。

【实例解析】

多次发送淫秽信息的治安违法行为——赵某多次发送淫秽信息案[①]

2013年11月17日,家住马鞍镇的46岁居民蒋某,来到仪陇县公安局马鞍派出所报案称,从11月12日到16日,这五天时间里,一个网名叫"等你等了很久"(赵某)的陌生人,通过微信、QQ加妻子为好友后,多次发送淫秽图片和辱骂语音信息,已严重影响家人正常生活。蒋某称,从12日到16日,每天晚上或凌晨,妻子彭某的手机都会收到赵某发送的淫秽图片和骚扰语音信息。见妻子彭某的手机每天晚上都震动,蒋某还以为妻子有什么事瞒着自己,为此两人还多次发生过争吵。

马鞍派出所办案民警经过调查,赵某利用微信、QQ等聊天工具,加被害人为好友后,在5天时间里,男子赵某多次给蒋某的妻子彭某,发送淫秽图片和辱骂信息。仪陇县马鞍派出所认定,违法行为人赵某,因多次发送淫秽图片和辱骂信息,已严重影响他人正常生活,依照本法第五项之规定,给予赵某行政拘留八日、罚款三百元的治安处罚。

本案涉及发送淫秽侮辱信息干涉他人正常生活的行为。多次淫秽侮辱信息,是对他人私生活的严重干扰,侵犯了他人的生活安宁权,应当予以治安处罚,情节严重的,可能构成刑事犯罪。本案中,赵某的行为构成了多次发送淫秽侮辱信息,干扰他人正常生活的行为。故此,公安机关给予赵某行政拘留八日、罚款三百元的治安处罚是正确的。

[①] 案例来源:辽宁公安教育培训中心整理的案例,有删减。

> **第四十三条　【殴打他人；故意伤害】**
> 　　殴打他人的，或者故意伤害他人身体的，处五日以上十日以下拘留，并处二百元以上五百元以下罚款；情节较轻的，处五日以下拘留或者五百元以下罚款。
> 　　有下列情形之一的，处十日以上十五日以下拘留，并处五百元以上一千元以下罚款：
> 　　（一）结伙殴打、伤害他人的；
> 　　（二）殴打、伤害残疾人、孕妇、不满十四周岁的人或者六十周岁以上的人的；
> 　　（三）多次殴打、伤害他人或者一次殴打、伤害多人的。

【条文解读】

本条是关于殴打他人或者故意伤害他人身体的处罚规定。本条共分两款。原来法律只规定了殴打他人，造成轻微伤的违反治安管理行为，而对于以其他的行为方式如电击、使用化学物品、放射性物质等方式故意伤害他人身体，造成轻微伤的行为却没有规定，导致以其他的行为方式故意伤害他人身体的行为得不到法律的惩处；同时，原来殴打他人要求有轻微伤结果，对仅仅实施了殴打行为未造成损伤结果或者表现损伤很快消失而无法作出鉴定的，无法惩处，不能有效保护被侵害人合法权益。因此，本法规定对殴打或者以其他方式故意伤害他人身体的行为，都规定了应给予治安管理处罚。此外，还有一个重要区别就是本法规定的故意伤害他人的行为是行为犯，只要有故意伤害他人的行为，就应当给予处罚，后果的严重程度只作为处罚的酌定情节。

本条第一款是关于殴打他人或者故意伤害他人身体的处罚规定。本行为在客观上表现为殴打他人或者故意伤害他人身体。殴打他人，是指行为人公然实施的损害他人身体健康的打人行为。行为方式一般采用拳打脚踢，或者使用棍棒等器具殴打他人。故意伤害他人身体，是指以殴打以外的其他方式故意伤害他人的行为，如使用机械撞击、电击和放射性物质、激光等方法实施伤害。不论采用什么样的手段，都必须是以外力直接作用于他人的身体组织和器官，致使他人身体组织的完整和器官的正常功能受到破坏。行为人在主观方面是故意，过失伤害他人身体的行为不构成违反治安管理行为，不应予以治安管理处罚。同样，故意伤害他人身体，只要有证据证明行为人故意实施了伤害他人身体的行为，不论其是否造成被侵害人受伤，即应当予以治安管理处罚。如果是辱骂他人，致使他人受到精神创伤，虽然也影响到他人的身体健康，由于行为人没有以外力作用于他人的身体组织和器官，故对此类行为不能依照本条规定处罚。

本条第二款对殴打、伤害他人情形作了加重处罚的规定。这里包括三项行为：(1)结伙殴打、伤害他人的行为。根据公安部《公安机关执行〈中华人民共和国治安管理处罚法〉有关问题的解释(二)》八、关于"结伙"、"多次"、"多人"的认定问题。《治安管理处罚法》中规定的"结伙"是指两人(含两人)以上；"多次"是指三次(含三次)以上；"多人"是指三人(含三人)以上。"结伙殴打、伤害他人"是比较常见的一种恃强凌弱行为，常表现为纠集多人对他人进行殴打。(2)殴打、伤害残疾人、孕妇、不满十四周岁的人或者六十周岁以上的人的行为。残疾人是在心理、生理、人体结构上，某种组织、功能丧失或者不正常，全部或者部分丧失以正常方式从事某种活动能力的人。残疾人包括视力残疾、听力残疾、言语残疾、肢体残疾、智力残疾、精神残疾、多重残疾和其他残疾的人。残疾人、孕妇、儿童和老人，由于他们的心理或者身体存在不同程度的弱点，需要给予特殊的保护，对于殴打、伤害这类人员必须要给予严厉的惩处。(3)多次殴打、伤害他人或者一次殴打、伤害多人的行为。多次殴打、伤害他人或者一次殴打、伤害多人的情形是十分恶劣的，会给他人的身体和心理造成很大伤害，如果不给予严厉的处罚，将会助长其气焰，导致更大的社会危害性。这里的"多次"一般是指三次以上。

实践中应当注意区分殴打他人与结伙斗殴的界限。殴打他人，是指一方的一人或几人殴打对方的一人或几人的行为，属于一种侵犯公民人身权利的行为；而结伙斗殴，是指成群结队、互相殴打的行为，是双方都有多人参加的扰乱公共秩序的行为。由于二者性质不同，决定了对这两种情况的处罚的对象不同，一般而言，殴打他人只是单方的过错，应处罚打人者，而结伙斗殴则是双方都违反治安管理的行为，一般对双方行为人都要给予处罚。

【实例解析】

故意伤害他人身体的治安违法行为——汪某伤害他人案[①]

2013年5月23日14时许，汪某与同事王某因琐事发生口角，汪某非常生气，顺手从桌子上拿起水杯，把水倒在王某的脚上，王某被烫伤，被紧急送往医院。王某的同事向当地公安机关报案。

经公安机关调查，汪某因与王某发生口角，把杯子里的水倒在被害人脚上的行为，事实清楚，证据确凿，但是由于杯子里的水已不是滚烫的开水，所以王某的脚被烫伤明显达不到轻伤的程度。因此，公安机关依据本条第一款给予汪某处五日行政拘留的处罚。

本案涉及故意伤害他人身体违法行为的认定与处罚。所谓故意伤害他人身体，是指以殴打以外的其他方式故意伤害他人的行为，不论采用什么样的手段，都

---

① 案例来源：辽宁省公安厅治安管理总队整理的案例，有删减。

必须是以外力直接作用于他人的身体组织和器官，致使他人身体组织的完整和器官的正常功能受到破坏。同样，故意伤害他人身体，只要有证据证明行为人故意实施了伤害他人身体的行为，不论其是否造成被侵害人受伤，即应当予以治安管理处罚。因此，公安机关按照本条对汪某进行处罚是正确的。

> **第四十四条　【猥亵；在公共场所故意裸露身体】**
> 猥亵他人的，或者在公共场所故意裸露身体，情节恶劣的，处五日以上十日以下拘留；猥亵智力残疾人、精神病人、不满十四周岁的人或者有其他严重情节的，处十日以上十五日以下拘留。

【条文解读】

本条主要是关于对猥亵他人或在公共场所裸露身体的处罚规定。本条作了两种不同的处罚规定：

第一，猥亵他人的，或者在公共场所故意裸露身体，情节恶劣的，处五日以上十日以下拘留。这里规定了两种违反治安管理行为：一是猥亵他人的行为。本行为在客观方面表现为违背他人意志使用各种方法猥亵他人。猥亵，是指用抠摸、搂抱、舌舔、吸吮、手淫等行为，来刺激或者满足自己性欲的淫秽行为。根据本条规定，被猥亵的对象既可以是女性，也可以是男性，既可以是对同性的猥亵，也可以是对异性的猥亵。如果双方之间出于自愿，则属于违反社会道德的行为。行为人的目的是为了寻求刺激、满足自己的性欲或者挑起他人的性欲。二是在公共场所故意裸露身体，情节恶劣的行为。实际生活中，有些人在公共场所故意裸露身体，或者暴露隐私部位，在社会上造成极其恶劣的影响，对这种流氓下流的行为必须予以惩处。根据本条规定，该行为的特征是：行为人必须是在公共场所故意实施裸露身体，情节恶劣的行为。这里的"公共场所"主要是指公众进行公开活动的场所，如商店、影剧院、体育场、公共交通工具、街道等场所。这里的"裸露身体"，不仅包括赤裸全身，也包括比较常见的赤裸下身或者暴露隐私部位，或者女性赤裸上身等情形。

第二，猥亵智力残疾人、精神病人、不满十四周岁的人或者有其他严重情节的行为，处十日以上十五日以下拘留。这是针对特殊的群体所作的特别规定，主要考虑到智力残疾人、精神病人、不满十四周岁的人对社会各方面的认知能力较弱，尤其是对性的认识能力很欠缺，为了保护他们的身心健康，更加有力地打击侵犯他们人身权利的违法行为，对于猥亵智力残疾人、精神病人、不满十四周岁的人，法律作了较为严厉的处罚规定。"智力残疾人"，是指人的智力明显低于一般人水平，并显示适应行为障碍，包括在智力发育期间由于各种原因导致的智力低下和智力发育成熟以后由于各种原因引起的智力损伤或老年期的智力明显衰退。根据中国残联制定的《中国残疾人实用评定标准》的规定,智力残疾分为四级:智商小于20者为一级智力残疾(重度残疾);智商在20至34者为二级智力残疾(重度残疾);智商在35至49者为三级智力残疾(中度残疾);智商在50至69者为四级智力残疾(轻度残疾)。"精神病人",是指神经活动失调,不能辨认或者控制自己行为的人,包括完全丧失辨认或者控制自己行为的精神病人、间歇性精神病人和尚未完全丧失辨认或者控制自己行为的精神病人。精神病的病因复杂,如先天遗传、精神受刺激、中毒、脑外伤等,病状表现为言语、动作、情绪的明显失常。"其他严重情节"包括猥亵孕妇,或者在众人面前猥亵他人,或者猥亵行为给他人精神上造成伤害,或者猥亵行为在社会上造成恶劣影响等。

【实例解析】

在公共场所故意裸露身体的治安违法行为——马某故意裸露身体案[①]

2012年8月7日13时,某区公安分局某派出所接到报案称,有一个男子在某广场向过往行人暴露自己的隐私部分(阴茎)。

派出所立即出警,控制住了违法行为人。经公安机关调查,男子马某中午与朋友喝酒时,向酒友吹嘘,他敢在公众面前"撒野"。喝完酒后借着酒劲来到广场实施了上述行为,马某对其暴露隐私部位的行为供认不讳。于是公安机关依据本条规定对马某予以五日行政拘留处罚。

本案涉及在公共场所故意裸露身体行为的认定及处罚。在公共场所故意裸露身体,一般是指在不特定公众活动的场所赤裸全身,或者暴露隐私部位等情形。本案中,马某故意暴露隐私部位的行为,已经构成了在公共场所故意裸露身体。根据本条规定,在公共场所故意裸露身体,情节恶劣的,处五日以上十日以下拘留。故此,公安机关对对马某予以五日行政拘留处罚是正确的。

第四十五条　【虐待;遗弃】

有下列行为之一的,处五日以下拘留或者警告:

(一)虐待家庭成员,被虐待人要求处理的;

(二)遗弃没有独立生活能力的被扶养人的。

【条文解读】

本条是关于虐待家庭成员或者遗弃没有独立生活能力的被扶养人的处罚规定。本条共分两项:

[①] 案例来源:辽宁省公安厅治安管理总队整理的案例,有删减。

本条第一项是关于虐待家庭成员的处罚规定。虐待家庭成员,是指经常用打骂、冻饿、禁闭、强迫过度劳动、有病不给治疗等方法,摧残、折磨家庭成员,尚不够刑事处罚的行为。本行为的主体和被虐待人必须是共同生活的同一家庭的成员,相互之间有一定的亲属关系或者抚养、赡养关系。一般行为人在经济上或者家庭地位中占有一定的优势。非家庭成员不能构成本行为的主体。本行为侵犯的客体是家庭成员的平等权利,同时还侵犯了被侵害人的人身权利。侵害的对象是共同生活的家庭成员。家庭成员有血亲关系、婚姻关系和收养关系等。血亲关系,是指人类因生育而自然形成的具有血缘关系的亲属关系,如父母、子女、在一起生活的兄弟姐妹等;婚姻关系,是指因结婚而形成的夫妻关系;收养关系,是指把他人收留下来做自己的子女来抚养而形成的关系。本行为在客观方面表现为经常以打骂、冻饿、强迫劳动等方法,对共同生活的家庭成员进行肉体上、精神上的摧残和折磨。肉体上的摧残有殴打、捆绑、不让吃饱、不让穿暖、有病不给医治、强迫进行超体力劳动等。精神上的折磨有咒骂、侮辱、限制自由等。行为人的虐待行为既可以是积极的作为方式,如打骂、捆绑等;也可以是消极的不作为方式,如有病不给医治,不让吃饱等。虐待行为是在一定时间内多次连续进行的,具有经常性、连续性的特点。本行为必须是情节较轻,后果不严重,尚未构成虐待罪的行为。情节较轻,是指虐待的手段并非残酷,持续的时间并不长,动机不恶劣等。后果不严重,是指没有造成受虐待人伤残、死亡的,行为人经过教育后主动改正的等。虐待的对象仅限于共同生活的家庭成员,虐待保姆、徒弟等不构成本行为。虐待的动机是多种多样的,不论出于什么动机,不影响本行为的认定,但可以作为处罚的情节。

实践中应当注意划清虐待家庭成员与父母管教子女不当的界限。虐待家庭成员是经常性地对家庭成员进行肉体或精神上的折磨;而日常生活中父母为管教子女而采取打骂等方式,不能作为虐待行为进行处罚,因为在这种情况下,父母主观上多出于望子成龙的好意,不具有折磨、伤害子女的故意,只是管教方法不当,当然对于这种不当的管教行为也应予以谴责与制止。

本条第二项是关于遗弃被扶养人的处罚规定。遗弃没有独立生活能力的被扶养人的行为人必须是对被遗弃人负有法律上扶养义务的人,行为人不负有法律上扶养义务的,由于不存在扶养关系,也就不构成本行为。法律上的扶养义务,是指婚姻法规定的以下情况:夫妻有互相扶养的义务;父母对子女有抚养教育的义务;子女对父母有赡养扶助的义务;非婚生子女享有与婚生子女同等的权利,不直接抚养非婚生子女的生父或生母,应当负担子女的生活费和教育费,直至子女能独立生活为止;养父母和养子女、继父母和受其抚养教育的继子女之间的权利和义务,与生父母与其子女之间的抚养、赡养义务相同;有负担能力的祖父母、外祖父母,对于父母已经死亡或父母无力抚养的未成年的孙子女、外孙子女,有抚养的义务;有负担能力的孙子女、外孙子女,对于子女已经死亡或子女无力赡养的祖父母、外祖父母,有赡养的义务;有负担能力的兄、姐,对于父母已经死亡或父母无力抚养的未成年的弟、妹,有扶养的义务;由兄、姐扶养长大的有负担能力的弟、妹,对于缺乏劳动能力又缺乏生活来源的兄、姐,有扶养的义务。本行为侵犯的客体是家庭成员之间相互扶养的权利义务关系。本行为所侵犯的对象是年老、年幼、患病或者其他没有独立生活能力的家庭成员,包括因年老、伤残、疾病等原因,丧失劳动能力,没有生活来源的;虽有生活来源,但因病、老、伤残等生活不能自理的;因年幼或者智力低下等原因,没有独立生活能力的。

【实例解析】

遗弃没有独立生活能力的被扶养人的治安违法行为——吴某遗弃案[①]

2013年12月1日,某市公安局某派出所,接到本市第一医院打来的电话称,作为母亲的吴某把自己三岁的孩子遗弃在该医院儿童病房,而自己却不知去向,请求公安机关帮助查找。

经公安机关调查得知,吴某家贫如洗,因儿子患脑瘫,当儿子一出生,丈夫就离她而去,不知所踪。为了给儿子治病,吴某已经用尽了一切办法,实在无能为力了。因而吴某借看病之机将不满三岁的脑瘫儿子遗弃在医院。当民警找到吴某时,善良无奈的吴某非常羞愧,认识到自己的错误,知道不该把孩子"扔"给医院。民警在情与法的艰难抉择中,根据本条规定,给予吴某警告行政处罚。

本案涉及遗弃违法行为的认定与处罚。所谓遗弃,是指家庭成员中负有赡养、扶养、抚养义务的一方,对需要赡养、扶养和抚养的另一方,不履行其应尽的义务的违法行为。如父母不抚养未成年子女;成年子女不赡养无劳动能力或生活困难的父母;配偶不履行扶养对方的义务等。遗弃以不作为的形式出现,该为而不为,致使被遗弃人的权益受到侵害。在本案中,走投无路才出此下策的母亲吴某,虽然情有可原,但不能阻却其遗弃脑瘫儿子违法的理由。故此,公安机关对其予以警告处罚是正确的。

第四十六条 【强迫交易】

强买强卖商品,强迫他人提供服务或者强迫他人接受服务的,处五日以上十日以下拘留,并处二百元以上五百元以下罚款;情节较轻的,处五日以下拘留或者五百元以下罚款。

[①] 案例来源:《〈中华人民共和国治安管理处罚法〉案例解读本》,法律出版社2009年版,第37页,经过改编。

【条文解读】

本条是关于强迫交易行为的处罚规定。商品交易是发生在平等民事主体之间的经济关系,商品交易的主体在地位上是平等的。在交易过程中应当遵循自愿和公平的原则,顺利完成交易过程。我国的民法通则、消费者权益保护法、反不正当竞争法都把自愿、公平原则作为民事、商业活动应遵守的基本原则。但在现实社会、经济生活中,市场交易主体违反市场交易原则,强买强卖、强迫他人提供服务或者强迫他人接受服务的行为经常发生。这种强迫交易的行为破坏了正常的市场交易秩序,侵犯了消费者、经营者的平等交易权及交易自由选择权,而且强迫交易行为常常有暴力、威胁手段,也侵犯了公民的人身安全。因此,法律必须禁止强迫交易行为,以保护正常的市场交易秩序和公民的人身安全。刑法将强迫交易罪从投机倒把罪中分离出来。为了惩治强迫交易尚不够刑事处罚的行为,和刑法保持相衔接,本法规定了该违法行为。

本条规定的强迫交易行为具有以下特征:第一,该行为不仅破坏了公平自由竞争的市场秩序,也侵害了被强迫交易人的合法权益。正常的市场交易活动中,要求参与交易的民事主体能够根据自己的意志,设立、变更和终止民事法律关系,民事主体有权自主决定是否参加某一交易,有权决定交易的对象、内容和方式,双方之间的交易关系以双方真实意思表示一致为基础。强迫进行交易的行为,违背了自愿、平等、公平、诚实信用的民事活动基本原则,侵犯了经营者或者消费者的合法权益,扰乱了正常的市场交易秩序,具有严重的社会危害性。第二,行为人一般是通过暴力或者以暴力相威胁或者其他强制力,使他人不敢或者不能抗拒,是在违背对方意志的条件下以不公平的价格,如低价买高价卖、低价享受服务、高价提供服务,这是该行为显著的特征。第三,行为人实施了强买强卖商品、强迫他人提供服务或强迫他人接受服务的行为。这里所说的"强买强卖商品"是指在商品交易中违反法律、法规和商品交易规则,不顾交易对方是否同意,强行买进或者强行卖出的行为。"强迫他人提供服务"主要是指行为人在享受服务消费时,不遵守公平自愿的原则,不顾提供服务方是否同意,强迫对方提供某种服务的行为。"强迫他人接受服务"主要是指餐饮业、旅馆业、娱乐业、美容服务业、维修业等服务性质的行业在营业中,违反法律、法规和商业道德及公平自愿的原则,不顾消费者是否同意,强迫消费者接受其服务的行为。

这里的"情节较轻"是指违法行为偶尔发生;行为人牟利较少;后果并不严重;行为人经教育劝导主动改正的等。

【实例解析】

强买强卖商品的治安违法行为——陈某强迫交易案[①]

2012年10月7日,在一个鱼菜交易市场里,渔民张某正在叫卖自己从海上打来一条三十多公斤的大鱼。鱼贩陈某要买下这条鱼,双方交谈价格,张某要价每公斤三十元(当时批发价每公斤二十五元),而陈某要求张某以每公斤十元出售给他,否则别人也不能买。陈某一伙三人将张某围住,对张某进行威胁并欲上前殴打。张某被逼无奈,只得以每公斤十元的价格将鱼卖给了陈某。后来张某向公安机关报案。

经公安机关调查,陈某一伙三人在与张某在鱼买卖交易中,违反商品交易规则,不顾交易对方是否同意,以不合理的价格强迫张某将鱼卖给他,违反了公平交易的市场法则,扰乱了市场秩序,根据本条规定,应当给予陈某一伙三人治安处罚。

本案涉及强迫交易行为的认定与处罚。强迫交易,是指在商品交易中强行买进或者强行卖出、强迫服务的行为。本案中,陈某等人以明显低于正常商品交易的价格强迫张某将鱼卖给他,违反了市场交易规则,扰乱了社会秩序。故此,公安机关对陈某一伙予以治安处罚是正确的。

> **第四十七条 【煽动民族仇恨、民族歧视;刊载民族歧视、侮辱内容】**
> 煽动民族仇恨、民族歧视,或者在出版物、计算机信息网络中刊载民族歧视、侮辱内容的,处十日以上十五日以下拘留,可以并处一千元以下罚款。

【条文解读】

本条是关于煽动民族仇恨、民族歧视,刊载民族歧视、侮辱内容的处罚规定。我国是一个多民族的国家,民族问题是始终关系到国家统一、民族团结和社会稳定的重大问题。党和政府历来高度重视我国的民族问题,在长期实践中根据我国的国情制定了许多处理民族事务的法律、法规,如《中华人民共和国民族区域自治法》规定国家实行少数民族区域自治的制度,发展民族自治区域的经济,保护少数民族的文化和历史,有效地维护了多民族安定团结的局面。但是随着形势的发展,干扰和破坏民族工作的违法犯罪活动也出现了许多新情况、新问题,主要是境外民族分裂势力和国内的分裂势力相勾结,以民族问题为突破口,进行渗透、分裂、颠覆和破坏活动,企图使西藏、新疆从我国的版图上分裂出去;国内一些群众的民族感情受到伤害而引起一些矛盾。为了维护国家的统一和民族团结,刑法根

[①] 案例来源:辽宁省公安厅治安管理总队整理的案例,有删减。

据国内外所面临的形势和任务,规定了煽动民族仇恨、民族歧视罪这一罪名,治安管理处罚法也相应增加了煽动民族仇恨、民族歧视的违反治安管理行为。此外,近年来在一些出版物、网络中刊载歧视、侮辱少数民族的文章,伤害了少数民族的感情,有的还引发了民族矛盾,造成了严重后果。对此,刑法增设了出版歧视、侮辱少数民族作品罪,治安管理处罚法也相应增加了刊载民族歧视、侮辱内容作品的违反治安管理行为。本条规定两种违反治安管理行为:

一是煽动民族仇恨、民族歧视的行为。主要表现为:(1)行为人实施了煽动各民族之间的仇恨,宣扬民族歧视的行为。这里所说的"煽动",是指以激起民族之间的仇恨、歧视为目的,公然以语言、文字等方式诱惑、鼓动群众的行为。"民族仇恨",是指基于民族的来源、历史、风俗习惯等的不同而产生的民族间的相互敌对、仇视的状况。"民族歧视",是指基于民族的来源、历史、风俗习惯等的不同,民族间的相互排斥、限制、损害民族平等地位的状况。(2)行为人必须是故意的,即行为人明知自己的行为会在不同民族之间制造民族仇恨、民族歧视,破坏我国民族之间的平等、团结、互助的关系,而希望或者放任造成民族之间相互仇恨、歧视的结果的发生,从而实施其煽动行为。对于那些由于不懂民族政策,不了解民族心理、风俗及社会发展状况,或者由于工作中的渎职,造成了损害民族关系的结果,引起民族间的仇恨和歧视的行为,不属于本条规定的违反治安管理行为。

二是在出版物、计算机信息网络中刊载民族歧视、侮辱内容的行为。主要表现为:(1)行为人必须在出版物、计算机信息网络中刊载民族歧视、侮辱的内容。这里所说的"出版物",主要是指报纸、期刊、图书、音像制品和电子出版物等。"计算机信息网络",主要包括专用网和互联网。其中"专用网",根据《专用网与公用网联网的暂行规定》,是指区域性专用网络,即一个单位自建的,供本单位以指挥调度为主内部使用的,具有两个(含两个)交换点以上内部相连的在一个或若干个相邻地市行政区内组成的网络。"互联网",根据《计算机信息网络国际联网管理暂行规定》,是指直接进行国际联网的信息网络。"刊载",包括发表、制作、转载等。(2)刊载的必须是民族歧视、侮辱的内容。这里所说的"民族歧视、侮辱的内容",是指针对民族的来源、历史、风俗习惯等进行贬低、诬蔑、嘲讽、辱骂以及其他歧视、侮辱的行为。(3)必须是故意实施的行为,即行为人明知在出版物、计算机信息网络中刊载歧视、侮辱民族内容,会发生危害社会的后果,却希望或者放任这种结果的发生。对于那些不了解各民族的风俗习惯,或者由于工作上的渎职,造成了在出版物、计算机信息网络中刊载歧视、侮辱民族内容,不属于本条规定的违反治安管理行为。

第四十八条 【冒领、隐匿、毁弃、私自开拆、非法检查他人邮件】

冒领、隐匿、毁弃、私自开拆或者非法检查他人邮件的,处五日以下拘留或者五百元以下罚款。

【条文解读】

本条是关于侵犯通信自由的处罚规定。本条规定了冒领、隐匿、毁弃、私自开拆或者非法检查他人邮件等侵犯公民通信自由的违反治安管理行为,该行为主要有以下特征:

本行为侵犯的客体是公民的通信自由权利。公民的通信自由权利是宪法赋予公民的基本权利之一。公民的通信自由权利包括通信自由和通信秘密两个方面。我国宪法第四十条规定:"中华人民共和国公民的通信自由和通信秘密受法律的保护。"通信自由,是指通过书信、电话、电报、电子邮件等方式与他人进行正当通信的自由。通信秘密,是指公民发给他人的信件,其内容不经写信人或者收信人同意 不得公开,不受任何组织或者个人非法干涉和侵犯的权利。侵犯的对象是公民的信函、电子邮件和电报等具有信件性质的物品,也包括汇款、包裹、印刷品等邮件。

本行为在客观方面表现为冒领、隐匿、毁弃、私自开拆或者非法检查他人邮件。冒领,是指冒充他人的身份而领取财物的行为。一般行为人通过伪造或者窃取他人身份证件,骗取邮政工作人员的信任,冒充他人领取包裹、汇款等邮件。隐匿,是指私自把他人的邮件扣留,在一定地点加以隐藏而不交给收件人的行为。毁弃,是指将他人的邮件故意撕毁、焚烧或者丢弃的行为。私自开拆,是指既没有法律依据,又未经他人许可,擅自开拆他人邮件,偷看他人邮件内容,或者使他人邮件内容处于公开暴露状态的行为。非法检查,是指没有合法依据和没有经过合法程序而对他人的邮件进行扣留检查。我国《刑事诉讼法》第一百一十六条规定:"侦查人员认为需要扣押犯罪嫌疑人的邮件、电报的时候,经公安机关或者人民检察院批准,即可通知邮电机关将有关的邮件、电报检交扣押。不需要继续扣押的时候,应即通知邮电机关。"因此,在我国除公安机关、检察机关或者国家安全机关出于国家安全和追查犯罪分子的需要,严格按照法律规定的程序可以对犯罪嫌疑人的通信进行检查外,任何机关、团体、单位和个人都不得侵犯公民的通信自由和通信秘密。根据邮政法的规定,邮件,是指通过邮政企业寄递的信件、印刷品、邮包、汇款通知、报刊等。行为人的动机多种多样,或出于好奇,或为泄私愤、图报复,或者出于集邮需要等,无论何种动机不影响本行为的成立。

【实例解析】

毁弃他人邮件的治安违法行为——刘某毁弃他人邮件案[1]

某单位保安员刘某,因与本单位员工张某有矛盾,利用自己管理单位来往信件之便,连续把张某的8封私人信件撕毁扔掉。时间长了,张某觉得信件数目不够,遂产生怀疑,经向其他保安"调查",发现了上述情况。张某遂向公安机关报案。

经公安机关经调查,刘某因个人恩怨,私自毁弃他人信件的行为,已经涉嫌违法,构成毁弃他人邮件行为,依据本条规定,公安机关对刘某予以五日行政拘留的处罚。

本案涉及毁弃他人邮件违法行为的认定与处罚。毁弃他人邮件,是指将他人的邮件故意撕毁、焚烧或者丢弃的行为。本案中,刘某私自毁弃他人信件属于侵犯通信自由的行为。故此,公安机关对刘某予以五日行政拘留的处罚是正确的。

第四十九条 【盗窃;诈骗;哄抢;抢夺;敲诈勒索;故意损毁财物】

盗窃、诈骗、哄抢、抢夺、敲诈勒索或者故意损毁公私财物的,处五日以上十日以下拘留,可以并处五百元以下罚款;情节较重的,处十日以上十五日以下拘留,可以并处一千元以下罚款。

【条文解读】

本条是关于盗窃、诈骗、哄抢、抢夺、敲诈勒索、故意损毁公私财物的处罚规定。本行为侵犯的对象公私财物应当具备以下几个特征:(1)能够被人们所控制和占有。不能被人们控制的阳光、空气、风力等不能成为本行为侵犯的对象。但随着科学的发展,某些无形物也能为人类所控制,如煤气、天然气、电力等,可以成为本行为侵犯的对象。(2)具有一定的经济价值。这种经济价值是客观存在的,可以用货币来衡量,如金银首饰、有价证券等。(3)能够被移动。所有有价值的动产和不动产上的附着物都能成为盗窃的对象。房屋被盗卖,非所有人处理所有权,买卖关系无效,一般不按盗窃而按民事房地产纠纷处理。(4)他人的财物,即他人占有、使用,在他人控制之下的财物。(5)盗窃自己家里或者近亲属的财物,一般可不按盗窃处理。本条规定了以下几种违反治安管理的行为:

一、盗窃。"盗窃"是指以非法占有为目的,秘密窃取公私财物的行为。构成盗窃行为必须具备以下条件:(1)行为人具有非法占有公私财物的目的。行为人

---

[1] 案例来源:《〈中华人民共和国治安管理处罚法〉案例解读本》,法律出版社2009年版,第39页,有删减。

如果没有非法占有公私财物的目的,如将他人的财物误认为是自己的而占用的,或者明知是他人财物不问自取,用后立即归还的,不属于盗窃行为。(2) 行为人实施了秘密窃取的行为。秘密窃取就是行为人采用不易被财物所有人、保管人或者其他人发现的方法,将公私财物非法占有的行为,如溜门撬锁、挖洞跳墙、潜入他人室内窃取财物、在公共场所掏兜割包等。(3) 行为侵犯的对象是公私财物。"公私财物"包括国有财产、劳动群众集体所有的财产和私人所有的财产。根据最高人民法院《关于审理盗窃案件具体应用法律若干问题的解释》的规定,公私财物还包括电力、煤气、天然气等。

二、诈骗。"诈骗"是指以非法占有为目的,用虚构事实或者隐瞒真相的方法,骗得公私财物的行为。诈骗行为的主要特征是:行为人实施了以虚构事实或隐瞒真相的欺骗方法,使财物所有人、管理人产生错觉,信以为真,从而似乎"自愿地"交出财物的行为。虚构事实就是捏造不存在的事实,骗取被侵害人的信任,虚构的事实可以是部分虚构,也可以是全部虚构。隐瞒真相就是对财物所有人、管理人掩盖客观存在的某种事实,以此哄骗其交出财物。在上述情况下,财物所有人、管理人由于受骗,不了解事实真相,表面上看是"自愿地"交出财物,实质上是违反其本意的。诈骗财物的形式、手段多种多样,比较常见的有:编造谎言,假冒身份,诈骗财物;伪造、涂改单据,冒领财物;伪造公文、证件,诈骗财物;以帮助看管、提拿东西为名,骗走财物;以恋爱、结婚、介绍工作等名义相诱惑,诈骗财物;所谓专向老年人兜售的低价转让传世文物;以清点钞票为名,实则诈骗切汇等。

实际执法中要注意区分诈骗行为与债务纠纷的界限:二者的根本区别在于债务纠纷不具有非法占有的目的,只是由于客观原因,一时无法偿还债务;诈骗行为是以非法占有为目的,不是因为客观的原因不能归还,而是根本不打算偿还。

三、哄抢。哄抢行为具有以下特征:(1) 行为人明知是国家、集体、公民所有的财物,出于非法占有的目的,一哄而上,乘乱或者乘危急抢走公私财物的。至于行为人的动机则是多种多样的,有的是出于泄愤报复,有的出于眼红嫉妒,有的是出于占便宜的心理等。(2) 参加哄抢的人数较多。少则几个人,十几个人,多则上百人、上千人。(3) 行为人实施了采取哄闹、滋扰或者其他手段,公然夺取公私财物的行为。这一行为具有公然性,哄抢者并不刻意掩饰、隐瞒其哄抢行为,而是公开实施,造成公私财物的所有人、保管人无法阻止、无力阻止而乱拿乱抢的状态,如趁交通拥挤、秩序混乱、自然灾害等发生之际进行哄抢,这种行为一旦发生,多难以立即制止,易给国家、集体、个人带来不可估量的损失。

四、抢夺。"抢夺",是指以非法占有为目的,公然夺取公私财物的行为。抢夺行为的主要特征是:(1) 行为人必须是故意的,以非法占有公私财物为目的。如果行为人不是为了非法占有财物为目的,而是为了戏弄他人取乐夺取他人财物的行为,如把他人的头巾、帽子等物抢了就跑,逗引他人追赶,事后归还等,则不属于抢夺行为。(2)行为人实施了乘人不备,公然夺取他人财物的行为。所谓公然夺取公私财物,一般理解为行为人当着公私财物所有人或者保管人的面,乘其不备,公开夺取其财物。在财物被夺的一瞬间,被侵害人立即意识到财物的损失。

五、敲诈勒索。敲诈勒索,是指以非法占有为目的,对公私财物的所有人、保管人使用威胁或者要挟的方法,勒索公私财物的行为。本行为在客观方面表现为行为人采用威胁、要挟的方法,迫使被侵害人交出少量财物的行为。采用威胁、要挟的方法,是指以对被侵害人及其近亲属实施杀害、伤害相威胁,或者以公开被侵害人的隐私和不正当行为、毁坏被侵害人的名誉相要挟,或者利用被侵害人的困境相要挟等。迫使被侵害人交出财物,是指由于行为人实施了威胁或者要挟的方法,造成被侵害人精神恐惧,不得已交出财物。敲诈勒索的方式可以是口头的,也可以是书面的,还可以通过第三者转达。本行为在主观方面是故意,行为人具有非法强索他人财物的目的。如果不是为了非法占有财物,而是债权人对债务人使用威胁语言以催促偿还债务的,不构成敲诈勒索行为。

六、故意损毁公私财物。"故意损毁公私财物",是指非法毁灭或者损坏公共财物或者公民私人所有的财物的行为。故意损毁公私财物行为必须具有以下特征:(1)行为人必须是故意,即具有损毁公私财物的目的,如果行为人是过失损毁公私财物的,不属于故意损毁公私财物的行为。(2)行为人实施了故意损毁公私财物的行为。"损毁"包括损坏和毁灭。"损坏"是指使物品部分丧失价值和使用价值。"毁灭"是指用焚烧、摔砸等方法使物品全部丧失其价值和使用价值。(3)行为侵犯的是公私财物所有权关系,侵犯对象是公私财物。但是对于破坏某些特定的公私财物,则侵犯了其他客体,不能以损毁公私财物的行为予以处罚,如故意损毁使用中的交通设备、交通工具、电子煤气、易燃易爆设备,危害公共安全的,不属于损毁公私财物的行为。

【实例解析】

使用假币诈骗的治安违法行为——何某诈骗案[①]

2012年5月21日15时30分,家住新华社区的居民冯某到某区公安分局某派出所报案称,有一个卖豆腐的女子用调包的方法骗走其人民币350元。接到报案后,某派出所民警立即出警将正要逃跑的违法行为人抓获,带回派出所进行审查。

经公安机关调查,行为人何某交待,在实施诈骗过程中,她往往以年龄较大的人为作案目标,一旦有年龄大的人用一百元和五十元面额的钱买豆腐,就把"买鸡蛋人的钱"故意掉进水里后令其换一张,通过这种方法把假币"送给"给买豆腐的

---

① 案例来源:辽宁省公安厅治安管理总队整理的案例,有删减。

人。依据本条之规定,派出所以诈骗违法行为对何某处行政拘留十日,并处六百元罚款。

本案涉及诈骗案违法行为的认定与处罚。诈骗,是指以非法占有为目的,用虚构事实或者隐瞒真相的方法,骗得公私财物的行为。根据本条规定,诈骗公私财物的,处五日以上十日以下拘留,可以并处五百元以下罚款;情节较重的,处十日以上十五日以下拘留,可以并处一千元以下罚款。本案中,何某采用使用假币的手段骗取他人财物已经构成诈骗违法行为。因此,公安机关对其行政拘留十日,并处六百元罚款的决定是正确的。

第四节　妨害社会管理的行为和处罚

> 第五十条　【拒不执行紧急状态下的决定、命令;阻碍执行职务;阻碍特种车辆通行;冲闯警戒带、警戒区】
> 有下列行为之一的,处警告或者二百元以下罚款;情节严重的,处五日以上十日以下拘留,可以并处五百元以下罚款:
> (一)拒不执行人民政府在紧急状态情况下依法发布的决定、命令的;
> (二)阻碍国家机关工作人员依法执行职务的;
> (三)阻碍执行紧急任务的消防车、救护车、工程抢险车、警车等车辆通行的;
> (四)强行冲闯公安机关设置的警戒带、警戒区的。
> 阻碍人民警察依法执行职务的,从重处罚。

【条文解读】

本条是关于对拒不执行政府在紧急状态情况下依法发布的决定、命令的和阻碍执行公务的行为处罚规定。

本条第一款对四种行为作了规定:

第一,拒不执行人民政府在紧急状态情况下依法发布的决定、命令。本项规定的行为在客观上必须具备以下两个特征:(1)本行为在客观方面表现为抗拒人民政府在紧急状态情况下依法发布的决定、命令。抗拒,是指拒不执行,包括作为或不作为的方式。人民政府,是指乡、镇以上各级人民政府。紧急状态,是指一种特别的、迫在眉睫的危机或危险局势,影响全体公民,并对整个社会的正常生活构成威胁。紧急状态有以下几个特征:必须是现实或者是肯定要发生的;威胁到人民生命财产的安全;阻止了国家政权机关正常行使权力;影响了人们的合法活动;必须采取特殊的对抗措施才能恢复秩序等。根据引起紧急状态的原因不同,一般可以把紧急状态分为两类：一类是自然灾害引起的紧急状态；一类是由社会动乱引起的紧急状态。依法，是指依照法律和行政法规，法律即由全国人民代表大会和全国人民代表大会常务委员会制定的规范性文件，法律包括基本法律和基本法律以外的其他法律，如《传染病防治法》《中华人民共和国防洪法》《中华人民共和国防震减灾法》等；行政法规，是指国务院颁布的条例、办法等，如《突发公共卫生事件应急条例》等。这里的命令和决定，是指在紧急状态下，各级人民政府根据形势的需要，为了克服危机，恢复秩序而作出的。（2）本行为主要表现为不作为，如在防洪抢险时，不服从安全转移的命令；政府强制征用时，拒绝交付被征用物质；在爆发重大传染性疾病时，不服从人民政府关于隔离、强制检疫的决定和命令等。

第二，阻碍国家机关工作人员依法执行职务。本项规定的行为在客观上必须具备以下三个特征：（1）实施了阻碍行为。这里规定的"阻碍"，是指行为人以各种方法和手段，实施的阻挠、妨碍行为。（2）阻碍的行为对象必须是国家机关工作人员。所谓"国家机关工作人员"，是指中央及地方各级权力机关、党政机关、司法机关和军事机关以及在依照法律、法规规定行使国家行政管理职权的组织中从事公务的人员，或者在受国家机关委托代表国家机关行使职权的组织中从事公务的人员，或者虽未列入国家机关人员编制但在国家机关中从事公务的人员。如果行为人阻碍的对象是非国家机关工作人员，则不属于本项所规定要予以治安管理处罚的行为。（3）必须是依法执行职务的行为。这里规定的"依法执行职务"，是指国家机关工作人员依照法律、法规规定所进行的职务行为。如果阻碍的不是国家机关工作人员的职务活动，或者不是依法进行的职务活动，都不是本项所规定的行为。

应当强调的是，本项对阻碍国家机关工作人员依法执行职务的行为方式上，没有作出限定，即不要求以暴力、威胁方法为条件，这也是本项规定与《刑法》第二百七十七条妨害公务罪的规定的主要区别。《刑法》第二百七十七条妨害公务罪要求行为人阻碍国家机关工作人员依法执行职务的行为方式上，必须是以暴力、威胁的方法进行。其中，"暴力"是指对国家机关工作人员的身体实行打击或者强制，如捆绑、殴打、伤害等；"威胁"是指以杀害、伤害、毁坏财产、损坏名誉等相威胁，其目的都是为了迫使国家机关工作人员放弃执行职务。

第三，阻碍执行紧急任务的消防车、救护车、工程抢险车、警车等车辆通行。本项规定的行为，必须符合以下三个特征：（1）实施了阻碍车辆通行的行为。这里规定的"阻碍"，是指行为人以各种方法和手段，实施的阻挠、妨碍车辆通行的行为。（2）阻碍车辆通行的对象是消防车、救护车、工程抢险车、警车等车辆。根据《道路交通安全法》第五十三条规定，警车、消防车、救护车、工程救险车执行紧急任务时，可以使用警报器、标志灯具；在确保安全的前提下，不受行驶路线、行驶方向、行驶速度和信号灯的限制，其他车辆和行人应当让行。上述这些车辆都是具有担负着特殊使命的特种车辆,其所担负的任务,都是直接涉及公民、集体和国家的财产和生命安全。(3)执行紧急任务的车辆。《道路交通安全法》明确规定,上述特种车辆必须严格按照规定的用途和条件使用。如果上述特种车辆不是在执行紧急任务,只是执行一般的公务活动,甚至是私事,尽管其属于特种车辆,也不属于本项所要处罚的行为范畴。

第四,强行冲闯公安机关设置的警戒带、警戒区。本项规定的行为,必须符合以下两个特征:(1)实施了强行冲闯行为。也就是行为人明知道路上设置了警戒带、警戒区,不准非执行任务的车辆通行,却不听劝阻,强行通过。(2)冲闯的对象是由公安机关设置的警戒带、警戒区。根据国家有关法律、法规的规定,为保障公共安全,处理突发事件,维护社会秩序,防止对社会造成不稳定,公安机关可以在一些特定的场所、地区设置警戒带,划设警戒区。所谓"警戒带",是指公安机关按照规定装备,用于依法履行职责在特定场所设置进入范围的专用标志物。"警戒区",是指公安机关按照规定,在一些特定地方,划定一定的区域限定部分人员出入的地区。非公安机关设置,而是由一些单位自行设置的所谓"警戒带""警戒区"不属于本项规定的行为。

本条第二款是对阻碍人民警察依法执行职务的行为从重处罚的规定。这一规定是对人民警察执行职务的特殊保护。这主要是考虑到人民警察肩负着维护国家安全,维护社会治安秩序,保护公民的人身和财产安全的职责,是法律的执行者,其依法执行职务的行为,必须受到法律的保护,以维护法律的权威和尊严,保障社会安定。根据《人民警察法》第三十五条规定,拒绝或者阻碍人民警察依法执行职务,有下列行为之一的,给予治安管理处罚:(一)公然侮辱正在执行职务的人民警察的;(二)阻碍人民警察调查取证的;(三)拒绝或者阻碍人民警察执行追捕、搜查、救险等任务进入有关住所、场所的;(四)对执行救人、救险、追捕、警卫等紧急任务的警车故意设置障碍的;(五)有拒绝或者阻碍人民警察执行职务的其他行为的。以暴力、威胁方法实施前款规定的行为,构成犯罪的,依法追究刑事责任。因此本款对阻碍人民警察依法执行职务的行为,规定在第一款规定的处罚幅度内从重处罚。适用这一款的规定有两个条件:一是,行为人阻碍的对象必须是人民警察。阻碍其他执行机关执行职务的行为,适用其他相应条款的规定。二是,人民警察必须是在依法执行职务。如果人民警察的行为违反了法律的规定,或者其行为根本就不是进行执行职务的活动,则不受本款的保护。

【实例解析】

阻碍人民警察依法执行职务的治安违法行为——胡某阻碍执行职务案[①]

2011年11月下午6时,某市公安局一辆警车在出警途中,由于下班高峰遇

---

① 案例来源:辽宁省公安厅治安管理总队整理的案例,有删减。

到交通堵塞，车上民警打开警灯并拉响警报，一辆驾驶摩托车的男子胡某因不满开警灯拉响警报的行为，故意挡在警车前不给警车让道，并且下车砸坏警灯。出警民警合力把该男子强行带离现场，移交给属地派出所处理。

经派出所调查，胡某利用摩托车阻挡出警的警车，并使用暴力砸毁警灯的行为，事实清楚、证据确凿，已经构成阻碍公安机关执行职务违法行为，应当依据本条规定予以从重处罚。派出所查清事实后，某分局以阻碍国家机关工作人员依法执行职务对其做出了行政拘留十日的处罚。

本案涉及阻碍执行职务行为的认定与处罚。阻碍执行职务，是指行为人以各种方法和手段，实施的阻挠、妨碍国家机关工作人员依照法律、法规规定所进行的职务行为。本案中，胡某阻挡出警的警车，并使用暴力砸毁警灯的行为，其行为已经构成阻碍执行职务，且属于本条第二款规定的从重处罚情形。故此，公安机关对胡某行政拘留十日的从重处罚是正确的。

第五十一条 【招摇撞骗】

冒充国家机关工作人员或者以其他虚假身份招摇撞骗的，处五日以上十日以下拘留，可以并处五百元以下罚款；情节较轻的，处五日以下拘留或者五百元以下罚款。

冒充军警人员招摇撞骗的，从重处罚。

【条文解读】

本条是对冒充国家机关工作人员和其他人员招摇撞骗行为的处罚规定。本条分为两款。

本条第一款是关于对冒充一般国家机关工作人员和以其他虚假身份进行招摇撞骗行为的处罚规定。根据本款的规定，构成冒充国家机关工作人员或者以其他虚假身份招摇撞骗的违反治安管理行为的，必须同时符合以下几个条件：

一、必须有"冒充国家机关工作人员"或者"以其他虚假身份"的行为。本行为在客观方面表现为冒充国家机关工作人员或者以其他虚假的身份进行招摇撞骗的行为。根据刑法规定，冒充国家机关工作人员的身份，不仅指非国家机关工作人员冒充国家机关工作人员，也包括此种国家机关工作人员冒充他种国家机关工作人员，如行政工作人员冒充法官、检察官，一般国家干部冒充高级国家干部。行为人以假冒的国家机关工作人员身份，招摇炫耀，利用人民群众对国家机关工作人员的信任，骗取非法利益。行为人一般具有连续性、多次性进行诈骗的特点。如果行为人只是出于虚荣心，冒充国家机关工作人员身份，但没有利用国家机关工作人员身份骗取非法利益的，不构成本行为。以其他虚假身份招摇撞骗，是指冒充国家机关工作人员以外的其他人员,如冒充高干子弟、记者、医生等进行招摇撞骗的。

二、其违法行为的目的是为了谋取非法利益。非法利益包括物质利益和非物质利益,如政治待遇、经济利益或者荣誉称号等。如果行为人冒充国家机关工作人员是为了给被侵害人造成一种心理上的威胁,使之不敢反抗,其目的是为了抢劫、强奸的,则构成了抢劫罪和强奸罪。

三、情节轻微,危害不大的。这既是构成违反本款处罚规定的条件之一,也是区分与《刑法》规定的招摇撞骗罪的标准。根据我国《刑法》第二百七十九条的规定,冒充国家机关工作人员招摇撞骗的,处三年以下有期徒刑、拘役、管制或者剥夺政治权利;情节严重的,处三年以上十年以下有期徒刑。二者在行为特征上是一致的。二者的区别是行为的情节和危害后果不同,情节轻微,危害后果不大的,属于治安管理处罚行为;情节严重,危害较大的,则构成了《刑法》所规定的犯罪要件,应当依照《刑法》的规定,追究刑事责任。

本条第二款是关于冒充军警人员招摇撞骗的行为,从重给予治安管理处罚的规定。给予冒充军警人员从重处罚的规定,主要是考虑到人民警察、人民解放军都肩负着保卫、维护国家安全,维护社会稳定,保护公民的人身、财产安全的职责,与人民群众生活和社会治安秩序有着密切的关系,有必要对人民警察和人民解放军的形象和威信给予特别保护,这与《刑法》规定的精神也是相一致的。如《刑法》第二百七十九条第二款规定,冒充人民警察招摇撞骗的,从重处罚。

【实例解析】

冒充国家工作人员的治安违法行为——马某招摇撞骗案[①]

2012年6月8日,马某冒充县财政局长李某给某村村书记张某打电话,在电话中其向张某推销《2011年现行财务会计规章制度与审计工作实务全书》,书价888元。2012年6月9日上午10时,马某来到张某所在村,找到张某,自称是财政局李局长的司机,李局长让其来送书,并将书及发票交给张某。张某觉得可疑,电话查询县财政局后,得知根本就没有李局长,才知道自己受骗,遂向公安机关报案。

经公安机关调查,马某冒充财政局局长,利用虚假身份招摇撞骗事实清楚,证据充分,但情节较轻。依据本规定,予以五百元罚款处罚。

本案涉及招摇撞骗违法行为的认定与处罚。招摇撞骗,一般是指以假冒国家机关工作人员身份或者编造虚假的身份,非法骗取利益的活动。根据本条规定,冒充国家机关工作人员或者以其他虚假身份招摇撞骗的,处五日以上十日以下拘

---

① 案例来源:辽宁省公安厅治安管理总队整理的案例,有删减。

留,可以并处五百元以下罚款;情节较轻的,处五日以下拘留或者五百元以下罚款。本案中,马某冒充财政局局长,以获取经济利益的行为,已经构成招摇撞骗。故此,公安机关对马某予以五百元罚款处罚是正确的。

第五十二条 【伪造、变造、买卖公文、证件、证明文件、印章;买卖、使用伪造、变造的公文、证件、证明文件;伪造、变造、倒卖有价票证、凭证;伪造、变造船舶户牌;买卖、使用伪造、变造的船舶户牌;涂改船舶发动机号码】

有下列行为之一的,处十日以上十五日以下拘留,可以并处一千元以下罚款;情节较轻的,处五日以上十日以下拘留,可以并处五百元以下罚款:

(一)伪造、变造或者买卖国家机关、人民团体、企业、事业单位或者其他组织的公文、证件、证明文件、印章的;

(二)买卖或者使用伪造、变造的国家机关、人民团体、企业、事业单位或者其他组织的公文、证件、证明文件的;

(三)伪造、变造、倒卖车票、船票、航空客票、文艺演出票、体育比赛入场券或者其他有价票证、凭证的;

(四)伪造、变造船舶户牌,买卖或者使用伪造、变造的船舶户牌,或者涂改船舶发动机号码的。

【条文解读】

本条是关于对伪造、变造或者买卖国家机关等单位的公文、证件、证明文件、有价票证、凭证、船舶户牌等行为的处罚规定。本条规定了四项应当受到处罚的行为。

第一项规定伪造、变造或者买卖国家机关、人民团体、企业、事业单位或者其他组织的公文、证件、证明文件、印章的行为。这里的国家机关包括国家权力机关、行政机关、司法机关,以及中国共产党的各级机关和中国人民政治协商会议的各级机关。人民团体,是指参加中国人民政治协商会议的团体,如中华全国总工会、共青团中央、中华全国妇女联合会等。其他组织包括依照《社会团体登记管理条例》规定成立的社会组织,民办非企业单位、村民委员会等组织。公文,是指以国家机关、人民团体、企业、事业单位和其他组织的名义制作的,用以联系事务、指导工作、处理问题的书面文件,如命令、指示、决定、通知、函电等。证件,是指国家机关、人民团体、企业、事业单位和其他组织颁发的,用来证明一定的身份、资格、权利义务关系或者其他事项的凭证,如工作证、结婚证等。证明文件,是指国家机关、人民团体、企业、事业单位和其他组织颁发的证明某一事实的文件,如未婚证明、户口证明等。印章,是指经有关部门批准依法为国家机关、人民团体、企业、事业单位或者其他组织刻制的、以文字与图形代表本单位的公章,以及本单位各部门使用的专用章等。这里包括三种行为:(1)伪造国家机关、人民团体、企业、事业单位或者其他组织的公文、证件、证明文件、印章的行为。(2)变造国家机关、人民团体、企业、事业单位或者其他组织的公文、证件、证明文件、印章的行为。(3)买卖国家机关、人民团体、企业、事业单位或者其他组织的公文、证件、证明文件、印章的行为。这里规定的"伪造",是指无制作权的人,冒用有关机关、团体等单位的名义,非法制作国家机关、人民团体、企业、事业单位或者其他组织的公文、证件、证明文件、印章的行为。"变造",是指用涂改、擦消、拼接等方法,对真实的公文、证件、证明文件、印章进行改制,变更其原来真实内容的行为。"买卖",是指为了某种目的,非法购买或者销售国家机关、人民团体、企业、事业单位或者其他组织的公文、证件、证明文件、印章的行为。

　　本条第二项规定买卖或者使用伪造、变造的国家机关、人民团体、企业、事业单位或者其他组织的公文、证件、证明文件的行为。本项要处罚的行为包括下列几种行为:(1)买卖伪造、变造的国家机关、人民团体、企业、事业单位或者其他组织的公文、证件、证明文件的行为。(2)使用伪造、变造的国家机关、人民团体、企业、事业单位或者其他组织的公文、证件、证明文件的行为。其中这里的"买卖"与第一项中所规定的"买卖"的含义是一致的。这里规定的"使用伪造、变造的",是指行为人明知其所用的公文、证件、证明文件是虚假的,是经过伪造或者变造的,而继续使用,欺骗他人的行为。

　　本条第三项规定的处罚行为是,伪造、变造、倒卖车票、船票、航空客票、文艺演出票、体育比赛入场券或者其他有价票证、凭证的行为。本项规定处罚的行为包括以下三种:(1)伪造车票、船票、航空客票、文艺演出票、体育比赛入场券或者其他有价票证、凭证的行为。(2)变造车票、船票、航空客票、文艺演出票、体育比赛入场券或者其他有价票证、凭证的行为。(3)倒卖车票、船票、航空客票、文艺演出票、体育比赛入场券或者其他有价票证、凭证的行为。这里所说的"其他有价票证、凭证",是指类似于车票、船票、航空客票、文艺演出票、体育比赛入场券的,代表一定数额现金的证明票据,如各种营业性质的展览的入场券等。

　　本条第四项规定伪造、变造船舶户牌,买卖或者使用伪造、变造的船舶户牌,或者涂改船舶发动机号码的行为。这里规定的"船舶",是指各类排水或者非排水的船、艇、筏、水上飞行器、潜水器、移动式平台以及其他水上移动装置。根据这一项的规定,本项规定的处罚行为包括以下五种:(1)伪造船舶户牌的;(2)变造船舶户牌的;(3)买卖伪造、变造的船舶户牌的;(4)使用伪造、变造的船舶户牌的;(5)涂改船舶发动机号码的。

【实例解析】

伪造国家机关印章的治安违法行为——王某伪造印章案[1]

2011年11月11日,李某为了办理银行银行信用卡争取大的信用额度,他来到了某刻字社,刻字社业主王某按照李某的要求,为李某私刻了某市房产局的印章,后李某加盖到了伪造的产权证上。

经公安机关调查,王某为刻字社业主,违反印章管理规定,伪造了房产局的印章,并被加盖在产权证中。因未造成严重损失,属于情节较轻的情形,公安机关依本条第一项之规定,对其作出了行政拘留五日的处罚。

本案涉及伪造印章行为的认定与处罚。伪造印章,是指无制作权的人,冒用有关机关、团体等单位的名义,非法制作国家机关、人民团体、企业、事业单位或者其他组织印章的行为。本案中,王某伪造房产局的印章,符合伪造印章的构成要件,公安机关对其予以行政拘留五日的处罚是正确的。

第五十三条 【驾船擅自进入、停靠国家管制的水域、岛屿】

船舶擅自进入、停靠国家禁止、限制进入的水域或者岛屿的,对船舶负责人及有关责任人员处五百元以上一千元以下罚款;情节严重的,处五日以下拘留,并处五百元以上一千元以下罚款。

【条文解读】

本条是对船舶擅自进入、停靠国家禁止、限制进人的水域或者岛屿行为的处罚规定。为了维护我国沿海地区及海上治安秩序,加强沿海船舶的边防治安管理,促进沿海地区的经济发展,保障船员和渔民的合法权益,公安部于1999年8月20日颁布,并于2000年5月1日施行的《沿海船舶边防治安管理规定》的规定中,对各类船舶的管理作了明确规定。根据《沿海船舶边防治安管理规定》第十三条的规定,各类船舶进出港口时,除依照规定向渔港监督或者各级海事行政主管部门办理进出港签证手续外,还应当办理进出港边防签证手续。进出非本船籍港时,必须到当地公安边防部门或者其授权的船舶签证点,办理签证手续,接受检查。同时第十七条还规定,出海船舶和人员不得擅自进入国家禁止或者限制进入的海域或者岛屿,不得擅自搭靠外国籍或者香港、澳门特别行政区以及台湾地区的船舶。本条要处罚的行为,就是船舶擅自进入、停靠国家禁止、限制进入的水域或者岛屿的行为,本条处罚的对象是,有上述这些行为的船舶负责人及有关责任人员。

---

[1] 案例来源:辽宁省公安厅治安管理总队整理的案例,有删减。

另外,《沿海船舶边防治安管理规定》第二十六条规定,违反本规定,有下列情形之一的,对船舶负责人及其直接责任人员处二百元以下罚款或者警告:(一)未随船携带公安边防部门签发的出海证件或者持未经年度审验的证件出海的;(二)领取《出海船舶户口簿》的船舶更新改造、买卖、转让、租借、报废、灭失或者船员变更,未到公安边防部门办理出海证件变更或者注销手续的;(三)未依照规定办理船舶进出港边防签证手续的;擅自容留非出海人员在船上作业、住宿的。第二十七条规定,违反本规定,有下列情形之一的,对船舶负责人及其直接责任人员处五百元以下罚款:(一)未申领《出海船舶户口簿》《出海船舶边防登记簿》或者《出海船民证》擅自出海的;(二)涂改、伪造、冒用、转借出海证件的;(三)未编刷船名船号,经通知不加改正或者擅自拆换、遮盖、涂改船名船号以及悬挂活动船牌号的;(四)未经许可,私自载运非出海人员出海的。第二十八条规定,违反本规定,有下列情形之一的,对船舶负责人及其有关责任人员处一千元以下罚款:(一)非法进入国家禁止或者限制进入的海域或者岛屿的;(二)未经许可,将外国籍或者香港、澳门特别行政区、台湾地区的船舶引航到未对上述船舶开放的港口、锚地的;(三)擅自搭靠外国籍或者香港、澳门特别行政区以及台湾地区船舶的,或者因避险及其他不可抗力的原因被迫搭靠,事后未及时向公安边防部门报告的;(四)航行于内地与香港、澳门特别行政区之间的小型船舶擅自在非指定的港口停泊、上下人员或者装卸货物的。第二十九条规定,违反本规定,有下列情形之一的,对船舶负责人及其直接责任人员处五百元以上一千元以下罚款:(一)携带、隐匿、留用或者擅自处理违禁物品的;(二)非法拦截、强行靠登、冲撞或者偷开他人船舶的;(三)非法扣押他人船舶或者船上物品的。

第五十四条 【非法以社团名义活动;被撤销登记的社团继续活动;擅自经营需公安机关许可的行业】

有下列行为之一的,处十日以上十五日以下拘留,并处五百元以上一千元以下罚款;情节较轻的,处五日以下拘留或者五百元以下罚款:

(一)违反国家规定,未经注册登记,以社会团体名义进行活动,被取缔后,仍进行活动的;

(二)被依法撤销登记的社会团体,仍以社会团体名义进行活动的;

(三)未经许可,擅自经营按照国家规定需要由公安机关许可的行业的。

有前款第三项行为的,予以取缔。

取得公安机关许可的经营者,违反国家有关管理规定,情节严重的,公安机关可以吊销许可证。

【条文解读】

本条是对违反国家对社会团体的设立、活动以及有关特种行业经营机构的设立、管理等方面的规定的行为予以治安处罚的规定。

本条第一款处罚的行为包括三个方面的内容：

本条第一款第一项规定的行为是：违反国家规定，未经注册登记，以社会团体名义进行活动，被取缔后仍进行活动的行为。本项规定处罚的行为，指的就是违反国家上述关于社会团体管理、登记等方面的规定，未经注册，在被国家有关部门取缔后，仍以社会团体名义进行活动的行为。构成本项规定的违反治安管理行为，需同时具备以下两个条件：(1) 必须是违反国家规定的行为。这里所说的国家规定主要是指国务院颁布的《社会团体登记管理条例》的有关规定。(2) 必须是未经注册，以社会团体名义进行活动，被取缔后，仍进行活动的行为。这一规定包含两层意思：一是违法行为人未经注册，擅自以社会团体名义进行活动的行为，这是一种严重违反国家有关社团管理的规定的行为，其行为特征就是社团成员在成立之初，就根本没有到国家有关主管部门进行登记注册，擅自以社团的名义开展活动，《社会团体登记管理条例》规定对这种行为，由登记管理机关，即民政部门予以取缔，没收非法财产。二是在被国家有关部门取缔后，仍进行活动。

本条第一款第二项是对被依法撤销登记的社会团体，仍以社会团体的名义进行活动的行为的处罚。根据《社会团体登记管理条例》的规定，这一行为是指社团在当初成立时，依法进行过社团登记，但社团在开展活动中，严重违反了国家关于社团管理的规定，受到有关主管部门予以撤销登记的处罚，但违法行为人在被撤销登记后仍然以社团名义进行活动。这种行为的实质与不进行社团登记就擅自开展活动对社会造成的危害是一样的，都应受到惩处。

本条第一款第三项是对违反国家关于审批、许可方面的有关规定，擅自经营按照国家规定需要由公安机关许可的行业的行为的处罚。根据现行国家的法律、法规和规章的规定，需要由公安机关许可的行业主要是指经营保安服务、设立保安培训机构、经营旅馆业、公章刻制业、典当业等。

本条第二款是对有第一款第三项行为的一种特殊处罚，即有第一款第三项行为的，除根据本条的规定，给予十日以上十五日以下拘留，并处五百元以上一千元以下罚款；情节较轻的，处五日以下拘留或者五百元以下罚款的处罚外，还要对未经许可，擅自经营按照国家规定需要由公安机关许可的行业的行为，予以取缔。根据公安部《公安机关执行〈中华人民共和国治安管理处罚法〉有关问题的解释》六、关于取缔问题。根据《治安管理处罚法》第五十四条的规定，对未经许可，擅自经营按照国家规定需要由公安机关许可的行业的，予以取缔。这里的"按照国家规定需要由公安机关许可的行业"，是指按照有关法律、行政法规和国务院决定的有关规定，需要由公安机关许可的旅馆业、典当业、公章刻制业、保安培训业等行业。取缔应当由违反治安管理行为发生地的县级以上公安机关作出决定,按照《治安管理处罚法》的有关规定采取相应的措施,如责令停止相关经营活动、进入无证经营场所进行检查、扣押与案件有关的需要作为证据的物品等。在取缔的同时,应当依法收缴非法财物、追缴违法所得。根据《公安机关办理行政案件程序规定》第二百零九条规定,作出取缔决定的,可以采取在经营场所张贴公告等方式予以公告,责令被取缔者立即停止经营活动;有违法所得的,依法予以没收或者追缴。拒不停止经营活动的,公安机关可以依法没收或者收缴其专门用于从事非法经营活动的工具、设备。已经取得营业执照的,公安机关应当通知工商行政管理部门依法撤销其营业执照。

【实例解析】

擅自经营未经公安机关许可的行业的治安违法行为——赵某私开个体旅店案[①]

2013年11月,某市公安机关在全市范围内开展为期一个月的"取缔黑旅店"专项行动。11月25日,有人举报赵某私自经营小旅店。

经公安机关调查,赵某未经行政许可,在该市一家属楼3单元101室开办个体旅店,并在网上招揽生意。根据本条规定,赵某擅自经营按照国家规定需要由公安机关许可的行业(旅店业),用以营利,严重干扰了旅店业的有序经营,应予以取缔。依据本条第一款第三项和第二款之规定,给予赵某行政拘留十日,并处一千元罚款的处罚,同时取缔其经营的非法小旅店。

本案涉及擅自经营需公安机关许可的行业案的认定与处罚。"按照国家规定需要由公安机关许可的行业",是指按照有关法律、行政法规和国务院决定的有关规定,需要由公安机关许可的旅馆业、典当业、公章刻制业、保安培训业等行业。本案中,旅馆业是属于经过公安机关实行许可才能经营的特种行业,赵某未经许可开办个体旅馆,已经构成了擅自经营需公安机关许可的行业,公安机关对其予以行政拘留十日,并处一千元罚款,同时取缔其经营的非法小旅店的处理是正确的。

> **第五十五条 【煽动、策划非法集会、游行、示威】**
> 煽动、策划非法集会、游行、示威,不听劝阻的,处十日以上十五日以下拘留。

[①] 案例来源:辽宁省公安厅治安管理总队整理的案例,有删减。

【条文解读】

本条是对煽动、策划非法集会、游行、示威行为的处罚规定。

根据本条的规定,适用本条的处罚规定,需要符合以下几个条件:(1)本条处罚的行为主体是非法集会、游行、示威煽动者、策划者。(2)本条处罚的行为对象是非法的集会、游行、示威活动。本行为在客观方面表现为煽动、策划非法集会、游行、示威。我国宪法规定,公民有言论、出版、集会、结社、游行、示威的自由。但公民在行使集会、结社、游行、示威的自由的同时,不得损害国家、社会、集体的利益和其他公民的合法权利和自由。集会,是指聚集于露天公共场所,发表意见、表达意愿的活动。游行,是指在公共道路、露天公共场所列队行进、表达共同意愿的活动。示威,是指在露天公共场所或者公共道路上以集会、游行、静坐等方式,表达要求、抗议或者支持、声援等共同意愿的活动。非法集会、游行、示威,是指未依照法律规定申请或者申请未获许可,或者未按照主管机关许可的时间、地点、路线而进行的扰乱社会秩序的集会、游行、示威活动。煽动,是指行为人通过过激的语言、文字等方式煽动、鼓动不明真相的群众参加非法集会、游行、示威活动,既包括在社会上进行煽动,也包括在互联网上进行煽动。策划,是指行为人出谋划策,图谋组织非法集会、游行、示威,以期达到非法目的。根据集会游行示威法的规定,举行集会、游行、示威,必须依照法律规定向主管机关提出申请并获得许可。同时,申请举行的集会、游行、示威,不得反对宪法所确定的基本原则;不得危害国家统一、主权和领土完整;不得煽动民族分裂;不得危害公共安全或者严重破坏社会秩序。如果举行集会、游行、示威活动未经批准或者违反其他相关规定都是非法的。(3)不听劝阻的。这是能否适用本条处罚的条件。在认定本行为时,要注意,只有经过公安机关劝阻后,仍然煽动、策划非法集会、游行、示威的,才能构成本行为。对于那些在受到国家有关机关制止后,主动停止自己行为,避免了其不法行为带来的社会危害后果的,根据本条的这一规定,不适用治安管理处罚。

【实例解析】

煽动、策划非法集会、游行、示威的治安违法行为——周某、姚某、仇某煽动、策划非法集会、游行、示威案[①]

2012年8月13日,某区政府向公安机关反映,政府已宣布停止对海科能源项目的审批,但仍有少部分人还在恶意散布虚假信息。

经公安机关调查,周某、姚某、仇某,明知区政府已宣布停止对海科能源项目的审批,故意夸大该项目可能对周边环境的污染,鼓动无辜群众到区政府请愿,给政府施加压力,迫使政府不要审批此项目。周某、姚某、仇某三人的行为已经涉嫌

---

① 案例来源:辽宁省公安厅治安管理总队整理的案例,有删减。

违法,给社会秩序造成了一定程度的破坏。因此,公安机关依据本条规定,以煽动、策划非法集会、游行、示威的违法行为,对三名违法人员周某、姚某、仇某分别行政拘留十日的处罚。

本案涉及煽动、策划非法集会、游行、示威违法行为的认定与处罚。煽动,是指行为人通过过激的语言、文字等方式煽动、鼓动不明真相的群众参加非法集会、游行、示威活动,既包括在社会上进行煽动,也包括在互联网上进行煽动。策划,是指行为人出谋划策,图谋组织非法集会、游行、示威,以期达到非法目的。本案中的周某、姚某、仇某鼓动无辜群众到区政府请愿,给政府施加压力,属于煽动、策划非法集会、游行、示威违法行为。故此,公安机关给予周某、姚某、仇某分别行政拘留十日的处罚是正确的。

> **第五十六条　【不按规定登记住宿旅客信息;不制止住宿旅客带入危险物质;明知住宿旅客是犯罪嫌疑人不报告】**
>
> 旅馆业的工作人员对住宿的旅客不按规定登记姓名、身份证件种类和号码的,或者明知住宿的旅客将危险物质带入旅馆,不予制止的,处二百元以上五百元以下罚款。
>
> 旅馆业的工作人员明知住宿的旅客是犯罪嫌疑人员或者被公安机关通缉的人员,不向公安机关报告的,处二百元以上五百元以下罚款;情节严重的,处五日以下拘留,可以并处五百元以下罚款。

【条文解读】

本条是对旅馆业的工作人员违反有关旅馆经营管理规定的行为的处罚规定。根据本条规定,本条处罚的对象是旅馆业的工作人员,既包括单位经营者,也包括个人经营者;既包括作为投资人的老板、股东,也包括被老板聘用的经营管理人员。

本条第一款对旅馆业的工作人员有下列两种违反旅馆经营管理规定的行为,规定了治安管理处罚:第一,对住宿的旅客不按规定登记姓名、身份证件种类和号码。《旅馆业治安管理办法》第六条规定:"旅馆接待旅客住宿必须登记。登记时,应当查验旅客的身份证件,按规定的项目如实登记。接待境外旅客住宿,还应当在二十四小时内向当地公安机关报送住宿登记表。"登记的项目主要有:旅客的姓名、性别、年龄、工作单位、职业、住址、入住时间、离去时间等。第二,明知住宿的旅客将危险物质带入旅馆不予制止。危险物质,是指爆炸性、毒害性、放射性、腐蚀性物质和传染病病原体。爆炸性物质包括各种起爆器材,雷汞、雷银等起爆药,硝基化合物类炸药、硝基胺类炸药、硝酸类炸药、高能混合炸药、爆破剂等各类炸药,以及烟火剂等。毒害性物质包括氰化物、磷化物、砷化物等,如氰化钾、氰化溴、磷化钾；亚砷酸盐、砷酸盐、亚硒酸盐、硒化物等，如亚砷酸钙、砷酸钾等；有机剧毒物品，如氯苯乙酮、甲醛氟磷异丙酯（沙林）、阿托品、吗啡、海洛因及其盐类化合物等。放射性物质，是指通过原子核裂变时能够放出射线、发生放射性衰变的物质，包括镭、铀、钴等。腐蚀性物质，是指能够灼伤皮肤引起表层红肿、腐烂，误食则会迅速破坏肠胃等组织器官，严重的可在短时间内导致死亡的物质。常见的腐蚀性物质有硫酸、盐酸、硝酸等。传染病病原体，是指能够引起传染病发生的细菌、病毒等病原体物质。由于危险物质对公共安全具有极大的威胁，《旅馆业治安管理办法》第十一条规定："严禁旅客将易燃、易爆、剧毒、腐蚀性和放射性等危险物品带入旅馆。"旅馆业经营者发现住宿的旅客将危险物质带入旅馆的，应予制止。在实践中要注意的是，旅馆业经营者的发现和制止的义务应仅限于从外观上很明显就能判断出携带的是危险物质的情形，如包装上标明了是危险物质。对于旅客将危险物质隐藏在其他行李或物品里，从外观上发现不了的，则不构成本行为。法律没有赋予旅馆业工作人员检查旅客行李的权利和义务。

本条第二款对旅馆业的工作人员明知住宿旅客是犯罪嫌疑人员或者被公安机关通缉的人员，不向公安机关报告的行为，规定了处罚。本项规定处罚的行为是：旅馆业的工作人员主观上明知住宿其旅馆的旅客是犯罪嫌疑人员或者是公安机关通缉的人员而不向公安机关报告的。根据《旅馆业治安管理办法》的规定，旅馆工作人员发现违法犯罪分子，形迹可疑的人员和被公安机关通缉的罪犯，应当立即向当地公安机关报告，不得知情不报或者隐瞒包庇。向公安机关及时报告，不仅是旅馆业的工作人员的责任，也是公安机关打击犯罪、防止犯罪分子再度危害社会的有效途径。

【实例解析】

不报告犯罪嫌疑人住店的治安违法行为——包某容留犯罪嫌疑人住店案[①]

2013年1月13日，群众向当地公安机关报案称，强奸杀人的重大犯罪嫌疑人王某已入住我市某酒店，公安机关迅速调集警力，对该酒店进行了布控。

经公安机关调查，确认犯罪嫌疑人王某确实已入住该酒店。经询问前台当班经理包某得知，犯罪嫌疑人进住酒店办理入住手续时，她已经通过桌子上放的通缉令，认出了王某。但王某威胁她，如若报警就杀了她，并且扔给五百元钱。这样，包某明知王某是重大犯罪嫌疑人，却"不敢"向公安机关报告。包某虽然情有可原，但她的行为已经涉嫌违反本法，因此，公安机关根据本条给予包某五百元罚款。

这是一起典型的旅馆业的工作人员明知住宿的旅客是犯罪嫌疑人员，不向公

[①] 案例来源：辽宁省公安厅治安管理总队整理的案例，有删减。

安机关报告的旅馆业违法的案件。根据《旅馆业治安管理办法》的规定，旅馆工作人员发现违法犯罪分子、形迹可疑的人员和被公安机关通缉的罪犯，应当立即向当地公安机关报告，不得知情不报或者隐瞒包庇。向公安机关及时报告，不仅是旅馆业的工作人员的责任，也是公安机关打击犯罪、防止犯罪分子再度危害社会的有效途径。旅馆业的工作人员主观上明知住宿其旅馆的旅客是犯罪嫌疑人员或者是公安机关通缉的人员而不向公安机关报告的是治安违法行为。故此，公安机关根据本条给予包某五百元罚款的处罚是正确的。

> **第五十七条 【将房屋出租给无身份证件人居住；不按规定登记承租人信息；明知承租人利用出租屋犯罪不报告】**
>
> 　　房屋出租人将房屋出租给无身份证件的人居住的，或者不按规定登记承租人姓名、身份证件种类和号码的，处二百元以上五百元以下罚款。
>
> 　　房屋出租人明知承租人利用出租房屋进行犯罪活动，不向公安机关报告的，处二百元以上五百元以下罚款；情节严重的，处五日以下拘留，可以并处五百元以下罚款。

【条文解读】

　　本条是对房屋出租人违反有关出租房屋的管理规定的行为的处罚规定。为了规范对出租房屋的管理，公安部门和一些地方政府制定了关于出租房屋的管理规定。但对出租房屋的管理仍存在许多问题，房屋出租人只行使权利、不履行法定的义务。房屋出租人经常违反房屋租赁规定，如将房屋出租给无身份证件的人员；不登记承租人身份证件；发现承租人利用出租房屋进行违法犯罪活动，不向公安机关报告；等等。由此引发了许多社会治安问题，违法犯罪分子把出租房屋作为进行违法犯罪活动的场所，有的利用出租房屋进行卖淫嫖娼活动，有的利用出租房屋开设赌场，有的利用出租房屋进行制毒、贩毒，等等。犯罪分子还把出租房屋作为逃避公安机关追捕的栖身之所。为此，必须加强对出租房屋的管理，对房屋出租人违反房屋出租管理规定的，给予治安管理处罚。

　　本条第一款对房屋出租人有下列严重违反国家有关规定，不认真履行其职责的行为规定了处罚：第一，将房屋出租给无身份证件的人居住的。根据《租赁房屋治安管理办法》的规定，私有房屋和单位房屋出租，经审核符合规定出租条件的，房屋出租人都必须向公安机关签订治安责任保证书。房屋出租人不得将房屋出租给无合法有效证件的承租人。同时，对房屋承租人也有明确要求，要求其在租赁房屋时，必须持有本人居民身份证或者其他合法身份证件，方可承租他人住房。房屋出租人认真查验承租人的身份证件，是其了解承租人基本情况的一项基本要求,这既是其应当履行的社会责任,也是保障其房屋出租利益所需要的。对房屋出租人而言,也是容易和应该做到的。对于承租人提供的身份证件是否合法、有效,法律并没有要求房屋出租人查明其真伪。但是,房屋出租人无论是出于其承担的社会责任,还是出于其个人的利益的保障,对承租人提供的身份证件认真查验都是必要的。对非常明显的伪造的身份证件,房屋出租人应当及时向公安机关反映,从而保障自己的权益,消除治安隐患,保障社会稳定。第二,不登记承租人姓名、身份证件种类和号码的。这一行为与前面所规定的行为基本一致,将承租人的姓名、身份证件种类和号码进行登记,是房屋出租人的一项基本工作。根据《租赁房屋治安管理办法》的规定,房屋出租人对承租人的姓名、性别、年龄、常住户口所在地、职业或者主要经济来源、服务处所等基本情况进行登记并向公安派出所备案。掌握了解房屋承租人的基本情况,其中一个重要手段就是将承租人提供的身份证件种类进行登记,这是确认房屋承租人身份的一项基本工作,是房屋出租人应当履行的职责。

本条第二款对明知承租人利用出租房屋进行犯罪活动,不向公安机关报告的行为,规定了处罚。根据《租赁房屋治安管理办法》的规定,房屋出租人发现承租人有违法犯罪活动或者有违法犯罪嫌疑的,应当及时报告公安机关。房屋的出租方和承租方是房屋租赁合同的当事人,联系密切,也容易发现问题。根据本项的规定,对房屋出租人实行治安处罚的条件是:(1)出租人主观上必须是明知。房屋出租人对房屋承租人利用出租房屋进行的犯罪活动不知道的不属于本条规定的行为。(2)承租人利用出租人出租的房屋进行违法犯罪活动,如承租人利用其承租的房屋进行组织、介绍、容留他人卖淫或者开设赌场进行赌博等犯罪活动。如果承租人进行的犯罪活动不是在其承租的房屋里进行,而是在其他地点,房屋出租人没有报告,也不属于本条规定的处罚行为。(3)不向公安机关报告。发现承租人利用出租房屋进行犯罪活动,及时向公安机关报告,是房屋出租人应当履行的法定义务,违反该义务应当承担法律责任。

第五十八条 【制造噪声干扰正常生活】
违反关于社会生活噪声污染防治的法律规定,制造噪声干扰他人正常生活的,处警告;警告后不改正的,处二百元以上五百元以下罚款。

【条文解读】

本条是对违反关于社会生活噪声污染防治的法律规定,制造噪声干扰他人生活的行为的处罚规定。

本条要处罚的是违反关于社会生活噪声污染防治的法律规定,制造噪声干扰他人正常生活的行为,应当同时符合二个条件:一是,违反了关于社会生活噪声污染防治的法律规定。二是,制造噪声干扰了他人正常生活。对于各种噪声污染的防治,国家都有明确的规定。如噪声的排放标准、防治措施、赔偿标准等都有严格的规定。所谓噪声是指在工业生产、建筑施工、交通运输和社会生活中所产生的干扰周围生活环境的声音。也就是说,广义上的噪声,既包括工业噪声,还包括建筑噪声、交通运输噪声和生活噪声。所谓"工业噪声",是指在工业生产活动中使用固定的设备时产生的干扰周围生活环境的声音。"建筑施工噪声",是指在建筑施工过程中产生的干扰周围生活环境的声音。"交通运输噪声",是指机动车辆、铁路机车、机动船舶、航空器等交通运输工具在运行时所产生的干扰周围生活环境的声音。"社会生活噪声",是指人为活动所产生的除工业噪声、建筑施工噪声和交通运输噪声之外的干扰周围生活环境的声音。本条所处罚的制造噪声干扰他人正常生活行为的"噪声",仅指社会生活噪声。

根据《环境噪声污染防治法》第四十一条规定,本法所称社会生活噪声,是指人为活动所产生的除工业噪声、建筑施工噪声和交通运输噪声之外的干扰周围生活环境的声音。第四十五条规定,禁止任何单位、个人在城市市区噪声敏感建筑物集中区域内使用高音广播喇叭。在城市市区街道、广场、公园等公共场所组织娱乐、集会等活动,使用音响器材可能产生干扰周围生活环境的过大音量的,必须遵守当地公安机关的规定。第五十四条规定,违反本法第十九条的规定,未经当地公安机关批准,进行产生偶发性强烈噪声活动的,由公安机关根据不同情节给予警告或者处以罚款。第五十八条规定,违反本法规定,有下列行为之一的,由公安机关给予警告,可以并处罚款:(一)在城市市区噪声敏感建筑物集中区域内使用高音广播喇叭;(二)违反当地公安机关的规定,在城市市区街道、广场、公园等公共场所组织娱乐、集会等活动,使用音响器材,产生干扰周围生活环境的过大音量的;(三)未按本法第四十六条和第四十七条规定采取措施,从家庭室内发出严重干扰周围居民生活的环境噪声的。

【实例解析】

制造噪声干扰他人正常生活的治安违法行为——徐某等制造噪声干扰正常生活案[①]

2014年7月11日,某中学向属地派出所报案称,校外居民的夜生活影响了在校学生夜间的正常休息。派出所受案后,即刻着手调查。

经公安机关调查,自7月8日以来,无业人员徐某一伙三人,在学校外的居民楼边,每天晚上都喝酒闲侃于半夜11点左右,但其声音太大,导致学校内挨着居

---

① 案例来源:《〈中华人民共和国治安管理处罚法〉案例解读本》,法律出版社2009年版,第45页,有删减。

民区的女生宿舍内,多人的休息和睡眠受到严重的影响。学校保安几次对他们进行劝说,徐某一伙三人不但不听,反而变本加厉,使女学生及邻居们的休息无法正常进行。无奈之下,学校才向当地派出所反映情况。徐某一伙制造噪声,无视邻居和学校的劝阻、警告,干扰他人正常生活,已严重违反了相关生活噪声污染防治法与本条规定,派出所遂决定对他们每人给予二百元罚款。

本案涉及制造噪声干扰正常生活违法行为的认定与处罚。制造噪声干扰正常生活的行为,应当同时符合两个条件:一是违反了关于社会生活噪声污染防治的法律规定;二是制造噪声干扰了他人正常生活。本案中,刘某喝酒聊天从而制造噪声的行为,已经干扰了他人正常生活,违反了本条规定。故此,公安机关对其予以罚款处罚是正确的。

第五十九条 【违法承接典当物品;典当业工作人员发现违法犯罪嫌疑人、赃物不报告;违法收购废旧专用器材;收购赃物、有赃物嫌疑的物品;收购国家禁止收购的其他物品】

有下列行为之一的,处五百元以上一千元以下罚款;情节严重的,处五日以上十日以下拘留,并处五百元以上一千元以下罚款:

(一)典当业工作人员承接典当的物品,不查验有关证明、不履行登记手续,或者明知是违法犯罪嫌疑人、赃物,不向公安机关报告的;

(二)违反国家规定,收购铁路、油田、供电、电信、矿山、水利、测量和城市公用设施等废旧专用器材的;

(三)收购公安机关通报寻查的赃物或者有赃物嫌疑的物品的;

(四)收购国家禁止收购的其他物品的。

【条文解读】

本条是关于典当业、废旧金属收购业、废旧物品收购业违反治安管理行为及其处罚的规定。

本条第一项规定的"典当",根据商务部、公安部《典当管理办法》第六条规定,本办法所称典当,是指当户将其动产、财产权利作为当物质押或者将其房地产作为当物抵押给典当行,交付一定比例费用,取得当金,并在约定期限内支付当金利息、偿还当金、赎回当物的行为。第二十七条规定,典当行不得收当下列财物:(一)依法被查封、扣押或者已经被采取其他保全措施的财产;(二)赃物和来源不明的物品;(三)易燃、易爆、剧毒、放射性物品及其容器;(四)管制刀具、枪支、弹药,军、警用标志、制式服装和器械;(五)国家机关公文、印章及其管理的财物;(六)国家机关核发的除物权证书以外的证照及有效身份证件;(七)当户没有所有权或者未能依法取得处分权的财产；(八)法律、法规及国家有关规定禁止流通的自然资源或者其他财物。第五十一条规定，典当行应当如实记录、统计质押当物和当户信息，并按照所在地县级以上人民政府公安机关的要求报送备查。第五十二条规定，典当行发现公安机关通报协查的人员或者赃物以及本办法第二十七条所列其他财物的，应当立即向公安机关报告有关情况。第五十三条规定，对属于赃物或者有赃物嫌疑的当物，公安机关应当依法予以扣押，并依照国家有关规定处理。"典当业工作人员"，是指包括典当业经营者和典当业的其他工作人员。《典当管理办法》第三十五条规定："办理出当与赎当，当户均应当出具本人的有效身份证件。当户为单位的，经办人员应当出具单位证明和经办人的有效身份证件；委托典当中，被委托人应当出具典当委托书、本人和委托人的有效身份证件。""除前款所列证件外，出当时，当户应当如实向典当行提供当物的来源及相关证明材料。赎当时，当户应当出示当票。""典当行应当查验当户出具的本条第二款所列证明文件。"第五十一条还明确规定："典当行应当如实记录、统计质押当物和当户信息，并按照所在地县级以上人民政府公安机关的要求报送备查。"这两条明确规定了典当业工作人员在承接典当的物品时，应当首先查验当户的各种有效证件，并履行严格的登记手续。如果典当业工作人员不认真遵守这些规定，在承接典当物品时，不按规定查验有关证明、不履行登记手续的，就容易被违法犯罪分子利用，对社会治安带来不利影响，因此构成本条第一项的违反治安管理行为，应当受到五百元以上一千元以下罚款的处罚；如果情节严重的，还要接受五日以上十日以下拘留，并处五百元以上一千元以下罚款的处罚。《典当管理办法》第五十二条还规定：典当行发现公安机关通报协查的人员或者赃物的，应当立即向公安机关报告有关情况。这一规定要求典当业的工作人员在经营活动中，如果发现违法犯罪嫌疑人或者赃物的，有义务向公安机关报告。如果典当业工作人员不履行此项义务，发现违法犯罪嫌疑人或者赃物知情不举，不按规定向公安机关报告的，按照本项的规定就构成了违反治安管理的行为，要受到五百元以上一千元以下罚款的处罚；如果情节严重的，还要接受五日以上十日以下拘留，并处五百元以上一千元以下罚款的处罚。

本条第二项对收购废旧专用器材作了规定。本项规定的铁路、油田、供电、电信、矿山、水利、测量和城市公用设施等废旧专用器材，主要是指生产性废旧金属。废旧金属收购业在收购上述生产性废旧金属时应当遵守国家规定。根据《废旧金属收购业治安管理办法》第二条规定，本办法所称废旧金属，是指生产性废旧金属和非生产性废旧金属。生产性废旧金属和非生产性废旧金属的具体分类由公安部会同有关部门规定。第四条规定，收购生产性废旧金属的企业，应当经其业务主管部门审查同意，向所在地县级人民政府公安机关申请核发特种行业许可证，并向同级工商行政管理部门申请登记，领取特种行业许可证和营业执照后，方准开业。第七条规定,在铁路、矿区、油田、港口、机场、施工工地、军事禁区和金属冶炼加工企业附近,不得设点收购废旧金属。第九条规定,收购废旧金属的企业和个体工商户不得收购下列金属物品:(一)枪支、弹药和爆炸物品;(二)剧毒、放射性物品及其容器;(三)铁路、油田、供电、电信通讯、矿山、水利、测量和城市公用设施等专用器材;(四)公安机关通报寻查的赃物或者有赃物嫌疑的物品。第十条规定,收购废旧金属的企业和个体工商户发现有出售公安机关通报寻查的赃物或者有赃物嫌疑的物品的,应当立即报告公安机关。公安机关对赃物或者有赃物嫌疑的物品应当予以扣留,并开付收据。有赃物嫌疑的物品经查明不是赃物的,应当及时退还;赃物或者有赃物嫌疑的物品经查明确属赃物的,依照国家有关规定处理。第八条规定,收购废旧金属的企业在收购生产性废旧金属时,应当查验出售单位开具的证明,对出售单位的名称和经办人的姓名、住址、身份证号码以及物品的名称、数量、规格、新旧程度等如实进行登记。这些都是废旧金属收购业在收购废旧金属时所必须遵守的必经程序。如果不严格按照这些规定办理收购,就会给违法犯罪分子以可乘之机。特别是对本项规定的国家铁路、油田、供电、电信、矿山、水利、测量和城市公用设施等废旧专用器材的收购,更应当认真按照规定履行登记手续。只有经过认真登记检查,才能发现所收购的物资是否属于国家生活建设中自然淘汰下来的废旧金属。另外,有关法律、行政法规对废旧金属收购业的经营活动有其他规定的,废旧金属收购业经营者都必须认真遵守和执行。如果废旧金属收购业的经营者,不按上述规定认真履行登记手续的,就构成本条规定的违反治安管理行为。

本条第三项规定"收购公安机关通报寻查的赃物或者有赃物嫌疑的物品的",这里规定的"公安机关通报寻查的赃物",主要是指由于丢失物品的单位或者个人向公安机关报告,公安机关经过侦查确认并向废旧金属收购业、废旧物品收购业发出通报的物品。所谓"有赃物嫌疑的物品",是指公安机关通报寻查的其他涉嫌被盗、被抢或被骗的赃物。根据公安部发布的《废旧金属收购业治安管理办法》第十条的规定:"收购废旧金属的企业和个体工商户发现有出售公安机关通报寻查的赃物或者有赃物嫌疑的物品的,应当立即报告公安机关。"另外,本项的规定也包括废旧物品收购业收购公安机关通报寻查的赃物或者有赃物嫌疑的物品的行为。

本条第四项讲的"国家禁止收购的其他物品",主要是指国家法律、行政法规、规章明令禁止收购的物品。根据公安部发布的《废旧金属收购业治安管理办法》第九条的规定,收购报废的不能直接使用的枪支、弹药等,就属于这种情况。如果收购的是可以使用的枪支弹药,则构成《刑法》规定的买卖枪支弹药罪,应依法追究刑事责任。如果废旧金属收购业、废旧物品收购业的经营者收购了上述属于国家禁止收购的其他物品的,就构成了本项规定的违反治安管理行为。

【实例解析】

收购铁路废旧专用器材的治安违法行为——李某收购专用器材案[①]

2013年5月14日,某派出所值班民警接群众举报:钢城街25号房主李某,利用平房的便利条件,收购一些不允许随便买卖的物品。民警迅速赶至现场,对现场进行检查,并依法传唤房主李某至公安机关,进行调查。

经公安机关调查,房主李某以平房为掩护,从一个姓吕的人手中花低价购买了几段铺设铁路的铁轨,准备用于转卖牟利。经公安机关进一步调查,查获了违法行为人吕某(另案处理)。依据本条之规定,违反国家规定,收购铁路等废旧专用器材的是违法行为,考虑到李某主动交代违法行为,积极配合公安机关抓获违法行为人吕某。因此,公安机关对李某予以罚款五百元。

本案涉及收购铁路废旧专用器材的违法行为的认定与处罚。根据《废旧金属收购业治安管理办法》第九条规定,收购废旧金属的企业和个体工商户不得收购下列金属物品:(一)枪支、弹药和爆炸物品;(二)剧毒、放射性物品及其容器;(三)铁路、油田、供电、电信通讯、矿山、水利、测量和城市公用设施等专用器材;(四)公安机关通报寻查的赃物或者有赃物嫌疑的物品。本案中,李某低价从吕某手中收购铁轨,而吕某没有任何合法证明,这种收购行为符合违反国家规定,收购铁路等废旧专用器材的行为要件,公安机关对李某进行处罚是正确的。

第六十条 【隐藏、转移、变卖、损毁依法扣押、查封、冻结的财物;伪造、隐匿、毁灭证据;提供虚假证言;谎报案情;窝藏、转移、代销赃物;违反监督管理规定】

有下列行为之一的,处五日以上十日以下拘留,并处二百元以上五百元以下罚款:

(一)隐藏、转移、变卖或者损毁行政执法机关依法扣押、查封、冻结的财物的;

(二)伪造、隐匿、毁灭证据或者提供虚假证言、谎报案情,影响行政执法机关依法办案的;

(三)明知是赃物而窝藏、转移或者代为销售的;

(四)被依法执行管制、剥夺政治权利或者在缓刑、暂予监外执行中的罪犯或者被依法采取刑事强制措施的人,有违反法律、行政法规或者国务院有关部门的监督管理规定的行为。

[①] 案例来源:辽宁省公安厅治安管理总队整理的案例,有删减。

【条文解读】

本条是关于妨害执法秩序的违反治安管理行为及其处罚的规定。

本条规定的妨害执法秩序的违反治安管理行为,既包括行政执法秩序,也包括司法活动秩序。根据《行政处罚法》及有关法律的规定,行政执法机关在查处行政违法案件时,可以扣押、查封、冻结涉案的有关财物,并收集有关证据等。司法机关在办理有关案件时,也需要依法追缴有关赃物。《刑法》规定,被判处管制、剥夺政治权利、缓刑执行中的罪犯,应当遵守法律、行政法规的规定。违反这些规定,都必然对行政执法活动及有关司法活动造成干扰和损害。对于这些干扰和破坏行政执法及司法秩序的行为,有必要给予相应的处罚以维护正常的执法秩序。

本条第一项规定的妨害执法秩序的行为是隐藏、转移、变卖或者损毁行政执法机关依法扣押、查封、冻结的财物的。本行为在客观方面表现为:隐藏、转移、变卖或者损毁行政执法机关依法扣押、查封、冻结的财物。隐藏,是指把财物隐蔽、藏匿起来的行为。转移,是指将已被查封、扣押的物品移往他处,脱离行政执法机关的掌握、控制,或者将已被冻结的资金私自取出或转移到其他账户。变卖,是指将已被查封、扣押的财物出卖给他人的行为。损毁,是指使用破坏性的手段将已被查封、扣押的物品毁灭、损坏,使物品失去原貌、失去原来具有的使用价值和价值。行为人只要实施了上述任何一种或几种行为,就可以构成本行为。本行为在主观方面是故意,即行为人明知是行政执法机关扣押、查封、冻结的财物而故意予以非法处置。行政机关在执法过程中,有时为了保证执法活动的顺利进行,同时也是为了收集证据,需要对当事人的涉案财物作出扣押、查封和冻结的决定。比如我国《海关法》第九十二条规定:"海关依法扣留的货物、物品、运输工具,在人民法院判决或者海关处罚决定作出之前,不得处理。"又如《税收征管法》规定,对未按照规定办理税务登记从事生产、经营的纳税人,由税务机关责令其缴纳税款;不缴纳的,税务机关可以扣押其价值相当于应纳税款的商品、货物;税务机关认为从事生产、经营的纳税人有逃避纳税义务行为,并不提供纳税担保的,可以依法通知开户银行或者其他金融机构冻结纳税人相当于应纳税款的存款。

本条第二项规定的妨害执法秩序的行为是伪造、隐匿、毁灭证据或者提供虚假证言、谎报案情,影响行政执法机关依法办案的。本行为在客观方面表现为伪造、隐匿、毁灭证据或者提供虚假证言、谎报案情,影响行政执法机关依法办案。证据,是指证明案件真实情况的一切事实。证据包括物证、书证、证人证言,被害人陈述,违法犯罪嫌疑人、被告人供述和辩解,鉴定结论、勘验、检查笔录,视听资料等。伪造证据,是指伪造与案件有关的书证、物证等证据材料,既可以是当事人自己伪造,也可以是其他人伪造。隐匿证据,是指故意将案件证据隐藏起来,妨害行政执法机关的调查取证工作的行为。毁灭证据,是指故意销毁与案件有关的证据。提供虚假证言,是指证人故意作出歪曲事实、虚假的证言,妨害行政执法的行为。谎报案情，是指故意向行政执法机关举报、投诉并不存在或者发生的违法事实。如拨打110谎报案情，拨打其他举报电话谎报案情等。行为人的上述行为在客观上影响了行政执法机关的依法办案，会导致无法及时查清案件真相或者导致错案的发生等不良后果。行为人的动机是多种多样的：有的是为了陷害他人或者乘机报复；有的是帮助他人逃脱法律制裁；有的是为了干扰行政执法机关的正常工作。行为人的动机不影响本行为的成立，可以作为处罚的情节。需要指出的是，本项所列举的行为不仅发生在行政机关办理行政案件的时候，还包括公安机关在办理刑事案件的侦查阶段发生的上述行为。因为有时公安机关办理的刑事案件，经过侦查，最后不作为犯罪只按一般的治安案件予以处理。但是在公安机关侦查过程中有上述行为，妨害收集证据，尚未达到追究刑事责任程度的，也可以依照本法的规定予以治安处罚。所以本项规定的"影响行政执法机关依法办案"是广义的。其中，本项规定的"伪造、隐匿、毁灭证据"是指行为人为了逃避法律责任，捏造事实，制造假证据，或者对证据隐藏、销毁的行为。所谓"提供虚假证言、谎报案情"，是指行政执法机关在执法活动中，需要收集证据时，作为案件的证人或者当事人不如实作证而提供虚假证言或谎报案情，从而影响行政执法机关依法办案的行为。

本条第三项规定的妨害执法秩序的行为是明知是赃物而窝藏、转移或者代为销售的。本行为在客观方面表现为明知是违法犯罪所得赃物而窝藏、转移或者代为销售的行为。赃物，是指通过违法犯罪行为如盗窃、抢劫、诈骗、贪污等获取的公私财物，赌博的赌资，走私的走私所得，包括金钱、物品等。违法犯罪人员自用的违法犯罪物品，不是赃物，如制假的设备，用来走私的交通工具等。窝藏，是指将赃物隐藏起来，不让他人发现或者替违法犯罪人员保存赃物，使司法、行政执法机关不能获取的行为。转移，是指将赃物从某一地点搬运、携带、邮寄到另一地点的行为。代为销售，是指代违法犯罪人员把赃物卖给他人，也包括低价买进、高价卖出的行为。本条规定的赃物主要是指由违法分子不法获得，并且需要由行政执法机关依法追查的财物，但也不排除刑事案件中司法机关需要依法追缴的赃物。《刑法》第三百一十二条规定："明知是犯罪所得的赃物而予以窝藏、转移、收购或者代为销售的，处三年以下有期徒刑、拘役或者管制，并处或者单处罚金。"这一规定，没有情节的要求，即只要明知是犯罪所得赃物而予以窝藏、转移或者代为销售的，就构成犯罪。但由于实践中情况比较复杂，有些收购、窝藏赃物的情况数量少，属于初犯，一律追究刑事责任也不现实。根据《刑法》总则中关于情节显著轻微不构成犯罪的规定，可以不作为犯罪处理，给予治安管理处罚。

本条第四项规定的妨害执法秩序的行为是被依法执行管制、剥夺政治权利或者在缓刑、暂予监外执行中的罪犯或者被依法采取刑事强制措施的人，有违反法律、行政法规和国务院有关部门的监督管理规定的行为的。本条是针对上述几种人妨害执法秩序行为的规定。这几种人都属于不完全限制人身自由，且在监外执行的犯罪分子或者未被羁押的犯罪嫌疑人。本行为在客观方面表现为监外执行的罪犯和被依法采取刑事强制措施的人违反法律、行政法规和国务院公安部门有关监督管理规定。根据我国刑法、刑事诉讼法的规定，监外执行的罪犯和被依法采取刑事强制措施的人，应当遵守以下规定：(1) 被判处管制的犯罪分子，在执行期间应当做到：遵守法律、行政法规，服从监督；未经执行机关批准，不得行使言论、出版、集会、结社、游行、示威自由的权利；按照执行机关规定报告自己的活动情况；遵守执行机关关于会客的规定；离开所居住的市、县或者迁居，应当报经执行机关批准。(2) 被剥夺政治权利的犯罪人，在执行期间，应当遵守法律、行政法规和国务院公安部门有关监督管理的规定，服从监督；不得行使被依法剥夺的政治权利。(3) 被宣告缓刑和被批准监外执行的罪犯应当遵守法律、行政法规，服从监督；按照公安机关的规定定期报告自己的活动情况；遵守考察机关关于会客的规定；离开所居住的市、县或者迁居，应当报经考察机关批准。(4) 被取保候审或者监视居住的犯罪嫌疑人、被告人，在取保候审或者监视居住期间应当遵守以下规定：被取保候审的，未经执行机关批准不得离开所居住的市、县。被监视居住的，未经执行机关批准不得离开住处，无固定住处的，未经批准不得离开指定的居所，未经执行机关批准不得会见他人；在传讯的时候要及时到案；不得以任何形式干扰证人作证；不得毁灭、伪造证据或者串供。国务院公安部门有关监督管理的规定，包括《罪犯保外就医执行办法》和《公安机关对被管制、剥夺政治权利、缓刑、假释、保外就医罪犯的监督管理规定》等。

【实例解析】

谎报案情的治安违法行为——韩某谎报案情案[①]

韩某明明只丢了 106 元，却故意夸大损失向警方报案称被偷了 1 400 元，差点让民警办错案。在案情被查明后，谎报案情的受害人和盗窃的嫌疑人一起被当地警方行政拘留。

经公安机关调查，韩某开了一个小模具厂，2013 年 7 月 19 日晚，韩某带着员工周某等人办事，因为天色已晚便留周某等住在家里。第二天起床后，韩某发现口袋里的 106 元钱和另一名员工的一部手机被周某偷走，便立即四处寻找周某。当天下午，韩某在西郊一网吧找见了周某，并于当天下午 5 时许将周某扭送到公安派出所。但在报案时韩某称，周某偷了自己 1 400 元和一部价值 2 400 元的手机。然而，让办案民警没想到的是，第二天当他们再次询问周某时，周某却突然改口，称自己只偷了韩某 106 元以及一部价值不足 300 余元的手机。随后，民警将

---

① 案例来源：辽宁省公安厅治安管理总队整理的案例，有删减。

韩某叫至派出所再次进行询问,韩某承认自己谎报了案情,被盗的现金只有106元。办案民警经过进一步调查找到了被盗手机,经估价后价值为312元。两者相加不满500元,此案只能被认定为治安案件。因此,公安机关依据本条对韩某、周某分别处五日行政拘留,并处二百元罚款。

本案涉及谎报案情,影响公安机关依法办案的违法行为的认定与处罚。谎报案情,是指故意向行政执法机关举报、投诉并不存在或者发生的违法事实。行为人的上述行为在客观上影响了行政执法机关的依法办案,会导致无法及时查清案件真相或者导致错案的发生等不良后果。行为人的动机是多种多样的,但行为人的动机不影响本行为的成立,可以作为处罚的情节。本案中,韩某因平时对周某非常好,没想到周某非但不报恩,反而偷窃自己的钱财,他十分生气,就谎报了案情。根据本条规定,谎报案情影响行政执法机关依法办案的,处五日以上十日以下拘留,并处二百元以上五百元以下罚款。故此,公安机关依据本条对韩某处五日行政拘留,并处二百元罚款是正确的。

第六十一条 【协助组织、运送他人偷越国(边)境】

协助组织或者运送他人偷越国(边)境的,处十日以上十五日以下拘留,并处一千元以上五千元以下罚款。

【条文解读】

本条是关于协助组织或者运送他人偷越国(边)境的行为及其处罚的规定。随着我国出入境人员大量增加,境内外一些人出于不同的目的,在没有办理合法的出境手续情况下,采取偷渡、偷越国(边)境的方法进出国(边)境。不仅破坏了国家对出入国(边)境的管理秩序,而且严重影响了我国的国际形象,我国刑法规定了组织他人偷越国(边)境罪和运送他人偷越国(边)境罪。为了依法惩治协助组织或者运送他人偷越国(边)境,尚不够刑事处罚的行为,本法规定了协助组织或者运送他人偷越国(边)境的违反治安管理行为。

本条规定的"组织他人偷越国(边)境"是指未经办理有关出国、出境证件和手续,领导、策划、组织他人偷越国(边)境或者在首要分子指挥下,实施拉拢、引诱、介绍他人偷越国(边)境等行为。所谓"国境",是指我国与外国的国界;"边境"主要是指我国大陆与港、澳、台地区的交界。如上所述,根据《刑法》第三百一十八条的规定,组织他人偷越国(边)境的,是犯罪行为,应当依照刑法追究其刑事责任。"运送他人偷越国(边)境"是指用车辆、船只等交通工具将偷越国(边)境的人非法运送出、入我国国(边)境的行为。行为人没有利用交通工具,如亲自带领他人通过隐蔽的路线偷越国(边)境的,也应当认为是运送他人偷越国(边)境的行为。至于运送他人偷越国(边)境的数量是多人还是一人,不影响该行为的成立,根据《刑法》第三百二十一条的规定,应当追究刑事责任。所谓"协助组织或者运送他人偷越国(边)境",可以是协助组织他人在边境口岸偷越国(边)境,也可以是协助组织他人在不准出入国(边)境的非边境口岸秘密出入国(边)境,行为人在组织他人偷越国(边)境的活动中,只能起到协助的作用,否则就构成了犯罪。比如,在组织或者运送他人偷越国(边)境的活动中充当一般的助手,传递一般的信息等。

需要指出的是,有的协助组织偷越国(边)境的行为在刑法中有明确规定为犯罪的,不属于本条规定的"协助"行为。如《刑法》第三百二十条规定的"为他人提供伪造、变造的护照、签证等出入境证件"的行为。虽然这种行为也属于一种协助组织他人偷越国(边)境的行为,但由于其伪造、变造护照、签证等出入境证件的行为,已经构成了刑法规定的犯罪,自然不属于本条规定的"协助"的行为。另外,根据《最高人民法院关于审理组织、运送他人偷越国(边)境等刑事案件适用法律若干问题的解释》第一条的规定,在首要分子指挥下,实施拉拢、引诱、介绍他人偷越国(边)境等行为的,属于《刑法》第三百一十八条规定的"组织他人偷越国(边)境"。其中,"拉拢、引诱、介绍他人偷越国(边)境等行为",也是组织他人偷越国(边)境行为的一部分,不属于本条规定的"协助"的行为。另外,根据《公安机关执行〈中华人民共和国治安管理处罚法〉有关问题的解释(二)》九、关于运送他人偷越国(边)境、偷越国(边)境和吸食、注射毒品行为的法律适用问题:对运送他人偷越国(边)境、偷越国(边)境和吸食、注射毒品行为的行政处罚,适用《治安管理处罚法》第六十一条、第六十二条第二款和第七十二条第三项的规定,不再适用全国人民代表大会常务委员会《关于严惩组织、运送他人偷越国(边)境犯罪的补充规定》和《关于禁毒的决定》的规定。

【实例解析】

协助他人偷越国(边)境的治安违法行为——范某协助运送他人偷越边境案[①]

在某边境城市,范某靠打鱼为生,2013年5月9日,范某因协助犯罪分子运送他人偷渡被行政处罚。

经公安机关调查,犯罪分子程某,以营利为目的,用机帆船非法运送偷渡分子。2013年5月1日,因越境人员比较较多,程某的机帆船无法满足偷渡需求,在得知邻村范某家有机帆船后,遂与范某商定,非法利益的驱使下,范某与犯罪分子达成租船协议。范某将其机帆船租给程某运送偷渡分子,每运送一趟偷渡分子,程某支付范某三千元钱。边境公安机关破获程某运送他人非法偷渡案后,掌

[①] 案例来源:《〈中华人民共和国治安管理处罚法〉案例解读本》,法律出版社2009年版,第47页,有删减。

握了范某将其帆船租给二人的事实,依据本条规定,对范某予以十日行政拘留罚并处罚款五千元的治安处罚。

本案涉及协助运送他人偷越边境违法行为的认定与处罚。运送他人偷越国(边)境案在客观方面则表现为,行为人采用步行的方式陪伴偷渡者或者用车辆、船只、航空器等交通运输工具将偷渡者带出或者运送出入国(边)境的行为。本案中,范某明知赵某、林某租用机帆船运送偷渡分子,不但没有及时向公安机关举报,还将船租给赵某、林某,协助他们运送偷渡分子,但由于情节轻微,尚未构成犯罪,应依据本条之规定予以治安处罚。故此,公安机关对范某十日行政拘留罚并处罚款五千元是正确的。

> **第六十二条 【为偷越国(边)境人员提供条件;偷越国(边)境】**
>
> 为偷越国(边)境人员提供条件的,处五日以上十日以下拘留,并处五百元以上二千元以下罚款。
>
> 偷越国(边)境的,处五日以下拘留或者五百元以下罚款。

【条文解读】

本条是关于为偷越国(边)境人员提供条件和偷越国(边)境的行为及其处罚的规定。

本条第一款是关于为偷越国(边)境人员提供条件的行为及其处罚的规定。本行为的主体是达到责任年龄,具有责任能力的自然人,既包括中国公民,也包括外国公民和无国籍人;既包括一般公民,也包括国家工作人员。单位可以成为本行为的主体。本行为侵犯的客体是国家对出入国(边)境的管理活动。本行为在客观方面表现为为偷越国(边)境人员提供条件。提供条件,是指明知是偷越国(边)境的人员办理护照、签证以及其他出入境证件,提供伪造、变造的护照、签证以及其他出入境证件,或者提供金钱、食宿、交通工具等条件。这里的提供,既可以是有偿的,也可以是无偿的,实践中一般出于牟利的目的。本行为在情节上应是轻微的,否则构成了犯罪。情节轻微,是指办理护照、签证以及其他出入境证件,提供伪造、变造的护照、签证以及其他出入境证件的数量少,或者没有造成不良后果等情形。本行为在主观上是行为人明知他人偷越国(边)境而为其提供条件。

需要注意的是,《刑法》第三百二十条将"为他人提供伪造、变造的护照、签证等出入境证件"的行为规定为犯罪。这种行为也是为他人偷越国(边)境提供条件,但刑法作了专门规定,一般情况下应当依照刑法追究刑事责任,只是对这些行为中情节显著轻微不构成犯罪的才能依照本条规定处罚。

本条第二款是关于偷越国（边）境行为及其处罚的规定。所谓"偷越国（边）境"是指违反国（边）境管理法规，避开国（边）境管理越过国（边）境的行为。目前我国关于国（边）境管理方面的法律、行政法规主要是《中华人民共和国出境入境管理法》《中华人民共和国外国人入境出境管条例》等。偷越国（边）境的方法和手段是多种多样的。如有的是直接偷越过国（边）境，有的是使用假出境证件欺骗越境等。应当明确的是，我国《刑法》第三百二十二条规定了偷越国（边）境的犯罪。该法规定，违反国（边）境管理法规，偷越国（边）境，情节严重的，处一年以下有期徒刑、拘役或者管制，并处罚金；为参加恐怖活动组织、接受恐怖活动培训或者实施恐怖活动，偷越国（边）境的，处一年以上三年以下有期徒刑，并处罚金。其中"情节严重"一般是指伪造出入境证件非法越境的；内外勾结非法越境的；行凶殴打或者威胁边防值勤人员而非法越境的；偷越国（边）境三次以上；拉拢、引诱他人一起偷越国（边）境的；因参与偷越国（边）境被行政处罚后一年内又偷越国（边）境的等等。如果具有以上情节的就构成了偷越国（边）境的犯罪。而本条规定的则是除去上述情形的其他一般的偷越国（边）境的行为。

第六十三条 【故意损坏文物、名胜古迹；违法实施危及文物安全的活动】

有下列行为之一的，处警告或者二百元以下罚款；情节较重的，处五日以上十日以下拘留，并处二百元以上五百元以下罚款：

（一）刻划、涂污或者以其他方式故意损坏国家保护的文物、名胜古迹的；

（二）违反国家规定，在文物保护单位附近进行爆破、挖掘等活动，危及文物安全的。

【条文解读】

本条是关于妨害文物管理的行为及其处罚的规定。

本条第一项规定的是刻划、涂污或者以其他方式故意损坏国家保护的文物、名胜古迹的行为。其中"国家保护的文物"是指《中华人民共和国文物保护法》第二条所规定的下列文物："（一）具有历史、艺术、科学价值的古文化遗址、古墓葬、古建筑、石窟寺和石刻、壁画；（二）与重大历史事件、革命运动或者著名人物有关的以及具有重要纪念意义、教育意义或者史料价值的近代现代重要史迹、实物、代表性建筑；（三）历史上各时代珍贵的艺术品、工艺美术品；（四）历史上各时代重要的文献资料以及具有历史、艺术、科学价值的手稿和图书资料等；（五）反映历史上各时代、各民族社会制度、社会生产、社会生活的代表性实物。""文物认定的标准和办法由国务院文物行政部门制定,并报国务院批准"。"具有科学价值的古脊椎动物化石和古人类化石同文物一样受国家保护"。本项规定的"名胜古迹"是指可供人参观游览的著名风景区以及虽未被人民政府核定公布为文物保护单位但也具有一定历史意义的古建筑、雕刻、石刻等历史陈迹。本行为在客观方面表现为刻划、涂污或者以其他方式故意损坏国家保护的文物、名胜古迹的。刻划,是指违反国家文物保护规定使用器具在文物或者名胜古迹上面进行刻字、留名等。涂污,是指违反国家文物保护规定使用油漆、涂料等物品玷污、弄脏文物和名胜古迹的行为。其他方式故意损坏国家保护的文物、名胜古迹包括砸毁、拆除、挖掘等行为损坏国家保护的文物、名胜古迹。上述行为不仅直接破坏了国家对文物古迹的正常管理,而且直接破坏了文物古迹的外观和整体形象,影响了人们的参观、游览。行为人在主观方面是故意,即明知是国家保护的文物、名胜古迹而故意加以刻划、涂污和毁坏。行为人的动机有多种多样,但不管动机如何,不影响本行为的成立。

根据本条规定,具有本项行为构成妨害文物管理的,处警告或者二百元以下罚款;情节较重的,处五日以上十日以下拘留,并处二百元以上五百元以下罚款。其中"情节较重"是指刻划、涂污,给文物造成较严重损害的行为,或者屡次进行刻划、涂污,经教育拒不改正的。这里应当注意的是,如果针对国家保护的珍贵文物进行刻划、涂污或者其他故意损坏的行为,造成国家保护的珍贵文物损毁的,或者故意损毁国家保护的名胜古迹,情节严重的,应当依照《刑法》第三百二十四条的规定追究刑事责任。

本条第二项规定的是违反国家规定,在文物保护单位附近进行爆破、挖掘等活动,危及文物安全的行为。其中"文物保护单位"是指由人民政府按照法定程序确定的,具有历史、艺术、科学价值的革命遗址、纪念建筑物、古文化遗址、古墓葬、古建筑、石窟寺院石刻等不可移动的文物。如颐和园、宋庆龄故居、清东陵、燕旧都遗址等。文物保护单位根据其级别分别由国务院、省级人民政府和县(市)级人民政府核定公布。分为全国重点文物保护单位、省级文物保护单位、县(市)级文物保护单位。本行为在客观方面表现为违反国家规定在文物保护单位附近进行爆破、挖掘等活动,危及文物安全的行为。违反国家规定,主要是指违反文物保护法的规定,《文物保护法》第十七条规定,文物保护单位的保护范围内不得进行其他建设工程或者爆破、钻探、挖掘等作业。但是,因特殊情况需要在文物保护单位的保护范围内进行其他建设工程或者爆破、钻探、挖掘等作业的,必须保证文物保护单位的安全,并经核定公布该文物保护单位的人民政府批准,在批准前应当征得上一级人民政府文物行政部门同意;在全国重点文物保护单位的保护范围内进行其他建设工程或者爆破、钻探、挖掘等作业的,必须经省、自治区、直辖市人民政府批准,在批准前应当征得国务院文物行政部门同意。行为人违反国家规定在文物保护单位附近进行爆破、挖掘等活动,已经危及文物保护单位文物的安全,如可能导致古建筑的倒塌、古文化遗址的破坏。

这里应当注意的是,根据本项的规定只要实施了违反国家规定在文物保护单位附近进行爆破、挖掘等活动的,就构成了本项规定的妨害文物管理的行为,就应当根据本条的规定给予处罚,并不要求造成严重的后果。根据我国《刑法》第三百二十四条的规定,故意损毁被确定为全国重点文物保护单位、省级文物保护单位的文物的,处三年以下有期徒刑或者拘役,并处或者单处罚金;情节严重的,处三年以上十年以下有期徒刑,并处罚金;过失损毁被确定为全国重点文物保护单位、省级文物保护单位的文物,造成严重结果的,处三年以下有期徒刑或者拘役。如果由于爆破、挖掘活动造成文物保护单位损毁,达到犯罪标准的,就应当按照刑法的规定追究其刑事责任。

【实例解析】

刻划、涂污名胜古迹的治安违法行为——杨某故意毁坏名胜古迹案[①]

"上有天堂,下有苏杭"。去过杭州西湖的人都知道,西湖周边的景点众多,尤其是历史遗迹更是名贯古今。这些遗迹不但承载白娘子和许仙的爱情故事,还有三潭印月的自然景观,不但有丰富的文化内涵,还展现了中国人的智慧。在现代化的大都市,能有这样一个世外桃源一样的所在,值得每一个中国人骄傲和珍惜。

2014年10月9日,有杭州市民发现西湖多处景点的说明牌、楹联等处被喷了红漆,包括苏小小墓、武松墓、断桥残雪在内的,西湖沿岸的北山路上的12处景点。

经西湖景区公安局调查,通过杭州岳庙管理处发布了监控视频截图,及群众提供线索,最后确认并抓获了违法嫌疑人杨某。根据本条规定,西湖景区公安局给予杨某十日行政拘留,并处五百元罚款。

本案涉及刻划、涂污名胜古迹违法行为的认定与处罚。爱护文物应当成为每个公民的责任,在文物、名胜古迹上刻写、凿划或者泼洒污物、乱涂乱画,是对国有财物的侵害,应受到法律制裁。根据本条规定,刻划、涂污或者以其他方式故意损坏国家保护的文物、名胜古迹的,处警告或者二百元以下罚款;情节较的重的,处五日以上十日以下拘留,并处二百元以上五百元以下罚款。本案中,杨某在西湖名胜古迹上喷红漆的行为,属于妨害文物管理的行为,且情节较重,应当依据本条第一项之规定予以治安处罚。故此,西湖景区公安局给予杨某十日行政拘留,并处五百元罚款的治安处罚是正确的。

[①] 案例来源:辽宁省公安厅治安管理总队整理的案例,有删减。

第六十四条 【偷开机动车;无证驾驶、偷开航空器、机动船舶】

有下列行为之一的,处五百元以上一千元以下罚款;情节严重的,处十日以上十五日以下拘留,并处五百元以上一千元以下罚款:

(一)偷开他人机动车的;

(二)未取得驾驶证驾驶或者偷开他人航空器、机动船舶的。

【条文解读】

本条是关于非法驾驶交通工具的行为及其处罚的规定。本条规定了两项行为:

本条第一项规定的是关于偷开他人机动车的行为。这里的"机动车",是指《道路交通安全法》第一百一十九条(三)"机动车",是指以动力装置驱动或者牵引,上道路行驶的供人员乘用或者用于运送物品以及进行工程专项作业的轮式车辆。偷开他人机动车的行为一般分为两种情况。第一种是指瞒着车主偷拿钥匙去实施偷开的行为。第二种是指撬开他人机动车车门或者趁车门没锁实施偷开的行为。在这两种情况下,即使偷开人有合法的驾驶执照,也构成了本项规定的违法行为。应当注意的是,本项规定的偷开他人机动车的行为不是以盗窃为目的的,偷开的目的主要是为了过"车瘾",出于好奇或者出于其他用途等,最终仍然想将车归还原主。这一行为虽然没有非法占有的目的,但其行为破坏了治安管理,属于违反治安管理的行为。司法实务中应该注意的是,根据《最高人民法院、最高人民检察院关于办理盗窃刑事案件适用法律若干问题的解释》第十条规定,偷开他人机动车的,按照下列规定处理:(一)偷开机动车,导致车辆丢失的,以盗窃罪定罪处罚;(二)为盗窃其他财物,偷开机动车作为犯罪工具使用后非法占有车辆,或者将车辆遗弃导致丢失的,被盗车辆的价值计入盗窃数额;(三)为实施其他犯罪,偷开机动车作为犯罪工具使用后非法占有车辆,或者将车辆遗弃导致丢失的,以盗窃罪和其他犯罪数罪并罚;将车辆送回未造成丢失的,按照其所实施的其他犯罪从重处罚。

本条第二项是关于未取得驾驶证驾驶或者偷开他人航空器、机动船舶的行为。本行为在客观方面表现为未取得驾驶证驾驶或者未经所有人、管理人等人允许,擅自驾驶他人航空器、机动船舶。未取得驾驶证驾驶,在这里是指没有经过主管部门的考试取得航空器、机动船舶的驾驶资格而擅自驾驶的行为。只要是没有合法的驾驶证而驾驶或者偷开他人航空器或者机动船舶的,就属于违反治安管理的行为。航空器,包括各种飞机、飞艇、热气球等能在空中飞行的器具。机动船舶,是指通过动力装置驱动的船舶。本行为具体表现为两种行为方式,一是没有取得驾驶证而驾驶航空器、机动船舶的行为;二是偷开他人的航空器或者机动船舶。行为人只要实施了二者之一，就构成本行为。

【实例解析】

偷开他人机动船舶的治安违法行为——孙某偷开机动船舶案①

2014年7月8日上午11时，孙某在海边散步时，发现一快艇船停泊在景区附近，孙某乘快艇管理人员不注意，快速进入快艇船，见钥匙还插在船上，便将该船发动着后开走。后来被景区管理人员发现追赶将其抓获，扭送到属地公安机关。

经公安机关调查，孙某曾经也是一名快艇驾驶员，因突然"犯船瘾"想开艇，所以实施了前述行为。公安机关依据本条第一款之规定，给予孙某行政拘留十五日，并处一千元罚款的处罚。

本案涉及偷开机动船舶违法行为的认定与处罚。偷开机动船舶，是指未经船主许可，私自偷拿钥匙，或者撬开他人船舱偷开机动船舶的行为。本案中，孙某趁快艇船的钥匙没拔，进而实施偷开的行为，符合偷开机动船舶的构成要件。故此，公安机关给予孙某行政拘留十五日，并处一千元罚款的处罚是正确的。

第六十五条 【破坏、污损坟墓；毁坏、丢弃尸骨、骨灰；违法停放尸体】

有下列行为之一的，处五日以上十日以下拘留；情节严重的，处十日以上十五日以下拘留，可以并处一千元以下罚款：

（一）故意破坏、污损他人坟墓或者毁坏、丢弃他人尸骨、骨灰的；

（二）在公共场所停放尸体或者因停放尸体影响他人正常生活、工作秩序，不听劝阻的。

【条文解读】

本条是关于破坏、污损坟墓；毁坏、丢弃尸骨、骨灰；违法停放尸体行为及其处罚的规定。本条规定了两项行为。

故意破坏、污损他人坟墓或者毁坏、丢弃他人尸骨、骨灰的行为破坏了我国善良的习惯和民族传统，侵犯了死者的人格权和死者家属的名誉，并给死者的家属造成很大的精神和感情上的伤害。为了保护死者的人格权和其家属的精神利益，本法规定了故意破坏、污损他人坟墓或者毁坏、丢弃他人尸骨、骨灰的违反治安管理行为。同时，有些公民个人、宗族之间发生纠纷引发打架斗殴、致死人命事件，为达到某种目的，将尸体停放在公共场所或者当事人家中以要挟。近年来，土地征用、房屋拆迁问题、下岗失业问题、执法不公、审判不公问题成为人民内部矛盾的焦点，从而引发过激的破坏社会秩序的行为，有的还携带尸体或人体器官进入

---

① 案例来源：辽宁省公安厅治安管理总队整理的案例，有删减。

公共场所,来扩大影响、制造事端。此外,在公共场所停放尸体的行为也违反了《殡葬管理条例》的规定。因此,本法规定了在公共场所停放尸体的违反治安管理行为。

本条第一项是关于故意破坏、污损他人坟墓或者毁坏、丢弃他人尸骨、骨灰的行为的规定。其中"破坏、污损他人坟墓"是指将他人坟墓挖掘、铲除或者将墓碑砸毁,或往墓碑上泼洒污物,或在墓碑上乱写乱画等。"毁坏、丢弃他人尸骨、骨灰"是指将埋在坟墓中的尸骨毁坏或者将尸骨取出丢弃,将骨灰扬撒和随意丢弃的行为。应当注意的是,本项规定的破坏、污损他人坟墓或者毁坏、丢弃他人尸骨、骨灰的行为是一种故意的行为。如果由于过失在生活或生产施工中无意中造成他人坟墓、尸骨破坏的,则不属于本项所规定的行为,可按民事纠纷处理。

本条第二项是关于在公共场所停放尸体或者因停放尸体影响他人正常生活、工作秩序,不听劝阻的行为的规定。

【实例解析】

违法停放尸体,阻碍执行公务的治安违法行为——廖某娟、廖某锦、廖某金违法停放尸体案[①]

2013年9月2日,某市公安局"110"接到报警,称在市区怡景路某宾馆301客房有一女住客死在房内,原因不明,请公安机关出警调查。

经公安机关调查,死者陈某伶,女,24岁,本市马路镇旺庆村人,于今年7月25日开始登记入住怡景路某宾馆,至8月29日发现她死在宾馆客房,她共在宾馆客房住了35天。公安机关通过走访调查、查看监控录像和现场勘查后,认定死者为服用有机磷农药自杀身亡,排除他杀的可能。随后,公安机关及时通知了死者家属,并把公安机关调查走访、查看宾馆监控录像和现场勘查、尸体检验等情况告诉了死者家属,告知死者死亡的原因,并要求死者家属及时搬移处理尸体。但死者家属以要公安机关查明死者自杀身亡原因为由,拒不搬移尸体,并于8月30、8月31日两天组织了三十多人围堵宾馆,在宾馆门口烧香、放鞭竹、摆放花圈,严重影响了宾馆其他住客及怡景路车辆、行人的通行和周边居民的生活。

至8月31日,虽经公安机关和镇村干部多次做工作,讲清了违法停放尸体的危害及应负的法律责任,并动员死者家属搬移处理尸体,但死者家属仍拒不愿意搬移处理尸体。为不影响怡景路的交通及周边居民的生活,8月31日下午6时许,公安机关组织民警及有关人员强行将尸体搬移,运送到市人民医院太平间存放。在公安机关组织人员强行搬移尸体过程中,廖某娟、廖某锦、廖某金等人仍百般阻挠,阻碍搬移尸体和公安机关执行公务。因此,公安机关根据本条第二款规

[①] 案例来源:辽宁省公安厅治安管理总队整理的案例,有删减。

定，对廖某娟、廖某锦、廖某金三人因违法停放尸体，给予行政拘留十日。

本案涉及违法停放尸体行为的认定与处罚。违法停放尸体，是指在公共场所停放尸体或者因停放尸体影响他人正常生活、工作秩序，不听劝阻的行为。本案中，廖某娟、廖某锦、廖某金采取违法停放尸体的方式，给该宾馆正常的工作秩序造成了损害，已经构成了违法停放尸体行为，公安机关对廖某娟、廖某锦、廖某金行政拘留十日的处罚是正确的。

第六十六条 【卖淫；嫖娼；拉客招嫖】

卖淫、嫖娼的，处十日以上十五日以下拘留，可以并处五千元以下罚款；情节较轻的，处五日以下拘留或者五百元以下罚款。

在公共场所拉客招嫖的，处五日以下拘留或者五百元以下罚款。

【条文解读】

本条是关于卖淫、嫖娼以及在公共场所拉客招嫖的行为及其处罚的规定。

本条第一款规定的"卖淫"，是指以牟利为目的，通过出卖自身肉体与他人进行金钱交易的行为。具体说就是与他人发生性关系以获取金钱的行为。这种行为也包括为他人提供"口淫"等性行为而获取金钱的行为。本条规定的"嫖娼"是指通过金钱与从事卖淫的人进行交易的行为。具体说就是用付出金钱的方式换取与卖淫人员进行性活动的行为。这里规定的"情节较轻"，主要是指：已给付金钱等财物并着手实施，但由于行为人主观意志以外的原因尚未发生性关系的；以口淫、手淫等方式初次卖淫嫖娼的；双方已谈价，但由于行为人主观意志以外的原因尚未发生性关系的；被诱骗、胁迫卖淫的；主动投案，并如实交代卖淫嫖娼违法行为的；等等。这里应当注意的是，除根据本法对卖淫、嫖娼活动进行处罚外，1991年全国人大常委会通过的《关于严禁卖淫嫖娼的决定》中对卖淫、嫖娼行为规定的收容教育，仍然有效。根据该《决定》的规定，对卖淫、嫖娼的，可以由公安机关会同有关部门强制集中进行法律、道德教育和生产劳动，期限为六个月至二年。

本条第二款是关于在公共场所拉客招嫖行为的规定。在现实生活中，有些卖淫人员为了招引嫖客，在一些街道、餐馆、娱乐场所等公共场所拉客招嫖，采用明显的动作，纠缠过往行人要求卖淫。甚至在某些地方形成比较固定的卖淫一条街，严重破坏了社会风气，干扰群众正常生活。对这种行为应当给予治安管理处罚。所谓"在公共场所"，主要是指在街道两侧、宾馆、饭店、娱乐场所等公共场所。"拉客招嫖"，包含两层含义：一是指卖淫人员必须有拉客招嫖的具体行为，如有公开拉扯他人、阻挡他人等行为，并有向他人要求卖淫的意图表示。如果没有上述行为的证据,不能以本款规定进行处罚。执行中公安机关应当严格把握政策界限,规范执法活动,应注意防止将一般的休闲、娱乐的群众作为卖淫人员进行查处,在群众中造成不利影响。二是拉客招嫖必须是卖淫人员自己招引嫖客的行为,以区别于那些通过他人介绍而卖淫的行为。如果是介绍他人进行卖淫,对尚未构成犯罪的,应当适用本法其他有关条款进行处罚。

【实例解析】

公共场所拉客招嫖的治安违法行为——某卖淫一条街拉客招嫖案[①]

2014年8月10日,在扫黄专项行动中,某市公安局打掉了某城乡结合部的卖淫一条街,抓获了30多名拉客招嫖人员。

在现实生活中,有些人为了招引嫖客,在一些街道、餐馆、娱乐场所等公共场所拉客招嫖。每到入夜,就会有成群的女子三三两两地站在街边,看见单身男性经过,便凑上去露骨地询问对方是否需要性服务,在某些地方形成比较固定的卖淫一条街,严重败坏社会风气,干扰群众正常生活。对这种行为应当予以治安管理处罚。

在这次市公安局的专项行动中,市公安局异地调警,采取暗访侦查、安装街面视频监控等形式,进行证据固定,先后抓获了30多名拉客招嫖人员,并依据本条之规定分别给予五日以下拘留或者五百元以下罚款的治安处罚。

实际上拉客招嫖是卖淫行为的一个环节,整个卖淫行为是由搭识、谈价钱、找地点、实施性交易行为等不同发展阶段组成的。卖淫嫖娼是指不特定的异性或同性之间自愿以金钱、财物为媒介发生性关系的行为。以下几种情况应以卖淫嫖娼行为认定:行为主体之间在主观上就卖淫嫖娼行为达成一致,已经给付金钱、财物并发生性行为的。行为主体之间在主观上就卖淫嫖娼行为达成一致,已经发生性关系,但尚未给付金钱、财物的。行为主体之间在主观上就卖淫嫖娼行为达成一致,已经谈好价格或者已经给付金钱、财物并且已经着手实施,但是由于本人主观意志以外的原因尚未发生性关系的。拉客招嫖是指行为主体在公共场所向不特定的人发出提供性服务信息的行为。其在主观上具有卖淫的意图,在客观上已实施了发出提供性服务信息的行为,其针对的对象是不特定的。行为人是否物色到对象,并不影响对该行为的认定。如果谈好价钱、着手实施但未发生性关系的,属于情节较轻的卖淫嫖娼行为;价格未谈妥的,则属于"招嫖"行为。

[①] 案例来源:辽宁省公安厅治安管理总队整理的案例,有删减。

> **第六十七条【引诱、容留、介绍卖淫】**
> 引诱、容留、介绍他人卖淫的,处十日以上十五日以下拘留,可以并处五千元以下罚款;情节较轻的,处五日以下拘留或者五百元以下罚款。

【条文解读】

本条是关于引诱、容留、介绍他人卖淫的行为及其处罚的规定。

本行为在客观方面表现为使用金钱、物质或者其他利益,诱使他人卖淫,或者为他人卖淫提供场所,或者为卖淫的人介绍嫖客的行为。引诱他人卖淫,是指使用金钱、物质、腐朽的生活方式或者其他利益,诱使他人卖淫的行为。容留他人卖淫,是指为他人卖淫提供场所的行为。容留他人卖淫的场所多种多样,有的是利用自己的私人住宅容留他人卖淫,有的是利用自己管理的饭店、宾馆容留他人卖淫,还有的利用自己的汽车、船只容留他人卖淫等。容留他人卖淫,可以是长期的,如将房屋长期租给卖淫、嫖娼者使用,也可以是短期的或者是临时的。介绍他人卖淫,是指为卖淫的人牵线搭桥介绍嫖客的行为,俗称"拉皮条"。行为人在卖淫者与嫖客之间进行沟通、撮合,促使卖淫行为得以实现。行为人只要实施了上述行为之一的,就可以给予治安管理处罚。如果行为人兼有三个行为,且之间有牵连关系的,如介绍他人卖淫并为其提供场所容留卖淫行为的,也不实行并罚。另外应注意的是,这里的情节较轻主要是指:引诱、容留、介绍未遂的;卖淫行为未遂的;不以营利为目的;其他情节较轻的情形。

【实例解析】

引诱、容留、介绍卖淫的治安违法行为——张某容留卖淫案[①]

2014年10月12日,某派出所接到群众群众举报,某旅店老板娘张某容留他人卖淫。经派出所调查认定,张某在10月10日晚,容留了卖淫女刘某进行卖淫。据此,派出所根据本条给予张某行政拘留五日。

关于引诱、容留、介绍他人卖淫构成一般违法和构成犯罪的法律规定,有《治安管理处罚法》《关于严禁卖淫嫖娼的决定》《刑法》等相关法律规范。所以,按照以上三个法律的规定,引诱、容留、介绍卖淫的,既可以行政处理,也可追究刑事责任。然而,问题就在于三部法律均没规定行政处理和刑事处罚的界限和标准。根据刑法理论,引诱、容留、介绍他人卖淫犯罪属行为犯,只要行为人一着手实施引诱、容留、介绍的行为就涉嫌构成犯罪既遂,那么违法与犯罪之间的界限是什么呢?在司法实践中,公安机关、检察院、法院认识不统一,常常发生分歧。《最高人民检察院、公安部关于公安机关管辖的刑事案件立案追诉标准的规定(一)》彻底

[①] 案例来源:辽宁省公安厅治安管理总队整理的案例,有删减。

解决了实践中执法上的不统一问题。该规范性文件规定,引诱、容留、介绍他人卖淫,涉嫌下列情形之一的,应予立案追诉:引诱、容留、介绍二人次以上卖淫的;引诱、容留、介绍已满十四周岁未满十八周岁的未成年人卖淫的;被引诱、容留、介绍卖淫的人患有艾滋病或者患有梅毒、淋病等严重性病的;其他引诱、容留、介绍卖淫应予追究刑事责任的情形。

从而我们得出结论,符合上述条件的涉嫌刑事犯罪,可追究刑事责任,不符合上述标准的涉嫌违法,就可以按照本条规定给予治安处罚。本案中,张某容留了一次卖淫女进行卖淫。符合容留卖淫的违法行为构成要件。故此,派出所给予张某行政拘留五日的处罚是正确的。

> **第六十八条** 【制作、运输、复制、出售、出租淫秽物品;传播淫秽信息】
> 制作、运输、复制、出售、出租淫秽的书刊、图片、影片、音像制品等淫秽物品或者利用计算机信息网络、电话以及其他通讯工具传播淫秽信息的,处十日以上十五日以下拘留,可以并处三千元以下罚款;情节较轻的,处五日以下拘留或者五百元以下罚款。

【条文解读】

本条是关于制作、运输、复制、出售、出租淫秽书刊等淫秽物品和利用计算机信息网络等工具传播淫秽信息的违法行为及其处罚的规定。

本行为在客观方面表现为制作、运输、复制、出售、出租淫秽书刊、图片、影片、音像制品等淫秽物品。行为人制作、运输、复制、出售、出租的对象是淫秽书刊、图片、影片、音像制品等淫秽物品。淫秽物品,是指具体描绘性行为或者露骨宣扬色情的诲淫性的书刊、影片、录像带、录音带、图片及其他淫秽物品。有关人体生理、医学知识的科学著作不是淫秽物品。包含有色情内容的有艺术价值的文学、艺术作品也不能视为淫秽物品。淫秽书刊,是指用文字描写淫秽内容的书籍、报纸、杂志等。淫秽图片,是指用图画描绘淫秽形象的图片、画册和照片等。淫秽影片,是指含有淫秽内容的电影、电视片等。淫秽音像制品,是指含有淫秽内容的录像带、影碟、音碟软件等。制作淫秽物品,是指生产、录制、编著、绘画、出版、印刷、摄制、洗印、翻拍淫秽物品等行为。运输淫秽物品,是指利用交通工具将淫秽物品从一个地点运送到另一个地点。复制淫秽物品,是指对已有的淫秽物品进行仿造或者重复制作,使之得以再现。例如,通过复印、拓印、翻印、复录、翻拍等。如果是大规模的复制应属于制作行为。出售淫秽物品,是指销售、发行淫秽物品的行为。出租淫秽物品,是指以牟利为目的将淫秽物品出租给他人的行为。行为人只要实施了上述行为之一的,就可以构成本行为。

利用计算机信息网络、电话以及其他通讯工具传播淫秽信息的行为，主要是指通过网络，利用聊天室、论坛、即时通信软件、电子邮件等方式传播淫秽信息和通过电话、移动通讯终端传播淫秽电子信息、语音信息的违法行为。既包括直接实施传播行为的人，也包括明知是淫秽电子信息而在自己所有、管理或者使用的网站或者网页上提供链接的人。这里的"计算机信息网络"是广义的，既包括互联网，也包括局域网、远程网等网络，是指由计算机及其相关的配套设备、设施构成的，按照一定的应用目标和规则对信息进行采集、加工、存储、传输、检索等处理的计算机系统。淫秽信息，是指具体描绘性行为或者露骨宣扬色情的诲淫性的视频文件、音频文件、电子刊物、图片、文章、短信息等互联网、移动通讯终端电子信息和声讯台语音信息。淫秽信息的性质属于《刑法》第三百六十七条第一款规定的"其他淫秽物品"。在实践中，利用计算机信息网络、电话以及其他通讯工具传播淫秽信息一般包括利用计算机信息网络、手机发送"淫秽短信"，利用电话提供色情声讯服务等。"利用计算机网络传播"主要表现为：一是将自己创作或他人创作的淫秽作品经过选择和编辑加工，登载在互联网上或者通过互联网发送到用户端，供公众浏览、阅读、使用或者下载的在线传播行为。二是通过互联网出卖淫秽信息，以获取物质利益。例如，淫秽网站让用户交纳会员费以便用户在线观看或者下载淫秽信息等。三是将淫秽信息发送、张贴给他人或者公众，以扩大淫秽信息的影响范围。例如，将淫秽视频链接到互联网页面，在聊天室张贴淫秽文章。淫秽信息主要通过三个途径或者说三个平台实施：一是计算机信息网络，即互联网。利用互联网，违法分子可以贩卖、张贴、发送淫秽的电影、表演、动画、声音、照片、文章、短信息等各种电子信息；利用聊天室、论坛、即时通讯软件、电子邮件等方式实施的淫秽信息违法行为，也属于利用互联网实施的违法行为。二是利用移动通讯终端实施的淫秽信息违法行为，主要是发送淫秽短信。随着彩屏、彩铃、照相、录像手机的出现，现在又出现了利用手机发送淫秽彩信，即带有图像、声音、文字的多媒体信息的现象。三是利用声讯台，违法分子主要是传播淫秽的语音信息。

实践中应注意的是，色情信息一般是指在整体上不是淫秽的，该信息的宗旨不在于宣扬淫秽内容，但其中部分夹杂有上述所列淫秽信息的内容。应当注意的是，有关人体生理、医学知识的电子信息和声讯台语音信息不是淫秽信息。包含色情内容的有艺术价值的电子文学、艺术作品不视为淫秽信息。本条规定的"其他通讯工具"是指除了座机电话、手机外，能够用来传递信息的通讯工具，如BP机、对讲机等。根据《互联网信息服务管理办法》的规定：互联网信息服务提供者不得制作、复制、发布、传播含有淫秽、色情以及法律、行政法规禁止内容的信息。公安机关在办理治安案件时所查获的淫秽物品，根据本法第十一条的规定，应当一律收缴，并按照有关规定，在上级部门的监督下销毁。

【实例解析】

传播淫秽信息的治安违法行为——翟某 QQ 群传播淫秽信息案[①]

2013 年 5 月 6 日,网友张某向某市公安局举报称,翟某利用 QQ 群传播淫秽信息。接报后的公安机关非常重视,立即组织警力进行调查。

经公安机关查明,2013 年 3 月,翟某建立 QQ 群,并把自己设置为该群管理员。群的成员设定不超过 200 人,并且都以熟人为发展对象。在两个月时间内,翟某在群里发淫秽图片和短信信息 189 件,下载次数总计 424 次。公安机关在掌握充足的证据后,将该群的创建者及管理员一身的翟某抓获。依据本条规定,按照利用通讯工具传播淫秽信息的违法行为,给予翟某十日拘留,并处二千元罚款。

本案涉及利用通讯工具传播淫秽信息违法行为的认定与处罚。淫秽信息,是指具体描绘性行为或者露骨宣扬色情的诲淫性的视频文件、音频文件、电子刊物、图片、文章、短信息等互联网、移动通讯终端电子信息和声讯台语音信息。淫秽信息的性质属于《刑法》第三百六十七条第一款规定的"其他淫秽物品"。在实践中,利用计算机信息网络、电话以及其他通讯工具传播淫秽信息一般包括利用计算机信息网络、手机发送"淫秽短信",利用电话提供色情声讯服务等。本案中,翟某利用 QQ 群发黄色图片和短信信息 189 件的行为,符合利用通讯工具传播淫秽信息行为的构成要件,故此,公安机关给予翟某十日拘留,并处二千元罚款处罚是正确的。

> **第六十九条 【组织播放淫秽音像;组织淫秽表演;进行淫秽表演;参与聚众淫乱;为淫秽活动提供条件】**
>
> 有下列行为之一的,处十日以上十五日以下拘留,并处五百元以上一千元以下罚款:
>
> (一) 组织播放淫秽音像的;
>
> (二) 组织或者进行淫秽表演的;
>
> (三) 参与聚众淫乱活动的。
>
> 明知他人从事前款活动,为其提供条件的,依照前款的规定处罚。

【条文解读】

本条是关于组织播放淫秽音像、组织或者进行淫秽表演、聚众淫乱以及为上述活动提供条件的违法行为及其处罚的规定。因为电视、录像、影碟机等音像娱

[①] 案例来源:《〈中华人民共和国治安管理处罚法〉案例解读本》,法律出版社 2009 年版,第 51 页,有删减。

乐设施在社会上的普及,提高了人民的文化精神生活,但同时利用音像设备播放淫秽电影、录像的情形也大量存在,许多青少年因观看淫秽音像而走上犯罪道路,对社会造成了很大的危害,刑法规定了组织播放淫秽音像制品罪。对于组织播放淫秽音像,尚不够刑事处罚的,本法规定为组织播放淫秽音像的违反治安管理行为。

第一款是关于组织播放淫秽音像、组织或者进行淫秽表演、参与聚众淫乱违法行为及其处罚的规定,共三项内容;第一项内容是对组织播放淫秽音像行为的规定。"组织播放",是指召集多人通过电影、电视、电脑、CD、VCD、DVD、录像机等有录音、放像功能的音像设备进行传播具有淫秽内容的信息的行为。这里的"音像"不同于音像制品,是指通过音像设备放出来的声音和图像等,让人们现场观看、收听的行为。这种行为实质上是一种传播淫秽信息的方式,鉴于这种行为在传播淫秽信息的活动中比较突出,危害比较严重,所以,本条对此专门作了规定。根据本项规定,主要惩治组织播放者,对于只向个别人播放或者是仅仅参与观看等行为,不能认定为组织播放。第二项内容是对组织淫秽表演和进行淫秽表演行为的规定。本项对组织者和亲自参与表演者做出同样的规定。"组织淫秽表演",是指组织他人当众或者在网络上进行淫秽性的表演。"组织",是指策划表演过程,纠集、招募、雇用表演者,寻找、租用表演场地,招揽观众等组织他人进行淫秽表演的行为。实践中淫秽表演的组织者,有的是专门从事组织淫秽表演的人,俗称"穴头";有的可能是酒吧等娱乐场所的老板,为招揽生意而组织他人进行淫秽表演等。在网络上组织他人进行淫秽表演的组织者任何人都可以构成。"淫秽表演",是指关于性行为或者露骨宣扬色情的诲淫性的表演,如进行性交表演、手淫、口淫表演、脱衣舞表演等。这里的淫秽表演既指现实生活中当众进行的淫秽表演,也包括通过网络进行的淫秽表演。"进行淫秽表演",是指亲自参与淫秽表演的人,既包括被招募、雇用来专门从事淫秽表演的人,也包括既组织他人进行淫秽表演,同时,自己也参与淫秽表演的人。

第三项是对参与聚众淫乱行为的规定。根据本项规定,只要参与聚众淫乱活动,都要给予治安处罚,体现了对这类行为从严打击的精神。"聚众",是指多人聚集在一起进行淫乱活动。"淫乱活动",主要是指性交行为,即群奸群宿。在男女性别上,既可以是男性多人,也可以是女性多人,还可以是男女混杂多人。根据本项规定,凡是参与聚众淫乱的,都应受到治安处罚。

实践中,在适用本法条对相关违法行为进行处置时,应注意相关法律的衔接问题。《刑法》第三百六十四条规定,传播淫秽的书刊、影片、音像、图片或者其他淫秽物品,情节严重的,处二年以下有期徒刑、拘役或者管制。组织播放淫秽的电影、录像等音像制品的,处三年以下有期徒刑、拘役或者管制,并处罚金;情节严重的,处三年以上十年以下有期徒刑,并处罚金。制作、复制淫秽的电影、录像等音像制品组织播放的,依照第二款的规定从重处罚。向不满十八周岁的未成年人传播淫秽物品的,从重处罚。第三百六十五条规定,组织进行淫秽表演的,处三年以下有期徒刑、拘役或者管制,并处罚金;情节严重的,处三年以上十年以下有期徒刑,并处罚金。文化部、公安部、国家工商行政管理总局《关于制止在公众聚集场所进行裸体的人体彩绘表演活动的通知》规定:一、禁止任何单位和个人在商场、广场、公园、展览会、展销会娱乐演出场所、公共文化设施等公共场所进行裸体的人体彩绘活动,违者依法查处。二、严禁利用未成年人进行裸体的人体彩绘活动。违者依照有关法律、法规从重处罚。三、在娱乐演出场所,或者在影剧院、美术院、文化馆、图书馆、博物馆等公共文化设施内组织裸体的人体彩绘活动的,有文化行政部门予以制止,并依法予以处罚。四、严禁任何单位和个人以裸体、半裸体、三点着装等形式的人体为媒介发布广告。违者由工商行政管理部门予以制止,并依法予以处罚。五、以"人体彩绘"为名,组织淫秽表演的,由公安机关依法查处。六、文化行政部门和新闻单位要引导公众提高对艺术的鉴别能力和欣赏能力,自觉抵制以所谓"人体彩绘艺术"的名义进行的违法行为。

本条第二款是关于为组织播放淫秽音像、组织或者进行淫秽表演、参与聚众淫乱违法行为提供条件的违法行为及其处罚的规定。在实践中,组织播放淫秽音像,组织或者进行淫秽表演,聚众淫乱,都离不开一定的场所,一般包括娱乐场所、旅馆、出租房、私人房屋等地方。对于明知是他人组织播放淫秽音像,组织或者进行淫秽表演,进行聚众淫乱活动而提供场所的,客观上为违法行为提供了重要条件,必须给予法律制裁。因此,本法规定了为播放淫秽音像、淫秽表演、聚众淫乱提供场所的违反治安管理行为。这里所说的"提供条件",是指为组织播放淫秽音像、组织或者进行淫秽表演、聚众淫乱活动提供各种方便条件。既可以是房屋、场地、汽车等可以藏身又可以隐蔽地进行上述违法活动的地方,也可以是提供播放机、录像带、CD、VCD光盘等进行传播淫秽内容的工具,还可以是为进行上述活动提供人员等各种条件。实践中可能有些提供场所的人会收取一定的费用,也可能免费提供,无论是哪种提供方式,提供的次数多少、人员多少,都应一律打击。为上述活动提供条件的行为,主观上是出于故意,即明知他人进行上述活动而为其提供各种便利条件。对于本人是否参加上述违法活动,不影响本项行为的构成。

【实例解析】
组织播放淫秽音像的治安违法行为——姜某组织播放淫秽录像案[①]
2014年10月18日,某市公安局治安支队根据群众举报,在某按摩房内把正在组织播放淫秽录像的按摩房房主姜某抓获,现场有5名客人在观看。

---

① 案例来源:辽宁省公安厅治安管理总队整理的案例,有删减。

经公安机关调查，姜某为了招揽顾客，竟然打起了歪主意。姜某买来淫秽录像带，在客人按摩时给其播放。经过询问，姜某等6人对组织播放和观看淫秽录像的事实供认不讳，某市公安局依据本条第一项之规定，对组织播放淫秽录像的违法行为人姜某给予十日行政拘留，并处五百元罚款的治安管理处罚。对观看淫秽录像的五个人给予批评教育。

本案涉及组织播放淫秽音像违法行为的认定与处理。"组织播放"，是指召集多人通过电影、电视、电脑、CD、VCD、DVD、录像机等有录音、放像功能的音像设备进行传播具有淫秽内容的信息的行为。这里的"音像"不同于音像制品，是指通过音像设备放出来的声音和图像等，让人们现场观看、收听的行为。这种行为实质上是一种传播淫秽信息的方式，鉴于这种行为在传播淫秽信息的活动中比较突出，危害比较严重，所以，本条对此专门作了规定。根据本项规定，主要惩治组织播放者，对于只向个别人播放或者是仅仅参与观看等行为，不能认定为组织播放。本案中，姜某组织播放淫秽录像供别人观看符合组织播放淫秽音像行为的构成要件，公安机关对姜某等五人的定性与处理是正确的。

> **第七十条 【为赌博提供条件；赌博】**
> 以营利为目的，为赌博提供条件的，或者参与赌博赌资较大的，处五日以下拘留或者五百元以下罚款；情节严重的，处十日以上十五日以下拘留，并处五百元以上三千元以下罚款。

【条文解读】

本条是关于以营利为目的，为赌博提供条件或者参与赌博违法行为及其处罚的规定。本条规定，包含以下两个内容：

一是以营利为目的，为赌博提供条件的行为。这里的"以营利为目的"，是指行为人实施的为赌博提供条件的行为，是出于获取金钱或财物等好处为目的。要认定为赌博提供条件，首先要认定什么是赌博行为。这里规定的"赌博"，是指以获取金钱或其他物质利益为目的，以投入一定赌资为条件进行的输赢活动。因此，认定是否为赌博行为，要划清几个界限：第一，赌博行为多是以牟取利益或好处为目的，应当从其主观目的和客观行为上认定是否以牟利为目的。对于不是以营利为目的，只是出于娱乐消遣目的进行的游戏性质的活动，虽然带有少量财物的输赢，不能按赌博处理；第二，从参与的人员来判断，是亲朋好友之间的娱乐，还是纯粹的赌输赢活动。只有符合上述条件的，才能认定为赌博，至于方式不能仅理解为以下赌注打扑克牌、玩麻将等方式，还包括计算机网络、老虎机、角子机、苹果拼盘机或与之相类似的带有赌博性质的游戏机等等。不管使用什么方法，只要具有赌博的性质就可以构成。"为赌博提供条件",主要表现为为他人进行赌博提供便利条件。这种行为主要包括以下行为:(1)提供赌具。赌具,是指被直接用作实施赌博的工具,只要是被直接用于实施赌博的一切物品,都可以成为赌具。常见的提供赌具的行为有为赌博提供麻将、牌九、纸牌、赌博机等。(2)提供赌博场所。所提供的场所,既可以是自己家,也可以是亲戚朋友家,还可以是办公室、仓库以及其他不易被人发现的地方。(3)提供赌资,即为赌博人员提供用于赌博的资金和财物。(4)提供交通工具,专门运送赌徒。(5)为赌博提供其他方便的条件。如为赌博人员提供食宿等方便条件。行为人在主观上只能是故意,即明知他人是在赌博,仍为他们提供便利的条件。不知道他人是在赌博而提供条件的,是过失行为,不构成违反治安管理行为。行为人为赌博提供条件的动机是为了营利。在实践中对于尚不构成聚众赌博罪、开设赌场罪的也应以为赌博提供条件而予以治安管理处罚。

二是参与赌博赌资较大的行为。对参与赌博赌资较大的,首先要认定是参与赌博违法行为,在此基础上认定是否为赌资较大。这里的"赌资",是指专门用于赌博的款物,即金钱或财物。根据本条规定,赌资必须达到数额较大,才能给予治安管理处罚。赌资是否较大,是认定赌博违法行为的一个客观标准。至于赌资是以个人用于赌博的款物计算,还是以参与赌博的人用于赌博的款物总数计算以及多少算"赌资较大"等问题,应当由公安机关在司法实践中根据实际情况和当地的不同情况而定。对于不构成违反治安管理处罚的行为,有关部门可以对其进行教育。赌博的具体表现形式多种多样,一般常见的有玩麻将、打纸牌、推牌九等。近年来,随着科技的发展,赌博的形式也越来越多,如百家乐、地下六合彩、网络赌博等。赌博财物的交付一般为当场交付,有的是事后交付,行为人采取哪种方式赌博或交付财物不影响赌博行为的成立。行为人以营利为目的,希望通过赌博赢得财物。家庭成员、亲属之间娱乐中带有少量财物输赢的活动,不以赌博论处。实践中应当注意区分赌博行为和非赌博行为,防止扩大打击面。

对于赌博所用的赌具,根据本法第十一条的规定,公安机关在办理治安案件时查获的赌具应一律收缴,并按照公安部、文化部、国家工商行政管理局的有关规定,一律集中予以销毁。如用于赌博的麻将、扑克牌、游戏机、麻将桌等。根据公安部《关于为赌博提供的交通工具能否予以没收的批复》的规定,为赌博提供交通工具(如小汽车)以及场所(如房屋)等条件的,是违反治安管理的行为,对行为人应给予治安处罚。但交通工具、场所不是赌具,不应没收。公安机关在执法过程中应当严格掌握。

【实例解析】

参与赌博赌资较大的治安违法行为——胡某等人赌博案[①]

2014年6月12日27时许,有群众向某县治安大队举报,在一居民区内,胡某等人在一起进行赌博。治安大队立即组织警力前往调查。

经公安机关调查,胡某等四人以麻将做赌具,赌注为50元到100元,现场收缴赌资两万多元。没有证据证明胡某等人谁是组织者,也没有证据证明谁是以赌博为业,因此公安机关依据本条规定,根据参与赌博赌资较大的违法行为,分别给胡某等人五日行政拘留处罚,并收缴用于赌博的麻将。

本案涉及参与赌博赌资较大的违法行为的认定与处理。根据本条规定,赌资必须达到数额较大,才能给予治安管理处罚。赌资是否较大,是认定赌博违法行为的一个客观标准。本案中,通过参与赌博,胡某等四人以麻将做赌具,认定赌资两万多元,符合赌资较大条件,公安机关的定性及处理是合法的、正确的。

第七十一条 【非法种植毒品原植物;非法买卖、运输、携带、持有毒品原植物种苗;非法运输、买卖、储存、使用罂粟壳】

有下列行为之一的,处十日以上十五日以下拘留,可以并处三千元以下罚款;情节较轻的,处五日以下拘留或者五百元以下罚款:

(一)非法种植罂粟不满五百株或者其他少量毒品原植物的;

(二)非法买卖、运输、携带、持有少量未经灭活的罂粟等毒品原植物种子或者幼苗的;

(三)非法运输、买卖、储存、使用少量罂粟壳的。

有前款第一项行为,在成熟前自行铲除的,不予处罚。

【条文解读】

本条是关于涉及罂粟等毒品原植物的违法行为及其处罚的规定。本条共分两款。

第一款是关于非法种植罂粟等毒品原植物和非法买卖、运输、携带、持有毒品原植物种子或者幼苗以及非法运输、买卖、储存、使用罂粟壳的行为和处罚的规定。共有三项内容:

第一项是对非法种植罂粟或者其他少量毒品原植物行为的规定。对于非法种植罂粟或者其他毒品原植物的行为,我国《刑法》第三百五十一条规定,种植罂粟五百株以上不满三千株或者其他毒品原植物数量较大的、经公安机关处理后又

[①] 案例来源:公安专网案例选编,中国公安信息网 www.ga/(10.1.30.13),有删减。

种植的、抗拒铲除的构成非法种植毒品罪,并规定处五年以下有期徒刑、拘役或者管制,并处罚金。同时,《刑法》还规定,非法种植罂粟或者其他毒品原植物,在收获前自动铲除的,可以免除处罚。因此,本法规定本行为在客观方面表现为非法种植罂粟不满500株或者其他少量毒品原植物,这样的规定是与刑法规定相衔接。非法种植,是指违反国家有关毒品原植物管理的规定,私自种植罂粟等毒品原植物。种植,包括播种、移苗栽植、灌溉、收获等。毒品原植物,是指能够用来提炼、加工鸦片、海洛因、吗啡、可卡因等毒品的植物,如罂粟、大麻、古柯等。行为人种植毒品原植物情节必须轻微,尚不够刑事处罚,即行为人种植的罂粟不满500株,大麻不满5 000株,并且经公安机关处理后没有再行种植或者没有抗拒铲除行为的。这里的"少量",是相对于刑法中数量较大而言的,也是区分罪与非罪的界限。

第二项是对非法买卖、运输、携带、持有少量未经灭活的毒品原植物种子或者幼苗行为的规定。《刑法》第三百五十二条规定,非法买卖、运输、携带、持有未经灭活的罂粟等毒品原植物种子或者幼苗,数量较大的,构成犯罪。实践中应当以数量较大作为罪与非罪的主要界限。对于不构成犯罪的,即本法规定的"少量",应当给予治安处罚。这里的非法"买卖",是指以金钱或实物作价非法购买或出售未经灭活的毒品原植物种子或者幼苗的行为。非法"运输",是指非法从事未经灭活的毒品原植物种子或者幼苗的运输行为,包括在国内运输和在国境、边境非法输入输出。非法"携带",是指违反国家规定,随身携带未经灭活的毒品原植物种子或者幼苗的行为。非法"持有",是指在住处或有关场所、物品中私藏未经灭活的毒品原植物种子或者幼苗的行为。"未经灭活的毒品原植物种子",是指未经过烘烤、放射线照射等处理手段,还能继续繁殖、发芽的罂粟等毒品原植物种子。罂粟籽本身不具有毒性,联合国严禁贩运毒品的公约和我国麻醉药品表中都未将其列为毒品,但联合国公约中明确规定对罂粟籽应当严格加以管制。对罂粟籽等毒品原植物种子必须经过灭活处理,否则,会被犯罪分子用于种植。本项规定与联合国公约中对毒品原植物种子进行严格管制的精神是完全一致的。

第三项是对非法运输、买卖、储存、使用少量罂粟壳行为的规定。罂粟壳是罂粟的外壳,是毒品原植物的组成部分,有药用价值,也可以放入食品中作为调味品,具有与毒品一样使人上瘾的作用,所以,药品、食品等有关部门对罂粟壳的使用也有严格的限制,防止被不法分子利用。如果使大量的罂粟壳流传到社会上,既对社会不利,也对人身健康不利,尤其是对一些不知情的人的危害会更大。所以,法律应当禁止非法运输、买卖、储存、使用罂粟壳的行为。

本条中规定的并处罚款是选择性的,要根据案件的情况,决定并处或者不并处罚款。第二款是关于非法种植罂粟等毒品原植物成熟前自行铲除不予处罚的规定。由于毒品原植物必须成熟后才具有毒品的功效,如果在收获前自行铲除的,其危害后果甚微,所以,本款规定,非法种植罂粟不满五百株或者其他少量毒品原植物,在成熟前自行铲除的,不予治安处罚。这里的"成熟前",是指收获毒品前,例如对罂粟进行割浆等。"自行铲除",是指非法种植毒品原植物的人主动铲除或者委托他人帮助铲除的,而不是由公安机关发现后责令其铲除或者强制铲除的。

【实例解析】

非法使用罂粟壳的治安违法行为——朱某非法使用罂粟壳案①

2013年3月13日,群众向当地派出所举报,某火锅店生意非常火,听朋友说,这家火锅店使用了容易吃上瘾的特殊物质——罂粟壳,引起当地派出所高度重视。

经公安机关调查,朱某火锅店开业两年了,由于生意不是很好,他就非法使用罂粟壳,放在火锅底料中,来吸引食客的"食瘾",力求做大生意,赚取更大的利润。也就是说,朱某为了做生意,不顾国家法令,在火锅中放罂粟壳,不仅违反了国家对毒品的管制,而且还损害了他人健康。朱某对其在火锅中使用罂粟壳的违法行为供认不讳。因此,公安机关依据本条一款第三项,以"非法使用罂粟壳"违法行为,对朱某作出了行政拘留十五日并处三千元罚款的处罚决定。

本案涉及非法使用罂粟壳行为。罂粟壳是罂粟的外壳,是毒品原植物的组成部分,可以放入食品中作为调味品,具有与毒品一样使人上瘾的作用。本案中,朱某对其在火锅中放罂粟壳的行为,符合本条规定的"非法使用罂粟壳"构成要件,公安机关对朱某行政拘留十五日并处三千元罚款的处罚决定是正确的。

第七十二条 【非法持有毒品;向他人提供毒品;吸毒;胁迫、欺骗开具麻醉药品、精神药品】

有下列行为之一的,处十日以上十五日以下拘留,可以并处二千元以下罚款;情节较轻的,处五日以下拘留或者五百元以下罚款:

(一)非法持有鸦片不满二百克、海洛因或者甲基苯丙胺不满十克或者其他少量毒品的;

(二)向他人提供毒品的;

(三)吸食、注射毒品的;

(四)胁迫、欺骗医务人员开具麻醉药品、精神药品的。

---

① 案例来源:辽宁省公安厅治安管理总队整理的案例,有删减。

【条文解读】

本条是关于非法持有毒品、向他人提供毒品和吸食、注射毒品以及胁迫、欺骗医务人员开具麻醉药品、精神药品的违法行为及其处罚的规定。本条共有四项：

第一项是对非法持有毒品行为的规定。本行为在客观方面表现为非法持有鸦片不满200克、海洛因或者甲基苯丙胺不满10克或者其他少量毒品。根据《刑法》和《禁毒法》的规定，毒品，是指鸦片、海洛因、甲基苯丙胺（冰毒）、吗啡、大麻、可卡因以及国家规定管制的其他能够使人形成瘾癖的麻醉药品和精神药品。非法，是指行为人违反国家法律和国家主管部门的规定，如违反《中华人民共和国药品管理法》《中华人民共和国麻醉药品管理法》《中华人民共和国精神药品管理法》等关于个人禁止持有毒品的规定。持有，是指占有、携有、藏有或者以其他方式将毒品置于自己控制之下的行为。行为人持有毒品，可以是将毒品带在自己身上，也可以是将毒品藏在某处，还可以是将毒品委托他人保管。只要该毒品属于行为人所有，不论放在何处，都属于持有毒品。行为人非法持有的毒品必须是少量的，否则构成了非法持有毒品罪，即行为人非法持有鸦片不满200克、海洛因或者甲基苯丙胺不满10克或者其他少量毒品。

第二项是关于向他人提供毒品行为的规定。如实践中有的向其朋友提供毒品，使其吸毒。有的医务人员违反国家规定，向吸食、注射毒品的人非法提供麻醉药品和精神药品等等，这种行为既违反国家规定，又危害人体健康，具有很大的社会危害性，所以应予打击。这也是打击毒品违法犯罪行为的重要一环。提供毒品中的"毒品"，包括鸦片、海洛因、甲基苯丙胺、摇头丸等精神药品或麻醉药品。应当注意的是，向他人提供毒品的行为，是指无偿提供。如果向他人提供毒品，收取钱财的，则属于贩卖毒品，应依照刑法的规定定罪处罚。实践中应当注意区分向他人提供毒品的行为和贩卖毒品行为的界限。

第三项是对吸食、注射毒品行为的规定。本项所说的"吸食、注射毒品"，是指用口吸、鼻吸、吞服、饮用或者皮下、静脉注射等方法使用鸦片、海洛因、吗啡、大麻、可卡因、摇头丸、冰毒等毒品以及由国家管制的其他能够使人成瘾癖的麻醉药品和精神药品。对于因治疗疾病的需要，依照医生的嘱咐和处方服用、注射麻醉药品和精神药品的，不属于本项所说的吸食注射毒品行为。

第四项是对胁迫、欺骗医务人员开具麻醉药品、精神药品行为的规定。一些吸毒人员在毒瘾发作找不到毒品的时候，往往胁迫、欺骗医务人员开具麻醉药品、精神药品，如胁迫医生开具杜冷丁、吗啡等。这些行为既违反了国家对麻醉药品、精神药品的管制规定，也侵犯了医务人员的人身权利。因此，必须要依法予以惩处。本行为的主体是达到责任年龄，具有责任能力的自然人。本行为侵犯的客体是国家对麻醉药品、精神药品的管理制度和医务人员的人身权利，行为的对象是麻醉药品、精神药品。本行为在客观方面表现为行为人胁迫、欺骗医务人员开具麻醉药品、精神药品。胁迫，是指采取暴力或者非暴力的恫吓、威胁等方法对他人进行精神上的强制，迫使医务人员开具麻醉药品、精神药品。欺骗，是指行为人编造虚假的理由，骗取医务人员的信任。麻醉药品，是指连续使用后，易产生生理依赖性、能成瘾癖的药品。精神药品，是指直接作用于中枢神经系统，使之兴奋或者抑制，连续使用能产生依赖性的药品。

根据本法第十一条的规定，公安机关在办理治安案件时查获的毒品以及吸食、注射毒品的器具，无论是否属于吸毒者本人所有，一律收缴，按照规定处理，该销毁的一律都要销毁。这样有利于杜绝吸毒者在经过处罚或戒毒后再次复吸，也有利于打击其他涉及毒品的违法犯罪行为。

【实例解析】

向他人提供毒品、吸食、注射毒品的治安违法行为——秦某、张某提供、吸食毒品案[①]

2014年8月25日，根据群众举报，某市公安机关禁毒支队在某宾馆抓获了一名正在吸毒的违法行为人张某。禁毒支队把张某传唤回公安机关进行调查。

经公安机关调查，询问张某得知其毒品是他的朋友秦某无偿提供给他的。在张某的配合下，我们抓获了秦某。秦某也是个吸毒人员，他对给张某吸食毒品的行为供认不讳。因此，公安机关依据本条一款第二项，以"向他人提供毒品"的违法行为，给予秦某行政拘留五日的处罚。依据本条一款第三项，以"吸食、注射毒品"的违法行为，对张某作出了行政拘留五日的处罚。

本案涉及提供毒品、吸食、注射毒品行为认定与处罚。所谓的"向他人提供毒品行为"如实践中有的向其朋友提供毒品，使其吸毒。有的医务人员违反国家规定，向吸食、注射毒品的人非法提供麻醉药品和精神药品等等。应当注意的是，向他人提供毒品的行为，是指无偿提供。如果向他人提供毒品，收取钱财的，则属于贩卖毒品，应依照刑法的规定定罪处罚。本项所说的"吸食、注射毒品"，是指用口吸、鼻吸、吞服、饮用或者皮下、静脉注射等方法使用鸦片、海洛因、吗啡、大麻、可卡因、摇头丸、冰毒等毒品以及由国家管制的其他能够使人成瘾癖的麻醉药品和精神药品。本案中，秦某无偿向张某提供毒品进行吸食的行为，符合本条规定的"提供毒品、吸食、注射毒品"的构成要件，公安机关对秦某和张某的行政处罚决定是正确的。

[①] 案例来源：辽宁省公安厅治安管理总队整理的案例，有删减。

第七十三条 【教唆、引诱、欺骗吸毒】

教唆、引诱、欺骗他人吸食、注射毒品的,处十日以上十五日以下拘留,并处五百元以上二千元以下罚款。

【条文解读】

本条是关于教唆、引诱、欺骗他人吸食、注射毒品的违法行为及其处罚的规定。

本行为在客观方面表现为教唆、引诱、欺骗他人吸食、注射毒品。毒品,是指鸦片、海洛因、甲基苯丙胺(冰毒)、吗啡、大麻、可卡因以及国家规定管制的其他能够使人形成瘾癖的麻醉药品和精神药品。教唆,是指以劝说、怂恿等方法,唆使他人吸食、注射毒品的行为。引诱,是指勾引、诱使、拉拢他人吸食、注射毒品的行为。如向他人讲述吸食毒品的快感等,诱使他人吸食、注射毒品。欺骗,是指采取隐瞒事实真相的言语和行动,使他人在不知道是毒品的情况下吸食、注射毒品,如将毒品放人卷烟中欺骗他人吸食。行为人实施上述行为,必须是情节轻微的。情节轻微,一般是指被教唆、引诱、欺骗,吸食、注射毒品的次数很少等情形。行为人只要实施了上述行为之一,就可以构成本行为。对于教唆、引诱、欺骗他人吸食、注射毒品的行为人,并不要求以牟利为目的,如由于对社会不满或对某件事情不满,通过这种手段来达到报复社会或控制他人的目的。也有的是在朋友之间,教唆、引诱、欺骗他人吸食、注射毒品。无论出于何种目的,都不影响违法行为的构成。

实践中应当注意区分罪与非罪的界限。《刑法》第三百五十三条将此行为规定为犯罪,但实践中仍然存在情节显著轻微,危害不大的情形,如有的只是偶尔为之,或虽然有人被教唆、引诱、欺骗吸食或注射毒品,但由于种种原因,被教唆、引诱、欺骗的人,没有吸食或注射毒品,也就是说,教唆他人吸食或注射毒品的行为未遂。对于教唆、引诱、欺骗他人吸食、注射毒品,构成犯罪的,应当依照《刑法》第三百五十三条的规定定罪处罚。即引诱、教唆、欺骗他人吸食、注射毒品的,处三年以下有期徒刑、拘役或者管制,并处罚金;情节严重的,处三年以上七年以下有期徒刑,并处罚金。对于情节显著轻微,危害不大的,应当依照本法的规定给予治安管理处罚。

第七十四条 【为吸毒、赌博、卖淫、嫖娼人员通风报信】

旅馆业、饮食服务业、文化娱乐业、出租汽车业等单位的人员,在公安机关查处吸毒、赌博、卖淫、嫖娼活动时,为违法犯罪行为人通风报信的,处十日以上十五日以下拘留。

【条文解读】

本条是关于旅馆业、饮食服务业、文化娱乐业、出租汽车业等单位的人员，在公安机关查处吸毒、赌博、卖淫、嫖娼活动时，为违法犯罪人员通风报信的违法行为及其处罚的规定。

旅馆业、饮食服务业、文化娱乐业、出租汽车业等单位通属服务业，按照其经营业务可以分为：饮食生活类，主要包括各类宾馆、饭店、酒家、餐馆、快餐厅、茶社、美容美发厅、按摩室、洗浴室、商店等；文化娱乐类，主要包括影剧院、俱乐部、录像厅、娱乐城、歌舞厅、酒吧、夜总会等。上述服务场所和单位，是吸毒、赌博、卖淫、嫖娼等社会丑恶现象多发的场所。有的服务场所明知本经营场所内存在吸毒、赌博、卖淫、嫖娼等违法犯罪活动，也不向公安机关报告，在客观上，纵容了这些违法犯罪行为的发展蔓延。有的服务场所在人民警察进行执法活动时，甚至为在本经营场所内吸毒、赌博、卖淫、嫖娼的违法犯罪人员通风报信，妨害了人民警察的执法活动。还有的服务场所的法人代表或个体业主为招揽顾客谋取暴利，违反公共场所经营安全要求规定，设置封闭式包厢，进行脱衣舞表演，或提供"三陪"色情服务，或播放淫秽录像，或介绍、容留、引诱卖淫嫖娼。有的场所公开或变相开设赌局，吸引赌徒利用台球、保龄球、游戏机进行赌博活动，败坏社会风气，有碍社会风化，造成不良甚至恶劣的社会影响。为了有效地打击吸毒、赌博、卖淫、嫖娼等违法犯罪活动，必须严厉禁止服务业经营者的上述行为，教育服务业单位守法经营，对旅馆业、饮食服务业、文化娱乐业、出租汽车业等单位的人员，在公安机关查处吸毒、赌博、卖淫、嫖娼活动时，为违法犯罪行为人通风报信的，必须给予治安管理处罚。本条所说的"单位的人员"，指的是在这些单位中工作的人员，既包括单位的负责人，如法定代表人、经理等，也包括单位的职工。"为违法犯罪行为人通风报信"，是指在公安机关依法查处吸毒、赌博、卖淫、嫖娼违法犯罪活动时，将行动的时间、方式等情况告知吸毒、赌博、卖淫、嫖娼的违法犯罪分子，既包括向违法分子通风报信，也包括向犯罪人员通风报信的行为。这里所说的"公安机关查处吸毒、赌博、卖淫、嫖娼活动时"，包括公安机关依法查处违法活动的全过程，既包括查处的部署阶段，也包括实施阶段。无论在哪一阶段向违法犯罪人员通风报信，以使违法犯罪分子隐藏、逃避查处的行为，都应按本条的规定处罚。"通风报信"，包括各种传递消息的方法和手段，如通过打电话、发送短信息、传呼信号和事先约定的各种联系暗号等。

这里应当注意的是，本条涉及旅馆业、饮食服务业、文化娱乐业、出租汽车业等单位，如果通风报信的行为属于单位的行为，根据本法第十八条的规定，除对其直接负责的主管人员和其他直接责任人员依照本条规定给予处罚外，如果其他法律、行政法规对这些单位违法行为规定了其他处罚的，如罚款、停业整顿、吊销营业执照等，有关部门仍可按照有关法律、行政法规的规定给予处罚。

【实例解析】
为吸毒人员通风报信的治安违法行为——曹某通风报信案①

2014年9月18日,某市公安局治安支队接到举报称,在某歌厅包房内有人组织"药局"聚众吸毒。接到举报后某市公安局治安支队组织警力立即对该洗浴中心进行了公开检查,在检查时民警首先出示了警官证表明了身份,该歌厅服务人员曹某知道民警检查后,立即按响了预先安装的设在吧台里的按钮,给在歌厅三楼从事违法活动的行为人员通风报信,妨害了人民警察的执法活动,致使民警查处吸毒检查工作无法正常进行。

某市公安局经调查,认定曹某为吸毒人员通风报信事实清楚、证据充分。因此,依据本条之规定,对曹某做出了行政拘留十日处罚决定。

本案涉及为吸食、注射毒品活动通风报信违法行为的认定与处罚。为吸毒人员通风报信行为主要特征是:一是主体是特殊主体,即旅馆业、饮食服务业、文化娱乐业、出租汽车业等单位的人员,包括一般员工和负责人员。二是本行为侵犯的客体是公安机关的执法活动。三是本行为在客观方面表现为旅馆业、饮食服务业、文化娱乐业、出租汽车业等单位的人员在公安机关查处吸毒活动时,为违法犯罪行为人通风报信。"通风报信",包括各种传递消息的方法和手段,如通过打电话、发送短消息、传呼信号和事先约定的各种联系暗号等。四是行为人在主观上是故意,其目的一般是为了本单位的非法利益而纵容吸毒违法犯罪活动。本案中,在公安机关查处活动中,曹某为吸毒违法犯罪行为通风报信是违法行为。故此,公安机关给予曹某行政拘留十日的处罚决定是正确的。

第七十五条 【饲养动物干扰正常生活;放任动物恐吓他人】

饲养动物,干扰他人正常生活的,处警告;警告后不改正的,或者放任动物恐吓他人的,处二百元以上五百元以下罚款。

驱使动物伤害他人的,依照本法第四十三条第一款的规定处罚。

【条文解读】

本条是关于饲养动物,干扰他人正常生活和放任动物恐吓他人以及驱使动物伤害他人的违法行为及其处罚的规定。本条共分两款:

第一款是关于饲养动物,干扰他人正常生活的行为及其处罚的规定。目前城市居民饲养动物作为宠物的越来越多。如果对宠物管理不善,会干扰他人的正常生活,饲养宠物问题引发的社会矛盾较多,如宠物的叫声会影响周围邻居的休息

---

① 案例来源:辽宁省公安厅治安管理总队整理的案例,有删减。

等。更有甚者,有的人利用动物来伤害他人,如驱使、纵容动物恐吓、伤害他人。此类行为既妨害了社会管理秩序,也侵害了他人的人身权利,必须要从法律上加以禁止。由公安机关处理比较有利。另外,国务院已经将城市养犬的审批权赋予公安机关,对有关宠物的管理,公安机关也要承担责任。因此,本法规定了饲养动物干扰他人正常生活的违反治安管理行为。

这里所说的"动物",不是狭义的家养小宠物,如狗、猫等,而是广义的所有能够人工饲养的动物,如马、牛、猪、羊等牲畜,鸡、鸭等家禽以及鸟等各种飞禽等。这里的"饲养",既包括动物养殖场里圈养的动物,也包括公民自家饲养的动物。目前,群众反映最强烈的是饲养狗、鸽子和鸟等动物,干扰他人生活的情况。"干扰他人正常生活",是一个广义的概念,主要是指违反圈养或饲养的规定,给他人的正常生活带来一定影响。如在夜深人静或午休时,狗的狂吠声,使他人无法得到正常休息;饲养者违反规定遛狗时,不亲自牵引或不给狗束绳子或链子,让狗随意嗅他人的身体或追逐他人甚至咬人;违反规定,在人员出入高峰时带狗上下电梯等,这些行为都给环境卫生和他人的正常生活带来不便。"警告后不改正",是指公安机关对其饲养动物干扰他人正常生活的行为进行警告后,仍然没有改正的情况。"放任动物恐吓他人",是指对自己饲养的动物向他人吠叫、袭击等使人惊吓的动作放任不管的行为。

给他人造成轻微伤害的,根据我国民法和地方法规的规定,动物饲养人或者第三人应当依法承担责任。这里被处罚的对象是饲养动物的人或者牵领动物的人,既包括个人也包括单位。

第二款是关于驱使动物伤害他人的行为及其处罚的规定。这里的"驱使动物伤害他人",是指饲养动物或牵领动物的人,故意用声音、语言、眼神或动作暗示或指使动物对他人进行攻击的行为。这种行为一般有两种情况:一种是为了报复他人,故意驱使动物伤害他人;一种是出于好奇取乐。不管动机如何,只要伤害了他人,就构成本款所规定的应当给予治安处罚的行为。但是,如果在动物比赛过程中,动物按照主人的旨意不慎伤害了他人的,不属于本款所说的情况。可以依照其他有关规定进行赔偿。

【实例解析】

放任动物恐吓他人的治安违法行为——陈某放任动物干扰他人正常生活案[①]

2013年8月12日上午8时,山水家园居民王某到派出所报案称,其山水家园8号楼三单元一楼陈某家,养了一只大型犬。在出入楼道和在小区里遛弯时,这只大型犬不时向他人吠叫、袭击他人,陈某对狗的"过激"行为,放任不管,严重干

---

① 案例来源:辽宁省公安厅治安管理总队整理的案例,有删减。

扰了他人的正常生活。

　　接到报警后,派出所民警于当日 10 时 30 分来到山水家园 8 号楼三单元一楼,对户主陈某进行询问,陈某对其大型犬干扰他人生活的事实供认不讳。派出所民警根据本条第一款的规定,对陈某作出了三百元罚款的治安管理处罚。

　　本案涉及放任动物恐吓他人违法行为的认定与处罚。"放任",是放纵、容许、不管不问的意思,是行为人明知其饲养或管理的动物会发生或者可能发生恐吓他人的后果时,采取不加约束、不管不问的态度,放任这种结果发生。"恐吓他人"是指对他人造成精神上的惊吓。本案中,陈某对狗的吠叫、袭击等"过激"行为,放任不管,符合放任动物恐吓他人违法行为的构成要件,故此,公安机关对陈某处以三百元罚款的治安管理处罚是正确的。

> **第七十六条　【屡教不改采取强制性教育措施】**
> 　　有本法第六十七条、第六十八条、第七十条的行为,屡教不改的,可以按照国家规定采取强制性教育措施。

【条文解读】

　　本条是关于对某些违反治安管理的行为,屡教不改的,按照国家规定采取强制性教育措施的规定。根据最新的法律精神,此条款已经失效。理由如下:

　　公安部《公安机关执行〈中华人民共和国治安管理处罚法〉有关问题的解释》七、关于强制性教育措施问题。《治安管理处罚法》第七十六条规定,对有"引诱、容留、介绍他人卖淫","制作、运输、复制、出售、出租淫秽的书刊、图片、影片、音像制品等淫秽物品或者利用计算机信息网络、电话以及其他通讯工具传播淫秽信息","以营利为目的,为赌博提供条件的,或者参与赌博赌资较大的"行为,"屡教不改,可以按照国家规定采取强制性教育措施"。这里的"强制性教育措施"目前是指劳动教养;"按照国家规定"是指按照《治安管理处罚法》和其他有关劳动教养的法律、行政法规的规定;"屡教不改"是指有上述行为被依法判处刑罚执行期满后五年内又实施前述行为之一,或者被依法予以罚款、行政拘留、收容教育、劳动教养执行期满后三年内实施前述行为之一,情节较重,但尚不够刑事处罚的情形。

　　公安部《关于适用〈治安管理处罚法〉第七十六条有关问题的批复》一、关于《治安管理处罚法》第七十六条能否作为决定劳动教养的依据问题,公安部印发的《公安机关执行〈中华人民共和国治安管理处罚法〉有关问题的解释》(公通字〔2006〕12 号,以下简称《解释》)第七条明确规定"这里的'强制性教育措施'目前是指劳动教养;'按照国家规定'是指按照《治安管理处罚法》和其他有关劳动教养的法律、行政法规的规定"。《治安管理处罚法》第七十六条可以作为决定劳动教养的法律依据,但在对行为人决定劳动教养时,除引用《治安管理处罚法》第七十六条外,还应当引用《国务院关于劳动教养的补充规定》等有关劳动教养的法律、行政法规。二、关于"屡教不改"的界定问题。《解释》第七条中明确规定"'屡教不改'是指有上述行为被依法判处刑罚执行期满后五年内又实施前述行为之一,或者被依法予以罚款、行政拘留、收容教育、劳动教养执行期满后三年内实施前述行为之一,情节较重,但尚不够刑事处罚的情形"。为了防止不适当地扩大劳动教养的适用范围,需要从严掌握"屡教不改"的标准,即认定"屡教不改"的行为应当限定为同一行为;《解释》中规定的"罚款"一般掌握在五百元以上。

2013年12月28日第十二届全国人民代表大会常务委员会第六次会议,通过《关于废止有关劳动教养法律规定的决定》一、废止1957年8月1日第一届全国人民代表大会常务委员会第七十八次会议通过的《全国人民代表大会常务委员会批准国务院关于劳动教养问题的决定的决议》及《国务院关于劳动教养问题的决定》。二、废止1979年11月29日第五届全国人民代表大会常务委员会第十二次会议通过的《全国人民代表大会常务委员会批准国务院关于劳动教养的补充规定的决议》及《国务院关于劳动教养的补充规定》。三、在劳动教养制度废止前,依法作出的劳动教养决定有效;劳动教养制度废止后,对正在被依法执行劳动教养的人员,解除劳动教养,剩余期限不再执行。

第四章　处罚程序

第一节　调　查

第七十七条　【受理治安案件登记规定】

公安机关对报案、控告、举报或者违反治安管理行为人主动投案，以及其他行政主管部门、司法机关移送的违反治安管理案件，应当及时受理，并进行登记。

【条文解读】

本条是关于公安机关受理治安案件登记的规定。公安机关受理治安案件，标志着治安案件办理过程的开始，是办案程序的起点。本条主要规定了以下内容：

第一，规定了治安案件的主要来源和渠道，即除了公安机关自己发现的治安案件外，主要是通过报案、控告、举报或者违反治安管理行为人主动投案，以及其他行政主管部门、司法机关移送违反治安管理案件。

首先，公民、法人和其他组织的报案、控告、举报是查处违反治安管理案件的重要来源。根据本条规定，公安机关应当保障公民、法人和其他组织依法行使报案、控告、举报的权利，对公民、法人和其他组织报案、控告、举报的，应当及时受理，不得搪塞、推诿。这里的"报案"是指公民、法人和其他组织向公安机关报告发现有违反治安管理事实或者违反治安管理行为人的行为，如亲眼看到某一违反治安管理事实的发生或者发现某一违法活动的现场等，而向公安机关报告，至于违反治安管理行为人是谁，可能报案人并不一定知道。实际生活中，报案也包括有的违反治安管理行为人在现场被群众抓获，当场扭送至公安机关或交给人民警察。"控告"通常是指被侵害人及其近亲属，对侵犯被侵害人合法权益的违反治安管理行为向公安机关告诉，要求追究侵害人的法律责任的行为，一般情况下控告人知道违反治安管理行为人是谁。"举报"一般是指当事人以外的其他知情人在治安案件发生后向公安机关检举、揭发违反治安管理行为人的违法事实或者违反治安管理行为人的行为，如举报人得知某一违法活动及其违反治安管理行为人而向公安机关报告。在实际生活中，公安机关只有密切联系群众，依靠群众，才能得到群众的支持，有效地打击违法活动，维护社会治安秩序，保障公共安全，保护公民、法人和其他组织的合法权益。事实也证明，依靠人民群众的报案、控告和举报,是发现违反治安管理行为、打击违法活动的有力措施。

其次,违反治安管理行为人主动投案的。这里所说的"违反治安管理行为人主动投案",一般包括以下几种情形:(1)行为人在实施违反治安管理行为后,其违反治安管理事实未被公安机关发现以前投案的;(2)违反治安管理事实虽已被公安机关发现,但违反治安管理行为人尚未被公安机关查明而投案的;(3)违反治安管理事实和违反治安管理行为人均已被公安机关发觉,但违反治安管理行为人尚未受到公安机关传唤、询问等而投案的。主动投案的形式也有以下几种:(1)违反治安管理行为人本人直接向公安机关主动投案的;(2)违反治安管理行为人向其所在单位、城乡基层组织或者有关国家机关投案的;(3)违反治安管理行为人由于某些客观原因不能亲自投案,而委托他人代为投案或者采用信件、电话等方式投案的,等等。

再次,其他行政主管部门、司法机关移送的违反治安管理的案件。除公安机关以外的其他行政主管部门在办理行政案件时,如果认为该案属于违反治安管理的案件,应当移送公安机关给予治安管理处罚。人民检察院、人民法院等司法机关在办理刑事案件时,如果发现该案件不属于刑事案件,不应当追究行为人的刑事责任,属于违反治安管理行为的,也应当移送公安机关给予治安管理处罚。这里"其他行政主管部门"主要包括工商、税务、海关、卫生检疫、环境保护等行政执法机关。"司法机关"是指负有侦查、检察、审判职责的机关,包括人民检察院、人民法院。

第二,公安机关对报案、控告、举报、主动投案和有关机关移送的案件,应当及时受理,并进行登记。这里的"应当"是对公安机关的义务性规定,即公安机关必须按照法律的规定办理,而不是可以受理,也可以不受理。这里应当明确的是,受理并进行登记是一项法定程序。接受报案、控告、举报、投案以及移送案件的人民警察,应当按照本法规定受理并进行登记,不能以案件事实是否已经清楚、违反治安管理行为人是否已查明作为受理的条件。所谓"不破不立"的做法,是不符合法律规定的程序的。应当看到,公安机关如实地记载案件的来源、情况及处理结果,对于反映社会治安的实际状况以及公安机关的工作量,都是有益的。即使存在报错案、报假案的情况,如实记载对于以后的调查也能起到证明作用。无论公民、法人和其他组织采用口头还是书面形式进行报案、控告、举报或者违反治安管理行为人主动投案的,公安机关都应当认真对待。接受口头的报案、控告、举报,公安机关应当注意尽量问清违法的时间、地点、方法、后果,违反治安管理行为人特征等有关情节;做好笔录,并经报案人、控告人或举报人确认无误后,由报案人、控告人或举报人签名、盖章。接受书面的报案、控告或举报,无论是面交,还是邮寄的,公安机关也都应当予以登记。这样规定方便群众,有利于群众与违法行为作斗争,也有利于及时查获违反治安管理行为人。为了更好地规范公安机关执法活动,公安部颁布的《公安机关办理行政案件程序规定》规定,公安机关对单位和个人报案或者违法嫌疑人投案的,应当接受,并登记备查。公安机关对报案人提供的有关证据材料、物品等应当登记,并妥善保管。这些规定,充分体现了公安机关依法保障公民、法人和其他组织的合法权益,鼓励公民、法人和其他组织积极同违法行为作斗争,同时也保障了公安机关在办理案件中正确履行职责。

第七十八条 【受理治安案件后的处理】

公安机关受理报案、控告、举报、投案后,认为属于违反治安管理行为的,应当立即进行调查;认为不属于违反治安管理行为的,应当告知报案人、控告人、举报人、投案人,并说明理由。

【条文解读】

本条是关于公安机关受理治安案件后应当如何处理的规定。治安案件的受理,是公安机关办理治安案件的开始,同时也是开展调查程序的一个重要环节。公安机关受理案件后应当对有关材料进行审查,根据审查结果,就行为是否构成违反治安管理,分别作出处理。本条关于治安案件受理后的处理,主要是指公安机关通过对有关材料进行审查,对有关人员了解情况后,对所涉行为是否违反治安管理作出一种判断的活动。这种判断并不要求对整个案件进行彻底的调查,只需要根据受理案件当时所掌握的情况进行初步的判断。

本条包含两层含义:

(一)公安机关通过审查认为,属于违反治安管理行为的,应当对治安案件立即进行调查。根据本法第二条和本法第三章的有关规定,对于受理的治安案件,公安机关是否将其作为治安案件进行调查,必须同时符合以下三个条件:一是是否有违反治安管理的事实发生。这是公安机关调查治安案件的前提。二是违法行为是否需要依法予以治安管理处罚。治安管理处罚是行为人对其实施的违反治安管理行为依法应当承担的法律责任。对法律、法规、规章没有规定应当予以治安管理处罚的行为,则不能处罚。三是是否属于受理报案、控告、举报、投案的公安机关的管辖范围。行政机关必须在法律、行政法规赋予的职权范围内履行职责,不同的行政机关依法承担着不同的职责。即便在公安机关内部,包括地区与地区之间、部门与部门之间、不同级别的公安机关之间也存在分工与管辖问题。因此,只有对依法属于公安机关职责范围且属于受理报案、控告、举报、投案的公安机关管辖范围内的事项,受案的公安机关才有权调查处理。对不属于公安机关职权范围内的事项,公安机关应当移送有关主管部门依法查处;对于虽属于公安机关职权范围,但不属于受案公安机关管辖的案件,应当移交有管辖权的公安机关依法处理。所谓"立即进行调查",是指公安机关应当依照本法规定的治安管理处罚调查程序,就该治安案件立即开展收集证据、询问、检查等一系列程序。强调"立即"进行调查,主要是考虑治安案件涉及社会稳定和人民群众的切身利益,对治安案件立即进行调查,使治安案件得到及时处理,有利于及时打击违法活动,化解社会矛盾,对维护社会稳定具有重要意义。实践中,在治安案件受理后,应当注意防止有的办案部门和办案人员为了部门利益,对自己有利的才管,对自己无利的拖着不管,对被侵害人的疾苦漠不关心,甚至利用办案的权力为自己谋取私利。

（二）公安机关通过审查认为,不属于违反治安管理行为的,应当告知报案人、控告人、举报人、投案人,并说明理由。这里的告知,是指告知报案人、控告人、举报人、投案人向有管辖权的机关报案、控告、举报和投案;公安机关已将案件移送其他主管部门的,告知移送的机关名称和地址;不予处理的,告知原因。这里的"说明理由",是指说明相关法律依据。作为报案人、控告人、举报人、投案人,有权知道公安机关对其报案、控告、举报、投案的案件是否已决定调查处理。对因不属于违反治安管理行为而移送公安机关其他部门、其他行政主管部门调查处理或者不予处理的,有权知悉其具体理由。鉴于此,本条明确规定了公安机关的告知义务。一是为了保障报案人、控告人、举报人、投案人的知情权。二是为了更好地保护报案人、控告人、举报人、投案人的合法权益。一般而言,报案人、控告人、投案人一般与案件有一定的或者直接的利害关系,他们对案件的处理情况和处理结果较为关注。三是有利于保护公民配合公安机关打击违法犯罪的积极性和主动性,鼓励人民群众积极同违法犯罪活动作斗争。四是为了避免群众对公安机关产生误解。特别是对不属于公安机关管辖、公安机关移交其他部门处理的案件,如果不及时告知报案人、控告人、举报人、投案人,并说明理由,他们会误认为公安机关不作为或者故意推诿,从而对公安机关产生不信任甚至对立情绪。实践中,有的地方公安机关及其人民警察对属于公安机关职权范围、依法应当调查处理的案件很重视,但对不属于公安机关职权范围的事项则有所忽略,往往不主动通知报案人、控告人、举报人其所控告案件的处理情况,报案人、控告人、举报人前来询问,才告知。这不仅会造成工作被动,影响公安机关的形象,而且在一定程度上也会影响公民配合公安机关打击违法犯罪的积极性和主动性。鉴于此,本条除了明确规定对"不属于违反治安管理行为的,应当告知报案人、控告人、举报人、投案人"之外,还特别要求"说明理由"。公安机关应认真履行这一法定职责。在填写《受案登记表》时,就要尽可能详细地填写报案人、控告人、举报人、投案人的基本情况和联络方式,以便及时将案件处理情况及根据告知报案人、控告人、举报人和投案人。对于确实无法向报案人、控告人、举报人、投案人说明理由的,应当将原因记录在案。

本条规定的"不属于违反治安管理行为",是指案件涉及的行为不属于法律规定的违反治安管理的行为。需要注意的是,这里所说"不属于违反治安管理行为"可能有以下几种情况:第一,公安机关对有关的材料进行初步审查后认为,案件所涉的行为不构成违反治安管理行为,不应受到治安管理处罚,对此,公安机关应作撤销案件处理。第二,公安机关对有关的材料进行初步审查后认为,虽然案件所涉的行为不属于违反治安管理行为,但属于其他违反行政管理秩序的行为的,公安机关可以将案件及时移送其他行政主管部门,也可以告知报案人、控告人、举报人、投案人向其他行政主管部门报案、控告、举报、投案。第三,公安机关对有关的材料进行初步审查后认为,案件所涉的行为涉嫌犯罪的,公安机关应当将案件移送有管辖权的主管机关,依法追究刑事责任。根据《行政处罚法》第二十二条的规定,违法行为构成犯罪的,行政机关必须将案件移送司法机关,依法追究刑事责任。这就要求公安机关在受理治安案件后,应当认真审查,对是属于违法行为还是犯罪行为作出判断。

根据《公安机关办理行政案件程序规定》第四十七条规定,公安机关对报案、控告、举报、群众扭送或者违法嫌疑人投案,以及其他行政主管部门、司法机关移送的案,应当及时受理,制作受案登记表,并分别作出以下处理:(一)对属于本单位管辖范围内的事项,应当及时调查处理;(二)对属于公安机关职责范围,但不属于本单位管辖的,应当在受理后的二十四小时内移送有管辖权的单位处理,并告知报案人、控告人、举报人、扭送人、投案人;(三)对不属于公安机关职责范围内的事项,书面告知报案人、控告人、举报人、扭送人、投案人向其他有关主管机关报案或者投案。公安机关接受案件时,应当制作受案回执单一式二份,一份交报案人、控告人、举报人、扭送人,一份附卷。公安机关及其人民警察在日常执法执勤中发现的违法行为,适用第一款的规定。第四十八条规定,属于公安机关职责范围但不属于本单位管辖的案件,具有下列情形之一的,受理案件或者发现案件的公安机关及其人民警察应当依法先行采取必要的强制措施或者其他处置措施,再移送有管辖权的单位处理:(一)违法嫌疑人正在实施危害行为的;(二)正在实施违法行为或者违法后即时被发现的现行犯被扭送至公安机关的;(三)在逃的违法嫌疑人已被抓获或者被发现的;(四)有人员伤亡,需要立即采取救治措施的;(五)其他应当采取紧急措施的情形。行政案件移送管辖的,询问查证时间和扣押等措施的期限重新计算。第四十九条规定,报案人不愿意公开自己的姓名和报案行为的,公安机关应当在受案登记时注明,并为其保密。第五十条规定,对报案人、控告人、举报人、扭送人、投案人提供的有关证据材料、物品等应当登记,出具接受证据清单,并妥善保管。必要时,应当拍照、录音、录像。移送案件时,应当将有关证据材料和物品一并移交。第五十一条规定,对发现或者受理的案件暂时无法确定为刑事案件或者行政案件的,可以按照行政案件的程序办理。在办理过程中,认为涉嫌构成犯罪的,应当按照《公安机关办理刑事案件程序规定》办理。

第七十九条 【严禁非法取证】

公安机关及其人民警察对治安案件的调查,应当依法进行。严禁刑讯逼供或者采取威胁、引诱、欺骗等非法手段收集证据。

以非法手段收集的证据不得作为处罚的根据。

【条文解读】

本条是关于公安机关及其人民警察依法调查取证,严禁以非法手段收集证据的规定。

公安机关及其人民警察调查取证是治安管理处罚程序的重要阶段,是办理治安案件的重要环节。调查取证是指公安机关及其人民警察为查明案情、查获违反治安管理行为人、收集证据而进行的专门活动。取证包括询问证人,收集物证、书证、视听资料等。调查取证是作出治安管理处罚决定的前提。只有在调查取证、查清事实的基础上,才能确定违法行为的性质并依法对违反治安管理行为人实施治安管理处罚。强调依法调查取证,对于维护社会治安秩序,保障公共安全,保护公民、法人和其他组织的合法权益,规范和保障公安机关及其人民警察依法履行治安管理职责,提高治安管理水平和治安管理处罚质量,具有重要意义。

本条第一款规定了对公安机关及其人民警察调查取证的要求,包括两层意思:(1) 必须依照法定程序调查、收集证据。程序合法是法制建设的基本要求。这种法定程序在本章节和行政处罚法中已作了明确规定。根据本法规定,调查治安案件的方式主要有:询问违反治安管理行为人,询问被侵害人及证人,扣押、登记,对与违反治安管理行为有关的场所、物品、人身进行检查、鉴定等。不同的调查方式,有不同的法定程序。只有严格依照法定方法和法定程序调查治安案件、收集相关证据,才能保证"严格、公正、文明"执法,才能切实保障公民的合法权益,才能为认定案件事实提供可靠的依据,防止诬告、陷害和冤假错案的发生。本条确立的依法原则,一方面,要求公安机关在调查治安案件时,要严格执行本法的各项规定。如本法第八十三条、第八十四条、第八十九条规定,对违反治安管理行为人询问查证的时间一般不得超过8小时,情况复杂,依本法规定可能适用行政拘留处罚的,询问查证的时间不得超过24小时;询问不满16周岁的违反治安管理行为人,应当通知其父母或者其他监护人到场;对与案件无关的物品,不得扣押等。另一方面,还必须严格按照与本法没有冲突的有关法律、法规、规章有关调查治安案件、收集证据的要求去做。(2) 严禁刑讯逼供或者采取威胁、引诱、欺骗等非法手段收集证据。以刑讯逼供、威胁、引诱、欺骗等方式获取来的陈述,是陈述人在迫于压力或被欺骗情况下提供的,虚假的可能性很大,极易造成冤案、错案,且与尊重和保障人权的宪法要求不符,必须严加禁止。所谓"刑讯逼供"是指办案人员对违反治安管理行为人使用肉刑或者变相肉刑逼取陈述的行为。采取"威胁、引诱、欺骗"手段收集证据,是指通过采取暴力、恐吓等非法手段威胁违反治安管理行为人、证人或者通过许诺某种好处诱使、欺骗违反治安管理行为人、证人以获取证据。其他的"非法手段",主要包括违反法定程序检查有关的场所、物品及他人住宅等。办案人员如果刑讯逼供,构成犯罪的,应当根据刑法的有关规定追究刑事责任。

本条第二款规定了以非法手段收集的证据不得作为处罚的根据。这是对严禁以非法手段收集证据的规定作了进一步的保障性规定。虽然法律和有关部门三令五申在办案中不得使用刑讯逼供等非法手段收集证据,但实践中有些办案人员还是一味追求从违反治安管理行为人陈述上进行突破,不择手段地使用刑讯逼供等非法方法逼取供词或获取有关证据。迫于非法手段给被询问人肉体或者精神上造成的压力,违反治安管理行为人、被侵害人、证人极易作出不真实的供述,从而误导办案人员,使案件调查得出错误结论,导致冤假错案的发生。为了从根本上杜绝办案人员采用刑讯逼供等非法手段收集证据,确保公安机关依法公正查处治安案件,本条第二款对以非法手段收集到的证据的效力作了明确规定,即以非法手段收集的证据不得作为处罚的根据。因此,合法的证据,即能够作为定案根据的证据,必须符合以下两个条件:必须是能够证明案件事实的证据;公安机关收集证据的手段、方法、程序必须是合法的。也就是说,即使公安机关收集到的证据是真实的,但如果其调查的手段和程序不合法,其收集的证据也不得作为认定案件、实施处罚的依据。

根据《公安机关办理行政案件程序规定》第二十四条规定,公安机关必须依照法定程序,收集能够证实违法嫌疑人是否违法、违法情节轻重的证据。严禁刑讯逼供和以威胁、欺骗等非法方法收集证据。采用刑讯逼供等非法方法收集的违法嫌疑人的陈述和申辩以及采用暴力、威胁等非法方法收集的被侵害人陈述、其他证人证言,不能作为定案的根据。收集物证、书证不符合法定程序,可能严重影响执法公正的,应当予以补正或者作出合理解释;不能补正或者作出合理解释的,不能作为定案的根据。第三十八条规定,需要调查的案件事实包括:(一)违法嫌疑人的基本情况;(二)违法行为是否存在;(三)违法行为是否为违法嫌疑人实施;(四)实施违法行为的时间、地点、手段、后果以及其他情节;(五)违法嫌疑人有无法定从重、从轻、减轻以及不予行政处罚的情形;(六)与案件有关的其他事实。

【实例解析】

公安机关严禁运用非法手段收集证据——民警张某等非法取证案[①]

2013年2月15日,某派出所以某娱乐场所被举报服务人员有吸毒为由,将

[①] 案例来源:辽宁省公安厅治安管理总队整理的案例,有删减。

正在营业中的某娱乐场所服务人员李某、刘某带到了派出所,并对李某、刘某进行验尿,验尿后确定李某、刘某没有吸食毒品,后办案民警张某等对李某、刘某进行殴打,逼迫其证实该场所存在营利性陪侍情形,于是派出所根据李某、刘某的证实,对该场所做出了停业整顿三个月的行政处罚决定。

本案涉及非法取证的行为。依据本条之规定,公安机关及其人民警察对治安案件的调查,应当依法进行。在本案中,派出所民警张某等采取殴打等非法手段获取了娱乐场所服务人员李某、刘某的证言,并以此非法手段获取的证据对该场所作出了停业整顿三个月的行政处罚决定显然是违法的。对以非法手段收集来的证据从法律上应予以排除,属于无效证据,不得作为处罚的根据,如果依据这类证据对被处罚人作出了治安管理处罚,该处罚应该是无效的。该娱乐场所可以申请行政复议及提起行政诉讼,要求予以纠正公安机关的违法行为。

第八十条 【公安机关的保密义务】

公安机关及其人民警察在办理治安案件时,对涉及的国家秘密、商业秘密或者个人隐私,应当予以保密。

【条文解读】

本条是关于公安机关及其人民警察办理治安案件时的保密义务的规定。根据《保守国家秘密法》和《人民警察法》等法律法规的规定,结合公民、法人以及其他组织的期望和要求,本法明确规定,对办案中涉及的国家秘密、商业秘密或者个人隐私予以保密,是公安机关及其人民警察的法定义务。因此,对涉及上述秘密或者隐私的证据,公安机关及其人民警察在收集、保管、运用时要注意保密,不得让不该知道其内容的人知悉。而国家秘密一旦被泄露,就会对国家安全和利益造成危害或者威胁;商业秘密被泄露,往往会给原拥有商业秘密的单位和个人的生产、经营活动带来不利的影响,造成经济损失;个人隐私的泄露,则可能会给当事人的名誉造成损害,影响其正常生活,对其带来精神痛苦和心理压力。

根据本条规定,公安机关及其人民警察在办理治安案件时,对涉及的国家秘密、商业秘密或者个人隐私,应当予以保密。这里所说的"国家秘密",依照保守国家秘密法的有关规定,是指关系国家的安全和利益,依照法定程序确定,在一定时间内只限一定范围的人员知悉的事项。国家秘密包括符合上述规定的下列秘密事项;国家事务的重大决策中的秘密事项;国防建设和武装力量活动中的秘密事项;外交和外事活动中的秘密事项以及对外承担保密义务的事项;国民经济和社会发展中的秘密事项;科学技术中的秘密事项;维护国家安全活动和追查刑事犯罪中的秘密事项;其他经国家保密工作部门确定应当保守的国家秘密事项。政党的秘密事项中符合上述规定的,也属于国家秘密。国家秘密的密级分为"绝密"、"机密"、"秘密"三级。"绝密"是最重要的国家秘密,泄露会使国家的安全和利益遭受特别严重的损害;"机密"是重要的国家秘密,泄露会使国家的安全和利益遭受严重的损害;"秘密"是一般的国家秘密,泄露会使国家的安全和利益遭受损害。根据保守国家秘密法的有关规定,一切国家机关、武装力量、政党、社会团体、企业事业单位和公民都有保守国家秘密的义务。公安机关作为国家机关,当然负有保守在办理治安案件时涉及的国家秘密的义务。本条内容属于对保守国家秘密法有关内容的重申。本条所规定的"商业秘密",是指不为公众所知悉,能为权利人带来经济利益,具有实用性并经权利人采取保密措施的技术信息和经营信息。技术信息,包括技术配方、技术诀窍、工艺流程等。经营信息,是指采取什么方式进行经营等有关经营的重大决策以及与自己有业务往来的客户的情况等。商业秘密都具有一定的经济价值,必须予以保护。这里所规定的"个人隐私",是指公民与公共利益无关的个人私生活秘密,包括个人信息、私人活动和私人空间。个人信息是有关个人的一切情报资料和资讯,诸如生活经历、家庭电话号码、病患经历、个人债务状况、身高、体重、身体缺陷、健康状况、婚恋、家庭、社会关系、爱好、信仰、心理特征,等等。私人活动,是一切个人的、与公共利益无关的活动,如日常生活、社会交往、夫妻之间的两性生活、男女关系方面的私生活等。私人空间也称为私人领域,是指个人的隐秘范围,如身体的隐秘部位、日记、书信等。隐私权,是指公民对自己的隐私依照自己的意志进行支配、处置的权利,属于公民人格权范畴。通常隐私权包括以下几种:第一,个人生活安宁权。即权利主体能够按照自己的意志从事或不从事某种与社会公共利益无关或无害的活动,不受他人的干涉、破坏或支配。第二,个人信息保密权。个人信息,包括所有的个人信息和资料,诸如权利主体有权禁止他人非法利用个人生活情报资料。例如,对公民身体的隐秘部分、日记等不许偷看,未经他人同意或者法律规定不得强制披露其财产状况、社会关系以及过去和现在的其他不受外界知悉、传播或公开的私事等。第三,个人通讯秘密权。权利主体有权对个人书信、电报、电话、传真、电子邮件及谈话的内容等加以保密,禁止他人非法窃听或窃取。第四,个人隐私利用权。权利主体有权依法按自己的意志利用其隐私,以从事各种满足自身需要的活动。如利用个人的生活情报资料撰写自传、利用自身形象或形体供绘画或摄影的需要等。对这些活动不能非法干涉。应当说明的是,隐私的利用不得违反法律的强制性规定,不得有悖于公序良俗。例如,利用自己身体的隐秘部分制作淫秽物品,即应认定为非法利用隐私,从而构成违法犯罪行为。

> **第八十一条 【回避】**
>
> 人民警察在办理治安案件过程中,遇有下列情形之一的,应当回避;违反治安管理行为人、被侵害人或者其法定代理人也有权要求他们回避:
>
> (一) 是本案当事人或者当事人的近亲属的;
>
> (二) 本人或者其近亲属与本案有利害关系的;
>
> (三) 与本案当事人有其他关系,可能影响案件公正处理的。
>
> 人民警察的回避,由其所属的公安机关决定;公安机关负责人的回避,由上一级公安机关决定。

【条文解读】

本条是关于人民警察在办理治安案件过程中回避的规定。

本条第一款规定了三种人民警察在办理治安案件过程中应当回避的情形。本条所称回避,是指办理治安案件的人民警察因与所办案件或者案件的当事人有利害关系或者其他关系,可能影响案件公正处理,而退出或者不参加该案件调查、处理工作的制度。建立回避制度的根本目的是为了更好地保护公民、法人或者其他组织的合法权益,保证人民警察能够客观、公正地查处治安案件,防止人民警察因与案件或者案件当事人存在利害关系或者其他关系而徇私舞弊,影响案件公正处理。根据本条规定,回避可分为自行回避和申请回避两种。自行回避,是指人民警察或者公安机关负责人具有本条规定的情形之一时,主动向所在公安机关或者有权决定的公安机关负责人提出不参加或者退出相关案件的调查处理工作。自行回避是人民警察的法定义务,凡明知自己具有回避情形之一的,都应当主动提出回避。申请回避,是指人民警察应当回避而没有自行回避或者不认为自己具有法定回避情形而没有回避的,违反治安管理行为人、被侵害人或者其法定代理人提出申请,要求他们回避。申请回避是违反治安管理行为人、被侵害人或者其法定代理人的法定权利,为确保当事人能够依法行使这一法定权利,公安机关人民警察在办理治安案件时,应当告知违反治安管理行为人、被侵害人或者其法定代理人依法享有申请回避的权利。无论是人民警察自行申请回避,还是当事人申请回避,既可以是书面的,也可以是口头的,但是都应当说明理由。对于口头申请回避,无论是人民警察自行申请回避还是当事人申请回避的,都应当记录在案。

第一,本案当事人或者当事人近亲属的。当事人主要是指违反治安管理行为人和被侵害人等。"本案的当事人",是指办理治安案件的人民警察本人即是治安案件的一方当事人。在这种情况下,由作为一方当事人的人民警察来办理治安案件容易受感情和自身利益等因素的影响,失去公正性。因此,人民警察不能自己办理涉及自己的治安案件,而应当主动回避。"当事人的近亲属的",是指办理治安案件的人民警察是一方当事人的配偶、子女、父母、兄弟姐妹等近亲属。在这种情况下,办理治安案件的人民警察也应当回避。否则,也会违反办理治安案件应当公正的原则。

第二,本人或者其近亲属与本案有利害关系的。这是指办理治安案件的人民警察或者其近亲属,虽然不是本案的一方当事人或者当事人的近亲属,但是本案的处理结果与他们有比较重大的利益关系或者存在其他利害关系。在这种情况下,其在办理治安案件过程中,难免有偏袒一方的嫌疑。办理治安案件的人民警察应当主动回避。

第三,与本案当事人有其他关系,可能影响案件公正处理的。"与本案当事人有其他关系",是指办理治安案件的人民警察与本案一方当事人有某种关系,可能会对办理案件的公信力产生影响,如有亲戚、朋友、同事关系,或者有重大的恩怨等情况。有这种关系可能会影响案件的公正处理的,人民警察应当主动回避。但如果是一般的认识关系,不会影响案件公正处理的,人民警察可以继续办理治安案件。

应当明确的是,为了保证办理治安案件能够公正的进行,确保当事人的合法权益,根据本条的规定,人民警察在办理治安案件过程中,有上述情形应当回避而不主动回避的,违反治安管理行为人、被侵害人或者其法定代理人也有权要求他们回避。

本条第二款是关于人民警察回避的决定程序方面的规定。按照本款规定,回避决定权限分为两种:一是人民警察的回避,由其所属的公安机关决定。人民警察所属的公安机关,是指该办案人民警察所在的公安机关,包括公安派出所、县级、地级人民政府公安机关,不包括公安机关的内设机构。二是公安机关负责人的回避,由上一级公安机关决定。这里的公安机关负责人,是指公安机关的主要负责人,也即公安机关的行政首长。鉴于公安机关是行政机关,实行的是行政首长负责制,因此,公安机关的行政首长有权决定本公安机关其他负责人及人民警察的回避,但是,他本人的回避,不能由其本人决定。按照《人民警察法》的规定,上级公安机关对下一级公安机关具有监督职能,公安机关行政首长的回避,应当由上一级公安机关决定。

这里需要指出的是,如果违反本条的规定,人民警察在办理治安案件时,遇有本条规定的应当回避的情形之一而没有回避的,被处罚人可以依法提起行政复议及行政诉讼,要求予以纠正。对于人民警察应当回避而没有回避,并具有徇私枉法行为的,依照本法第一百一十六条的规定处理。

【实例解析】

是本案当事人或者当事人的近亲属的警察应该回避——民警汪某未回避案[①]

2013年11月24日16时30分许,张某在某广场依酷若服装店内将汪某某头部打伤住院,诊断为轻微伤。为此,某分局依据本法第四十三条第一款规定于2014年3月26日对张某作出行政拘留五日的处罚。张某不服,向市公安局申请复议。

市公安局复议认为,通过对分局所取得的证据审查及相关程序的审核,发现办理此案的民警汪某是被害人汪某某的儿子。根据本条规定,在办理治安案件过程中,人民警察是本案当事人或者当事人的近亲属的,应当回避;违反治安管理行为人、被侵害人或者其法定代理人也有权要求他们回避。而在办理此案中汪某没有主动回避,当事人也没有要求民警汪某回避。因此市公安局以违反法定程序,作出的处罚决定不成立,行政复议决定撤销分局作出的处罚决定。

本案涉及是本案当事人或者当事人的近亲属的警察应该回避的问题。依据本条之规定,人民警察是本案当事人或者当事人的近亲属的,应当回避。在本案中,派出所民警汪某应该回避而没回避,因此承担作出的处罚不成立的不利法律后果。

第八十二条 【传唤和强制传唤】

需要传唤违反治安管理行为人接受调查的,经公安机关办案部门负责人批准,使用传唤证传唤。对现场发现的违反治安管理行为人,人民警察经出示工作证件,可以口头传唤,但应当在询问笔录中注明。

公安机关应当将传唤的原因和依据告知被传唤人。对无正当理由不接受传唤或者逃避传唤的人,可以强制传唤。

【条文解读】

本条是关于公安机关如何传唤违反治安管理行为人和被传唤人如果逃避传唤,公安机关可以强制传唤的规定。本条共两款。

公安机关在查处违反治安管理案件时,有时需要向当事人询问和查证,甚至需要当面核实案件的具体情况。为了准确及时地了解案件情况,收集证据,在一般情况下,办案人员应当尽可能在发案现场进行询问、查证。但在有些情况下,不能或不便在现场进行询问、查证的,就需要通知违反治安管理行为人在规定的时间里到公安机关或者街道居委会、村委会、单位治安保卫部门等地方接受公安机

[①] 案例来源:辽宁公安教育培训中心整理的案例,有删减。

关的询问和查证。公安机关的这种通知违反治安管理行为人到公安机关来接受询问和查证的具体方式,就是传唤。治安管理中的传唤,是公安机关在办理治安案件过程中,通知违反治安管理行为人到公安机关或者其他指定地点接受调查的一种调查手段,在执法实践中经常被使用。传唤的目的是为了询问违反治安管理行为人,查明案情,取得证据。根据本条规定,传唤只适用于违反治安管理行为人,对被侵害人及其他证人不得适用传唤。传唤分为传唤证传唤、口头传唤、强制传唤三种。传唤证传唤是公安机关常用的传唤方式,即由执行人员将公安机关签发的《传唤证》送达被传唤人。口头传唤,是指人民警察对现场发现的违反治安管理行为人,口头责令违反治安管理行为人到指定地点接受调查的行为。强制传唤,是指人民警察对无正当理由不接受传唤或者逃避传唤的违反治安管理行为人,采取强制的方法将其带到公安机关或者其他地点进行调查的行为。

本条第一款规定,需要传唤违反治安管理行为人接受调查的,经公安机关办案部门负责人批准,使用传唤证传唤。其中"需要传唤违反治安管理行为人接受调查的",是指办理治安案件的公安机关办案部门,为了办理治安案件的需要,将违反治安管理行为人传唤到公安机关或者街道居委会、村委会、单位治安保卫部门等地方接受公安机关调查的情况。由于传唤牵涉到对公民人身自由的限制,因此,必须在适用程序上加以严格的规定。也就是说,只有公安机关办案部门,确实需要将违反治安管理行为人传唤到公安机关或者街道居委会、村委会、单位治安保卫部门等地方接受公安机关调查时,才能传唤。不能凡事需要询问的都使用传唤的形式进行询问。为了严格限制公安机关办案部门使用对公民的传唤,本款还规定,需要传唤违反治安管理行为人接受调查的,"经公安机关办案部门负责人批准,使用传唤证传唤"。其中"公安机关办案部门负责人",是指在公安机关中,具体负责办理违反治安管理案的部门的负责人。如公安局里的治安科、治安股的负责人,派出所所长等。只有经过该负责人的批准,才能对违反治安管理行为人进行传唤。在具体执行中,有关传唤的具体程序,公安机关一般都规定有完备的审批制度,以防止传唤被滥用。"使用传唤证传唤",是指公安机关对违反治安管理行为人进行传唤时,必须使用传唤证传唤。传唤证就是公安机关向被传唤人出示的正式书面传唤通知书。这样规定也是为了防止传唤的随意性。另外,针对实际情况,有些是在现场发现违反治安管理的行为,人民警察不可能都回去办理完传唤证后再回来进行传唤。因此,本款规定,"对现场发现的违反治安管理行为人,人民警察经出示工作证件,可以口头传唤,但应当在询问笔录中注明"。如前所述,公安机关需要传唤违反治安管理行为人接受调查的,除了需要由公安机关办案部门的负责人批准外,还必须持有传唤证才能对违反治安管理行为人进行传唤。但是有时人民警察在现场发现违反治安管理行为人时,如果再经由办案部门的负责人批准,开具传唤证,势必延误办理治安案件的时间。一般来讲,治安案件多属于情节较轻的违法案件。公安机关在办理违反治安管理案件时所应当遵循的一项基本原则就是要"公正""高效",即在公正办案的基础上提高办案效率。因此,在规定传唤所应当遵守的基本程序的同时,对在一线工作的人民警察"公正""高效"地办理治安案件作出更加切合实际的规定,也是必要的。对人民警察现场发现违反治安管理行为人,又确实需要带到公安机关或者街道居委会、村委会、单位治安保卫部门等地方接受公安机关询问和查证的,经出示工作证件即可进行口头传唤,以适应实际办案的需要。但根据本款规定,人民警察对违反治安管理行为人进行口头传唤的,应当在询问笔录中注明。

本条第二款是关于公安机关应当将传唤的原因和依据告知被传唤人和对无正当理由不接受传唤或者逃避传唤的人,可以强制传唤的规定。这一规定的主要含义是,公安机关根据本条的规定,需要传唤违反治安管理行为人接受调查的,经公安机关办案部门负责人的批准,并持有传唤证对违反治安管理行为人进行传唤时,应当向被传唤人说明传唤的理由和依据。如:在向被传唤人出示传唤证或工作证件后,应向其说明涉嫌违反治安管理的行为,根据本法的规定,需要其到公安机关或者街道居委会、村委会、单位治安保卫部门等地方接受公安机关进一步调查等,而不能简单向被传唤人晃晃手中传唤证说"走,跟我去公安局一趟"。

另外,本款还规定,对无正当理由不接受传唤或者逃避传唤的人,可以强制传唤。这一规定的基本含义是,在人民警察传唤违反治安管理行为人时,如果被传唤人不到公安机关接受调查,在没有正当理由或企图逃避传唤的情况下,人民警察就可以采取强制传唤的方法将其带至公安机关。根据本条第二款规定,当被传唤人有下列情形之一的,即可采取强制措施予以传唤,迫使其到案接受调查:一是无正当理由不接受传唤,即违反治安管理行为人没有特殊原因,在被传唤后未能按照公安机关限定的时间到指定地点接受调查。对被传唤人有正当理由不接受传唤的,在不妨碍及时有效查处治安案件的情况下,人民警察可以另行决定传唤时间或者依法采取其他手段进行调查、询问,如可以到违反治安管理行为人的住所或者单位进行询问查证。二是逃避传唤,即违反治安管理行为人采用躲避、逃跑等方法有意拒绝接受调查的行为。强制传唤,其强制的方法应当以将被传唤人传唤到案接受调查为限度,必要时可以根据人民警察使用警械和武器条例的规定使用警械。当然,强制手段只是为了让被传唤人到案接受调查,一旦被传唤人已经到案,且服从调查的,不能继续使用警械。

根据《公安机关办理行政案件程序规定》第五十二条规定,询问违法嫌疑人,可以到违法嫌疑人住处或者单位进行,也可以将违法嫌疑人传唤到其所在市、县内的指定地点进行。第五十三条规定,需要传唤违法嫌疑人接受调查的,经公安派出所、县级以上公安机关办案部门或者出入境边防检查机关负责人批准,使用传唤证传唤。对现场发现的违法嫌疑人,人民警察经出示工作证件,可以口头传唤,并在询问笔录中注明违法嫌疑人到案经过、到案时间和离开时间。单位违反公安行政管理规定,需要传唤其直接负责的主管人员和其他直接责任人员的,适用前款规定。对无正当理由不接受传唤或者逃避传唤的违反治安管理、消防安全管理、出境入境管理的嫌疑人以及法律规定可以强制传唤的其他违法嫌疑人,经公安派出所、县级以上公安机关办案部门或者出入境边防检查机关负责人批准,可以强制传唤。强制传唤时,可以依法使用手铐、警绳等约束性警械。公安机关应当将传唤的原因和依据告知被传唤人,并通知其家属。公安机关通知被传唤人家属适用本规定第四十三条第一款第五项的规定。第五十四条规定,使用传唤证传唤的,违法嫌疑人被传唤到案后和询问查证结束后,应当由其在传唤证上填写到案和离开时间并签名。拒绝填写或者签名的,办案人民警察应当在传唤证上注明。

> **第八十三条 【传唤后的询问期限与通知义务】**
> 对违反治安管理行为人,公安机关传唤后应当及时询问查证,询问查证的时间不得超过八小时;情况复杂,依照本法规定可能适用行政拘留处罚的,询问查证的时间不得超过二十四小时。
> 公安机关应当及时将传唤的原因和处所通知被传唤人家属。

【条文解读】

本条是关于询问被传唤的违反治安管理行为人和通知被传唤人家属的规定。

第一款是关于传唤后询问持续时间的规定。首先,公安机关在被传唤人到达后应当及时询问查证。鉴于传唤的目的是使违反治安管理行为人接受调查,为保护违反治安管理行为人的合法权益,本条第一款规定,公安机关传唤违反治安管理行为人后,应当及时询问查证。何为"及时",法律未作明确规定。从提高办案效率,保护公民合法权益的角度来看,"及时"应当理解为:被传唤人到案后,应尽可能在较短的时间内或者在被传唤人到案时就开展询问查证,绝不能将违反治安管理行为人传唤到案后,置之不理。

其次,询问查证的时间不得超过八小时。违反治安管理的行为是具有一定的社会危害性,但是根据刑法不足以追究刑事责任而适用治安管理处罚的行为。在实践中,大量的违反治安管理行为是行为人对社会管理秩序随意的漠视和违反而引起的,具有即时性、易发现等特点,恶意预谋而不好查证的情况很少。有些是发生在邻里、同事间,有些发生在公共场所或者警察在维持社会治安时发现的,比起刑事案件来,情节简单,容易查清。根据治安案件的这些特点,公安机关及其人民警察查处治安案件,应尽可能在发案现场进行询问查证,这样既容易及时发现、固定证据，掌握第一手的资料，又能够通过调查活动进行法制宣传教育。只有在必要的情况下，才使用传唤措施。

在被传唤人到达指定的地点以后，公安机关应当在传唤证上记载其到达的时间，并在这一时刻开始计算传唤持续的时间。在询问过程中，公安机关也可以为被传唤人留出适当的休息时间，满足被传唤人基本的生活需求，如进餐、饮水等。公安机关和人民警察不应采用在传唤中限制这些生活需求的方式对被传唤人进行变相刑讯逼供。

在查处治安案件过程中，如果发现确有必要延长传唤时间的，应当符合并遵守以下几项要求：第一，情况复杂。是指因为公安机关和人民警察主观因素以外的原因，导致在八个小时之内无法结束询问的情况。比如，数人共同实施违反治安管理行为，在分别询问过程中需要核对的；一人实施数个违反治安管理行为，在八个小时之内不能全部询问完毕的；或者流窜作案、多次作案，违法行为涉及面较广，取证困难的等。第二，依照本法规定可能适用行政拘留处罚的。是指对其违反治安管理行为可能做出行政拘留处罚决定的情况。本法规定的治安管理处罚包括警告、罚款、吊销公安机关发放的许可证、行政拘留等。其中警告、罚款适用于违反治安管理行为情节较轻的处罚，一般事实简单，在八小时内可以查清，没有必要延长询问时间；吊销公安机关发放的许可证，主要针对从事经营活动的企业、个体工商户等，长时间传唤，往往对其生产经营造成影响；只有拘留是严重剥夺人身自由的处罚，被处罚人逃避的可能较大，适当延长传唤持续的时间，既可以提高办案效率，又可以防止被处罚人逃避处罚。"可能适用行政拘留处罚"，是指根据违反治安管理行为的性质、危害程度、当事人的态度等，可能对当事人做出行政拘留处罚决定的。立法中，对同一行为，往往根据性质、危害程度不同，分别规定不同的处罚，由公安机关裁量适用。只有可能适用拘留处罚的情况下，才能延长传唤持续的时间。第三，询问查证的时间不能超过二十四小时。也就是说，在被传唤人到达指定地点以后，询问的时间最长可以持续二十四小时。而不是在询问八个小时之后，再延长二十四个小时。如果在询问八个小时以后，发现需要延长的情况，公安机关最多可以再继续询问十六小时。需要注意的是，对前面所述复杂情况在二十四小时内仍不能询问清楚的，也应当严格依照法律的规定结束询问，以后可以再到行为人的住所进行询问，或再次依法对其传唤询问。

第二款是关于通知被传唤人家属的规定。为了保护公民的合法权益，避免因被传唤人家属不知被传唤人行踪而到处寻找甚至报警，本条第二款明确规定，公安机关传唤违反治安管理行为人后，应当及时将传唤的原因和处所通知被传唤人家属。这是公安机关及其人民警察的法定职责，必须严格遵照执行。实践中，通知时应当注意以下问题：将传唤原因告知被传唤人家属时，不能透露具体案情。如果被传唤人主动提出自行通知家属的，公安机关根据案件具体情况可以允许，但必须告知被传唤人不得谈论与案件有关的问题。同时,为防止被传唤人串供或者暗示其家属毁灭证据等影响案件查处的情况发生,被传唤人自行通知家属时,人民警察必须在场。如果被传唤人拒绝提供其家属的姓名、联络方式、地址的,公安机关应当在询问笔录中注明,并由被传唤人签名、盖章,或者由被传唤人作出书面声明。

根据《公安机关办理行政案件程序规定》第五十六条规定,对于投案自首或者群众扭送的违法嫌疑人,公安机关应当立即进行询问查证,并在询问笔录中记明违法嫌疑人到案经过、到案和离开时间。询问查证时间适用本规定第五十五条第一款的规定。对于投案自首或者群众扭送的违法嫌疑人,公安机关应当适用本规定第四十三条第一款第五项的规定通知其家属。《公安机关执行〈中华人民共和国治安管理处罚法〉有关问题的解释》关于询问查证时间问题。《治安管理处罚法》第八十三条第一款规定:"对违反治安管理行为人,公安机关传唤后应当及时询问查证,询问查证的时间不得超过八小时;情况复杂,依照本法规定可能适用行政拘留处罚的,询问查证的时间不得超过二十四小时。"这里的"依照本法规定可能适用行政拘留处罚",是指本法第三章对行为人实施的违反治安管理行为设定了行政拘留处罚,且根据其行为的性质和情节轻重,可能依法对违反治安管理行为人决定予以行政拘留的案件。根据《治安管理处罚法》第八十二条和第八十三条的规定,公安机关或者办案部门负责人在审批书面传唤时,可以一并审批询问查证时间。对经过询问查证,属于"情况复杂",且"依照本法规定可能适用行政拘留处罚"的案件,需要对违反治安管理行为人适用超过8小时询问查证时间的,需口头或者书面报经公安机关或者其办案部门负责人批准。对口头报批的,办案民警应当记录在案。

【实例解析】
传唤后询问查证的时间不得超过二十四小时——民警非法拘禁案[①]

2013年6月10日,某市人力资源和社会保障局主任陈某到某市某派出所报案称,6月8日20时35分许,其在家中上网时发现有人利用汉语拼音"Chenmou"的名字,在互联网"大众评说"上发布了名为"某市主任与女下属乱搞男女关系"的帖子,陈某认为该帖的内容是冒用他的名字在诽谤他。

针对上述情况,某派出所受案调查,经调查张某有作案嫌疑,于是于6月10日15时传唤了张某,因张某拒不承认,办案民警故意违反传唤后询问查证最长不超过24小时的最长时限的规定,非法限制了张某人身自由达2天。后经公安机关调查后确定非张某所为,遂将其释放。张某向人民法院提起行政诉讼,认为公

---

① 案例来源:辽宁省公安厅治安管理总队整理的案例,有删减。

安机关非法限制其人身自由，侵犯了其合法权益，应当承担赔偿责任。

法院经审理认为，公安机关在调查处理张某案件过程，限制张某人身自由累计长达2天，严重违反了《治安管理处罚法》《刑法》和《国家赔偿法》的规定，应当承担相应责任。

本案涉及传唤后询问询问查证的期限问题。依据本条之规定，对违反治安管理行为人，公安机关传唤后应当及时询问查证，询问查证的时间不得超过8小时；情况复杂，依照本法规定可能适用行政拘留处罚的，询问查证的时间不得超过24小时。本案中，公安机关超过法定询问期限，非法限制张某人身自由长达2天，严重违反了本条的规定，应当承担相应责任。

第八十四条 【制作询问笔录的规定】

询问笔录应当交被询问人核对；对没有阅读能力的，应当向其宣读。记载有遗漏或者差错的，被询问人可以提出补充或者更正。被询问人确认笔录无误后，应当签名或者盖章，询问的人民警察也应当在笔录上签名。

被询问人要求就被询问事项自行提供书面材料的，应当准许；必要时，人民警察也可以要求被询问人自行书写。

询问不满十六周岁的违反治安管理行为人，应当通知其父母或者其他监护人到场。

【条文解读】

本条是关于制作询问笔录、自行提供书面材料、询问不满十六周岁的人的规定。

第一款是关于制作询问笔录的规定。询问笔录，是公安机关人民警察在对违反治安管理行为人进行询问查证活动中，依法制作的如实记载调查人员提问和违反治安管理行为人陈述和辩解的文书。它是一种具有法律效力的书面文件，经过核实的询问笔录，是认定案件事实的证据之一。在处理治安案件时，应当充分保障违反治安管理行为人陈述和申辩的权利，他可以提出相关证据、理由证明自己没有实施违反治安管理行为，不应受到治安处罚，或者应当从轻、减轻、免除处罚。由于其陈述和申辩是以口头方式作出的，应当通过一定的方式固定下来，作为处理的依据，并在随后的行政复议或行政诉讼中作为审查的依据。准确地制作询问笔录，既有利于公安机关查明事实，正确处理案件，又有利于保护公民陈述和申辩的权利。为了保障询问笔录客观、准确地记载询问的内容，在询问笔录制作完毕之后，应当根据本款的规定进行下列程序：第一，核对。也就是交给被询问人阅读，由被询问人核实是否客观、准确地记载了对他的提问和他的回答。如果被询问人没有阅读能力,比如,被询问人是文盲,不能阅读文字的;或者被询问人是盲人或者患其他疾病等,无法阅读的,询问人应当向其宣读。若向其宣读,应当完整、准确,不应当只宣读一部分或者有选择地宣读。第二,补充、更正。在被询问人核对后,如果认为记载有遗漏或者差错的,被询问人可以提出补充或者更正要求,询问人应当补充或更正。所谓"有遗漏",是指应当记录而没有记录的情况;所谓"有差错",是指没有正确记录问题及回答的情况。记录人员一般应当忠实记载被询问人的回答,但是并不要求其一字不差地记载被询问人的原话。对于被询问人回答的顺序、用语等可以进行适当的调整和概括,但必须完整、准确体现被询问人的意思。对与案件无关的事实,也可以不记录。如果确实属于应当记录而没有记录的,或者没有正确记录被询问人意思的,经被询问人提出,遗漏的应当补充,错误的应当更正。第三,签名、盖章。如果笔录核对无误,或者虽有遗漏、差错但已经补充和更正的,被询问人应当在笔录上签名。如果被询问人不会写字的,也可以盖章。不会写字也没有印章的,可以在记录人员注明其名字的地方按指印,这种情况应当视为签名或者盖章。询问的人民警察也应当在笔录上签名。对补充、更正的地方,应当由被询问人按指印。这样,既表明了询问人、被询问人对记录内容负责的态度,又可以防止篡改、伪造询问笔录。

第二款是关于自行提供书面材料的规定。一般情况下,询问笔录都是由询问的人民警察制作的,但是,如果违反治安管理行为人请求就询问事项自行提供书面材料的,询问的人民警察应当准许,不得以任何理由或者借口拒绝、阻挠。同时,询问的人民警察认为有必要时,也可以要求被询问人就询问事项自行书写。如果被询问人拒绝的,询问的人民警察不能强迫。结合执法实践,"必要时",主要指以下几种情况:第一,被询问人由于生理或者语言方面的原因,难以表述或者表述不清,询问的人民警察难以准确记录的。如被询问人口吃、口齿不清,或者口音浓重、方言难懂等。这种情况下,如果被询问人有一定的书面表达能力,且愿意配合调查工作的,让其自行书写,则更能准确表达被询问人的真实意思和案件真实情况。第二,因调查案件的需要,从违反治安管理行为人的书面陈述中能够发现案件线索,如需要作笔迹鉴定等。第三,违反治安管理行为人的陈述中涉及高科技等领域的特殊问题,询问的人民警察难以准确记录相关专业术语的。对违反治安管理行为人提供书面材料的,询问人员应当责令被询问人在书面陈述的末页上签名、盖章或者捺指印,书面陈述中有涂改的,应当要求被询问人在涂改处盖章或者捺指印。根据本款的规定,必要时,人民警察也可以要求被询问人自行书写材料。

第三款是询问不满十六周岁的违反治安管理行为人,应当通知其父母或者其他监护人到场的规定。未成年人生理和心理尚未发育成熟,在心理承受能力等方面与成年人存在较大差别,其在法律上尚属于无行为能力或者限制行为能力人,在行使权利方面也受到一些限制。为保护未成年人的合法权益,确保未成年人健康成长,我国法律对未成年人给予了特殊的司法保护。例如,因此,本款明确规定,询问不满16周岁的违反治安管理行为人,应当通知其父母或者其他监护人到场。这是公安机关的义务,不得以任何理由或者借口不作为。但是,如果经多方查找,确实无法找到、通知到其父母或者其他监护人的,或者公安机关履行了通知义务,未成年人的父母或者其他监护人拒绝到场的,办理案件的人民警察应当在询问笔录中注明。未成年人的监护人,按照民法通则的规定,是指未成年人的父母。未成年人的父母已经死亡或者没有监护能力的,由下列人员中有监护能力的人担任监护人:祖父母、外祖父母;兄、姐;关系密切的其他亲属、朋友愿意承担监护责任,经未成年人的父、母的所在单位或者未成年人住所地的居民委员会、村民委员会同意的。

在实际执法中应注意的是,根据《公安机关执行〈中华人民共和国治安管理处罚法〉有关问题的解释》九中规定了关于询问不满16周岁的未成年人问题。《治安管理处罚法》第八十四条、第八十五条规定,询问不满16周岁的违反治安管理行为人、被侵害人或者其他证人,应当通知其父母或者其他监护人到场。上述人员父母双亡,又没有其他监护人的,因种种原因无法找到其父母或者其他监护人的,以及其父母或者其他监护人收到通知后拒不到场或者不能及时到场的,办案民警应当将有关情况在笔录中注明。为保证询问的合法性和证据的有效性,在被询问人的父母或者其他监护人不能到场时,可以邀请办案地居(村)民委员会的人员,或者被询问人在办案地有完全行为能力的亲友,或者所在学校的教师,或者其他见证人到场。询问笔录应当由办案民警、被询问人、见证人签名或者盖章。有条件的地方,还可以对询问过程进行录音、录像。

第八十五条 【询问被侵害人、其他证人规定】

人民警察询问被侵害人或者其他证人,可以到其所在单位或者住处进行;必要时,也可以通知其到公安机关提供证言。

人民警察在公安机关以外询问被侵害人或者其他证人,应当出示工作证件。

询问被侵害人或者其他证人,同时适用本法第八十四条的规定。

【条文解读】

本条是关于人民警察询问被侵害人或者其他证人的地点、方式以及应当遵守的程序的规定。

第一款是关于询问被侵害人或者其他证人地点的规定。《刑事诉讼法》第六十条第一款规定,凡是知道案件情况的人,都有作证的义务。《行政处罚法》第三十七条第一款也规定,当事人或者有关人员当如实回答询问,并协助调查或者检查,不得阻挠。由此可见,证人,是指直接或者间接了解案件情况的人。被侵害人是证人之一。本条规定中的其他证人,是指除被侵害人之外的证人,如现场目击者等。本条规定中的"通知",既可以是口头的,也可以是书面的,形式不限。根据本条第一款规定,询问被侵害人或者其他证人,人民警察可以根据案件具体情况和被侵害人或者其他证人的情况确定询问地点:一是可以到被侵害人或者其他证人的单位或者住处进行。这是为了方便被侵害人或者其他证人所作的规定。如果被侵害人或者其他证人认为不便在其住所或者单位接受询问,主动提出到公安机关提供证言的,人民警察应当允许;如果被侵害人或者其他证人认为其他某一地点更适宜,人民警察也应当酌情予以考虑。二是必要时,也可以通知其到公安机关提供证言。之所以如此规定,主要是出于保护证人、保守秘密、适应办案需要等考虑的。从执法实践看,是否有必要,通常要看案件是否涉及国家秘密或者其他秘密(包括证人的隐私);到被侵害人或者其他证人的住所或者单位进行询问,是否会泄露案情;是否有利于保护被侵害人或者证人安全,或者会给其造成不良影响;被侵害人或者其他证人的单位或者其家庭成员及住处周围的人是否与案件有利害关系;等等。

第二款是关于人民警察在公安机关外询问被侵害人或者其他证人应当出示工作证件的规定。工作证件是证明持有人的公务身份,为其执行公务活动提供合法身份依据的证件。根据《人民警察法》第二十三条的规定,人民警察必须按照规定着装,佩带人民警察标志或者持有人民警察证件,保持警容严整,举止端庄。《公安机关人民警察内务条令》(公安部令第53号)第二十三条规定,证件是公安民警身份和执行职务的专用凭证和标志,在依法执行职务时,除法律、法规另有规定外,公安民警应当随身携带证件,并主动出示以表明人民警察身份。《公安机关人民警察着装管理规定》第十三条规定,民警着装时,应当随身携带公安机关统一制发的民警专用身份证件。因此,除非法律明确规定的可以不公开人民警察身份的执法情形外,人民警察在执行职务时必须着装,佩带警察标志,持有工作证件并主动向有关人员出示,表明人民警察身份。在治安管理案件中,任何接受人民警察治安处罚或者协助、配合人民警察执法活动的人员,有权知悉人民警察的执法者身份,确认其执法资格。特别是在公安机关外进行询问,如果不出示工作证件,就可能造成被侵害人或者其他证人对询问人身份的误解,造成思想顾虑,出现被侵害人或者其他证人不配合的情况。规定人民警察在公安机关之外执法时出示工作证件,有利于督促公安机关依法履行职责,防止警察滥用警察权,防止不法分子冒用人民警察的名义实施违法犯罪行为,保护公民、法人或者其他组织的合法权益。根据本款的规定,人民警察如果在公安机关外询问被侵害人或者其他证人,在开始询问前,就应当主动出示工作证件,证明自己的执法身份;被侵害人或者其他证人也可以要求人民警察出示工作证件。在人民警察没有携带工作证件,或者没有出示工作证件的情况下,被侵害人或者其他证人有权拒绝接受询问。

第三款是关于询问被侵害人或者其他证人时应当遵守的程序事项的规定。根据本条第三款的规定,本法第八十四条的有关规定也同样适用询问被侵害人或者其他证人,即询问笔录应当交被侵害人或者其他证人核对,对没有阅读能力或者因客观原因不便阅读的,应当向其如实宣读。被询问人认为询问笔录有遗漏或者差错的,有权提出补充或者更正,人民警察应当允许。被询问人确认笔录无误的,应当签名、盖章或者捺指印。询问的人民警察也应当在笔录上签名。被侵害人或者其他证人要求自行提供证言的,人民警察应当准许;必要时,人民警察也可以要求被询问人自行书写。询问不满16周岁的被侵害人或者其他证人,应当通知其父母或者其他监护人到场。

> **第八十六条 【询问中的语言帮助】**
> 询问聋哑的违反治安管理行为人、被侵害人或者其他证人,应当有通晓手语的人提供帮助,并在笔录上注明。
> 询问不通晓当地通用的语言文字的违反治安管理行为人、被侵害人或者其他证人,应当配备翻译人员,并在笔录上注明。

【条文解读】

本条是关于询问聋哑人或者不通晓当地语言文字的人,应当为其提供语言帮助的规定。聋哑人因为生理上的缺陷、不通晓当地通用语言文字的人由于语言上的障碍,其理解能力和表达能力都可能受到一定的影响和限制,不仅难以保证其正确表达自己的主张,充分行使其依法享有的权利,也会给案件调查工作带来一定的困难。为了保护聋哑人以及不通晓当地语言文字的人的合法权益,保证询问工作的顺利进行,本条对询问聋哑人和不通晓当地语言文字的人基本要求作了原则规定。根据本条规定,询问聋哑人,应当有通晓手语的人提供帮助;询问不通晓当地通用语言文字的人,应当为其配备翻译人员。

本条第一款是关于询问聋哑人应当有通晓手语的人提供帮助的规定。这里所说的聋,是指双耳失聪,不能像正常人那样感受语音信息,导致公安人员不能像对普通人那样通过语言方式直接发问;哑,是指因为生理上的缺陷不能说话,因此不能通过口语形式来回答人民警察的提问。这些生理上的缺陷不仅影响其正确表达自己的意思和意志,也影响其对自己应当享有的权利的主张和维护。虽然他们丧失了听力或者语言表达能力,但是他们仍然具有一定的感受能力和正常的思维能力，比如，聋人和哑人都可以看到案件的事实。聋哑人也可以通过自己的表达方式对自己感知的事实进行表达，只是很难被他人正确理解，因此需要一定的帮助。手语是一种通过手势等身体语言进行交流的信息表达方式，聋哑人可以通过后天的特殊训练掌握手语。这种表述方式，必须经过特殊训练的人才能理解和使用。我国法律并不排除对聋哑人的询问，刑事诉讼法、民事诉讼法等法律都规定，凡是知道案件情况的人，都有作证的义务。因此，虽然由于生理上的缺陷，聋哑人只能感受一定程度的案件事实，不能像正常人一样通过一般的表达方式作证，但是也应当接受人民警察的询问。不过，为了保证聋哑人准确理解和回答问题，保证公安机关准确理解聋哑人的回答，正确查明违反治安管理行为的事实。根据本款的规定，询问聋哑的违反治安管理行为人、被侵害人或者其他证人，应当有通晓手语的人参加，为询问人员和被询问人提供帮助，以保证询问的公正、客观进行。为聋哑的被询问人提供通手语的人进行翻译，是侦查人员的法定义务，也是聋哑人的权利。如果在询问聋哑人时没有为其提供手语帮助，询问所获得陈述等言辞证据不能作为定案的根据。帮助人员应当如实进行翻译，保证准确表达询问人和被询问人的意思。

本条第二款是关于为不通晓当地通用语言文字的人员配备翻译人员的规定。违反治安管理行为人、被侵害人或者其他证人，有权使用本民族的语言文字进行表达，不仅是对其语言文字的尊重，也有利于全面查明案情，正确处理案件，保证诉讼活动的顺利进行，更好地进行法制宣传教育，增强法制观念。对于不通晓当地通用的语言文字的被询问人，公安机关应当为其配备翻译人员。语言平等是各民族平等的重要内容，各民族公民在治安案件中，可以使用本民族的语言文字进行表达，但是由于他们不通晓当地通用的语言文字，因此在理解和表达方面难免造成一定的误差。为他们聘请翻译进行口头或者文字翻译，是公安机关应尽的义务。

本款规定的通用的语言文字，是指当地国家机关，包括权力机关、行政机关、司法机关及其工作人员，在行使权力和履行职责时正式使用的语言文字。通用的语言文字可能是一种，也可能是多种。比如我国通用的语言文字是汉语和汉字，但是根据《宪法》第一百二十一条的规定，民族自治地方的自治机关在执行职务的时候，依照本民族自治地方自治条例的规定，使用当地通用的一种或者几种语言文字。在这些实行多种通用语言文字的地区，应当由被询问人自己选择适用的语言文字。所谓通晓，是指可以较为熟练地对询问所使用的语言文字进行听说和翻译，正确理解询问人和被询问人的提问及回答。对于外国人，即使询问人通晓其使用的语言文字，或者外国人通晓当地通用的语言文字的，也应当根据其意愿为其提供翻译。

在询问中，应当对被询问人是否通晓当地通用语言文字的情况进行调查。如果当地有两种以上通用语言文字,应当告知被询问人并使用其自由选择的语言文字。对于上述情况,应当连同翻译人员的姓名、工作单位和职业等基本情况,一同记入询问笔录。翻译人员应当如实进行翻译,保证准确表达询问人和被询问人的意思。询问结束,翻译人员应当在笔录上签字。

第八十七条　【检查应当遵守的程序】

公安机关对与违反治安管理行为有关的场所、物品、人身可以进行检查。检查时,人民警察不得少于二人,并应当出示工作证件和县级以上人民政府公安机关开具的检查证明文件。对确有必要立即进行检查的,人民警察经出示工作证件,可以当场检查,但检查公民住所应当出示县级以上人民政府公安机关开具的检查证明文件。

检查妇女的身体,应当由女性工作人员进行。

【条文解读】

本条是关于公安机关在办理治安案件中进行检查应当遵守的程序的规定。检查,是指公安机关为了查明案情,依法对与违反治安管理行为有关的场所、物品、人身进行实地查看、寻找、检验,以发现和收集有关证据的一种调查活动。对与违反治安管理行为有关的场所、物品、人身进行检查,是公安机关调查违反治安管理行为、收集证据的一种基本调查手段。对违法嫌疑人进行检查时,应当尊重被检查人的人格尊严,不得以有损人格尊严的方式进行检查。依法对卖淫、嫖娼人员进行性病检查,应当由医生进行。《公安机关执行〈中华人民共和国治安管理处罚法〉有关问题的解释(二)》十、关于居住场所与经营场所合一的检查问题,违反治安管理行为人的居住场所与其在工商行政管理部门注册登记的经营场所合一的,在经营时间内对其检查时,应当按照检查经营场所办理相关手续;在非经营时间内对其检查时,应当按照检查公民住所办理相关手续。

本条第一款是关于公安机关对与违反治安管理行为有关的场所、物品、人身有权进行检查的规定。

第一,检查的具体范围。根据本款的规定,公安机关可以对与违反治安管理行为有关的场所、物品、人身进行检查。与违反治安管理行为有关的"场所",主要指违反治安管理行为发生现场及其他可能留有相关痕迹、物品等证据的地方。与违反治安管理行为有关的"物品",主要指实施违反治安管理行为的工具及现场遗留物,包括违反治安管理行为人或者被侵害人所有的物品、衣物、毛发、血迹等。与违反治安管理行为有关的"人身",包括违反治安管理行为人和被侵害人的身体。对违反治安管理行为人、被侵害人的身体进行检查,是为了确定某些身体特证、进行身份认证、确定伤害情况或者生理状态。检查不能突破必要的范围，对与治安管理行为无关的场所、物品和人身不能进行检查。因此，在进行检查之前，为了保证检查工作的顺利进行，检查人员应当熟悉已有的案件材料，明确检查的场所、物品和人身范围，严格按照法律的规定进行检查。

第二，进行检查是公安机关的职权。"可以进行检查"，是指公安机关根据违反治安管理行为的情况和调查处理的需要，认为进行检查对查明违反治安管理行为，正确处理治安案件有必要的，有权决定进行检查。违反治安管理行为人、被侵害人以及与被检查事项有关的人员有义务配合公安机关的检查。对于拒绝接受检查的被侵害人，应当耐心说服教育。必要的时候，应当请其家属配合，做好被侵害人的思想工作。对于拒绝接受检查甚至阻挠公安机关进行检查的，公安机关可以根据相关规定，视情况给予相应的治安管理处罚；情节严重的，根据刑法的相关规定定罪处罚。

第三，为了规范人民警察的检查行为，保障公民的合法权益，尽量不妨碍被检查场所和被检查人员的正常工作、学习和生活，公安机关在检查中应当遵守法定程序。根据《公安机关办理行政案件程序规定》第六十八条的规定，对与违法行为有关的场所、物品、人身可以进行检查。检查时，人民警察不得少于二人，并应当出示工作证件和县级以上公安机关开具的检查证。对确有必要立即进行检查的，人民警察经出示工作证件，可以当场检查；但检查公民住所的，必须有证据表明或者有群众报警公民住所内正在发生危害公共安全或者公民人身安全的案（事）件，或者违法存放危险物质，不立即检查可能会对公共安全或者公民人身、财产安全造成重大危害。对机关、团体、企业、事业单位或者公共场所进行日常执法监督检查，依照有关法律、法规和规章执行，不适用前款规定。根据本法的规定，检查的情况应当制作检查笔录，由检查人、被检查人和见证人签名或者盖章。可见，除人民警察不得少于两名以外，在检查的时候，人民警察可以要求被检查人或者他的家属在场，并且邀请其邻居或者其他与治安管理案件或者检查事项没有利害关系的人作为见证人参加。有被检查人或者其隶属在场，可以及时说明检查过程中出现的情况，如果对公安机关的检查有异议，也可以当场提出，有利于保护被检查人的合法权益。见证人因为和案件没有利害关系，可以客观地监督和评价检查情况，有其在场，有利于证实检查情况，增强检查所取得证据的真实性和可靠性，也有利于监督检查人员严格依法进行检查，防止公安机关及其人民警察在检查中发生违反法律和纪律的行为，也可以防止被检查人诬陷检查人员违法，保证检查活动的顺利进行。

其次，对检查时人民警察出示相关证明文件的要求。人民警察应当向被检查人出示工作证件和县级以上人民政府公安机关开具的检查证明文件。《行政处罚法》第三十七条规定，行政机关在调查或者进行检查时，执法人员不得少于两人，并应当向当事人或者有关人员出示证件。根据这些规定,人民警察应当向被检查人和见证人出示工作证件,用于证明检查人员的身份,确认执法资格。如果拒绝出示工作证件或者工作证件显示检查人员并非人民警察,则被检查人有权根据本款的规定拒绝接受有关违反治安管理行为的检查。因为检查涉及公民、法人或者其他组织的人身、财产、隐私、尊严等重要权利。除工作证件外,人民警察还应当出示检查证明文件。这样可以防止警察随意对场所、物品和人身进行检查。公安机关开具的检查证明文件,是指专门用来证明检查经过合法批准的文件。检查证明文件应当载明检查的事由、检查的对象和范围、检查人员、检查的时间等内容,具体格式由公安机关制定。只有同时出示工作证件和检查证明文件,才能进行检查,否则,被检查人可以拒绝检查。但是,在特殊情况下,例如人民警察在治安巡逻时及时发现的违反治安管理行为,需要对有关场所、物品或者人身进行检查的,如果一味要求人民警察出具公安机关的检查证明文件才能检查,则可能会贻误时机,导致无法查明案件事实,因此,对确有必要立即进行检查的,人民警察经出示工作证件后可以当场进行检查。所谓"确有必要",一般是指紧急情况下,为了节约时间,及时办案而需要的。比如,违反治安管理行为人随身携带或者在他处放置了爆炸物、剧毒物等危险物品,需要及时找到并排除险情的;违反治安管理行为人有可能毁弃、转移证据等对抗案件调查,不立即检查可能丧失获取证据时机的;根据证据的性质需要及时获得,来不及申请和签发检查证明文件的等。当场进行检查,主要是指在发现或者接到报案到达现场后直接进行的检查。如果已经离开现场回到公安机关后重返检查场所,就必须出示公安机关开具的检查证明文件。

另外,无论在何种情况下对公民住所进行检查,都必须出示县级以上人民政府公安机关开具的检查证明文件。因为住所是涉及人的财产、隐私、人格尊严等多种权利的重要场所,随意的检查可能对这些权利造成不可弥补的损失。依照各国的惯例,对住所的检查一般应当履行严格的程序。因此,要检查他人的住所,必须出示公安机关的检查证明文件,否则不得进行检查。

第二款是检查妇女的身体,应当由女性工作人员进行的规定。人格权和人格尊严是公民的基本权利,检查人身特别是妇女的人身时,不得采用有辱人格的检查方式。被检查人为女性的,必须由女性工作人员进行。考虑到公安机关女性人民警察较少,有的公安派出所甚至连一名女民警也没有的现实,如果一律要求由女人民警察进行检查,实践中难以做到。因此,本法规定,检查妇女的身体由女性工作人员进行检查。这里的女性工作人员,不仅包括公安机关的女性人民警察及其聘用、雇用的女性工作人员,也包括为了实施检查而临时借用的女性医务工作者或者其他女性工作人员。例如,根据全国人民代表大会常务委员会《关于严禁卖淫嫖娼的决定》规定,对卖淫嫖娼人员要一律强制进行性病检查。因此,对女性卖淫人员进行性病检查,必须由女性医务人员进行。

【实例解析】

检查妇女的身体,应当由女性工作人员进行——钱某请求确认民警违法检查案[①]

2013年10月15日,某派出所民警接到群众举报称:"钱某(女)家中藏有毒品"。该所两名男民警接到举报后立即赶到钱某家中检查。民警出示了工作证和检查证,钱某同意民警对其房屋进行检查,经检查没有发现钱家藏有毒品。因怀疑钱某把毒品藏于身上,民警并强行对钱某身体进行了检查,结果仍没有发现毒品。钱某向某区人民法院提起了行政诉讼,请求确认派出所对其身体检查的行为违法。

本案涉及检查所应遵守的相关法定程序。人格权和人格尊严是公民的基本权利,检查人身特别是妇女的人身时,不得采用有辱人格的检查方式。被检查人为女性的,必须由女性工作人员进行。因此,本法规定,检查妇女的身体由女性工作人员进行检查。这里的女性工作人员,不仅包括公安机关的女性人民警察及其聘用、雇用的女性工作人员,也包括为了实施检查而临时借用的女性医务工作者或者其他女性工作人员。依据本条之规定,公安机关及其人民警察检查公民住所时应当出示县级以上人民政府公安机关开具的检查证明文件,否则被检查人有权拒绝检查。检查妇女的身体,应当由女性工作人员进行。本案中,两名男民警强行对李某身体进行检查,属于违法行为,应当承担相应的行政责任。

第八十八条 【检查笔录的制作】

检查的情况应当制作检查笔录,由检查人、被检查人和见证人签名或者盖章;被检查人拒绝签名的,人民警察应当在笔录上注明。

【条文解读】

本条是关于检查笔录制作的规定。检查笔录是认定案情的证据之一,是人民警察依法对与违反治安管理行为有关的场所、物品、人身进行检查后,将检查的具体情况,用文字记录下来。检查笔录是法定的证据形式,在查处治安案件中运用较为普遍,合法有效的检查笔录是定案的根据。根据本条规定,人民警察依照本法规定,对与违反治安管理行为的场所(包括公民住所)、物品、人身进行检查的,必须制作检查笔录。

第一,对于检查的情况,公安机关应当制作检查笔录。在查处治安案件的过程中,人民警察为了迅速查明案情,正确进行处罚,可以对与违反治安管理行为有

[①] 案例来源:辽宁省公安厅治安管理总队整理的案例,有删减。

关的场所、物品和人身进行检查。检查的情况直接关系到证据的取得是否合法，证据材料是否真实可靠，进一步调查方案如何确定或者处罚决定如何做出等问题。通过检查笔录记载检查事项以及检查的进行情况，可以规范警察的检查活动，固定和保存检查获得的相关证据，将警察主观检查获得的信息，通过固定的载体和形式记录下来，变为客观的证据形式，为作出治安管理处罚提供稳定的依据，便于人民警察、当事人进行查对，也便于在可能的行政复议或者行政诉讼中作为证据使用。

人民警察应当按照规定的格式如实制作检查笔录。一般来说，检查笔录应当包括以下内容：(1)检查的事由、范围、时间、地点、检查人员、其他参加人员的在场情况。比如被检查人及其亲属、见证人是否在场，以及他们的姓名、年龄、性别、住址、工作单位等基本信息。(2)检查的过程和结果。比如检查方法、检查事项或者检查范围内的基本情况、现场物品、痕迹等的清单、发现的证据、提取和扣押证据的名称、数量、特征以及其他线索，以便存查和分析案情。(3)附录。在必要的时候，检查笔录中还可以包括其他对检查情况具有说明意义的事项，比如现场的方位和基本情况图、照片等。

第二，检查笔录应当由检查人、被检查人和见证人签名或者盖章。签名或者盖章是检查笔录发生法律效力的要件之一。在检查笔录制作完成以后，应当交由被检查人和见证人阅读，如果被检查人或者见证人不识字的，应当读给他们听，对其中存在的疏漏、错误等进行补正，并在补正的地方按手印或者盖章，表明该处已经被修改。如果对检查笔录没有异议，上述人员应当在笔录的末页签名或者盖章，证明笔录的记载属实。签名盖章有四个方面的意义：一是固定检查获得的信息。已经制作的检查笔录，只有经过检查人、被检查人和见证人签名或者盖章才是发生法律效力的证据。而且，经过上述人员签名或者盖章，检查笔录上的内容就被固定，可以防止有关人员伪造或者篡改检查笔录；二是签名盖章可以表明笔录的出处、来源，在以后查处治安案件的时候，可以及时核查。如果在行政复议或者行政诉讼中对检查过程和检查事项以及结论产生争议，可以通知相关人员作证；三是便于加强检查人员的责任心，有利于获得科学、准确的检查结果，保证正确处理案件。人民警察等进行检查，应当对检查程序合法以及结论正确负责，在检查笔录上签名或者盖章，可以表明其对检查结果负责的态度；四是证明见证人与被检查人、被检查事项以及案件的结果没有利害关系。作为被检查人的邻居、同事、所在单位、村委会或者居委会的工作人员，在现场参与检查或者见证检查，可以发挥群众的监督作用，督促检查人员认真、负责、依法进行检查。

第三，如果被检查人或者其亲属拒绝签名的，人民警察应当在笔录上注明。在实践中，并不是每个被检查人都愿意在检查笔录上签名或者盖章。比如，有的被检查人或者其近亲属不同意对自己的场所、物品或者人身进行检查，或者不认可检查的结果,甚至有的对人民警察无理纠缠,拒绝在检查笔录上签名或者盖章;有的被检查人已经潜逃,无法通知到场,自然也无法在检查笔录上签名或者盖章,这种情况也应当视为拒绝签名或者盖章的情况。人民警察就可以在笔录上注明被检查人拒绝签名或者盖章的情况。根据本条的规定,被检查人拒绝在笔录上签名或者盖章,人民警察应当在笔录上注明。这种情况,不影响检查笔录的效力。

第八十九条 【扣押】

公安机关办理治安案件,对与案件有关的需要作为证据的物品,可以扣押;对被侵害人或者善意第三人合法占有的财产,不得扣押,应当予以登记。对与案件无关的物品,不得扣押。

对扣押的物品,应当会同在场见证人和被扣押物品持有人查点清楚,当场开列清单一式二份,由调查人员、见证人和持有人签名或者盖章,一份交给持有人,另一份附卷备查。

对扣押的物品,应当妥善保管,不得挪作他用;对不宜长期保存的物品,按照有关规定处理。经查明与案件无关的,应当及时退还;经核实属于他人合法财产的,应当登记后立即退还;满六个月无人对该财产主张权利或者无法查清权利人的,应当公开拍卖或者按照国家有关规定处理,所得款项上缴国库。

【条文解读】

本条对扣押证据的范围、程序以及对扣押证据的处置作出了明确规定。

本条第一款是关于公安机关办理治安案件扣押物品的范围的规定。扣押,是指公安机关在办理治安案件过程中,发现能够证明违反治安管理行为人有无违反治安管理行为的物品,可以依法予以扣留的调查措施。其目的在于提取和保全证据,查明案情,查获违反治安管理行为人。关于公安机关扣押物品的范围,有三个方面的内容。第一,根据本款规定,扣押的范围是与案件有关的需要作为证据的物品。这里所说的"物品",主要是指由违反治安管理行为人占有的或者在违反治安管理行为发生的场所发现的与案件有关联,在办理治安案件中需要作为证据使用的任何实物,包括赃物、工具、文件等。第二,对被侵害人或者"善意第三人"合法占有的财产,不得扣押,应当予以登记。登记,是指将物品的名称、规格、数量、重量、质量、特征、产地、新旧程度等予以登记,并写明被登记物品持有人的姓名、性别、年龄、工作单位、现住址、执行登记的公安机关的名称和人民警察的姓名等内容。规定公安机关在办理治安案件时有扣押物品的权力,最主要的目的是为了保全证据,防止证据被隐匿或者毁损等情况发生。但对于被侵害人或者"善意第三人"合法占有的财产，一般不会存在隐匿、毁损的情况，只要予以登记注明，保证在办理治安案件时可以随时进行查验，就没有必要进行扣押。扣押物品势必影响物品占有人对物品的使用权等权益，这是不言而喻的事实，因此，不进行扣押，有利于对被侵害人或者"善意第三人"合法权益的保护。这里所规定的"善意第三人"，是指除违反治安管理行为人和被侵害人以外，其他依法占有有关财产的人，包括自然人和单位。这里所规定的"占有"，包括因财产所有权、担保权益或者因合同等对财产的合法占有。第三，对与案件无关的物品，不得扣押。公安机关扣押物品时，不得随意扩大扣押的范围，与案件无关的物品，不可能在办理治安案件中作为证据使用，因此不得扣押。

本条第二款是关于扣押物品的法律手续的规定。本款有两层意思：第一，扣押物品应当有见证人在场，以加强群众监督和证明扣押情况。第二，调查人员应当会同在场见证人和被扣押物品的持有人对扣押的物品查点清楚，并当场开列清单一式二份。在清单中写明扣押物品的名称、规格、特征、质量、数量，以及物品发现的地点、扣押的时间等，并由调查人员、见证人和持有人签名或者盖章。扣押清单一份交给持有人或者其家属，另一份附卷备查。当场开列的清单，不得涂改，凡是必须更正的，须有调查人员、持有人和见证人共同签名或者盖章，或者重新开列清单。这样规定，一方面有利于证明作为证据使用的物品的来源，以体现证据的证明力，保证扣押的与案件有关的物品经核实可以作为定案根据使用；另一方面也可以防止被扣押物品遗失或者个别调查人员将扣押物品私自截留，也可防止个别被扣押物品人无理索要未被扣押之物，造成不必要的麻烦。

本条第三款是关于对扣押物品的保管及处理的规定。关于对扣押物品的保管，依照本款规定，对扣押的物品，首先应当作好登记，妥善保管。这里所说的"妥善保管"，主要是指将扣押的物品要放置于安全设施比较完备的地方保管，以备随时核查，防止证据遗失、毁灭或者被偷换。对于扣押的物品，任何人不得挪作他用。扣押物品的目的是作为证据使用，不得将扣押物品用于其他目的。这里所说的"挪作他用"，既包括挪作公用，也包括挪作私用。

关于对扣押物品的处理，本款共规定了四层处理办法：第一，对不宜长期保存的物品，按照有关规定处理。这里所说的"不宜长期保存的物品"，是指易腐烂变质及其他不宜长期保存的物品。对于这类物品，很难妥善保管，时间一长，这些物品就会失去其使用价值，其证明力也难以保证，从而会带来不必要的财产损失，也会给办案带来麻烦。因此，对于不宜长期保存的物品，应当在通过拍照、录像、清点登记等方式加以固定和保全后，依照国家有关规定予以处理。第二，经查明与案件无关的，应当及时退还。根据本条第一款的规定，对与案件无关的物品，不得扣押。但在实践中，有时会发生在扣押时以为与案件有关联，但在事后的调查工作中，发现有的物品实际上与案件无关。在这种情况下，公安机关一经查明扣押物品与案件无关,应当尽快将扣押的物品退还给该物品的原持有人。第三,经核实属于他人合法财产的,应当登记后立即退还。经核实属于他人合法财产的,主要是指从违反治安管理行为人或者违反治安管理行为发生的场所扣押的物品,有些是属于从被侵害人处偷来、骗来或者通过其他非法手段得到的被侵害人的合法财产,有些在扣押时难以查清其所有人或者其他权利人,在扣押后查清其权利人的。虽然这些物品在扣押时不认为是属于被侵害人的合法财产,但根据本条第一款关于"对被侵害人或者善意第三人合法占有的财产,不得扣押,应当予以登记"的规定的精神,这些物品经核实属于他人的,应当在进行登记后立即退还给被侵害人,以保证被侵害人的正常生产、生活需要。第四,满六个月无人对该财产主张权利或者无法查清权利人的,应当公开拍卖或者按照国家有关规定处理,所得款项上缴国库。对于违反治安管理行为人的违法所得,如果经核实属于他人合法财产的,应当登记后立即退还。但有些情况下,在一定期限内很难查找到被侵害人,对于这种情况应当如何处理,本款作了明确规定。这一规定所针对的物品范围是"满六个月无人对该财产主张权利或者无法查清权利人的"。这里所说的"主张权利",包括主张对扣押的物品有所有权或者有其他合法的财产权益,如享有担保权益等。这里所说的"权利人",包括财产所有人,或者其他对该财产享有担保权益或者因合同等对财产享有权利的人,包括自然人和单位。对于查获的违法所得,公安机关一方面应当及时向社会公布,让权利人了解到有关情况后主动来公安机关主张权利;另一方面,公安机关也应当积极主动去查找权利人。只有在满六个月后,既没有权利人来主张权利,公安机关也无法查清权利人的,才可以依照本款规定对扣押物品公开拍卖或者按照国家有关规定处理。同时,依照本款规定,不论是进行公开拍卖,还是按照国家有关规定处理,所得的款项都应当上缴国库,公安机关不得截留或者私分。

另外,还应当注意的是,根据《公安机关办理行政案件程序规定》第四十一条规定,对查获或者到案的违法嫌疑人应当进行安全检查,发现违禁品或者管制器具、武器、易燃易爆等危险品以及与案件有关的需要作为证据的物品的,应当立即扣押;对违法嫌疑人随身携带的与案件无关的物品,应当按照有关规定予以登记、保管、退还。安全检查不需要开具检查证。第九十一条规定,对下列物品,经公安机关负责人批准,可以依法扣押或者扣留:(一)与治安案件、违反出境入境管理的案件有关的需要作为证据的物品;(二)道路交通安全法律、法规规定适用扣留的车辆、机动车驾驶证;(三)其他法律、法规规定适用扣押或者扣留的物品。对下列物品,不得扣押或者扣留:(一)与案件无关的物品;(二)公民个人及其所扶养家属的生活必需品;(三)被侵害人或者善意第三人合法占有的财产。对具有本条第二款第二项、第三项情形的,应当予以登记,写明登记财物的名称、规格、数量、特征,并由占有人签名或者捺指印。必要时,可以进行拍照。但是,与案件有关必须鉴定的,可以依法扣押,结束后应当立即解除。第九十六条规定,扣押、扣留、查封期限为三十日,情况复杂的,经县级以上公安机关负责人批准,可以延长三十日;法律、行政法规另有规定的除外。延长扣押、扣留、查封期限的,应当及时书面告知当事人,并说明理由。对物品需要进行鉴定的,鉴定期间不计入扣押、扣留、查封期间,但应当将鉴定的期间书面告知当事人。

第九十条　【鉴定】

为了查明案情,需要解决案件中有争议的专门性问题的,应当指派或者聘请具有专门知识的人员进行鉴定;鉴定人鉴定后,应当写出鉴定意见,并且签名。

【条文解读】

本条是关于鉴定的规定。鉴定,是指公安机关为了查明案情,解决案件中有争议的专门性问题,而指派或者聘请具有专门知识的人员,对案件中有争议的专门性问题进行鉴别和判断的一种调查活动。在办理治安案件中,鉴定是一种重要的调查手段。它对及时收集证据,准确揭露违法行为,正确认定案件事实,有着重要作用。根据本条规定,鉴定的目的是为了查明案情,解决案件中有争议的专门性问题。从办理治安案件的实践来看,需要通过鉴定解决的专门性问题主要包括:(1)伤情鉴定,即人身伤害的部位、程度、成因、后果以及身体恢复情况等。根据《公安机关办理行政案件程序规定》第七十四条的规定,伤情鉴定由法医进行。法医,是指具有法医理论知识和技术并承担医学鉴定职责的人。当然,根据本法第四十三条的规定,对殴打他人依法予以治安管理处罚的,不再以"造成轻微伤害"为构成要件。因此,对于明显不属于轻伤或者违反治安管理行为人和被侵害人都认为不构成轻伤的,公安机关在查处治安案件时,无须作伤情鉴定。只有对那些不易判断是否已构成轻伤或者双方当事人对伤情有争议的,才需要进行鉴定。人身伤害案具有下列情形之一的,公安机关应当进行伤情鉴定:程度较重,可能构成轻伤以上伤害程度的;被侵害人要求作伤情鉴定的;违法嫌疑人、被侵害人对伤害程度有争议的。对需要进行伤情鉴定的案件,被侵害人拒绝提供诊断证明或者拒绝进行伤情鉴定的,公安机关应当将有关情况记录在案,并可以根据已认定的事实作出处理决定。经公安机关通知,被侵害人无正当理由未在公安机关确定的时间内作伤情鉴定的,视为拒绝鉴定。(2)价格鉴定,即对违反治安管理所得的物品进行估价。(3)违禁品和危险品鉴定,即对查获的国家禁止制造、经营、流通的违禁品和易燃、易爆、剧毒物品进行鉴别和判断。根据公安部《对〈关于鉴定淫秽物品有关问题的请示〉的批复》(公复字〔1998〕8号)规定,公安机关查获的物品需审查认定是否为淫秽物品的,可以由县级以上公安机关治安部门负责鉴定工作,但要指定两名政治、业务素质过硬的同志共同进行,其他人员一律不得参加。当事人提出不同意见需重新鉴定的,由上一级公安机关治安部门会同同级新闻出版、音像归口管理等部门重新鉴定。(4)精神病鉴定,根据1989年最高人民法院、最高人民检察院、公安部、司法部、卫生部《关于精神疾病司法鉴定暂行规定》的规定,精神病鉴定要判明被鉴定人是否患有精神疾病,患何种精神疾病,实施危害行为时的精神状态,精神疾病和所实施的危害行为之间的关系,以及有无责任能力。根据《公安机关办理行政案件程序规定》第七十四条的规定,精神病的鉴定,由有精神病鉴定资格的鉴定机构进行。(5)毒品尿样检测,即查明涉案人员是否是吸毒成瘾人员。对涉嫌吸毒的人员,应当进行吸毒检测,被检测人员应当配合;对拒绝接受检测的,经县级以上公安机关或者其派出机构负责人批准,可以强制检测。采集女性被检测人检测样本,应当由女性工作人员进行。对涉嫌服用国家管制的精神药品、麻醉药品驾驶机动车的人员,可以对其进行体内国家管制的精神药品、麻醉药品含量检验。(6)声像资料鉴定,包括对录音带、录像带、磁盘、光盘、图片等载体上记录的声音、图像信息的真实性、完整性及其所反映的情况过程进行的鉴定和对记录的声音、图像中的语言、人体、物体作出种类或者同一认定,等等。鉴定人,是指受公安机关指派或者聘请,运用其具有的专门知识对治安案件中有争议的专门性问题进行鉴别和判断的人。除公安机关自己的鉴定技术人员可以担当鉴定人外,对社会上的鉴定技术人员只要符合全国人民代表大会常务委员会《关于司法鉴定管理问题的决定》规定条件,申请登记从事司法鉴定业务,具备鉴定资格的人员,公安机关也可以聘请其对案件涉及的专门性问题进行鉴定;具有与所申请从事的司法鉴定业务相关的高级专业技术职称;具有与所申请从事的司法鉴定业务相关的专业执业资格或者高等院校相关专业本科以上学历,从事相关工作5年以上;具有与所申请从事的司法鉴定业务相关工作10年以上经历,具有较强的专业技能。因故意犯罪或者职务过失犯罪受过刑事处罚的,受过开除公职处分的,以及被撤销鉴定人登记的人员,不得从事司法鉴定业务。需要聘请本公安机关以外的人进行鉴定的,应当经公安机关办案部门负责人批准后,制作鉴定聘请书。鉴定人鉴定后,应当写出书面鉴定意见。鉴定意见应当对公安机关办案部门提出鉴定的问题作出明确的回答,不能模棱两可。确实难以作出结论的,应当实事求是地予以说明。鉴定人必须在鉴定意见上签名,以示对鉴定结论的真实性、客观性负责。鉴定人故意作虚假鉴定的,要依法追究其法律责任。

另外,公安机关应当为鉴定提供必要的条件,及时送交有关检材和比对样本等原始材料,介绍与鉴定有关的情况,并且明确提出要求鉴定解决的问题。办案人民警察应当做好检材的保管和送检工作,并注明检材送检环节的责任人,确保检材在流转环节中的同一性和不被污染。禁止强迫或者暗示鉴定人作出某种鉴定意见。涉案物品价值不明或者难以确定的，公安机关应当委托价格鉴证机构估价。根据当事人提供的购买发票等票据能够认定价值的涉案物品，或者价值明显不够刑事立案标准的涉案物品，公安机关可以不进行价格鉴证。鉴定人鉴定后，应当出具鉴定意见。鉴定意见应当载明委托人、委托鉴定的事项、提交鉴定的相关材料、鉴定的时间、依据和结论性意见等内容，并由鉴定人签名或者盖章。通过分析得出鉴定意见的，应当有分析过程的说明。鉴定意见应当附有鉴定机构和鉴定人的资质证明或者其他证明文件。鉴定人对鉴定意见负责，不受任何机关、团体、企业、事业单位和个人的干涉。多人参加鉴定，对鉴定意见有不同意见的，应当注明。鉴定人故意作虚假鉴定的，应当承担法律责任。对经审查作为证据使用的鉴定意见，公安机关应当在收到鉴定意见之日起五日内将鉴定意见复印件送达违法嫌疑人和被侵害人。医疗机构出具的诊断证明作为公安机关认定人身伤害程度的依据的，应当将诊断证明结论书面告知违法嫌疑人和被侵害人。违法嫌疑人或者被侵害人对鉴定意见有异议的，可以在收到鉴定意见复印件之日起三日内提出重新鉴定的申请，经县级以上公安机关批准后，进行重新鉴定。同一行政案件的同一事项重新鉴定以一次为限。当事人是否申请重新鉴定，不影响案件的正常办理。公安机关认为必要时，也可以直接决定重新鉴定。具有下列情形之一的，应当进行重新鉴定：鉴定程序违法或者违反相关专业技术要求，可能影响鉴定意见正确性的；鉴定机构、鉴定人不具备鉴定资质和条件的；鉴定意见明显依据不足的；鉴定人故意作虚假鉴定的；鉴定人应当回避而没有回避的；检材虚假或者被损坏的；其他应当重新鉴定的。不符合前款规定情形的，经县级以上公安机关负责人批准，作出不准予重新鉴定的决定，并在作出决定之日起的三日以内书面通知申请人。

【实例解析】
鉴定人鉴定后，应当写出鉴定意见并签名——鉴定意见无效案①

有一个案件，一个司法鉴定所在对一名被害人作出轻微伤鉴定后，没有在上面签名，只有签章。最后该鉴定的法律效力被否认，即是无效。当时双方当事人对此问题的争议较大，在司法鉴定领域也引起了不小的震动。

本案涉及鉴定意见的法律效力问题。鉴定人鉴定后，应当出具鉴定意见。鉴定意见应当载明委托人、委托鉴定的事项、提交鉴定的相关材料、鉴定的时间、依据和结论性意见等内容，并由鉴定人签名或者盖章。通过分析得出鉴定意见的，应当有分析过程的说明。鉴定意见应当附有鉴定机构和鉴定人的资质证明或者

---

① 案例来源：辽宁公安教育培训中心整理的案例，有删减。

其他证明文件。鉴定人对鉴定意见负责,不受任何机关、团体、企业、事业单位和个人的干涉。多人参加鉴定,对鉴定意见有不同意见的,应当注明。鉴定人故意作虚假鉴定的,应当承担法律责任。总之,根据本条规定,鉴定意见只有鉴定人的签章而没有鉴定人的签名是不合法的,即必须由鉴定人签名,否则鉴定意见将被认定为不具有法律效力。

第二节 决 定

第九十一条 【处罚的决定机关】
治安管理处罚由县级以上人民政府公安机关决定;其中警告、五百元以下的罚款可以由公安派出所决定。

【条文解读】

本条是关于治安管理处罚决定机关的规定。

第一,治安管理处罚的决定机关是公安机关。我国公安机关的机构设置,是与我国的行政区划相适应的,本条规定中的县级以上人民政府公安机关,是指在县级以上行政区域内设立的公安机关,是本级人民政府的工作部门,包括县(市、旗)公安局、地(市、州、盟)公安局及其设立的公安分局、省(自治区、直辖市)公安厅局及其设立的公安分局、公安部。公安派出所是县(市、旗)公安局、城市公安分局的派出机构。本法总则规定,国务院公安部门负责全国的治安管理工作。县级以上地方各级人民政府公安机关负责本行政区域内的治安管理工作。本条进一步规定,治安管理处罚由县级以上人民政府公安机关决定。这样规定,主要有以下考虑:《行政处罚法》第十五条规定,行政处罚应当由行政机关在法定的职权范围内行使。但是,该法并没有对各种行政处罚权如何行使做出明确规定,而是在第十六条中规定,国务院或者经国务院授权的省、自治区、直辖市人民政府可以决定一个行政机关行使有关的行政处罚权。在我国,治安管理是公安机关的基本任务之一,决定对违反治安管理行为的处罚,是公安机关的应有职权。如此规定,既对行政处罚法予以具体化,又考虑了我国行政处罚权分配的现实情况。其次,我国的治安管理处罚包括警告、罚款、行政拘留、吊销公安机关发放的许可证等几种,其中,行政拘留是剥夺公民人身自由的处罚。根据《行政处罚法》第十六条的规定,限制人身自由的行政处罚权只能由公安机关行使。规定由公安机关行使治安管理处罚权,可以保持执法主体的统一性,防止其他机关滥用职权限制公民的人身自由。

第二,治安管理处罚由县级以上人民政府公安机关决定。首先,县级人民政府公安机关可以作出治安管理处罚。这一级公安机关,是按照县级行政区划设立的公安机关,是基层公安机关,负责具体实施社会治安管理工作,由他们进行处罚,便利处罚的实施,可以有效保障治安管理工作的开展;其次,这些公安机关组织机构严密,有自己独立的地域管辖范围,由他们行使治安管理处罚权,有利于发挥处罚的社会效应,也有利于协调案件的查处。实践中,大量案件由基层公安机关受理,这样规定,可以由其根据案情决定是作为刑事案件立案侦查还是作为治安案件查处,实事求是地处理案件。根据《公安机关执行〈中华人民共和国治安管理处罚法〉有关问题的解释》十、关于铁路、交通、民航、森林公安机关和海关侦查走私犯罪公安机构以及新疆生产建设兵团公安局的治安管理处罚权问题,《治安管理处罚法》第九十一条规定:"治安管理处罚由县级以上人民政府公安机关决定;其中警告、五百元以下罚款可以由公安派出所决定。"根据有关法律,铁路、交通、民航、森林公安机关依法负责其管辖范围内的治安管理工作,《中华人民共和国海关行政处罚实施条例》第六条赋予了海关侦查走私犯罪公安机构对阻碍海关缉私警察依法执行职务的治安案件的查处权。为有效维护社会治安,县级以上铁路、交通、民航、森林公安机关对其管辖的治安案件,可以依法作出治安管理处罚决定,铁路、交通、民航、森林公安派出所可以作出警告、五百元以下罚款的治安管理处罚决定;海关系统相当于县级以上公安机关的侦查走私犯罪公安机构可以依法查处阻碍缉私警察依法执行职务的治安案件,并依法作出治安管理处罚决定。新疆生产建设兵团系统的县级以上公安局应当视为"县级以上人民政府公安机关",可以依法作出治安管理处罚决定;其所属的公安派出所可以依法作出警告、五百元以下罚款的治安管理处罚决定。

根据本条的规定,上述公安机关的上级公安机关也可以作出处罚决定。公安机关作为行政机关,应当接受上级公安机关的领导。因此,上级公安机关可以对自己所属的各级公安机关管辖的案件作出决定,如果认为下级公安机关的决定错误,也可以改变其决定,作出新的处罚决定。

第三,警告、五百元以下的罚款可以由公安派出所决定。根据我国相关法律的规定,行政执法有三种形式:第一种是行政机关根据法律赋予的职权执法;第二种是委托执法,由行政机关委托其他组织或者机构执法,执法者以行政机关的名义从事行政行为,后果由行政机关承担;第三种是授权执法,由法律授权某些组织或者机构行使本应由行政机关行使的行政职权,执法者以自己的名义执法。根据本条的规定,警告、五百元以下的罚款可以由公安派出所决定,属于授权执法的范围。公安派出所并不是一级公安机关,而是县级公安机关的派出机构,代表其所属的公安机关对其辖区内的治安事项进行管理。五百元以上的罚款、行政拘留、吊销公安机关发放的许可证等涉及公民的人身自由权、重大财产权或者正常的经营权,属于严重的处罚,有些还要根据本法的规定,根据当事人的要求进行听证,应当慎重,不宜由公安派出所决定。但是,由于大多数案件都是可以处以警告或者五百元以下的罚款的案件,而且派出所比较熟悉辖区内的情况,能够及时发现违反治安管理行为,接受群众举报和违反治安管理行为人投案,迅速展开调查和及时处罚,警告等较轻的处罚甚至可以当场作出。这些处罚由公安派出所决定,既可以减轻公安机关的工作压力,又可以及时消除违法行为,减轻社会危害,化解社会矛盾,提高工作效率。

【实例解析】

公安派出所的行政处罚决定权——派出所处罚决定无效案[①]

2014年6月20日8时许,某批发市场内的业主陈某来派出所报案称:早7时许,在蔬菜批发市场内,他被吴某殴打。

经派出所调查,2014年6月20日早7时许,同是批发市场业主的吴某,到陈某(被害人)摆摊处购买尖椒,因价格问题发生矛盾,吴某与陈某发生争吵,吴某打了陈某两个耳光,后被人拉开。接报案后,派出所立即开展调查取证工作,分别向当事人双方了解情况,形成询问笔录。而后,办案民警又陆续对案发当时在场的目击证人刘某、郭某等人进行询问,并形成询问笔录。案件事实查清后,派出所根据本法第四十三条第一款之规定,以派出所的名义对吴某作出罚款一千元的行政处罚,其中五百元作为罚款,五百元给陈某作医药费。

本案涉及派出所的行政处罚决定权问题。公安派出所并不是一级公安机关,而是县级公安机关的派出机构,代表其所属的公安机关对其辖区内的治安事项进行管理。派出所比较熟悉辖区内的情况,能够及时发现违反治安管理行为,接受群众举报和违反治安管理行为人投案,迅速展开调查和及时处罚。因此法律授权派出所有警告、五百元以下的罚款行政处罚权。本案中派出所以自己的名义对吴某罚款一千元,其中五百元作为罚款,五百元给陈某作医药费显然是错误的,是违法的,作出的决定是无效的。

第九十二条 【行政拘留的折抵】

对决定给予行政拘留处罚的人,在处罚前已经采取强制措施限制人身自由的时间,应当折抵。限制人身自由一日,折抵行政拘留一日。

【条文解读】

本条是关于限制人身自由的时间折抵行政拘留的规定。我国法律将违法行为区分为行政违法行为和犯罪行为,不够刑事处罚且法律、法规、规章规定为违法

[①] 案例来源:辽宁公安教育培训中心整理的案例,有删减。

行为的，才是行政违法行为。同时，由于我国刑法中关于犯罪的界定既有质的要求，又有量的因素，而各类刑事案件的立案标准与法院的定罪量刑标准也存在一定的差距。因此，实践中存在着刑事案件经过侦查后因不够刑事处罚，但因构成违反治安管理行为而被依法予以治安管理处罚的情况。刑法、刑事诉讼法对被免予刑事处罚或者被不起诉人可以依法予以行政处罚也有专门规定。但是，对于行政拘留前被采取强制措施限制人身自由的，其时间是否折抵行政拘留时间，法律上一直没有明确规定。在治安行政执法实践中，公安部1997年曾以公安部批复的形式，明确规定依法被行政拘留前曾因同一行为被刑事拘留的，其被刑事拘留的时间应当折抵行政拘留时间。为了充分体现尊重和保障人权的宪法原则，切实保护公民的合法权益，本法明确规定，即对决定给予行政拘留处罚的人，在处罚前被采取强制措施限制人身自由的，限制人身自由的时间应当折抵行政拘留时间。限制人身自由一日，折抵行政拘留一日。这里所说的被采取强制措施限制人身自由的时间，是指被处罚人在被行政拘留前因同一行为被采取强制措施限制人身自由的时间，既包括依法被采取强制措施限制人身自由的时间，也包括违法限制被处罚人人身自由的时间，即只要被处罚人在被行政拘留前因同一行为实际被限制人身自由的，其被限制人身自由的时间就应当折抵行政拘留时间。这里的"强制措施限制人身自由的时间"，包括被行政拘留人在被行政拘留前因同一行为被依法刑事拘留、逮捕时间。如果被行政拘留人被刑事拘留、逮捕的时间已超过被行政拘留的时间的，则行政拘留不再执行，但办案部门必须将《治安管理处罚决定书》送达被处罚人。从立法本意上来说，本条所说的限制人身自由的强制措施，并不是单指采取了某一种强制措施，而是指其强度和形式与拘留基本相当的强制措施，比如拘留、逮捕等羁押性措施。我国刑法规定，判处有期徒刑和拘役的，羁押一日折抵刑期一日；判处管制的，羁押一日折抵刑期二日。其折抵的也是羁押的时间。至于取保候审、监视居住以及拘传，由于只是在一定程度上限制了公民的活动范围，强度较低，法律上一般不予折抵。

第一，只有被采取强制措施限制人身自由的时间可以折抵行政拘留，其他处罚不能折抵行政拘留，更不能互相折抵。强制措施是为了保障查处案件的顺利进行而采取的临时限制被处罚人人身自由的保障措施。一般是指在刑事诉讼中的拘留、逮捕、取保候审和监视居住等强制措施。这些措施虽然也限制了公民的人身自由，但是从性质上来说只具有保障功能，不具有惩罚的特征。不过，这些措施与刑罚中剥夺人身自由的刑罚、治安管理处罚中的行政拘留等，在执行方式上是相似的。根据刑法的规定，在刑事诉讼中限制人身自由的强制措施的时间，应在判决中予以折抵。在治安管理处罚中，同样存在限制人身自由的时间折抵行政拘留的问题。例如，被采取刑事拘留、逮捕等措施后，发现犯罪嫌疑人、被告人的行为不够刑事处罚，公安机关作出治安管理处罚的；公安机关为了维持社会治安、保证实施处罚,对当事人采取了留置盘问强制措施的。根据本法第五条的规定,治安管理处罚必须以事实为依据,与违反治安管理行为的性质、情节以及社会危害程度相当。与刑法中的罪刑相适应原则一样,这一规定可以理解为治安管理处罚中的过罚相当原则。被处罚人因为在被采取强制措施后受到治安管理处罚,不予折抵就会造成治安管理处罚与强制措施的简单累加,最后实际执行的剥夺人身自由的期限很可能超过与其行为严重程度相适应的处罚,或者因为一次违法行为而受到多次处罚,违反过罚相当原则。

第二,应当折抵的是行政拘留,其他处罚不能互相折抵或者折抵行政拘留。本法第十条规定的治安管理处罚有警告、罚款、行政拘留、吊销公安机关发放的许可证等四种。其中,可以折抵的只有行政拘留一种。如果在处罚决定中,合并有警告、罚款和吊销公安机关发放的许可证等三种处罚的,由于这三种处罚与限制人身自由的强制措施的性质不同,无法予以折抵。因此,与其他种类的处罚并处的,应当分别执行,多个警告的,只警告一次即可;多个罚款的,累计执行;多个拘留的,合并执行,但是最长不能超过二十日。罚款和行政拘留等也不能互相折抵,防止"以钱代拘"、"以拘代罚",维护公安机关执法的公正性。

第三,折抵的计算方法:限制人身自由一日,折抵一日。这是与相互折抵的两种限制人身自由的强度相适应的。限制人身自由的强制措施和行政拘留虽然性质不同,但是执行的方式和强度是相同的,因此,对于行政拘留和强制措施的折抵,按照限制人身自由一日,折抵行政拘留一日的方法计算。折抵应当从行政拘留执行之日算起。例如,被处罚人因为违法行为被公安机关立案侦查,刑事拘留七天,后来公安机关认为行为不够刑事处罚,做出行政拘留十五天的治安管理处罚。由于刑事拘留七天应当折抵行政拘留,按照限制人身自由一日折抵行政拘留一日计算,还应当执行行政拘留八天。公安机关在做出治安管理处罚决定的同时,就应当在处罚决定书中对行政拘留的折抵作出决定。

【实例解析】

同一违法行为人的强制措施与行政拘留的折抵——许某扰乱单位秩序案[①]

2014年3月份(两会期间),违法行为人许某因对法院判决不满而先后到北京的全国人大、最高人民检察院、最高人民法院等机关上访,于3月8日在天安门广场附近被执勤民警查获。北京市公安局把许某移交给属地公安局,由于许某是个老上访户,以前也曾因非法上访而被公安机关打击处理过,因此,许某当日被属地公安机关刑事拘留。后来,检察机关不认为是犯罪未批准逮捕,于是公安机关对许某作出了行政拘留十五日的处罚决定。许某由于先行羁押十日,只需执行五日行政拘留即可。

---

① 案例来源:辽宁省公安厅治安管理总队整理的案例,有删减。

本案涉及羁押时间折抵行政拘留时间的问题。根据本条规定，只有被采取强制措施限制人身自由的时间可以折抵行政拘留，其他处罚不能折抵行政拘留，更不能互相折抵。本案中，许某由于先行羁押十日属于限制人身自由的强制措施，之后被处以十五日行政拘留，公安机关进行折抵行政拘留的做法是正确的。

第九十三条　【违反治安管理行为人的陈述与其他证据关系】
公安机关查处治安案件，对没有本人陈述，但其他证据能够证明案件事实的，可以作出治安管理处罚决定。但是，只有本人陈述，没有其他证据证明的，不能作出治安管理处罚决定。

【条文解读】

本条是关于如何处理违反治安管理行为人的陈述与其他证据关系问题的规定。根据本条规定，公安机关在调查处理治安案件时，虽然没有违反治安管理行为人本人的陈述，但其他物证、书证等证据能够证明案件事实的，可以作出治安管理处罚决定。相反，如果只有违反治安管理行为人本人的陈述，而没有其他证据证明的，公安机关不能作出治安管理处罚决定。以事实为依据，以法律为准绳是我国诉讼制度的一项基本原则。查处治安管理处罚案件，也应当根据这一原则，坚持重证据，重调查研究，特别是不轻易根据陈述认定案件事实。在确定案件事实之前，人民警察应当展开充分的调查研究，全面、细致地收集相关证据，认真审查核实各个证据的来源、内容和收集的程序是否合法，在确定单个证据真实、合法、与案件事实具有关联的情况下，综合全案的证据进行比较、分析、印证和判断，认定案件的事实。对行政案件进行审核、审批时，应当审查下列内容：违法嫌疑人的基本情况；案件事实是否清楚，证据是否确实充分；案件定性是否准确；适用法律、法规和规章是否正确；办案程序是否合法；拟作出的处理决定是否适当。

可以用于证明案件事实的材料，都是证据。公安机关办理行政件的证据包括：物证、书证；被侵害人陈述和其他证人证言；违法嫌疑人的陈述和申辩；鉴定意见；勘验、检查、辨认笔录，现场笔录；视听资料、电子数据。证据必须经过查证属实，才能作为定案的根据。本人陈述虽然在治安管理案件中是重要的证据，有时对查明案件事实起到非常重要的作用，但由于其是实施违反治安管理行为而可能被公安机关给予治安管理处罚的人，与案件的处理结果具有直接的利害关系。因此，在对其陈述进行审查的时候，就应当注意考虑到各种复杂因素。比如，在提供证据的时候，违反治安管理行为人往往会考虑到对自己是否有利，有意对相关证据和事实进行取舍，有意隐瞒对自己不利的事实，或者编造对自己有利的事实，意图影响人民警察对治安案件事实的认定。所以，本人提供的证据，可能有很大的掺杂虚假的成分,甚至完全虚假。另外,在调查案件的过程中,因为警察的态度不好甚至刑讯逼供、威胁、引诱等情况,也可能造成本人陈述的虚假性。所以,在根据陈述定案件,特别是陈述在认定案件事实时起到唯一关键作用的案件中,就应当谨慎、周全。

根据本条的规定,对涉及本人陈述的,可以从以下两个方面处理:一是没有本人陈述,如本人拒绝或者拒不承认实施了违法行为,但其他证据能够证明案件事实的,可以作出治安管理处罚决定。在这种情况下,如果其他证明其实施了违反治安管理行为的证据充分、确实,可以相互印证且经过质证是确实可信的,并且形成了一个有效的证据推理链条,就可以认定实施了违反治安管理行为的事实,并据此作出处罚决定。如果据以定案的证据不足,因此形成"疑案"的,应当视为没有实施违反治安管理行为,以免搞错,冤枉好人。二是对只有本人陈述,没有其他证据证明的,不能作出治安管理处罚决定。公安机关在查处治安案件时,对于本人自己承认实施了违反治安管理行为,或者自己陈述了违反治安管理行为事实,而没有其他证据证明、佐证的,不能认定其违法并处罚,也就是不能仅凭本人陈述进行处罚。这一方面是因为陈述本身就有虚假的可能性,连本人陈述是否真实都无法查实,更谈不上根据陈述认定违反治安管理行为事实了。如果仅仅根据不能证实的陈述定案,就可能造成冤假错案;另一方面也是因为陈述的不确定性,如果仅以陈述作为治安管理处罚的依据,既没有证据证明本人陈述是自愿、真实的,也缺乏其他证据印证,因而在逻辑上不能形成唯一、排他的结论,一旦本人翻供,或者有任何证据证明其他事实,案件就会重新陷入事实不清或者结论错误的境地,置公安机关于被动状态。本条所说的"只有本人陈述",不能简单理解为只有本人陈述这一项证据,它也包括有其他一些证据,但其陈述仍然是违反治安管理行为的孤证,相互之间不能印证,不能形成有效的证据链,从一般人的逻辑规则无法直接根据这些证据推出案件事实的情况。有的案件可能同时有本人陈述和其他证据,但是两项证据没有紧密的联系,分别证明不同的事实,不能相互佐证,导致本人陈述成为孤证。

【实例解析】

只有本人陈述,没有其他证据证明的,不能作出治安管理处罚决定——贾某盗窃案[①]

2012年12月12日,贾某到派出所投案称,昨天他在某服装店偷窃他人800元人民币,因害怕被发现后会受到更重的处罚,所以主动到公安机关来自首。

公安机关受案后,开展调查,按照贾某的供述,民警询问了服装店的服务员及

[①] 案例来源:辽宁省公安厅治安管理总队整理的案例,有删减。

调取监控录像，都不能证明贾某偷窃他人财物的事实成立，因此，公安机关对贾某不予处罚。

本案涉及只有本人陈述，没有其他证据证明的行为的认定与处罚。本人陈述虽然在治安管理案件中是重要的证据，有时对查明案件事实起到非常重要的作用，但由于其是实施违反治安管理行为而可能被公安机关给予治安管理处罚的人，与案件的处理结果具有直接的利害关系。对只有本人陈述，没有其他证据证明的，不能作出治安管理处罚决定。公安机关在查处治安案件时，对于本人自己承认实施了违反治安管理行为，或者自己陈述了违反治安管理行为事实，而没有其他证据证明、佐证的，不能认定其违法并处罚，也就是不能仅凭本人陈述进行处罚。本案中，只有贾某偷窃他人财物的供述，没有其他证据相互佐证，形成不了一个完整的证据链条，因此公安机关对贾某不予处罚是正确的。

> **第九十四条 【公安机关的告知义务和违反治安管理行为人的陈述与申辩权】**
>
> 公安机关作出治安管理处罚决定前，应当告知违反治安管理行为人作出治安管理处罚的事实、理由及依据，并告知违反治安管理行为人依法享有的权利。
>
> 违反治安管理行为人有权陈述和申辩。公安机关必须充分听取违反治安管理行为人的意见，对违反治安管理行为人提出的事实、理由和证据，应当进行复核；违反治安管理行为人提出的事实、理由或者证据成立的，公安机关应当采纳。
>
> 公安机关不得因违反治安管理行为人的陈述、申辩而加重处罚。

【条文解读】

本条是关于在治安管理处罚中公安机关的告知义务和违反治安管理行为人享有陈述与申辩权利的规定。本条共分三款。

本条第一款是关于在做出治安管理处罚决定之前公安机关告知义务的规定。根据《行政处罚法》第三十一条的规定，行政机关在作出行政处罚之前，应当告知当事人作出行政处罚决定的事实、理由及依据，并告知当事人依法享有的权利。治安管理处罚是较重的行政处罚，涉及公民的财产、人身等重要权利，为了保证公安机关在充分调查事实的基础上作出正确的治安管理处罚决定，本法重申这一原则，要求公安机关及其人民警察在做出治安管理处罚前，要告知违反治安管理行为人作出治安管理处罚的事实、理由及依据，并告知违反治安管理行为人依法享有的权利。

本款规定"应当告知",说明告知上述事项是公安机关的法定义务,是公安机关本法定程序的要求,对违反治安管理行为人来说,公安机关的这项义务正好是其应享有的被告知的权利,是法律规定的违反治安管理行为人的知情权的重要内容。任何公民都有权知道公安机关正在准备对自己决定一项处罚,因此有充分准备和进行抗辩的机会。公安机关应当履行这一规定要求,履行其告知义务,充分尊重和保障违反治安管理行为人被告知的权利。公安机关的告知义务应当从以下几个层次理解:

(1) 事前告知,即在作出治安管理处罚之前的告知。告知的目的是为了违反治安管理行为人能提前知道处罚事实、理由和依据,听取违反治安管理行为人的陈述和申辩,慎重作出处罚决定。这样才能充分保障其陈述和申辩的权利。在公安机关已经调查完结,案件事实已经查清,认定违反治安管理行为成立的法律依据已经充足,公安机关准备做出治安管理处罚时,就应当告知违反治安管理行为人上述内容,充分听取其意见。如果在做出处罚决定之后才告知违反治安管理行为人,就违反了法定的程序,其处罚决定是无效的。适用一般程序作出行政处罚决定的,采用书面形式或者笔录形式告知。对违法行为事实清楚,证据确实充分,依法应当予以行政处罚,因违法行为人逃跑等原因无法履行告知义务的,公安机关可以采取公告方式予以告知。自公告之日起七日内,违法嫌疑人未提出申辩的,可以依法作出行政处罚决定。

(2) 告知的对象。按照本款的规定,告知的对象是"违反治安管理行为人",主要是本法律关系中的被处罚人。从本条上下文其他规定可以看出,告知的目的是听取违反治安管理行为人对做出治安管理处罚的事实、理由和依据的意见,并且不得因为其陈述和申辩而加重处罚。可见,本款规定的主要告知对象并不是其他人员,而是被处罚人。根据《行政处罚法》的规定,行政机关将要做出对当事人科以义务或者损害权益的行政处罚时,应当通知当事人。所以,根据本款的规定,除法律有特殊规定的外,都应当通知违反治安管理行为人上述事项。

(3) 告知的内容。包括三个方面:一是告知治安管理处罚的事实、理由和依据。"事实"就是违反治安管理行为人应当受到治安管理处罚的事实依据,也就是违反治安管理行为的事实,包括行为人的主观方面、客观行为方面、危害后果以及行为与危害后果之间的因果关系。"理由",是指必须作出治安管理处罚的理由,也就是行为触犯了本法具有社会危险性、应当受到治安管理处罚。"依据",是指作出治安管理处罚决定的法律依据,也就是所依据的法律条文,包括总则进行处罚的依据,从重、从轻、减轻或者不予处罚的规定以及分则中具体行为和程序的规定等。二是告知应当享有的权利。根据行政处罚法和本法的规定,违反治安管理行为人的权利包括:申请回避的权利、要求听证的权利、拒绝回答无关问题的权利、提供证据的权利、陈述和申辩的权利、申请复议的权利、提起行政诉讼的权利等。告知这些权利的同时,还应当告知违反治安管理行为人行使这些权利的方式等。三是告知应当履行的义务。包括告知违反治安管理行为人如实提供证据材料或者如实陈述的义务、必须执行治安管理处罚决定的义务等。

本条第二款是关于违反治安管理行为人陈述和申辩权利及公安机关的保障义务的规定。所谓"陈述和申辩",是指在公安机关作出治安管理处罚之前,违反治安管理行为人有权提出自己的意见和看法,提出自己掌握的事实、证据或者线索,并对公安机关的指控进行解释、辩解,表明自己的主张,反驳对自己不利的意见和证据,坚持对自己有利的意见和证据的活动。陈述和申辩是法律赋予违反治安管理行为人的一种程序权利,是用以对抗行政指控的方法,案件的客观、真实与全面,就是在这种指控和申辩的过程中实现的。应当说,陈述和申辩制度是保障处罚合法正确的重要制度,有兼听则明的意思。对违反治安管理行为人陈述和申辩的规定主要有以下几项要求:

第一,对治安管理处罚提出陈述和申辩是违反治安管理行为人的权利。从违反治安管理行为人的角度讲,陈述和申辩是违反治安管理行为人享有的重要权利,不是对违反治安管理行为人的恩赐。在公安机关作出治安管理处罚决定之前,应当告知并保证违反治安管理行为人的这项权利,违反治安管理行为人有权为自己的行为做出陈述、说明、解释和辩解。违反治安管理行为人可以行使或者放弃陈述和申辩权,是否行使由其自己决定;从行政机关的角度讲,听取违反治安管理行为人的陈述和申辩,是行政处罚法以及本法规定的必须履行的法定义务。在违反治安管理行为人未明确表示放弃此项权利的情况下,未经告知其享有陈述和申辩的权利,行政机关不应给予其任何种类的行政处罚,包括治安管理处罚。对违法嫌疑人提出的新的事实、理由和证据,公安机关应当进行复核。公安机关不得因违法嫌疑人申辩而加重处罚。

第二,公安机关不能对违反治安管理行为人的陈述和申辩置之不理,而必须认真听取,对违反治安管理行为人提出的事实、理由和证据,包括违法行为较轻,应当受较轻的处罚的事实、理由和证据等,都应当进行调查复核,以确定其是否真实。

另外,没有告知或者没有充分保障违反治安管理行为人的陈述和申辩的权利,或者没有充分审查核实其事实、理由和证据的情况如何处理,本法没有明确规定。对于公安机关出现这些情况的,可以按照其他法律的规定处理。《行政处罚法》第四十条规定:"行政机关及其执法人员在做出行政处罚决定之前,不按照本法第三十一条、第三十二条的规定向当事人告知给予行政处罚的事实、理由和依据,或者拒绝听取当事人的陈述、申辩的,行政处罚决定不能成立;当事人放弃陈述和申辩权利的除外。"在治安管理处罚中,也应当适用这一原则。

本条第三款是关于公安机关不得因违反治安管理行为人的陈述和申辩而加

重处罚的规定。陈述和申辩不加重违反治安管理行为人处罚的原则,与刑事诉讼法的"上诉不加刑原则"一样,是为了防止公安机关及人民警察因为违反治安管理行为人陈述和申辩而加重其处罚,打消其思想顾虑,保障违反治安管理行为人真正充分行使自己的陈述、申辩权。既然陈述和申辩是违反治安管理行为人的权利,就不能因为其行使这些权利而加重处罚。在决定治安管理处罚时,公安机关应当避免"态度罚"的现象,对态度好,承认错误并表示改正或者认识深刻的,从轻处罚是应当的,但对于敢于争辩或者态度不好,拒不改正的,从重处罚是不符合本款规定及本法第五条规定的过罚相当原则的。

【实例解析】

违反治安管理行为人陈述和申辩权利的处罚不成立——胡某吸毒案[①]

2013年6月16日,根据群众举报,某派出所将正在洗浴中心吸毒的胡某抓获,现场收缴了吸毒用具,经生物样本检测,甲基苯丙胺检测呈阳性。胡某对吸毒行为供认不讳。因此,派出所就没有告知胡某有陈述、申辩和听证的权利,就按照本法第七十二条的规定,以吸毒为由给予胡某十五日行政拘留,并处罚款两千元。

本案涉及公安机关在作出处罚决定前,没有告知违反治安管理行为人陈述和申辩权利的行为的认定与处罚。陈述和申辩是法律赋予违反治安管理行为人的一种程序权利,是用以对抗行政指控的方法。案件的客观、真实与全面,就是在这种指控和申辩的过程中实现的。违反治安管理行为人可以行使或者放弃陈述和申辩权,是否行使由其自己决定;在违反治安管理行为人未明确表示放弃此项权利的情况下,未经告知其享有陈述和申辩的权利,行政机关不应给予其任何种类的行政处罚,包括治安管理处罚。《行政处罚法》第四十一条规定:"行政机关及其执法人员在做出行政处罚决定之前,不按照本法第三十一条、第三十二条的规定向当事人告知给予行政处罚的事实、理由和依据,或者拒绝听取当事人的陈述、申辩的,行政处罚决定不能成立;当事人放弃陈述和申辩权利的除外。"本案中,公安机关没有充分保障胡某行使法律赋予的权利,因此公安机关对胡某的处罚不成立。

第九十五条 【治安案件调查结束的处理】

治安案件调查结束后,公安机关应当根据不同情况,分别作出以下处理:

(一)确有依法应当给予治安管理处罚的违法行为的,根据情节轻重及具体情况,作出处罚决定;

[①] 案例来源:辽宁公安教育培训中心整理的案例,有删减。

> (二)依法不予处罚的,或者违法事实不能成立的,作出不予处罚决定;
> (三)违法行为已涉嫌犯罪的,移送主管机关依法追究刑事责任;
> (四)发现违反治安管理行为人有其他违法行为的,在对违反治安管理行为作出处罚决定的同时,通知有关行政主管部门处理。

【条文解读】

本条是关于公安机关在治安案件调查结束后,区分不同情况作出处理的规定。公安机关对治安案件调查结束后应当作出处理,这是治安管理处罚程序中重要环节之一。

本条第一项是关于作出处罚决定的规定。办理治安案件应当坚持教育与处罚相结合的原则,这是公安机关在作出治安管理处罚决定时必须遵循的原则。公安机关在对调查结果进行审查后,认定违反治安管理行为人确有依法应当给予治安管理处罚的违法行为的,就应当根据违反治安管理行为情节轻重及具体情况,依照法律、法规和规章的有关规定,按照本法第五条规定的处罚原则作出治安管理处罚决定。对治安案件"调查结束后",是指公安机关依照本法规定的调查程序对相关案件调查终结。这里所说的"依法应当给予治安管理处罚的违法行为",是指本法第三章规定的需要给予治安管理处罚的违反治安管理行为,它包含两层意思:其一,"违法行为"是指违反治安管理的行为,也即本法第三章规定的违反治安管理的行为。如果不是违反治安管理的其他违法行为,则不适用本法进行处罚。其二,违反治安管理的行为需要给予治安管理处罚的。如果依法不需要给予治安管理处罚的,则不能作出处罚决定。只有满足上述两个条件,才能作出处罚决定。

本条第二项是关于作出不予处罚决定的规定。根据调查结果,公安机关认为依法不予处罚的,或者违法事实不能成立的,应当作出不予处罚的决定。本项规定包括两种情况:一是公安机关认为依法不予处罚的,应当作出不予处罚的决定。所谓"依法不予处罚的",包含两层含义:(1)依法不予处罚的。根据本法第十二、十三条的规定,不满十四周岁的人、精神病人在不能辨认或者不能控制自己行为的时候违反治安管理的,不予处罚。其特点是相对人都不具有法定责任能力,因而不予处罚。(2)依法可以不予处罚,最后决定不予处罚的。根据本法第十四条的规定,盲人或者又聋又哑的人违反治安管理的,可以不予处罚。根据本法第十九条的规定,具有:情节特别轻微、主动消除或者减轻违法后果,并取得被侵害人谅解的、出于他人胁迫或者诱骗的、主动投案向公安机关如实陈述自己的违法行为的或者有立功表现的情形,可以不予处罚。对此,公安机关最后决定不予处罚的。二是公安机关认为违法事实不能成立的,应当作出不予处罚的决定。所谓"违法事实不能成立",是指没有违法事实或者证据不足以证明有违法事实两种情况。

另外,还需要注意,根据本法第二十二条的规定,违反治安管理行为在六个月内没有被公安机关发现的,不再处罚。如果公安机关经过调查后发现,违法行为超过追究时效的,应免除治安管理处罚,对此,公安机关也应当作出不予处罚的决定。

本条第三项是关于移送主管机关依法追究刑事责任的规定。根据调查结果,公安机关认为违法行为已经涉嫌犯罪的,应当移送主管机关依法追究刑事责任。这样规定主要是考虑,治安管理处罚与刑罚是两种不同性质的处罚。治安管理处罚权是行政权的重要组成部分,而刑事处罚权则是司法权的重要组成部分,两者实施主体不同。同时,也应当避免产生"以行政处罚代替刑事处罚"的负面作用。因此,如果违法行为已经涉嫌犯罪,这时,公安机关作为行政机关,不能对涉嫌犯罪的行为进行治安管理处罚,而应当移送主管机关依法追究刑事责任。

本条第四项是关于通知有关行政主管部门对涉及其他违法行为进行行政处罚的规定。根据调查结果,公安机关发现违反治安管理行为人有其他违法行为的,在对违反治安管理行为作出处罚决定的同时,应通知有关行政主管部门处理。根据法律的授权,不同的行政机关对不同的违法行为有各自的处罚权。根据《行政处罚法》的规定,限制人身自由的行政处罚,只能由法律规定。而吊销营业执照的处罚根据目前的法律法规规定,主要由工商行政管理部门行使,公安机关没有这个职权。还有一些其他行政处罚的种类,也都由相应的行政机关依法行使。为了保证对各类违法行为的处罚,行政机关相互之间的配合与沟通是完全必要的。这里规定的"其他违法行为"是指违反除本法规定以外的其他行政管理法律法规的行为。公安机关发现违法行为人除有违反治安管理行为外,还有违反其他行政管理法律法规的行为的,应当通知有关行政主管部门对违反其他行政管理法律法规的行为进行处理。比如公安机关在查处治安案件时,又发现违法行为人有偷漏税行为,但又尚不构成犯罪,则应当通知税务部门依法对其偷漏税行为进行处罚。

总之,公安机关根据行政案件的不同情况分别作出下列处理决定:确有违法行为,应当给予行政处罚的,根据其情节和危害后果的轻重,作出行政处罚决定;确有违法行为,但有依法不予行政处罚情形的,作出不予行政处罚决定;有违法所得和非法财物、违禁品、管制器具的,应当予以追缴或者收缴;违法事实不能成立的,作出不予行政处罚决定;对需要给予社区戒毒、强制隔离戒毒、收容教育、收容教养等处理的,依法作出决定;违法行为涉嫌构成犯罪的,转为刑事案件办理或者移送有权处理的主管机关、部门办理,无需撤销行政案件。公安机关已经作出行政处理决定的,应当附卷;发现违法行为人有其他违法行为的,在依法作出行政处理决定的同时,通知有关行政主管部门处理。治安案件有被侵害人的,公安机关应当在作出处罚决定之日起二日内将决定书复印件送达被侵害人。无法送达的,应当注明。

【实例解析】

确有依法应当给予治安管理处罚的违法行为——王某为赌博提供条件案[①]

2013年12月15日下午16时有群众向公安机关举报,王某为赌博提供条件。属地派出所受案后马上开展调查。

经公安机关调查,王某(女,44岁),住某市站前区。2013年12月15日下午13时到16时,该人在辖区一地下赌博场所内为参赌人员提供条件。以上事实有参赌人员陈述、证人证言佐证。根据本法第七十条之规定,以营利为目的,为赌博提供条件给予王某行政拘留十二日并处罚款一千元处罚。

本案涉及确有依法应当给予治安管理处罚的违法行为的认定与处罚。这里所说的"依法应当给予治安管理处罚的违法行为",是指本法第三章规定的需要给予治安管理处罚的违反治安管理行为,它包含两层意思:其一,"违法行为"是指违反治安管理的行为,也即本法第三章规定的违反治安管理的行为。如果不是违反治安管理的其他违法行为,则不适用本法进行处罚;其二,违反治安管理的行为需要给予治安管理处罚的。本案中,王某为赌博提供条件的行为,事实清楚,证据确凿,适用本法七十条依据正确,程序合法。因此,给予王某行政拘留十二日并处罚款一千元处罚的处理结果是正确的。

第九十六条 【处罚决定书内容】

公安机关作出治安管理处罚决定的,应当制作治安管理处罚决定书。决定书应当载明下列内容:

(一)被处罚人的姓名、性别、年龄、身份证件的名称和号码、住址;

(二)违法事实和证据;

(三)处罚的种类和依据;

(四)处罚的执行方式和期限;

(五)对处罚决定不服,申请行政复议、提起行政诉讼的途径和期限;

(六)作出处罚决定的公安机关的名称和作出决定的日期。

决定书应当由作出处罚决定的公安机关加盖印章。

【条文解读】

本条是关于治安管理处罚决定书内容的规定。公安机关依法作出治安管理

[①] 案例来源:《〈中华人民共和国治安管理处罚法〉案例解读本》,法律出版社2009年版,第63-64页,有删减。

处罚决定后,应当制作《治安管理处罚决定书》。《治安管理处罚决定书》是公安机关作出治安管理处罚决定具有法律效力的表现形式,对违反治安管理行为人具有约束力,必须依法履行。同时,也为被处罚人、被侵害人不服公安机关作出的处罚决定而依法申请行政复议、提起行政诉讼提供了依据。《治安管理处罚决定书》也是行政复议机关和人民法院在办理行政复议、行政诉讼案件中,需要重点审查的法律文书之一。因此,公安机关作出治安管理处罚,无论是当场处罚还是依照一般程序作出处罚决定的,必须依法出具《治安管理处罚决定书》,并依法将决定书或其副本交付或送达违反治安管理行为人和被侵害人。

治安管理处罚决定书应当载明的内容。决定书应当载明下列内容:(一)被处罚人的姓名、性别、出生日期、身份证件种类及号码、户籍所在地、现住址、工作单位、违法经历以及被处罚单位的名称、地址和法定代表人。这里的"身份证件"主要是指身份证、户口簿等用以证明身份的证件。姓名应当与身份证件上的姓名一致。住址应当是被处罚人被处罚时的常住地址。(二)违法事实和证据以及从重、从轻、减轻等情节。"违法事实"是指被处罚人违反治安管理的具体行为。这里所指"证据"是指具体证明治安案件真实情况的一切事实。证据应当是客观事实的反映,不能是主观推断,更不能是伪证。作出处罚决定所依据的证据必须能够充分证明违法事实的存在。证据的种类包括:(1)物证、书证;(2)证人证言;(3)被害人陈述;(4)被处罚人的辩解;(5)鉴定意见等。(三)处罚的种类、幅度和法律依据。这是指公安机关给予被处罚人何种治安管理处罚以及公安机关作出处罚决定所依据的法律。"处罚的种类"包括:警告、罚款、行政拘留和吊销公安机关发放的许可证。对违反治安管理的外国人,可以附加适用限期出境或者驱逐出境。处罚的依据主要是指本法第三章规定的违反治安管理的行为和处罚,即违法事实涉及的具体条文和处罚,也包括其他章节规定的适用处罚的有关原则等。处罚种类及依据不能超出本法及有关法律规定的范围。(四)处罚的执行方式和期限。处罚的"执行方式"是指公安机关以什么形式来执行处罚,主要是指对被处罚人处以罚款、行政拘留处罚的执行方式。比如,对处以罚款处罚的,除依法规定当场交纳的外,被处罚人应当在规定的时间内到指定的银行交纳罚款。对处以行政拘留处罚的,公安机关应当确定被处罚人拘留的时间以及执行拘留的场所。(五)对处罚决定不服,申请行政复议、提起行政诉讼的途径和期限。本项规定是要求公安机关在作出治安管理处罚决定时,应当向被处罚人告知对处罚决定不服的法律救济途径,也就是向被处罚人告知可以向哪一级行政机关申请行政复议或者向哪级人民法院提起行政诉讼,同时,还要依照法律的规定,向被处罚人告知申请行政复议或者提起行政诉讼的期限。告知被处罚人可以申请行政复议和提起行政诉讼,是公安机关应当履行的法定义务。在治安管理处罚决定书中载明该事项,有利于维护被处罚人的合法权益。加强对公安机关及人民警察的监督,实现治安处罚的规范化。(六)作出决定的公安机关的名称、印章和日期。只有具有行政处罚主体资格的公安机关才能作出治安处罚决定。作出决定的日期也是必须载明的事项,对公安机关按照法定期限送达处罚决定书、被处罚人在法定期限内申请行政复议或者提起行政诉讼具有重要意义。在具体实施时,公安部门应当形成规范的统一的决定书文书格式,载明上述法律规定的内容,做到清楚、规范、有理、有据。公安机关印章是具有法律效力的签名。没有加盖作出处罚决定的公安机关印章的决定书不具有法律效力。如果印章与作出处罚决定的公安机关的名称不一致,处罚决定也无效。"作出处罚决定的公安机关"包括作出治安管理处罚决定的公安派出所和县级以上人民政府公安机关。根据本条规定,警告或者五百元以下的罚款可以由公安派出所决定,其作出的决定书应加盖公安派出所的印章。县级以上人民政府公安机关作出处罚决定的应加盖该县级以上人民政府公安机关的印章。

实践中应的是,作出罚款处罚的,行政处罚决定书应当载明逾期不缴纳罚款依法加处罚款的标准和最高限额;对涉案财物作出处理的,行政处罚决定书应当附没收、收缴、追缴物品清单。

> **第九十七条 【处罚决定书的宣告、送达、抄送】**
> 公安机关应当向被处罚人宣告治安管理处罚决定书并当场交付被处罚人;无法当场向被处罚人宣告的,应当在二日内送达被处罚人。决定给予行政拘留处罚的,应当及时通知被处罚人的家属。
> 有被侵害人的,公安机关应当将决定书副本抄送被侵害人。

【条文解读】

本条是关于治安管理处罚决定书宣告、送达、抄送的规定。将违反治安管理行为人所受到的治安管理处罚,通过宣告、送达等方式告知违反治安管理行为人,不仅使被处罚人知晓自己所受到的处罚情况,而且便于其依法履行治安管理处罚决定,同时也为被处罚人因不服处罚而申请法律救济提供了条件。尤其应该明确的是,将违反治安管理行为人所受到的治安管理处罚告知被侵害人,是保证被侵害人知情权的需要,交付和送达是治安管理处罚决定发生法律效力的基本前提,未交付和送达的治安管理处罚决定书,对被处罚人没有法律约束力。对于有被侵害人的,公安机关还应当将治安管理处罚决定书副本抄送被侵害人。本条有四层含义:

(一)当场向被处罚人宣告并交付治安管理处罚决定书。本条规定,治安管理处罚决定书应当向被处罚人宣告,并当场交付被处罚人。所谓"当场交付"是指与被处罚人面对面交付。既可以是当场宣告治安管理处罚决定的人民警察向被处罚人交付治安管理处罚决定书，也可以通知被处罚人到公安机关，向其宣告和交付治安管理处罚决定书。公安机关向被处罚人当场宣告后，经被处罚人在处罚决定书上签字，即视为当场送达被处罚人。被处罚人拒绝接收处罚决定书的，应当记录在案，视为当场交付。

（二）送达治安管理处罚决定书。送达法律文书，应当遵守下列规定：依照简易程序作出当场处罚决定的，应当将决定书当场交付被处罚人，并由被处罚人在备案的决定书上签名或者捺指印；被处罚人拒绝的，由办案人民警察在备案的决定书上注明；除简易程序作出当场处罚决定外，作出行政处罚决定和其他行政处理决定，应当在宣告后将决定书当场交付被处理人，并由被处理人在附卷的决定书上签名或者捺指印，即为送达；被处理人拒绝的，由办案人民警察在附卷的决定书上注明；被处理人不在场的，公安机关应当在作出决定的七日内将决定书送达被处理人，治安管理处罚决定应当在二日内送达。送达法律文书应当首先采取直接送达方式，交给受送达人本人；受送达人不在的，可以交付其成年家属、所在单位的负责人员或者其居住地居（村）民委员会代收。受送达人本人或者代收人拒绝接收或者拒绝签名和捺指印的，送达人可以邀请其邻居或者其他见证人到场，说明情况，也可以对拒收情况进行录音录像，把文书留在受送达人处，在附卷的法律文书上注明拒绝的事由、送达日期，由送达人、见证人签名或者捺指印，即视为送达。无法直接送达的，委托其他公安机关代为送达，或者邮寄送达。经采取上述送达方式仍无法送达的，可以公告送达。公告的范围和方式应当便于公民知晓，公告期限不得少于六十日。

（三）决定给予被处罚人行政拘留处罚的，应当及时通知被处罚人的家属。根据本法第一百零三条的规定，对被决定给予行政拘留处罚的人，由作出决定的公安机关送达拘留所执行。执行拘留具有强制性和即时性。对于治安管理处罚决定书由公安机关当场交付给被决定给予行政拘留处罚人的，除本法第一百零七条规定的情形外，一般由公安机关立即送达拘留所执行。对此，公安机关应当及时通知被处罚人的家属。这样规定，主要是为了有利于被处罚人的家属及时了解情况，避免不必要的心理恐慌，有利于社会稳定。

（四）有被侵害人的，公安机关应当将决定书副本抄送被侵害人。被侵害人是治安案件的一方当事人，公安机关对违反治安管理行为人作出的处罚决定与其有着直接利害关系，而且按照本法规定，被侵害人对治安管理处罚决定不服的，可以依法申请行政复议。因此，为了保护被侵害人的合法权益，本条规定，公安机关应当将处罚决定书的副本抄送被侵害人。这样，不仅能保证被侵害人的知情权，便于其监督公安机关的执法活动，而且也能保证其及时依法行使申诉权。如果案件的被侵害人涉及多人，公安机关应当将处罚决定书副本抄送每一位被侵害人。"抄送"是指将治安管理处罚决定书副本送交被侵害人。本法虽然对抄送没有明确期限的限制,但公安机关也应当及时将治安管理处罚决定书副本抄送被侵害人。

第九十八条 【听证】

公安机关作出吊销许可证以及处二千元以上罚款的治安管理处罚决定前,应当告知违反治安管理行为人有权要求举行听证;违反治安管理行为人要求听证的,公安机关应当及时依法举行听证。

【条文解读】

本条是关于对治安管理处罚应当听证的规定。行政处罚中的听证程序,是指行政机关为了保障行政管理相对人的合法权益,保证行政机关依法、正确、有效地适用法律,在作出行政处罚决定前,举行的有案件当事人及其代理人、行政机关案件调查人员等参加的,听取上述人员的陈述、申辩、质证的行政程序。根据行政处罚法的规定,听证程序是行政机关作出行政处罚决定前的一种特殊程序,并不是行政处罚的必经程序。只有法律规定的行政处罚种类和幅度,且违法行为人要求听证的,才举行听证。这两个条件缺一不可,如果属于听证程序的法定适用范围但违法行为人未要求听证,或者违法行为人要求听证但不属于听证程序适用范围的案件,行政机关可以不举行听证。本条规定主要包括三方面内容:

(一)治安管理处罚应当举行听证的范围。根据我国行政处罚法的规定,并不是所有的行政处罚案件都必须经过听证程序。《行政处罚法》第四十二条规定:行政机关作出责令停产停业、吊销许可证或者执照、较大数额罚款等行政处罚决定之前,应当告知当事人有要求举行听证的权利;当事人要求听证的,行政机关应当组织听证。本法结合行政处罚法,并根据治安管理处罚的特点,进一步明确了治安管理处罚应当举行听证的适用范围。适用听证的治安管理处罚的范围包括被处罚人要求听证的以下处罚:(1)吊销公安机关颁发的许可证的。(2)处二千元以上罚款的。

(二)公安机关对符合听证范围的治安管理处罚,在作出处罚前,应当告知违反治安管理行为人有权要求举行听证。根据本法第九十四条规定,公安机关作出治安管理处罚决定前,应当告知违反治安管理行为人作出治安管理处罚的事实、理由及依据,并告知违反治安管理行为人依法享有的权利。这是告知制度的必然要求。这样规定,一方面要求公安机关必须履行告知的义务;另一方面赋予违反治安管理行为人在被治安管理处罚过程中享有被告知的权利。对符合上述听证范围的处罚,违反治安管理行为人有权要求举行听证,这是违反治安管理行为人依法享有的权利,属于公安机关作出治安管理处罚决定前应当告知的内容,公安机关有义务告知。根据《行政处罚法》规定的精神,公安机关应当告知而没有告知,属于程序违法,可导致行政处罚决定不能成立。

(三)违反治安管理行为人要求听证的,公安机关应当及时依法举行听证。在本条规定的范围内,违反治安管理行为人要求听证的,公安机关应当进行听证。如果违反治安管理行为人虽有异议,但没有要求听证,就不进行听证。听证的主动权在违反治安管理行为人一方。

公安机关对有权要求听证的违反治安管理行为人的听证要求,应当及时依法举行听证。所谓"依法举行听证"是指依据行政处罚法规定的具体的听证程序举行听证。根据《行政处罚法》第四十二条关于听证程序的规定,结合本法,听证依照以下程序进行:(1)违反治安管理行为人要求听证的,应当在公安机关告知后三日内提出;提出"要求听证"的时间,应当是公安机关对治安案件已经调查终结,在作出治安管理处罚决定之前。(2)公安机关应当在听证的七日前,通知违反治安管理行为人举行听证的时间、地点;为了保证违反治安管理行为人有时间准备听证,公安机关举行听证的,必须在七日前将举行听证的时间、地点通知违反治安管理行为人。由于从违反治安管理行为人提出要求听证,到公安机关通知违反治安管理行为人举行听证之间没有规定期限,本条特别规定公安机关应当"及时"依法举行听证。公安机关在违反治安管理行为人提出听证要求后,应当抓紧组织听证,不能无故拖延。(3)除案件的内容涉及国家秘密、商业秘密或者个人隐私外,听证公开举行。(4)听证由公安机关指定的非本案调查人员主持;违反治安管理行为人认为主持人与本案有直接利害关系的,有权申请回避。比如主持人是被侵害人的近亲属的,或者主持人与被侵害人有其他关系,可能影响案件公正处理的等,违反治安管理行为人都可向公安机关申请回避。处理回避的程序,可依照本法第八十二条及其他有关规定进行。(5)违反治安管理行为人可以亲自参加听证,也可以委托一至二人代理。(6)举行听证时,调查人员应提出违反治安管理行为人违法的事实、证据和治安管理处罚建议;违反治安管理行为人进行申辩和质证。听证的过程,应当充分进行调查核定证据,对证据应进行充分的质证,允许辩论,以达到查清事实、正确适用法律的目的。(7)听证应当制作笔录;笔录应当交违反治安管理行为人审核无误后签字或者盖章。

另外,《公安机关办理行政案件程序规定》第九十九条规定,在作出下列行政处罚决定之前,应当告知违法嫌疑人有要求举行听证的权利:责令停产停业;吊销许可证或者执照;较大数额罚款;法律、法规和规章规定违法嫌疑人可以要求举行听证的其他情形。"较大数额罚款",是指对个人处以二千元以上罚款,对单位处以一万元以上罚款,对违反边防出境入境管理法律、法规和规章的个人处以六千元以上罚款。对依据地方性法规或者地方政府规章作出的罚款处罚,适用听证的罚款数额按照地方规定执行。

公安机关不得因违法嫌疑人提出听证要求而加重处罚。根据《行政处罚法》的规定，违反治安管理行为人不承担公安机关组织听证的费用。

第九十九条 【办理治安案件期限】

公安机关办理治安案件的期限，自受理之日起不得超过三十日；案情重大、复杂的，经上一级公安机关批准，可以延长三十日。

为了查明案情进行鉴定的期间，不计入办理治安案件的期限。

【条文解读】

本条是关于公安机关办理治安案件期限的规定。本条共两款。

本条第一款是关于公安机关办理治安案件一般期限和延长期限的规定。这里所说"办理治安案件的期限"，是指公安机关在受理治安案件后，对治安案件进行调查直至作出处理决定的最长时间限期、从受理治安案件之日起到依法作出决定之日止。根据本法第七十七条的规定，公安机关对报案、控告、举报或者违反治安管理行为人主动投案，以及其他有关部门移送的违反治安管理的案件，应当及时受理，并进行登记。即原则上只要有案件就应当受理并进行登记，这里也包括公安机关自己发现的治安案件。受理日期与登记日期一般情况下应当是一致的。具体办结治安案件的时间是指公安机关对治安案件作出处理决定的时间。为了体现行政执法的效率原则，保证公安机关依法及时办理治安案件，有效维护社会治安秩序，本条对治安案件的办案期限作了明确规定。根据本款的规定，公安机关办理治安案件的期限一般为三十日，但是，案情重大、复杂的，经上一级公安机关批准可以延长三十日。这里所称的三十日，不是指工作日，而是包括节假日在内连续计算的时间。上一级公安机关，是指受理治安案件的公安机关的上一级公安机关。需要注意的是，对于需要延长办案时间的，公安机关应当在三十日届满前向上一级公安机关提出申请，上一级公安机关也应当在三十日期限届满前作出是否同意延长办案期限的决定。

本条第二款是关于鉴定期间不计入办理治安案件期限的规定。根据《公安机关执行〈中华人民共和国治安管理处罚法〉有关问题的解释》十二、关于办理治安案件期限问题。《治安管理处罚法》第九十九条规定："公安机关办理治安案件的期限，自受理之日起不得超过三十日；案情重大、复杂的，经上一级公安机关批准，可以延长三十日。为了查明案情进行鉴定的期间，不计入办理治安案件的期限。"这里的"鉴定期间"，是指公安机关提交鉴定之日起至鉴定机构作出鉴定结论并送达公安机关的期间。公安机关应当切实提高办案效率，保证在法定期限内办结治安案件。对因违反治安管理行为人逃跑等客观原因造成案件不能在法定期限内办结的,公安机关应当继续进行调查取证,及时依法作出处理决定,不能因已超过法定办案期限就不再调查取证。因违反治安管理行为人在逃,导致无法查清案件事实,无法收集足够证据而结不了案的,公安机关应当向被侵害人说明原因。对调解未达成协议或者达成协议后不履行的治安案件的办案期限,应当从调解未达成协议或者达成协议后不履行之日起开始计算。公安派出所承办的案情重大、复杂的案件,需要延长办案期限的,应当报所属县级以上公安机关负责人批准。

需要注意的是,并非所有的治安案件都需要鉴定。只有为了查明案情,需要解决案件中有争议的专门性的问题时,才可以鉴定。对于当事人没有争议的,就不需要进行鉴定。

第一百条 【当场处罚】

违反治安管理行为事实清楚,证据确凿,处警告或者二百元以下罚款的,可以当场作出治安管理处罚决定。

【条文解读】

本条是关于人民警察可以当场作出治安管理处罚决定适用条件的规定。

根据《行政处罚法》第三十三条的规定,当场处罚程序,一般只适用于对公民处以五十元以下罚款、对法人或者其他组织处以一千元以下罚款或者警告的行政处罚。考虑到治安管理工作的特点,本条规定人民警察当场处罚的适用范围是警告或者二百元以下罚款,提高了当场处罚的罚款数额。这一规定,属于专门立法,按照特别法的效力优于一般法的原则,对违反治安管理行为人当场处罚的适用范围,应当依照本条的规定,不适用《行政处罚法》第三十三条的规定。

根据本条规定,可以当场作出治安管理处罚决定的适用条件包括:第一,违反治安管理行为事实清楚,证据确凿。这是指在处理案件的现场就已经掌握了确凿、充分的证据,案件经过已经很清楚。案情比较简单,因果关系明确,证据确凿,不需要进行更多的查证,没有必要进行鉴定,也不涉及其他违法犯罪案件的。第二,依法处警告或者二百元以下罚款的。即只有符合法定的处罚种类和幅度的,才适用当场处罚。当场处罚的种类只限于警告和罚款,罚款的数额则限于二百元以下。符合上述处罚种类和罚款幅度规定的治安案件,一般是处罚较轻、对当事人权益影响相对较小、社会影响也不大的案件。这里规定的"依法"是指处警告或者二百元以下罚款必须是由本法第三章所规定的处罚种类和罚款幅度内的。第三,执法主体是人民警察。所谓当场处罚,必须是人民警察在依法执行职务时查处的违反治安管理行为,才可以行使当场处罚。依法执行职务是指人民警察根据治安管理有关规定担任的具体工作,主要是指公安派出所、公安机关的治安部门的人民警察在职责范围内查处违反治安管理行为。人民警察在非工作时间发现有违反治安管理行为的,应当予以制止,并将违法行为人送交当地公安机关或者正在执勤的具有治安案件办案权限的人民警察处理。

另外,《公安机关办理行政案件程序规定》第三十四条规定,违法事实确凿,且具有下列情形之一的,人民警察可以当场作出处罚决定,有违禁品的,可以当场收缴;对违反治安管理行为人或者道路交通违法行为人处二百元以下罚款或者警告的;出入境边防检查机关对违反出境入境管理行为人处五百元以下罚款或者警告的;对有其他违法行为的个人处五十元以下罚款或者警告、对单位处一千元以下罚款或者警告的;法律规定可以当场处罚的其他情形。涉及卖淫、嫖娼、赌博、毒品的案件,不适用当场处罚。公安部《关于对网吧进行有关行政处罚是否适用简易程序的批复》根据《行政处罚法》第三十三条"违法事实确凿并有法定依据,对公民处以五十元以下,对法人或者其他组织处以一千元以下罚款或者警告的行政处罚,可以当场作出行政处罚决定"的规定,公安机关依照《互联网上网服务营业场所管理条例》第三十一条、第三十二条规定,对网吧等互联网上网服务营业场所经营单位处以警告或者警告并处 1 000 元以下罚款的,可以适用简易程序,当场做出行政处罚决定。

需要明确的是,当场处罚和当场执行是两个不同的概念。它们之间既有联系又有区别。当场处罚属于处罚权限的分配,是处罚的决定程序;当场执行是对处罚的一种执行方式,是处罚的执行程序。当场执行主要是指根据本法第一百零四条的规定,对有下列情形之一的,人民警察可以当场收缴罚款:(一)被处五十元以下罚款,被处罚人对罚款无异议的;(二)在边远、水上、交通不便地区,公安机关及其人民警察依照本法的规定作出罚款决定后,被处罚人向指定的银行缴纳罚款确有困难,经被处罚人提出的;(三)被处罚人在当地没有固定住所,不当场收缴事后难以执行的。当场处罚处以警告的,或者处五十元以下罚款,当事人对罚款无异议的,可以当场执行。

【实例解析】
处以 100 元罚款的简易程序——林某未系安全带案[①]

某日,交警部门以林某在驾驶汽车时未系安全带为由,决定对其罚款 100 元。值勤民警依法向林某出示了合法有效的行政执法证件;告知了违法事实、处理理由和依据;填写了统一制作的预定格式、编有号码的当场处罚决定书;将当场处罚决定书当场交付林某并告知不服行政处罚决定,有依法申请行政复议或者提起行政诉讼的权利。林某态度诚恳,并表示以后一定会按照要求系安全带。

---

① 案例来源:《《中华人民共和国治安管理处罚法》案例解读本》,法律出版社 2009 年版,第 66 页,有删减。

本案涉及简易程序的适用。《公安机关办理行政案件程序规定》第三十四条规定,违法事实确凿,对违反治安管理行为人或者道路交通违法行为人处二百元以下罚款或者警告的,人民警察可以当场作出处罚决定,有违禁品的,可以当场收缴。适用简易程序的条件包括:第一,违法行为事实清楚,证据确凿;第二,处警告或者二百元以下罚款。本案中,林某驾驶汽车时未系安全带的违法行为事实清楚,证据确凿,而且仅处以一百元罚款,因此可以适用简易程序,由公安机关当场作出。

第一百零一条 【当场处罚决定程序】

当场作出治安管理处罚决定的,人民警察应当向违反治安管理行为人出示工作证件,并填写处罚决定书。处罚决定书应当当场交付被处罚人;有被侵害人的,并将决定书副本抄送被侵害人。

前款规定的处罚决定书,应当载明被处罚人的姓名、违法行为、处罚依据、罚款数额、时间、地点以及公安机关名称,并由经办的人民警察签名或者盖章。

当场作出治安管理处罚决定的,经办的人民警察应当在二十四小时内报所属公安机关备案。

【条文解读】

本条是关于人民警察当场作出治安管理处罚决定程序的规定。本条共分三款。

本条第一、二款是关于当场处罚程序及《当场处罚决定书》制作的规定。根据《行政处罚法》的规定,当场作出行政处罚决定适用简易程序。简易程序的特点在于当场处罚,但当场处罚程序不能忽略必要的环节和步骤。当场处罚程序主要包括以下几方面内容:

(一)人民警察应当向违反治安管理行为人出示工作证件,以表明身份。出示工作证件表明身份是当场处罚程序的前提。这样规定主要是考虑:第一,当场处罚往往发生在治安管理违法行为的现场,具有合法处罚主体资格的人民警察,必须有适当方式表明自己的身份,并以此确认有权对违反治安管理行为人进行管理和处罚。违反治安管理的行为应当依法给予治安管理处罚,但并不是任何人都有处罚权,也不是任何公务员或执法人员都有处罚权,只有依法履行治安管理职责的人民警察才有处罚权。第二,表明身份程序有利于违反治安管理行为人不服处罚的,申请行政复议或提起行政诉讼。另外,出示工作证件表明身份也能体现对当事人的尊重,树立人民警察为人民服务的形象。需要注意的是,法定的着装有时也能表明身份,如在执勤场所着交通警察服的交通警。但作为治安管理当场处罚的执法主体,法律明确规定人民警察应当出示工作证件。所谓"出示工作证件"是指人民警察在从事职务活动时,向当事人出示执法身份证件,以表明自己的身份、所在的公安机关以及相应的行政管理职权。"工作证件"是指所属公安机关颁发的工作证或者用于执法的特定证件。

(二)确认违法事实。违法事实是进行治安管理处罚的基础。适用当场处罚程序的违法行为,一般都是当场被人民警察发现或者有人当场指认某人违法的,属于情节简单、事实清楚、证据确凿的。人民警察即可通过当场调查取证,用证据证明、确认违法事实。对于符合本法第一百条规定可以适用当场处罚程序的,即可进行当场处罚。

(三)告知违反治安管理行为人处罚理由以及陈述和申辩的权利。根据本法第九十四条规定,公安机关作出治安管理处罚决定前,应当告知违反治安管理行为人作出治安管理处罚的事实、理由及依据,并告知违反治安管理行为人依法享有的权利。这是告知制度的要求。作为简易程序的当场处罚程序,人民警察也应当根据规定履行告知义务,在作出治安管理处罚决定前,告知违反治安管理行为人处罚的事实和法律依据以及依法享有的权利。告知处罚理由,即事实根据和法律依据,既体现了执法公开;同时,又给违反治安管理行为人提出异议或申辩提供了机会。通过告知处罚的法律依据,也使违反治安管理行为人能了解法律和遵守法律。违反治安管理行为人有权陈述和申辩。由于当场处罚的特殊要求,违反治安管理行为人陈述和申辩采用口头形式。人民警察要认真听取违反治安管理行为人的意见,对违反治安管理行为人的申辩意见要给予全面耐心的回答。对违反治安管理行为人提出的事实、理由和证据,应当认真听取核实;违反治安管理行为人提出的事实、理由或者证据成立的,人民警察应当采纳。人民警察不得因违反治安管理行为人的陈述、申辩而加重处罚。

(四)制作《当场处罚决定书》并交付被处罚人。与按照一般程序作出的治安管理处罚决定书相比,当场治安管理处罚决定书的内容相对简单一些。但是,《当场处罚决定书》不是人民警察随意制作的,必须认真填写由有权机关制定的统一格式的治安管理处罚决定书,并按照本条规定的要求填写,即:应当载明被处罚人的姓名、违法行为、处罚依据、处罚种类(如果是罚款,应当写明罚款具体数额)、处罚时间、处罚地点以及公安机关名称,并由经办的人民警察签名或者盖章。公安机关名称,是指当场作出治安管理处罚的人民警察所属的公安机关名称,包括公安派出所。人民警察填写《治安管理处罚决定书》后,应将处罚决定书当场交付被处罚人。有被侵害人的,应将决定书副本抄送被侵害人。

本条第三款是关于经办的人民警察应当在二十四小时内将当场处罚决定报所属公安机关备案的规定。当场处罚是人民警察代表公安机关作出的治安管理处罚决定。在处罚决定作出前,并没有经公安机关审查、审批。因此,为了加强对当场处罚的监督,防止错案和乱罚款等现象的发生,本条规定,对于当场作出治安管理处罚决定的,经办的人民警察应当在24小时内报所属的公安机关备案。报所属的公安机关备案应当采用书面形式,即将治安管理处罚决定书副本交至所属公安机关进行备案。如果无法在24小时内将处罚决定书副本交所属公安机关的,经办的人民警察可以先口头报告备案,即将有关案件情况通过电话等方式口头报告备案,并在尽可能短的时间内将处罚决定书副本交所属公安机关。对口头报备案的,人民警察应当记录在案。根据本法有关治安管理处罚权限的规定,这里所称所属公安机关,是指作出当场处罚的人民警察所在的公安机关,包括公安派出所、县、市、旗公安局、城市公安分局、相当于县一级的公安机关以及县级以上公安机关。经办的人民警察即为作出当场治安管理处罚决定的人民警察。为了保护被处罚人的合法权益,公安机关接到报备材料或者人民警察的口头报备后,应当对有关材料进行审查,审查当场处罚决定是否合法,违法事实是否清楚,证据是否确实、充分,处罚是否公正。如发现问题,应当及时予以纠正。

第一百零二条 【不服处罚的行政复议、行政诉讼】

被处罚人对治安管理处罚决定不服的,可以依法申请行政复议或者提起行政诉讼。

【条文解读】

本条是关于被处罚人对治安管理处罚决定不服,可以依法申请行政复议或者提起行政诉讼的规定。本法取消了行政复议前置制度。复议前置,简单地说,就是将行政复议作为提起行政诉讼之前所必须经过的程序,是指行政管理相对人对行政机关作出的具体行政行为不服的,必须先依法申请行政复议,对行政复议决定不服的,方可依法向人民法院提起行政诉讼,不得直接向人民法院提起行政诉讼。行政复议,是指公民、法人或者其他组织认为行政机关作出的具体行政行为侵犯其合法权益,依法请求该机关的上一级行政机关或者法律、法规规定的复议机关对具体行政行为的合法性和适当性进行审查,并作出改变或者撤销这种具体行政行为的一种行政救济制度。行政诉讼,是指公民、法人或者其他组织认为行政机关和行政机关工作人员的具体行政行为侵犯其合法权益,依法向人民法院提起诉讼,要求人民法院对具体行政行为进行审查并作出决定的法律制度,属于司法救济制度。行政复议和行政诉讼都是对行政机关作出的具体行政行为的一种事后救济制度,目的是使公民、法人或者其他组织对其遭受具体行政行为侵害所受到的损害,通过行政和司法救济的途径,及时地予以恢复和补偿。被处罚人对治安管理处罚决定不服,是指被处罚人认为公安机关作出的治安管理处罚决定侵犯了其合法权益而不服该处罚决定。本条规定有两层含义:

(一)被处罚人对治安管理处罚决定不服的,可以依法申请行政复议。我国1999年制定的行政复议法,对行政复议的申请、受理和决定等作出具体规定。当事人申请行政复议,应当依据行政复议法的有关规定申请行政复议。根据行政复议法的有关规定,并结合本法的规定,对治安管理处罚决定不服的行政复议的程序主要包括下列内容:

(1)被处罚人可以自收到处罚决定书之日起六十日内提出行政复议申请;如果超过规定的时效,被处罚人就失去了复议申请权。

(2)被处罚人申请行政复议,可以书面申请,也可以口头申请;口头申请的,行政复议机关应当当场记录申请人的基本情况、行政复议请求、申请行政复议的主要事实、理由和时间。

(3)对县级以上地方各级人民政府的公安机关的具体行政行为不服的,由申请人选择,可以向该部门的本级人民政府申请行政复议,也可以向上一级公安机关申请行政复议。对政府工作部门(公安机关)依法设立的派出机构(公安派出所)依照法律、法规或者规章规定,以自己的名义作出的具体行政行为不服的,向设立该派出机构的部门(公安机关)或者该部门的本级地方人民政府申请行政复议。

(4)被处罚人申请行政复议,行政复议机关已经依法受理的,在法定行政复议期限内不得向人民法院提起行政诉讼。

(5)行政复议期间治安管理处罚决定不停止执行;但是,有下列情形之一的,可以停止执行:①作出处罚决定的公安机关认为需要停止执行的;②行政复议机关认为需要停止执行的;③被处罚人申请停止执行,行政复议机关认为其要求合理,决定停止执行的;④法律规定停止执行的。如符合本法第一百零七条规定的,行政拘留可以暂缓执行。

(6)行政复议机关责令被申请人(作出治安管理处罚决定的公安机关)重新作出具体行政行为的,被申请人不得以同一的事实和理由作出与原具体行政行为相同或者基本相同的具体行政行为。

(7)行政复议机关应当自受理申请之日起六十日内作出行政复议决定。

(二)被处罚人对治安管理处罚决定不服的,可以依法向人民法院提起行政诉讼。我国1989年制定2014年修订的行政诉讼法,对行政诉讼程序作了具体规定。当事人提起行政诉讼,应当依据行政诉讼法的有关规定提起。在我国,行政诉讼是由人民法院对引起争议的具体行政行为进行审查,以保护相对人的合法权益,这是一种司法救济,是行政系统外部对行政权的监督形式,也是行政相对人获得救济的一个途径。由行政系统外部对行政权的行使进行监督,更有利于客观、公正地保护行政相对人的合法权益。本条原则规定了被处罚人对治安管理处罚决定不服的,除可以申请行政复议外,也可以依法直接向人民法院提起行政诉讼。这与行政处罚法的规定是一致的。具体如何依法提起行政诉讼,需要根据行政诉讼法的规定进行。根据行政诉讼法的有关规定,并结合本法的规定,对治安管理处罚决定不服提起的行政诉讼的程序主要包括下列内容:(1)被处罚人直接向人民法院提起行政诉讼的,应当在收到治安管理处罚决定书之日起三个月内提出。(2)被处罚人不服行政复议决定的,可以在收到复议决定书之日起十五日内向人民法院提起行政诉讼。复议机关逾期不作决定的,申请人可以在复议期满之日起十五日内向人民法院提起行政诉讼。(3)行政诉讼期间,不停止治安管理处罚决定的执行。但有下列情形之一的,停止治安管理处罚决定的执行:①被告(公安机关)认为需要停止执行的;②原告(治安案件的被处罚人)申请停止执行,人民法院认为该具体行政行为的执行会造成难以弥补的损失,并且停止执行不损害社会公共利益,裁定停止执行的;③法律规定停止执行的,如符合本法第一百零七条规定的,行政拘留可以暂缓执行。(4)经人民法院两次合法传唤,原告(治安案件的被处罚人)无正当理由拒不到庭的,视为申请撤诉;被告(公安机关)无正当理由拒不到庭的,可以缺席判决。(5)人民法院审理行政案件,不适用调解。(6)人民法院对行政案件宣告判决或者裁定前,原告申请撤诉的,或者被告改变其所作的具体行政行为,原告同意并申请撤诉的,是否准许,由人民法院裁定。(7)人民法院判决被告重新作出具体行政行为的,被告不得以同一的事实和理由作出与原具体行政行为基本相同的具体行政行为。(8)人民法院应当在立案之日起三个月内作出第一审判决。

另外,在司法实践中应注意的是,根据《公安机关执行〈中华人民共和国治安管理处罚法〉有关问题的解释》十四、关于治安行政诉讼案件的出庭应诉问题,《治安管理处罚法》取消了行政复议前置程序。被处罚人对治安管理处罚决定不服的,既可以申请行政复议,也可以直接提起行政诉讼。对未经行政复议和经行政复议决定维持原处罚决定的行政诉讼案件,由作出处罚决定的公安机关负责人和原办案部门的承办民警出庭应诉;对经行政复议决定撤销、变更原处罚决定或者责令被申请人重新作出具体行政行为的行政诉讼案件,由行政复议机关负责人和行政复议机构的承办民警出庭应诉。《公安机关执行〈中华人民共和国治安管理处罚法〉有关问题的解释(二)》十一、关于被侵害人是否有权申请行政复议问题,根据《中华人民共和国行政复议法》第二条的规定,治安案件的被侵害人认为公安机关依据《治安管理处罚法》作出的具体行政行为侵犯其合法权益的,可以依法申请行政复议。

【实例解析】

被处罚人对治安管理处罚决定不服的,可以依法申请行政复议——李某等盗窃(复议)案①

2014年7月19日9时许,李某伙同王某、赵某,经过事先预谋,准备作案工具后,来到某市溪湖区柳西街新华化工有限公司大门口,用电焊将该厂铁大门切割盗窃一扇,后李某、王某于2014年8月23日被抓获,赵某在逃。李某等人所盗窃的铁大门的价值经市价格认证中心鉴定为六百五十元整。

经公安机关调查,认定李某、王某盗窃的证据有李某、王某二人陈述、证人证言、市价格认证中心关于铁门的价格鉴定结论书等证据证明。公安机关依据本法第四十九条的规定,于2014年8月24日给予李某、王某二人行政拘留十日的处罚。

李某随后向市人民政府法制办提起行政复议称:"我本人对公安分局对我进行拘留十日的处罚有异议,我认为处罚过重,应该对我进行治安罚款的处罚,故提出复议申请。"

市人民政府行政复议决定书(本政行复决字〔2014〕第129号)本机关认为:被申请人的该具体行政行为认定事实清楚、证据确凿,适用法律依据正确,程序合法,量罚适当。申请人的复议请求,不予支持,维持原处罚决定。李某没有诉讼,被依法执行了拘留。

第三节 执 行

> **第一百零三条 【行政拘留的执行】**
> 对被决定给予行政拘留处罚的人,由作出决定的公安机关送达拘留所执行。

【条文解读】

本条是关于如何执行行政拘留的规定。

根据本条的规定,对被决定给予行政拘留处罚的人,由作出决定的公安机关送达拘留所执行。行政拘留,是本法第十条所规定的四种治安管理处罚种类中最严厉的一种,是将被处罚人送至拘留所在一定期限内剥夺其人身自由的处罚方式。本法第三章"违反治安管理的行为和处罚"中对行政拘留处罚共规定了三种档次,即五日以下拘留,五日以上十日以下拘留,十日以上十五日以下拘留。同

---

① 案例来源:辽宁省公安厅治安管理总队整理的案例,有删减。

时,根据本法第十六条的规定,有两种以上违反治安管理行为的,分别决定,合并执行。行政拘留处罚合并执行的,最长不超过二十日。本法第九十二条还规定,对决定给予行政拘留处罚的人,在处罚前已经采取强制措施限制人身自由的时间,应当折抵。限制人身自由一日,折抵行政拘留一日。本条规定的"作出决定的公安机关",是指依照本法第九十一条的规定,有权决定行政拘留处罚的公安机关,即县级以上人民政府公安机关。公安派出所无权自己决定行政拘留处罚,只能决定警告或者五百元以下罚款的处罚。这里的"送达拘留执行",是指作出行政拘留决定的公安机关将被决定行政拘留的人送到拘留所并交付执行,拘留所依法办理入所手续后即为送达。"拘留所",是指对被决定行政拘留处罚的人执行拘留的专门场所。根据国家有关规定,拘留所由县(自治县、旗)、市公安局、城市公安分局设置。相当于县级的铁路、交通、民航、林业公安局(处)根据需要,经省、自治区、直辖市公安厅、局批准,也可以设置拘留所。拘留所实行所长负责制。设正、副所长,根据需要配备人民警察,包括一定数量的女警察。

根据本条的规定,县级以上人民政府公安机关办理治安案件,对有违反治安管理行为的人决定行政拘留处罚的,应当派出工作人员将被决定给予行政拘留处罚的人送到拘留所执行处罚。

【实例解析】

对被决定给予行政拘留处罚的人,由作出决定的公安机关送达拘留所执行——张某盗窃案[①]

2013年11月13日,张某因盗窃他人财物被某公安分局处以行政拘留十日的行政处罚。

某公安分局下辖的派出所办案人员认为,对张某的行政拘留送达执行应该由作出拘留决定的公安分局来送达拘留所执行,而不能由派出所来送达,与分局发生了意见分歧。

本案涉及公安机关送达行政拘留的人去拘留所执行的认定问题。"作出决定的公安机关",是指依照本法第九十一条的规定,有权决定行政拘留处罚的公安机关,即县级以上人民政府公安机关。公安派出所无权自己决定行政拘留处罚,只能决定警告或者五百元以下罚款的处罚。但是派出所作为县一级公安机关的派出机构,对于自己办理的行政拘留处罚的案件,代表县一级公安机关即作出拘留决定的公安机关来送达执行是符合法律规定的,因此,本案应由派出所来送达交付执行,派出所民警的意见是错误的。

---

① 案例来源:辽宁省公安厅治安管理总队整理的案例,有删减。

第一百零四条 【当场收缴罚款】

受到罚款处罚的人应当自收到处罚决定书之日起十五日内，到指定的银行缴纳罚款。但是，有下列情形之一的，人民警察可以当场收缴罚款：

（一）被处五十元以下罚款，被处罚人对罚款无异议的；

（二）在边远、水上、交通不便地区，公安机关及其人民警察依照本法的规定作出罚款决定后，被处罚人向指定的银行缴纳罚款确有困难，经被处罚人提出的；

（三）被处罚人在当地没有固定住所，不当场收缴事后难以执行的。

【条文解读】

本条是关于如何执行罚款处罚的规定。罚款是对违反法律、法规，不履行法定义务的当事人的一种经济上的处罚。由于罚款既不影响被处罚人的人身自由及其他合法权益，又能起到对违法行为的惩戒作用，因此，成为包括治安管理处罚在内的各种行政处罚中应用最广泛的一种，也是执法中最容易失控乃至出现问题最多的一个方面。为防止执法机关利用职权将罚款作为创收手段，避免执法人员滥罚款，甚至中饱私囊，从制度上堵塞罚款收缴工作中的漏洞，切实保护行政管理相对人的合法权益，《行政处罚法》第四十六条规定，作出罚款决定的行政机关应当与收缴罚款的机构分离，除了依法当场收缴的罚款外，作出行政处罚决定的行政机关及其执法人员不得自行收缴罚款。由此，确立了行政处罚罚缴分离的原则。本法根据行政处罚法确立的罚缴分离原则，对罚款的缴纳方式和人民警察当场收缴罚款的适用范围作出了明确规定。

（一）关于受到罚款处罚的人如何缴纳罚款及缴纳罚款的期限，本条规定，受到罚款处罚的人应当自收到处罚决定书之日起十五日内，到指定的银行缴纳罚款。根据这一规定，受到罚款处罚的人缴纳罚款的期限为自收到罚款决定书之日起十五日内。这里所规定的"罚款"，是指罚款处罚，包括公安派出所决定的五百元以下的罚款和县级以上人民政府公安机关决定的罚款，但依照本条规定人民警察可以当场收缴的罚款除外。"收到处罚决定书"，是指决定罚款的公安机关（包括公安派出所）将罚款的处罚决定书送达受到罚款处罚的人。证明受到罚款处罚的人收到处罚决定书的主要依据，通常是受到罚款处罚的人在该处罚决定书上的签字。处罚决定书在当场交付或者事后送达被处罚人时，都应当由被处罚人签收。对于被处罚人拒绝签收的情形，可以按照有关规定履行手续后视为被处罚人已经收到。关于缴纳罚款的程序，依照这一规定，被处罚人应当到指定的银行缴纳。这里所说的"指定的银行"，是指罚款的处罚决定书上标明的办理代收罚款业务的银行。本条规定的罚缴分离制度，是现代行政法制发展的趋势和要求。综观世界各国,除特殊情况外,作出罚款的机关与收缴罚款的机构都是分离的,一般都不允许自罚自收的现象存在。自罚自收弊病很大,容易造成滥罚款的问题。采取作出罚款决定的公安机关与收缴罚款的机构相分离的制度,改变自罚自收的状况,有利于促进公安机关廉政建设,防止腐败;有利于避免公安机关罚款的随意性,尽量减少和最终杜绝滥罚款的现象,促进公安机关依法行政。同时,这一制度对于改善公安机关形象,密切公安机关同人民群众的关系,也是非常有利的。实行罚缴两条线,还有利于消除被处罚人的误解和抵触情绪。这一规定与1996年行政处罚法确立的作出罚款决定的行政机关与收缴罚款的机构相分离的制度也是一致的。《行政处罚法》第四十六条规定:"作出罚款决定的行政机关应当与收缴罚款的机构分离。"同时规定:"除依照法律规定当场收缴的罚款外,作出行政处罚决定的行政机关及其执法人员不得自行收缴罚款。当事人应当自收到行政处罚决定书之日起十五日内,到指定的银行缴纳罚款。银行应当收受罚款,并将罚款直接上缴国库。"

(二)关于在特定情形下可以当场收缴罚款的规定。根据本条规定,在三种情形下,人民警察可以当场收缴罚款:一是被处五十元以下罚款,被处罚人对罚款无异议的,人民警察可以当场收缴罚款。根据这一规定,人民警察当场收缴罚款必须同时具备两项条件。首先,罚款金额只能是五十元以下。根据本法第一百条的规定,违反治安管理行为事实清楚,证据确凿,处警告或者二百元以下罚款的,可以当场作出治安管理处罚决定。因此,五十元以下的罚款,可以由人民警察当场作出处罚决定。在这种情况下,人民警察当场作出罚款决定,被处罚人对罚款无异议的,人民警察就可以在作出罚款决定后当场进行收缴。需要注意的是,本条并未将当场收缴罚款限于当场处罚的情形。也就是说,对于不属于当场处罚,但罚款金额在五十元以下,被处罚人无异议的,人民警察也可以当场收缴罚款。其次,被处罚人对罚款决定无异议。这是指被处罚人对罚款的处罚没有异议,同意当场缴纳罚款。本条的这一规定,是根据《行政处罚法》相关规定的精神作出的,但与《行政处罚法》规定的当场收缴罚款的最高额二十元以下是不一致的。相对于行政处罚法而言,本法属于特别法,根据特别法的效力优于一般法的原则,应当适用本法规定。二是在边远、水上、交通不便地区,公安机关及其人民警察依照本法的规定作出罚款决定后,被处罚人向指定的银行缴纳罚款确有困难,经被处罚人提出,人民警察可以当场收缴罚款。这是关于应被处罚人要求而当场收缴罚款的规定,是针对特殊地区收缴罚款所遇到的特殊情况而作出的特别规定。在边远、水上、交通不便地区,或者是设置的银行网点少,公安机关及其人民警察依法作出罚款决定后,如果要求被处罚人到指定的银行去缴纳罚款,对被处罚人来说确有实际困难。比如在水上作出罚款决定或者在水上送达罚款的处罚决定书后,被处罚人有时需要经过很长一段时间才能返回陆地,要求其在十五日内到指定的银行缴纳罚款,实际上很难执行,而且还往往会给被处罚人造成不必要的负担,反而背离了建立罚缴分离制度的初衷。在这种情况下,为了保证严肃执法,同时为了方便被处罚人履行罚款决定,被处罚人可以向人民警察提出当场缴纳罚款。经被处罚人要求后,人民警察可以当场收缴罚款。根据这一规定,人民警察当场收缴罚款必须同时具备三项条件:首先是只限于边远、水上、交通不便地区;其次是被处罚人向指定的银行缴纳罚款确有困难,对于虽然属于边远、水上、交通不便地区,但根据案件情况或者被处罚人的个人情况,被处罚人向指定的银行缴纳罚款不存在困难的,人民警察不得当场收缴罚款;最后必须是被处罚人提出要求。这是当场收缴罚款的必备条件,如果被处罚人没有提出当场缴纳罚款的要求,愿意自己到银行缴纳的,人民警察也不得当场收缴罚款。三是被处罚人在当地没有固定住所,不当场收缴事后难以执行的。这主要是针对在当地没有固定住所的临时外来人员。这些人在当地没有固定住所,流动性较强,在很多情况下难以对其真实身份进行确认,或者即使可以确认其真实身份,但由于这些人在当地没有固定住所,可能在很短的时间内就会离开该地。因此,在实践中,如果对罚款决定不当场收缴,事后可能很难再找到被处罚人,当然更谈不上执行罚款决定了。需要注意的是,本条第二项和第三项的适用对象是公安机关依照本法规定作出的罚款决定,既包括人民警察依照本法第一百条的规定当场作出的罚款决定,也包括依照本法第九十一条的规定,由公安派出所作出的五百元以下的罚款决定和县级以上人民政府公安机关作出的其他数额的罚款决定。

必须指出的是,公安机关行政管理职权不仅仅局限于治安和交通管理,在行使其他职权时,应根据《公安机关办理行政案件程序规定》第一百八十八条规定,公安机关作出罚款决定,被处罚人应当自收到行政处罚决定书之日起十五日内,到指定的银行缴纳罚款。具有下列情形之一的,公安机关及其办案人民警察可以当场收缴罚款,法律另有规定的,从其规定:对违反治安管理行为人处五十元以下罚款和对违反交通管理的行人、乘车人和非机动车驾驶人处罚款,被处罚人没有异议的;对违反治安管理、交通管理以外的违法行为人当场处二十元以下罚款的;在边远、水上、交通不便地区、旅客列车上或者口岸,被处罚人向指定银行缴纳罚款确有困难,经被处罚人提出的;被处罚人在当地没有固定住所,不当场收缴事后难以执行的。另外,人民警察当场收缴罚款,性质上也属于代收。当场收缴罚款的人民警察必须依照本法第一百零五条的规定,按期如数将收缴的罚款交至所属的公安机关,由公安机关再按期如数将罚款缴付指定的银行。同时,人民警察当场收缴罚款,还必须依照本法第一百零六条的规定,向被处罚人出具省、自治区、直辖市人民政府财政部门统一制发的罚款收据。对于违反本条规定的行为,本法第一百一十六条规定,人民警察办理治安案件,不执行罚款决定与罚款收缴分离制度或者不按规定将依法收缴的罚款全部上缴国库,或者私分、侵占、挪用、故意损毁收缴的款物的,依法给予行政处分;构成犯罪的,依法追究刑事责任。办理治安案件的公安机关有上述行为的,对直接负责的主管人员和其他直接责任人员给予相应的行政处分。

> **第一百零五条 【当场收缴罚款的缴付程序和时限】**
> 人民警察当场收缴的罚款,应当自收缴罚款之日起二日内,交至所属的公安机关;在水上、旅客列车上当场收缴的罚款,应当自抵岸或者到站之日起二日内,交至所属的公安机关;公安机关应当自收到罚款之日起二日内将罚款缴付指定的银行。

【条文解读】

本条是关于当场收缴罚款的缴付程序和时限。人民警察当场收缴罚款,是一种基于法定特殊情形而向被处罚人收缴罚款的行为。根据本法第一百一十五条的规定,人民警察当场收缴的罚款应当全部上缴国库。因此,为确保人民警察当场收缴的罚款能够及时、全部上缴国库,防止国家利益因罚款流失而受损,本条根据行政处罚法第五十条的规定,对人民警察当场收缴罚款的缴付程序和时限作了明确规定。

(一)当场收缴罚款的缴付程序。根据本条规定,当场收缴罚款的缴付,先由负责执行罚款处罚的人民警察交至所属的公安机关,再由该公安机关缴付至指定的银行。本条规定中的"所属公安机关",是指负责执行罚款处罚的人民警察所隶属的公安机关,而不是人民警察所在的办案部门。公安派出所虽不是一级公安机关,但是,由于公安派出所依法享有部分治安管理处罚权,我们认为,为了提高执法效率,公安派出所的人民警察当场收缴罚款的,可以将收缴的罚款上交给其所隶属的公安派出所,由公安派出所将罚款缴付指定的银行。铁路、交通、民航、森林等公安机关的人民警察,应当将其收缴的罚款上交其直接所属的铁路、交通、民航、森林公安局(处)。

(二)当场收缴罚款的缴付期限。根据本条规定,一般情况下,人民警察将收缴的罚款交至所属公安机关的期限是"二日内",即自人民警察当场收缴罚款之日起的二日内。但在水上、旅客列车上当场收缴的罚款,则是自人民警察抵岸或者到站之日起的二日内。这里所称的"到站",是指列车到达该当场收缴罚款人民警察所属的公安机关所在地的车站,而不是人民警察当场收缴罚款后列车所到达的第一个车站。公安机关缴付罚款的期限也是"二日内",即自收到罚款之日起的二日内,公安机关应将其人民警察上交的罚款缴付指定的银行。按照国家现行有关财务制度的规定,为确保现金安全,财会人员应当将所收的现金在当日缴付金融机构。参照这一规定，代收罚款的人民警察或者公安机关应当在当日就将罚款缴付指定的银行。但是，考虑到公安机关及其人民警察工作任务重，压力大，如果要求人民警察在当场收缴罚款的当日就将罚款交至所属公安机关或者缴付指定的银行，不仅会进一步加重公安机关及其人民警察的负担，影响公安机关全面履行法定职责，而且在实践中还极有可能出现大量因为做不到而置法定时限于不顾的问题，不利于维护国家法律的尊严和权威。因此，本法和行政处罚法没有采纳财务管理中现金保管的通行做法，而是适当放宽了罚款缴付期限。但这并不意味着明明可以当日做到的，非要等到二日后才去上交或者缴付。本条立法宗旨在于设定公安机关及其人民警察对当场收缴的罚款有及时上交和缴付的义务。另外，根据行政处罚法第五十三条和本法第一百一十五条的规定，罚款必须全部上缴国库，公安机关或者人民警察不得以任何形式截留、私分或者变相私分；财政部门不得以任何形式向公安机关返还罚款。

第一百零六条　【当场收缴罚款应当出具罚款收据】

人民警察当场收缴罚款的，应当向被处罚人出具省、自治区、直辖市人民政府财政部门统一制发的罚款收据；不出具统一制发的罚款收据的，被处罚人有权拒绝缴纳罚款。

【条文解读】

本条是关于当场收缴罚款时应当出具罚款收据的规定。为了防止公安机关及其人民警察利用当场处罚权乱罚款、滥罚款，侵犯公民的合法权益，并有效预防私自截留、坐支、挪用、私分、侵吞罚款问题的发生，同时也是为了严格规范公安机关及其人民警察的当场处罚行为，确保依法履行"将罚款全部上缴国库"的法定职责，切实维护国家利益，本法根据《行政处罚法》第四十九条的规定，对当场收缴罚款时人民警察有出具法定罚款收据的义务，以及被处罚人对不出具法定收据有权拒缴罚款的权利作了明确规定。

根据本条的规定，人民警察当场收缴罚款的，应当向被处罚人出具省、自治区、直辖市人民政府财政部门统一制发的罚款收据；不出具统一制发的罚款收据的，被处罚人有权拒绝缴纳罚款。之所以规定由省、自治区、直辖市人民政府财政部门统一制发罚款收据，主要是为了对罚款情况进行财政监控。无论是人民警察当场收缴罚款，还是被处罚人自行到银行缴纳罚款，最终这些罚款都要全部上缴财政。因此，由财政部门统一制发罚款收据，可以对罚款进行严格控制，防止滥罚款以及截留、挪用、贪污罚款，促进廉政建设。本条适用于人民警察当场收缴罚款的情形。人民警察当场收缴罚款的，必须依照本条的规定出具罚款收据，不得未出具罚款收据而收缴罚款。同时,人民警察出具的罚款收据必须是省、自治区、直辖市人民政府财政部门统一制发的罚款收据,不得使用擅自印制的非法罚款收据。这里所说的"统一制发",是指罚款收据由省、自治区、直辖市人民政府财政部门统一制作和发放。除要求人民警察在当场收缴罚款时应当出具法定的罚款收据外,本条还规定,不出具统一制发的罚款收据的,被处罚人有权拒绝缴纳罚款。这一规定有三层含义:第一,不出具罚款收据的,被处罚人有权拒绝缴纳罚款。这里所谓的"有权拒绝缴纳罚款",是指被处罚人拒绝缴纳罚款的行为属于行使法律规定的合法权利,对该行为后果不负任何法律责任。第二,对于出具的罚款收据不是省、自治区、直辖市人民政府财政部门统一制发的,被处罚人也有权拒绝缴纳罚款。第三,对人民警察不如实填写罚款数额的,被处罚人也有权拒绝缴纳罚款。这是法律赋予被处罚人的法定权利,公安机关及其人民警察不得以阻碍人民警察依法执行职务为由处罚当事人。该规定实际上赋予了被处罚人一定的抵抗权。抵抗权,是指行政管理相对人对于明显违法的行政行为,有拒绝履行行政决定的权利。

第一百零七条 【暂缓执行行政拘留】

被处罚人不服行政拘留处罚决定,申请行政复议、提起行政诉讼的,可以向公安机关提出暂缓执行行政拘留的申请。公安机关认为暂缓执行行政拘留不致发生社会危险的,由被处罚人或者其近亲属提出符合本法第一百零八条规定条件的担保人,或者按每日行政拘留二百元的标准交纳保证金,行政拘留的处罚决定暂缓执行。

【条文解读】

本条是关于暂缓执行行政拘留处罚的规定。行政拘留暂缓执行,是指被拘留人在申请行政复议、提起行政诉讼期间,向公安机关提出行政拘留暂缓执行的申请,公安机关认为对被拘留人暂缓执行行政拘留不致发生社会危险,在被拘留人或者其近亲属提供了担保人或者交纳保证金后,行政拘留决定可以暂缓执行的法律制度。本条规定共包含了以下几层意思:

(一)暂缓执行只限于行政拘留处罚。规定政拘留暂缓执行制度的目的在于:其一,为了使被拘留人更充分地行使法律所赋予的救济权。根据本法第一百零二条的规定,被处罚人对治安管理处罚决定不服的,可以依法申请行政复议或者提起行政诉讼,赋予了被拘留人不服行政拘留决定的救济权。但是,根据《行政复议法》第二十一条、《行政诉讼法》第四十四条的规定,在行政复议、行政诉讼期间,原则上不停止执行原具体行政行为。而行政复议、行政诉讼期间,如果被拘留人的人身自由因执行行政拘留而受到限制，就会或多或少地影响其行使行政复议权和行政诉讼权。其二，为了防止和避免因错误行政拘留被执行而给被拘留人造成难以弥补的精神损失和伤害。行政拘留是一种最严厉的治安管理处罚，与警告、罚款、吊销公安机关发放的许可证等治安管理处罚不同，行政拘留一旦被实际执行，即使行政复议决定、行政判决撤销了原行政拘留决定，被拘留人因此失去的人身自由和因此造成的精神创伤却是不可能得到恢复的。

（二）暂缓执行行政拘留适用于被处罚人不服行政拘留处罚决定，申请行政复议、提起行政诉讼的情形。这里所规定的"申请行政复议"，是指被处罚人不服行政拘留处罚决定，依照《行政复议法》和本法的有关规定，提出行政复议申请。《行政复议法》第六条明确规定，对行政机关作出的行政拘留处罚决定不服的，公民可以申请行政复议。本法第一百零二条规定，被处罚人对治安管理处罚决定不服的，可以依法申请行政复议。这里所规定的"提起行政诉讼"，是指被处罚人对不服行政拘留处罚决定，直接向人民法院提起行政诉讼，或者在申请行政复议后对行政复议决定不服的，向人民法院提起行政诉讼。《行政诉讼法》第十一条明确规定，人民法院受理公民对拘留等行政处罚不服提起的诉讼。同时，根据《行政诉讼法》第十七条的规定，被处罚人提起行政案件，由最初作出行政拘留处罚的公安机关所在地人民法院管辖。经复议的案件，复议机关改变原行政拘留处罚的，也可以由复议机关所在地人民法院管辖。根据本条规定，只有被处罚人申请行政复议或者提起行政诉讼的，才有可能暂缓执行对其决定的行政拘留处罚。暂缓执行的效力只适用于行政复议、行政诉讼期间。

（三）公安机关认为暂缓执行行政拘留不致发生社会危险的，行政拘留的处罚决定才可以暂缓执行。这是适用行政拘留暂缓执行的关键条件。如果公安机关经审查认为，对被拘留人暂缓执行行政拘留会发生社会危险的，则不能适用行政拘留暂缓执行。这里所称的"不致发生社会危险"，主要是指暂缓执行行政拘留，被拘留人不会逃跑、干扰和阻碍证人作证、串供、毁灭、伪造证据、再次实施违法犯罪等情形。

（四）被处罚人向公安机关申请暂缓执行行政拘留，必须提供一定的保证措施。被拘留人或者其近亲属依法提出了符合法定条件的担保人，或者按照法定标准交纳保证金的。这是适用行政拘留暂缓执行的担保条件。近亲属，是指被拘留人的配偶、父母、子女、同胞兄弟姐妹。担保人，是指以自己的人格和信誉担保，并出具担保书，保证被拘留人在行政拘留暂缓执行期间不逃避行政拘留处罚执行的自然人。根据本法第一百零八条规定，担保人必须是与本案无牵连、享有政治权利且人身自由未受到限制、在当地有常住户口和固定住所、有能力履行担保义务的人。保证金，是指由被拘留人或者其近亲属为了申请行政拘留暂缓执行而交纳的保证被拘留人不逃避行政拘留处罚执行的一定数量的金钱。根据本条规定，保证金必须按照每日行政拘留二百元的标准交纳。这里所说的每日行政拘留,是指在公安机关通知其交纳保证金时尚未执行的行政拘留的时间,而不是指被拘留人被依法决定行政拘留的时。如某人被决定行政拘留十天,公安机关通知其交纳保证金,其已被执行了三天,则其应当交纳一千四百元元保证金而不是两千元保证金。

根据本条规定,以上四个条件必须同时具备,行政拘留处罚决定方可暂缓执行。

(五)被处罚人申请暂缓执行行政拘留符合条件的,行政拘留的处罚决定暂缓执行。根据本条规定,被处罚人提出申请的,公安机关认为暂缓执行行政拘留不致发生社会危险,同时被处罚人或者其近亲属提供的保证措施符合法律规定,如担保人符合法定条件,或者交纳了足够的保证金的,行政拘留的处罚决定暂缓执行。所谓"暂缓执行",是指在行政复议、行政诉讼期间暂不予执行,而不是不再执行。对于行政拘留处罚决定经行政复议后维持,被处罚人未提起行政诉讼的,或者行政拘留处罚决定经行政诉讼后维持的,该行政拘留处罚决定应当交付执行。但对于行政拘留处罚决定经行政复议或者行政诉讼被撤销的,在行政复议或者行政诉讼之后,也不再对被处罚人执行行政拘留。

需要指出的是,本条规定了行政拘留处罚决定暂缓执行的条件与程序。但对于行政拘留或者其他治安管理处罚决定,还存在依照《行政复议法》或者《行政诉讼法》停止执行的可能性。《行政复议法》第二十一条规定:"行政复议期间具体行政行为不停止执行;但是,有下列情形之一的,可以停止执行:(一)被申请人认为需要停止执行的;(二)行政复议机关认为需要停止执行的;(三)申请人申请停止执行,行政复议机关认为其要求合理,决定停止执行的;(四)法律规定停止执行的。"《行政诉讼法》第四十四条规定:"诉讼期间,不停止具体行政行为的执行。但有下列情形之一的,停止具体行政行为的执行:(一)被告认为需要停止执行的;(二)原告申请停止执行,人民法院认为该具体行政行为的执行会造成难以弥补的损失,并且停止执行不损害社会公共利益,裁定停止执行的;(三)法律、法规规定停止执行的。"根据上述规定,在行政复议、行政诉讼期间,对于符合《行政复议法》《行政诉讼法》规定的,行政复议机关、人民法院以及作出原行政处罚决定的机关也可以决定停止执行行政拘留或者其他治安管理处罚决定。

【实例解析】
行政拘留暂缓执行的条件——邱某暂缓执行行政拘留案[①]

2013年10月28日,在某市第四橡胶厂木工车间内,刘某因工厂承包问题与厂长邱某发生矛盾,邱某将刘某打伤,经鉴定刘某的伤为轻微伤。2013年12月8

[①] 案例来源:辽宁省公安厅治安管理总队整理的案例,有删减。

日,我局根据本法第四十三条一款之规定,对邱某作出行政拘留七日并处二百元罚款的处罚。邱某交纳了罚款,但提出对行政拘留处罚不服,要求行政复议并提出暂缓执行行政拘留的申请,同时缴纳一千四百元保证金。

公安机关经审查认为,本案违法行为人邱某符合暂缓执行行政拘留的条件,且暂缓执行行政拘留不致发生社会危险,依据《治安管理处罚法》一百零七条和《行政复议法》第六条第一项规定,决定对邱某暂缓执行行政拘留。

本案涉及行政拘留暂缓执行条件的问题。根据本条规定,被处罚人不服行政拘留处罚决定,申请行政复议、提起行政诉讼的,可以向公安机关提出暂缓执行行政拘留的申请。公安机关认为暂缓执行行政拘留不致发生社会危险的,由被处罚人或者其近亲属提出符合规定条件的担保人,或者按每日行政拘留二百元的标准交纳保证金,行政拘留的处罚决定暂缓执行。本案中,违法行为人邱某接受罚款,但对行政拘留不服申请复议并提出暂缓执行行政拘留的申请,且缴纳保证金,公安机关调查认为,暂缓执行拘留不致发生社会危险。这就符合暂缓执行拘留条件。公安机关对邱某予以暂缓执行拘留决定是正确的。

> **第一百零八条 【担保人的条件】**
> 担保人应当符合下列条件:
> (一)与本案件无牵连;
> (二)享有政治权利,人身自由未受到限制;
> (三)在当地有常住户口和固定住所;
> (四)有能力履行担保义务。

【条文解读】

本条是关于暂缓执行行政拘留处罚中对担保人的条件的规定。担保人是以自己的人格和信誉保证被拘留人在行政拘留暂缓执行期间不逃避行政拘留执行的人。根据本条规定,暂缓执行行政拘留处罚的担保人必须同时符合以下四个条件:

第一,担保人必须与本案无牵连。这是指担保人与被拘留人所涉及的治安案件没有任何利害关系,即担保人不是与被拘留人共同违反治安管理的人,也不是本案的证人、被侵害人等。这是保证担保人依法履行担保责任的首要条件。如果担保人与案件有牵连,则可能会指使、纵容甚至帮助被拘留人阻碍、逃避公安机关、行政复议机关或者人民法院的传唤、复议、审理和执行,从而影响行政复议、行政诉讼的顺利进行,影响行政拘留处罚决定的执行。

第二,担保人必须享有政治权利,人身自由未受到限制。即担保人在为被暂缓执行行政拘留处罚的被处罚人承担担保义务时,他本人并没有因为违法犯罪行为而被剥夺政治权利或者被限制人身自由。这里所说的"享有政治权利",是指享有下列权利:选举权和被选举权;言论、出版、集会、结社、游行、示威自由的权利;担任国家机关职务的权利;担任国有公司、企业、事业单位和人民团体领导职务的权利。上述政治权利,只能依照法律的规定予以剥夺。我国《刑法》第五十六条规定:"对于危害国家安全的犯罪分子应当附加剥夺政治权利;对于故意杀人、强奸、放火、爆炸、投毒、抢劫等严重破坏社会秩序的犯罪分子,可以附加剥夺政治权利。""独立适用剥夺政治权利的,依照本法分则的规定。"第五十七条规定:"对于被判处死刑、无期徒刑的犯罪分子,应当剥夺政治权利终身。""在死刑缓期执行减为有期徒刑或者无期徒刑减为有期徒刑的时候,应当把附加剥夺政治权利的期限改为三年以上十年以下。"凡是未经人民法院定罪判决剥夺政治权利的,即可认为"享有政治权利"。这里所说的"人身自由未受到限制",是指担保人未受到任何剥夺或者限制其人身自由的刑罚处罚,未被采取任何剥夺或者限制其人身自由的刑事、行政强制措施,也未受到任何限制其人身自由的行政处罚。具体讲,是指担保人未被判处管制、拘役或者有期徒刑以上的刑罚处罚并在服刑的,未被采取拘传、取保候审、监视居住、拘留、逮捕刑事强制措施,未被劳动教养,也未受到行政拘留等处罚的。需要注意的是,这里所规定的"享有政治权利,人身自由未受到限制",是指担保人在为暂缓执行行政拘留处罚的被处罚人提供担保期间,享有政治权利,人身自由未受到限制。对于曾经被剥夺过政治权利,或者其人身自由曾经受到过限制,但在为暂缓执行行政拘留处罚的被处罚人提供担保期间,享有政治权利,人身自由未受到限制的,不能认为是不具备本条所规定的这一条件。也就是说,担保人既要享有政治权利,其人身自由又未受到限制。只有这样,担保人才有可能履行担保义务。

第三,担保人必须在当地有常住户口和固定住所。这里所说的"当地",是指办理该治安案件的公安机关所在地。担保人在当地有常住户口并有固定住所,便于保持他与公安机关之间的联系,有利于保证他履行担保义务。

第四,担保人必须有能力履行担保义务。担保人是否有能力履行担保义务,主要是看其行为能力、信用程度、身体状况如何,是否实际在当地常住等情况。如担保人必须是年满18周岁,具有完全民事行为能力的成年人。未成年人、精神病人等限制行为能力人或者无行为能力人,则不能担任担保人。担保人须在当地有一定的信用度,为被担保人或者其近亲属所信任,对被担保人有一定的约束能力等。如系多次违法犯罪、屡教不改的人,则不能担任担保人。担保人的身体状况、是否实际在当地常住等情况,也是其是否能够完成担保义务的重要条件,如果担保人长期卧病在床或者长期在外打工、经商,也很难保证其有能力履行担保义务。

> **第一百零九条　【担保人的义务】**
> 担保人应当保证被担保人不逃避行政拘留处罚的执行。
> 担保人不履行担保义务，致使被担保人逃避行政拘留处罚的执行的，由公安机关对其处三千元以下罚款。

【条文解读】

本条是关于暂缓执行行政拘留处罚担保人的义务及不履行义务的法律责任的规定。

本条第一款是关于担保人应当履行的义务的规定。担保人是以自己的人格和信誉保证被拘留人在行政拘留暂缓执行期间不逃避处罚执行的人。根据本款规定，担保人的义务是保证被担保人不逃避行政拘留处罚的执行。这一规定，是从担保目标的角度来规定担保人的保证义务。担保人应当通过多种方式，包括语言劝解、监督、督促、提醒等，来实现其担保目标。这里所说的"被担保人"，是指由担保人提供保证的被处罚人。"逃避"，主要是指被处罚人采取逃跑或者躲避等方式，使行政拘留处罚的执行无法进行。"执行"，是指对于行政拘留处罚决定经行政复议后维持，被处罚人未提起行政诉讼的，或者行政拘留处罚决定经行政诉讼后维持的，执行该行政拘留处罚决定的活动。

本条第二款是关于暂缓执行行政拘留处罚担保人不履行义务的法律责任的规定。担保人不履行担保义务，致使被担保人逃避行政拘留处罚的执行的，由公安机关对其处三千元以下罚款。根据本款规定，对担保人进行处罚，必须同时具备两个条件：一是担保人不履行担保义务，即担保人未采取任何担保措施或者严重不负责任，敷衍了事等；二是致使被担保人逃避行政拘留处罚的执行。这里所说的"逃避行政拘留处罚的执行"，是指被处罚人采取逃跑或者躲避等方式，使经行政复议或者行政诉讼后维持的行政拘留处罚无法执行。实践中应当注意两个方面的问题：首先，如果担保人积极履行其担保义务，但被担保人还是通过逃跑或者躲避等逃避行政拘留处罚的执行的，不应对担保人进行处罚。其次，担保人不履行担保义务，虽然被担保人有其他违法行为，如干扰复议、扰乱法庭秩序等，但未逃避行政拘留处罚的执行的，也不能对担保人进行处罚。

应需注意的是，《公安机关办理刑事案件程序规定》第二百零三条规定，暂缓执行行政拘留的担保人应当履行下列义务：保证被担保人遵守本规定第二百条的规定；发现被担保人伪造证据、串供或者逃跑的，及时向公安机关报告。暂缓执行行政拘留的担保人不履行担保义务，致使被担保人逃避行政拘留处罚执行的，公安机关可以对担保人处以三千元以下罚款，并对被担保人恢复执行行政拘留。暂缓执行行政拘留的担保人履行了担保义务，但被担保人仍逃避行政拘留处罚执行的,或者被处罚人逃跑后,担保人积极帮助公安机关抓获被处罚人的,可以从轻或者不予行政处罚。在实践中,具体的罚款数额应根据被担保人逃避处罚的严重程度、担保人的责任大小及其经济状况来确定。

【实例解析】

担保人不履行担保义务的违法行为——万某担保案[①]

2013年4月28日,在某工地上,张某与李某发生矛盾,张某把李某打伤,经某医科大学法医事务所鉴定其损伤程度为轻微伤。公安机关于2013年5月18日依据《治安管理处罚法》第四十三条第一款规定,对张某作出拘留十日并处二百元罚款的治安管理处罚决定,张某对处罚决定不服,书面向上一级公安机关申请行政复议,由其本地工友万某作其担保人。于是,公安机关对张某的拘留予以暂缓执行。在暂缓执行期间,张某以到外地打工为由,一去不返。万某并未就此事及时向公安机关报告。公安机关因无法找到张某,便对万某处以三千元罚款。

本案涉及担保人不履行担保义务应承担法律责任问题。担保人具有保证被担保人不逃避行政拘留处罚的义务。担保人不履行担保义务并致使被担保人逃避相应处罚的,应当承担相应的法律责任。本案中,张某请求本地工友万某作其担保人,符合本法第一百零八条规定的担保人条件。但万某未履行担保义务,致使被担保人张某逃避行政拘留处罚的执行,依据本条之规定,对保证人万某予以三千元罚款是正确的。

第一百一十条 【保证金的没收】

被决定给予行政拘留处罚的人交纳保证金,暂缓行政拘留后,逃避行政拘留处罚的执行的,保证金予以没收并上缴国库,已经作出的行政拘留决定仍应执行。

【条文解读】

本条是关于暂缓执行行政拘留处罚没收保证金的规定。设立暂缓执行行政拘留和保证金制度的目的,一方面是为了更好地保护被拘留人的合法权益,防止因错误的行政拘留决定执行后给被拘留人造成难以弥补的损失;另一方面是为了防止被拘留人逃避行政拘留的执行。因而,保证金既不是对被拘留人的加重处罚,也不能以金钱折抵拘留。本条规定了三个方面的内容:

(一)关于没收保证金的情形。根据本款的规定,被决定给予行政拘留处罚的人交纳保证金,暂缓行政拘留后,逃避行政拘留处罚的执行的,保证金予以没

[①] 案例来源:辽宁省公安厅治安管理总队整理的案例,有删减。

收。具体来说，公安机关决定没收保证金，必须同时具备以下两项条件：一是被处罚人交纳了保证金，已决定的行政拘留处罚被暂缓执行。根据本法第一百零七条的规定，被处罚人不服行政拘留处罚决定，申请行政复议、提起行政诉讼的，可以向公安机关提出暂缓执行行政拘留的申请。公安机关认为暂缓执行行政拘留不致发生社会危险的，由被处罚人或者其近亲属提出符合本法第一百零八条规定条件的担保人，或者按每日行政拘留二百元的标准交纳保证金，行政拘留的处罚决定暂缓执行。本条适用于被处罚人或者其近亲属交纳保证金的情形。被处罚人或者其近亲属提出担保人，行政拘留处罚暂缓执行的，不适用本条规定。二是被处罚人在暂缓行政拘留后逃避行政拘留处罚的执行的。这里所说的"逃避行政拘留处罚的执行"，是指被处罚人采取逃跑或者躲避等方式，使经行政复议或者行政诉讼后维持的行政拘留处罚无法执行，主要包括三种情形：一是在公安机关作出暂缓执行行政拘留决定后逃跑的，包括行政复议、行政诉讼期间撤回行政复议申请或者撤回行政诉讼的；二是在行政复议机关、人民法院依法作出不予受理的决定或者裁定后逃跑的；三是在得知行政复议机关或者人民法院作出维持行政拘留的决定或者判决后逃跑的。要求被处罚人或者其近亲属交纳保证金，其主要目的就在于保证被处罚人在行政复议、行政诉讼期间不逃避未来行政拘留处罚的执行，因此，被处罚人逃避行政拘留处罚的执行的，所交纳的保证金应当予以没收。

（二）根据本条规定，没收的保证金应当上缴国库。没收保证金也属于一种行政处罚，在性质上与罚款处罚类似。对于罚款收入，国家一直要求执法部门将罚款全部上缴国库。1986年12月31日财政部发布了《罚没财物和追回赃款赃物管理办法》，规定：执法机关依法收缴的罚款、赃款和没收财物、赃物的变价款一律作为"国家罚没收入"或"追回赃款和赃物变价收入"如数上缴国库。任何机关都不得截留、坐支。1993年10月9日，中共中央办公厅、国务院办公厅转发了财政部关于对行政性经费、罚没收入实行预算管理的规定，再次强调罚没收入必须全部上缴财政，严禁搞任何形式的提留、分成和收支挂钩，对罚没收入实行预算管理。根据上述原则，本条规定，没收的保证金上缴国库。

（三）关于没收保证金的后果。本条规定，在没收保证金的同时，已经作出的行政拘留决定仍应执行。这样规定，主要是因为，没收保证金是对被处罚人在行政复议、行政诉讼期间逃避未来行政拘留处罚执行的一种处罚措施，并不能替代他因违反治安管理行为应受的行政拘留处罚。行政拘留处罚针对的被处罚人违反治安管理的行为，其目的是对被处罚人进行惩罚和教育，仅仅没收保证金不能够达到这一效果。在执行中，在行政复议、行政诉讼期间被处罚人逃避行政拘留处罚的执行的，应当先将保证金予以没收。在没收保证金后，公安机关还应当查找被处罚人的下落，在找到被处罚人后，仍然要依照本法第一百零三条的规定将被处罚人送达拘留所执行行政拘留处罚。

第一百一十一条 【保证金的退还】

行政拘留的处罚决定被撤销,或者行政拘留处罚开始执行的,公安机关收取的保证金应当及时退还交纳人。

【条文解读】

本条是关于暂缓执行行政拘留处罚退还保证金的规定。法律设立暂缓执行行政拘留保证金的目的,主要是为了保证被拘留人不逃避处罚。如果被拘留人在行政复议、行政诉讼期间遵守了相关规定、履行了相应义务,行政拘留无论是被撤销还是被执行,公安机关应当将收取的保证金及时退还交纳人。虽然按照本法第一百零七条的规定,保证金可以由被拘留人或者其近亲属交纳,但是,由于被拘留人的近亲属交纳保证金是代替被拘留人交纳的,因此,这里的交纳人是指申请行政拘留暂缓执行的被拘留人。这里的"及时",是指根据本条规定的立法精神,要求公安机关应当在尽可能短的时间内将保证金退还交纳人。

根据本条规定,行政拘留的处罚决定被撤销,或者行政拘留处罚开始执行的,公安机关收取的保证金应当及时退还交纳人。本条规定的退还保证金的情形包括两种:一是行政拘留的处罚决定被撤销,即经过行政复议或者行政诉讼,原先决定的行政拘留处罚被撤销。根据《行政复议法》第二十八条的规定,对于行政拘留处罚决定有下列情形之一的,行政复议机关决定撤销、变更或者确认该处罚决定违法:(1)主要事实不清、证据不足的;(2)适用依据错误的;(3)违反法定程序的;(4)超越或者滥用职权的;(5)具体行政行为明显不当的。同时,作出处罚决定的公安机关不按行政复议法的有关规定向行政复议机关提出书面答复、提交当初作出行政拘留处罚决定的证据、依据和其他有关材料的,视为该处罚决定没有证据、依据,行政复议机关决定撤销该处罚决定。根据《行政诉讼法》第五十四条的规定,人民法院经过审理,对于有下列情形之一的,判决撤销或者部分撤销,并可以判决被告重新作出具体行政行为:(1)主要证据不足的;(2)适用法律、法规错误的;(3)违反法定程序的;(4)超越职权的;(5)滥用职权的。本条所规定的行政拘留的处罚决定被撤销,既包括在行政复议程序中被行政复议机关依法撤销,也包括在行政诉讼程序中被人民法院依法撤销。行政拘留的处罚决定被撤销的,原处罚决定就不再有效,公安机关不得对被处罚人执行原处罚决定。在这种情况下,保证金的收取就失去了必要性,因此,公安机关必须及时将保证金予以退还。二是行政拘留处罚开始执行的,即经过行政复议或者行政诉讼,行政拘留处罚决定被维持,或者处罚幅度被变更但保留行政拘留处罚的,公安机关依法开始执行行政拘留处罚的。收取保证金的目的是为了保证行政拘留处罚能够得以执行,在行政拘留处罚开始执行的情况下,保证金的收取也就不再是必要的,因此,公安机关也必须及时将保证金予以退还。

实务中,被决定行政拘留的人逃避行政拘留处罚执行的,由决定行政拘留的公安机关作出没收或者部分没收保证金的决定,行政拘留的决定机关应当将被处罚人送拘留所执行。被处罚人对公安机关没收保证金的决定不服的,可以依法申请行政复议或者提起行政诉讼。

第五章 执法监督

> **第一百一十二条 【办理治安案件的执法原则】**
> 公安机关及其人民警察应当依法、公正、严格、高效办理治安案件,文明执法,不得徇私舞弊。

【条文解读】

本条是关于公安机关及其人民警察在办理治安案件时应当遵循的执法原则的规定。

按照本条的规定,公安机关及其人民警察应当依法、公正、严格、高效办理治安案件,文明执法,不得徇私舞弊。这也是本法对公安机关及其人民警察办理治安案件的原则性要求,是指导和制约公安机关及其人民警察办理治安案件全过程的准则。

要依法。依法治国,是党领导人民治理国家的基本方略。依法行政,既是依法治国的应有之义,又是国家行政管理活动中贯彻落实依法治国方略的根本体现。公安机关及其人民警察应当按照依法治国、依法行政的要求,切实尊重法律,严格遵守法律,正确理解立法原意,忠实于法律精神,维护法律的尊严和权威。办理治安案件必须依照法律、法规、规章规定的实体和程序进行,每一个执法环节、每一个执法步骤都按照法律规定进行,逐步实现执法行为的规范化、标准化,减少甚至杜绝执法的随意性。"依法"中的"法",既包括实体法,也包括程序法;既包括法律、行政法规、部门规章,也包括地方性法规、地方政府规章和民族自治地方的自治条例、单行条例。在执法办案过程中,不允许无视法律、亵渎法律、违反法律和滥用法律的现象发生。既要坚决禁止曲解法律规定,搞"上有政策,下有对策",又要坚决禁止对待法律规定为我所用,"合意就执行,不合意就放一边,自己想怎么干就怎么干"。

要公正。公正,即公平正直,是指平等地对待当事各方,坚持一个标准对待不同案件的当事人,不偏袒任何人,也不歧视任何人,对一切违法犯罪行为都依法予以打击,对公民的一切合法权益都依法予以保护,平等和公正地适用法律。公正是法治的灵魂,是执法者应当具备的品质。公正原则已经为法治国家所认同。凡是与本人有关的案件,不能由本人自断,这是公正的第一标准;必须听取双方当事人的意见,这是法律的正当程序。人民警察法第四十五条和本法第八十一条规定的回避制度是确保执法公正的有效制度,适用于公安机关办理治安案件的全过程。

要严格。严格,是指认真按照法律规定的制度和标准办事,一点也不放松。有法必依、执法必严、违法必究是社会主义法制原则,也是严格执法的必然要求。公安机关及其人民警察要严格按照法律规定办事,严格执法,坚持做到不枉不纵,严格依法查处违反治安管理行为,坚决防止和纠正执法"不作为"和"乱作为"。对违反治安管理行为人既不降格处理,对依法应当从重处罚的予以从轻处罚、减轻处罚或者不予处罚;也不升格处理,对依法应当从轻处罚、减轻处罚或者不予处罚的予以从重处罚。

要高效。在现代社会,公正与效率已成为执法和司法活动最重要的价值取向。迟到的公正就是不公正。公安机关在行使权力和执法活动中重视公正的同时,必须讲究效率。高效是办理治安案件工作的重要准则,其主要内容包括:公安机关对报案、控告、举报或者违反治安管理行为人主动投案,以及其他行政主管部门、司法机关移送的违反治安管理案件,应当及时受理并登记;受理报案、控告、举报、投案后,认为属于违反治安管理行为的,应当立即进行调查;对违反治安管理行为人,公安机关传唤后应当及时询问查证;调查结束后,应当及时作出处理决定;等等。

要文明。这里的"文明",是指人民警察在办理治安案件过程中,应当做到言行举止得体、警容风纪严整。它要求人民警察在工作中使用文明、礼貌的语言,善于在不同的场合使用不同的用语对不同的对象进行询问,在受到顶撞或者不礼貌的对待时,尽可能做到不气、不急、不躁,善于运用智慧和谋略达到调查的目的;它要求人民警察举止大方、端庄,在群众面前不摆架子、不耍威风,不得侮辱、打骂、歧视、虐待他人,更不能刑讯逼供;它要求人民警察严格按照有关规定着装,使公安队伍在整体上给人以守纪律、有礼节、仪表整洁威严、举止干练有素的良好形象。

不得徇私舞弊。徇私舞弊,一般是指国家机关工作人员在处理公务过程中,利用职务之便,徇私情、谋私利,故意违背事实和法律,弄虚作假,隐瞒事实。不徇私舞弊,是依法、公正、严格办理治安案件的必然要求。徇私舞弊是一种严重的违法乱纪行为,公安民警一旦实施,将受到行政纪律处分;造成严重后果或者有其他严重情节的,还要依法承担刑事责任。

第一百一十三条 【办理治安案件的禁止规定】
公安机关及其人民警察办理治安案件,禁止对违反治安管理行为人打骂、虐待或者侮辱。

【条文解读】

本条是关于公安机关及其人民警察办理治安案件中的禁止性行为的规定。

违反治安管理行为人虽然触犯了法律,应当受到法律的制裁,但其人格权、身体健康权和生命权仍然受法律保护,公安机关不得侵犯。公安民警应当按照法律规定的程序,采取法律规定的措施,运用自己的谋略胆识和聪明才智,结合办案经验,广泛、深入、全面、客观地调查取证,查清事实真相,将违反治安管理行为人绳之以法,而不能贬低其人格、伤害其身体。因此,本条明确规定:"公安机关及其人民警察办理治安案件,禁止对违反治安管理行为人打骂、虐待或者侮辱。"这是本法总则规定的"尊重和保障人权"原则的具体体现。打骂,是指对违反治安管理行为人进行殴打、漫骂。虐待,是指以打骂以外的冻、饿、渴、不让睡觉、制造噪音等方法,对违反治安管理行为人进行肉体上、精神上的摧残和折磨。侮辱,是指贬低违反治安管理行为人的人格,破坏治安管理行为人的名誉。打骂、虐待或者侮辱他人,是国家法律明令禁止的行为。特别是人民警察作为国家机关工作人员,更不得实施这些侵犯人权的行为。需要指出的是,公安机关及其人民警察办理治安案件,不得打骂、虐待或者侮辱违反治安管理行为人,也不得打骂、虐待或者侮辱证人、被侵害人等其他人员。

本条规定的禁止对违反治安管理行为人打骂、虐待或者侮辱,主要是禁止对违反治安管理行为人任意实施殴打、捆绑、冻饿、罚站、罚跪、嘲笑、辱骂等,也包括长时间强光照射,采取车轮战术,不间断地询问等以及各种变相的体罚、虐待的方法。

实践证明,在办案中采用体罚、虐待、侮辱、打骂等手段,不仅严重侵犯人身权利,而且极易造成错案,同时还会破坏政府和人民群众的关系,破坏党群关系、干群关系、警群关系,严重损害党和人民警察机关的声誉,危害极大。人民警察在办案中必须坚持"以事实为根据,以法律为准绳"的原则,实事求是,重证据,重调查研究,努力提高自身的办案水平和能力。

【实例解析】

禁止对违反治安管理行为人刑讯逼供——张某、孙某殴打他人案[①]

2014年3月20日,某县公安局将盗窃违法行为人姜某抓获,姜某在接受询问时否定盗窃的事实,该局民警便用手铐将姜某扣在办公室的暖气管上,并对姜某进行殴打。姜某盗窃事实查清后,该局依据《治安管理处罚法》四十九条对姜某作出拘留十日的处罚决定。姜某执行完拘留后,向该局告发了民警张某、孙某的所作所为,经调查姜某反映的情况属实,该局对张某、孙某分别给予了行政处分。

---

① 案例来源:辽宁省公安厅整理的案例,有删减,有改编。

本案涉及人民警察办案时的禁止性行为。实践证明,在办案中采用体罚、虐待、侮辱、打骂等手段,不仅严重侵犯人身权利,而且极易造成错案,同时还会破坏政府和人民群众的关系,破坏党群关系、干群关系、警群关系,严重损害党和人民警察机关的声誉,危害极大。公安机关及其人民警察办理治安案件,禁止对违反治安管理行为人打骂、虐待或者侮辱,这是人民警察应该遵守的行为准则。对于打骂、虐待或者侮辱违反治安管理行为人的公安机关及其人民警察予以相应的行政处分。

第一百一十四条　【接受社会监督】

公安机关及其人民警察办理治安案件,应当自觉接受社会和公民的监督。

公安机关及其人民警察办理治安案件,不严格执法或者有违法违纪行为的,任何单位和个人都有权向公安机关或者人民检察院、行政监察机关检举、控告;收到检举、控告的机关,应当依据职责及时处理。

【条文解读】

本条是关于公安机关及其人民警察办理治安案件应当接受社会和公民监督以及监督方式的规定。总的来说,对公安机关及其人民警察办理治安案件的执法监督,是指由法律授权的机关、人民群众,以及公安机关内部对公安机关有关部门及其人民警察办理治安案件的工作和遵守纪律的情况进行的监察、督促、检查和纠正的行为。由法律、法规或者规章授权的监督机关和其他单位、公民,按照法律、法规和规章规定的职权范围和程序所实施的监督,公安机关及其人民警察都必须接受。公安机关及其人民警察办理治安案件时,不严格执法或者有违法违纪行为的,任何单位和个人都有权向公安机关或者人民检察院、行政监察机关检举、控告。公安机关或者人民检察院、行政监察机关收到检举、控告后,应当依据法律规定的职责,及时依法查处。

本条第一款是关于公安机关及其人民警察办理治安案件应当接受社会和公民的监督的规定。对公安机关办理治安案件的监督,包括外部监督和内部监督两个方面。外部监督,即由国家检察机关、行政监察机关、社会和公民对公安机关及其人民警察的监督。从广义来说,对公安机关办理治安案件的外部监督还包括国家权力机关、人民政府、审判机关等机关实施的监督。内部监督,即公安机关内部对有关办案部门及其人民警察办理治安案件的监督,主要是上级公安机关对下级公安机关的监督、警务督察部门和法制部门的监督。此外,公安机关的内部监督还包括纪律检查部门、行政监察部门、政工部门的监督,上级业务部门对下级业务部门的监督,本级公安机关对所属业务部门、派出机构及其人民警察的监督。对公安机关办理治安案件的外部监督和公安机关的内部监督紧密结合,构成严密的、完整的监督机制。

第一,检察机关的监督。它是指由各级人民检察院对公安机关及其人民警察办理治安案件所实施的法律监督。《人民警察法》第四十二条对人民警察执行职务,依法接受人民检察院的监督也作了明确规定。因此,对公安机关及其人民警察实施的法律监督,是宪法和法律赋予人民检察院的职权。法律监督,是指有法律监督权的机关依照宪法、法律和法规赋予的职权,对法律、法规的实施情况所进行的监督。人民检察院是国家法定的专门法律监督机关,公安机关及其人民警察作为国家重要的执法机关和执法人员,属于人民检察院法律监督的对象。"法律监督"中的"法律",是指广义的法律,包括宪法、法律、行政法规、地方性法规和民族自治地方的自治条例和单行条例,以及我国所确认的国际法规范、原则、规则和制度。具体就办理治安案件工作来讲,主要是指检察机关对公安机关及其人民警察按照本法和人民警察法及其他有关法律办理治安案件情况的监督,受理公民、法人或者其他组织对公安机关及其人民警察办理治安案件工作的不严格执法和违法违纪行为的检举、控告,对人民警察的刑讯逼供、非法拘禁、玩忽职守、滥用职权、徇私舞弊、贪污贿赂等涉嫌犯罪的行为进行立案侦查。

第二,行政监察机关的监督。它是指由各级人民政府行政监察机关对公安机关及其人民警察办理治安案件所实施的行政监督。《行政监察法》第二条规定:"监察机关是人民政府行使监察职能的机关,依照本法对国家行政机关、国家公务员和国家行政机关任命的其他人员实施监察。"第十八条规定,监察机关为行使监察职能,履行检查国家行政机关在遵守和执行法律、法规和人民政府的决定、命令中的问题;受理对国家行政机关、国家公务员和国家行政机关任命的其他人员违反行政纪律行为的控告、检举;调查处理国家行政机关、国家公务员和国家行政机关任命的其他人员违反行政纪律的行为等职责。公民对于任何国家行政机关、国家公务员和国家行政机关任命的其他人员的违法失职行为,有权向监察机关提出控告 或者检举。公安机关是国家行政机关的组成部分,公安机关的人民警察属于国家行政机关工作人员,因此,公安机关及其人民警察应当接受国家行政监察机关的监督。《人民警察法》第四十二条对人民警察执行职务依法接受行政监察机关监督也作了明确规定。行政监察机关对人民警察的监督范围比较宽泛,公安机关及其人民警察的情况和公安机关及其人民警察执行国家法律、法规以及人民政府决定、命令的情况,都属于其监督检查的范围。行政监察机关通过向同级公安机关派驻机构和人员,接受公民、法人或者其他组织对公安机关及其人民警察办理治安案件工作中不严格执法和违法违纪行为的检举、控告,查处公安机关及其人民警察办理治安案件工作中的违法违纪案件等途径,监督公安机关及其人民警察办理治安案件的工作。

第三,社会和公民的监督,也可以说是人民群众的监督。它是指由国家机关以外的单位和个人,依法对公安机关办理治安案件的情况,通过一定的方式所进行的监督。《宪法》第二条第一款规定:"中华人民共和国的一切权力属于人民。"《宪法》第四十一条规定:"中华人民共和国公民对于任何国家机关和国家工作人员,有提出批评和建议的权利;对于任何国家机关和国家工作人员的违法失职行为,有向有关国家机关提出申诉、控告或者检举的权利,但是不得捏造或者歪曲事实进行诬告陷害。对于公民的申诉、控告或者检举,有关国家机关必须查清事实,负责处理。任何人不得压制和打击报复。由于国家机关和国家机关工作人员侵犯公民权利而受到损失的人,有依照法律规定取得赔偿的权利。"人民群众监督的性质是非国家性质的社会公众监督,是来自人民群众的自下而上的监督。这种监督是多种形式的,也是多种渠道的,人民群众可以直接,也可以通过新闻媒体对公安机关及其人民警察的各项工作提出批评和建议,帮助公安机关及其人民警察改进工作。同样,人民群众对公安机关办理治安案件的监督包括直接监督和间接监督两种形式。直接监督的主要形式是向公安机关提出批评和建议、来信、来访及进行申诉、检举、控告。间接监督包括通过人大代表、各级人民政府、人民法院、人民检察院、社会组织和新闻媒体对公安机关及其人民警察办理治安案件工作进行的监督,如对公安机关错误决定行政拘留侵犯其合法权益造成损失的行为,申请人民法院判决公安机关进行国家赔偿。对社会和公民的监督,公安机关及其人民警察必须自觉地接受,这也是人民警察法的明确规定。

另外,公安机关办理治安案件的情况,还要接受公安机关内部的执法监督。主要依据是《人民警察法》第四十三条关于人民警察的上级机关对下级机关的执法活动进行监督的规定和第四十七条关于公安机关建立督察制度对公安机关的人民警察执行法律、法规、遵守纪律的情况进行监督的规定。同时,《公安机关内部执法监督工作规定》和《公安机关督察条例》对公安机关内部的执法监督作了全面、系统的规定。公安机关内部对办理治安案件的执法监督是纵向监督和横向监督相结合、直接监督和间接监督相结合的监督机制,包括以下主要制度:办理治安案件的报批制度,对有关执法情况的现场督察制度,执法检查和执法质量考核评议制度,重新鉴定制度,执法过错责任追究制度,受理控告、申诉制度,行政复议制度,国家赔偿制度,人民警察办案中的回避制度,等等。

本条第二款是关于单位和个人有权对公安机关及其人民警察不严格执法以及违法违纪的行为向公安机关或者人民检察院、行政监察机关进行检举、控告和有关部门应当及时处理的规定。本款有以下几层意思:第一,检举、控告的主体是任何单位和个人。依照本款的规定,任何单位和个人发现或者知道公安机关及其人民警察有不严格执法或者是违法违纪的行为,都有权向公安机关或者人民检察院、行政监察机关检举、控告。有两种情况：一是由于公安机关及其人民警察，在办理治安案件时，其违法或不当行为给单位和公民个人的合法权益造成损害的，受到侵害的单位或者个人依法向有权机关提出检举、控告。这时检举、控告的内容与检举、控告者的利益密切相关。二是由于公安机关及其人民警察在办理治安案件时的违法或不当行为，给社会或他人的合法权益造成损害的，非直接受害者依法向有权机关提出的检举、控告。这时检举、控告的内容与检举、控告者本人自身利益并没有直接的关系。无论是哪种情况，单位和个人都有权提出检举和控告。检举和控告既可以是口头形式提出，也可以书面形式提出，这样有利于方便群众，也有利于及时纠正不严格执法的行为和及时查处违法违纪行为。第二，检举、控告的内容是公安机关及其人民警察执行职务的行为，即办理治安案件过程中出现的违法违纪行为，包括作为和不作为。第三，收到检举、控告的机关应当依据职责及时处理，并将处理结果告知检举人、控告人。对于不属于本机关职责的检举、控告，也不能置之不理，应当及时转交有权查处的机关处理。

检举控告权是宪法和法律赋予公民和组织的一项基本权利，为了更好地行使这一权利，公民或组织进行检举控告时必须忠于事实，不得捏造或者歪曲事实进行诬告陷害。任何人、任何部门都不得对控告人、检举人进行压制和打击报复。

第一百一十五条 【罚缴分离】

公安机关依法实施罚款处罚，应当依照有关法律、行政法规的规定，实行罚款决定与罚款收缴分离；收缴的罚款应当全部上缴国库。

【条文解读】

本条是关于公安机关实施罚款的决定与罚款收缴相分离以及收缴的罚款应当上缴国库的规定。罚款是对违反法律、法规、规章，不履行法定义务的当事人的一种经济上的处罚。由于罚款既不影响被处罚人的人身自由，又能起到对违法行为的惩戒作用，因此成为行政处罚中使用最广泛的一种，是行政机关进行行政管理使用最多的手段，同时也是最易失控、出现问题最多的手段，人民群众对罚款的反映最多、意见也最大。为了有效阻止执法机关及其执法人员滥罚款，行政处罚法明确规定，作出罚款决定的行政机关应当与收缴罚款的机构分离。除依照本法第四十七条、第四十八条的规定当场收缴的罚款外，作出行政处罚决定的行政机关及其执法人员不得自行收缴罚款。为了实施罚款决定与罚款收缴分离，加强对罚款收缴活动的监督，保证罚款及时上缴国库，国务院根据行政处罚法的规定，于1997年11月17日以国务院令第235号发布了《罚款决定与罚款收缴分离实施办法》，对罚款决定与罚款收缴分离的办法作出了具体、明确的规定，并强调"罚款必须全部上缴国库,任何行政机关、组织或者个人不得以任何形式截留、私分或者变相私分。行政机关执法所需经费的拨付,按照国家有关规定执行"。

本条规定包括如下内容:第一,公安机关依法实施罚款处罚,应当依照有关法律、行政法规的规定,实施处罚决定与罚款收缴相分离。依照本法的规定,治安管理处罚由县级以上人民政府公安机关决定;其中警告、五百元以下的罚款可以由公安派出所决定,这种情况下,违反治安管理行为人要到公安机关接受处罚。为了提高效率,节约执法成本,同时也方便违反治安管理行为人缴纳罚款,本法还规定,对于违反治安管理行为事实清楚,证据确凿,处警告或者二百元以下罚款的,人民警察可以当场作出治安管理处罚决定。无论以上述何种形式处罚,都应当依照本法及《行政处罚法》等法律以及《罚款决定与罚款收缴分离实施办法》等行政法规的规定,实行处罚决定与罚款收缴相分离。也就是说,由公安机关作出处罚决定,但不直接收取罚款,而是由违反治安管理行为人本人到指定的银行缴纳罚款。考虑到在有些情况下,受到罚款处罚的人自行到银行缴纳罚款确实有困难,本法也作了例外规定,即对于被处五十元以下罚款,被处罚人对罚款无异议的;在边远、水上、交通不便地区,公安机关及其人民警察依照本法的规定作出罚款决定后,被处罚人向指定的银行缴纳罚款确有困难,经被处罚人提出的;以及在当地没有固定住所,不当场收缴事后难以执行的,人民警察可以当场收缴罚款。这样规定,是为了防止公安机关及其人民警察利用职权进行处罚而为自身谋取经济利益,杜绝个别单位和警察滥罚款的现象。第二,收缴的罚款应当全部上缴国库。任何单位、任何个人都不得截留、私分或者变相私分。国家财政实行收支两条线,财政部门不得以任何形式向作出行政处罚决定的行政机关返还罚款,以防止个别地方、个别单位为了局部的利益不顾全局利益,为了小集体的利益而有损国家的利益。同时,也是为了保证执法的公正严明。

需要说明的是,根据《罚款决定与罚款收缴分离实施办法》第七条规定,行政机关作出罚款决定的行政处罚决定书应当载明代收机构的名称、地址和当事人应当缴纳罚款的数额、期限等,并明确对当事人逾期缴纳罚款是否加处罚款。当事人应当按照行政处罚决定书确定的罚款数额、期限,到指定的代收机构缴纳罚款。第九条规定,当事人逾期缴纳罚款,行政处罚决定书明确需要加处罚款的,代收机构应当按照行政处罚书加收罚款。当事人对加收罚款有异议的,应当先缴纳罚款和加收的罚款,再依法向作出行政处罚决定的行政机关申请复议。

第一百一十六条 【办理治安案件违法违纪行为的处罚】

人民警察办理治安案件,有下列行为之一的,依法给予行政处分;构成犯罪的,依法追究刑事责任:

(一)刑讯逼供、体罚、虐待、侮辱他人的;

(二)超过询问查证的时间限制人身自由的;

(三)不执行罚款决定与罚款收缴分离制度或者不按规定将罚没的财物上缴国库或者依法处理的;

(四)私分、侵占、挪用、故意损毁收缴、扣押的财物的;

(五)违反规定使用或者不及时返还被侵害人财物的;

(六)违反规定不及时退还保证金的;

(七)利用职务上的便利收受他人财物或者谋取其他利益的;

(八)当场收缴罚款不出具罚款收据或者不如实填写罚款数额的;

(九)接到要求制止违反治安管理行为的报警后,不及时出警的;

(十)在查处违反治安管理活动时,为违法犯罪行为人通风报信的;

(十一)有徇私舞弊、滥用职权,不依法履行法定职责的其他情形的。

办理治安案件的公安机关有前款所列行为的,对直接负责的主管人员和其他直接责任人员给予相应的行政处分。

【条文解读】

本条是关于对公安机关及其人民警察在办理治安案件中的违法违纪行为给予行政处分、刑事处罚的规定。

本条第一款是关于人民警察在办理治安案件中的违法违纪行为及其行政处分、刑事处罚的规定。本款针对实践中可能发生的问题,重申人民警察在办理治安案件中不得有下列违法违纪行为:

(1)刑讯逼供、体罚、虐待、侮辱他人。这里的他人,既包括违反治安管理行为人,也包括其他的证人、被侵害人等。尽管法律明确规定,公安机关办理治安案件,应当严格依法进行,严禁采用刑讯逼供等非法手段,公安机关也三令五申禁止采用非法手段办案,但在执法过程中,仍有个别的公安干警无视法律和纪律的规定,为了得到违反治安管理行为人的陈述,对其实施体罚、虐待;有的为了得到证词,甚至威胁、侮辱证人或被侵害人。这种违法的做法,不仅侵犯了公民的合法权益,而且很容易造成错案,公民在不堪体罚、虐待、侮辱的情况下,出于恐惧,迫于压力,提供的陈述、证词虚假的可能性极大,因此,本法明确规定,以非法手段收集的证据不得作为处罚的根据。不仅如此,对于刑讯逼供、体罚、虐待、侮辱他人的,根据本条的规定还应给予行政处分,直至追究其刑事责任。

(2)超过询问查证的时间限制人身自由。根据本法规定,对违反治安管理行为人,公安机关传唤后应当及时询问查证,询问查证的时间不得超过八小时。对情况复杂的,依据本法规定可能适用行政拘留处罚的,询问查证的时间不得超过二十四小时。法律之所以这样规定,主要是考虑到治安案件在总体上情节比较简单,社会危害性较轻,许多案件在现场发现,容易调查取证,因此不宜规定太长的限制人身自由的调查时间。对治安案件的调查,主要应采取现场询问,到违法行为人的住处或所在单位进行询问的方法,不应把限制人身自由作为主要的调查方法。实践中,有个别公安民警对工作采取极不负责任的态度,在被传唤人到达公安机关后,不及时对其进行询问,又不让被传唤人离开,使其长时间置留于公安机关,严重地限制了其人身自由;有的不在如何运用新的技术,提高调查取证能力,提高询问水平上下工夫,而是为了获得陈述,超过上述法定的询问查证时间,采用车轮战术,对被传唤人进行连续的询问,对被传唤人的生理、心理都是极大的摧残,实际上就是一种变相的体罚、虐待。

(3)不执行罚款决定与罚款收缴分离制度或者不按规定将罚没财物上缴国库或者依法处理。这一规定包括两种情况:一是不执行罚款决定与罚款收缴分离的规定;二是不按规定将罚没的财物上缴国库或依法处理。为了严肃行政执法、严格罚没财物的管理,《行政处罚法》明确规定了对行政罚款实行罚缴分离制度。本法也重申了这一制度。这一规定,对于纠正、约束某些公安机关及其人民警察为追求经济利益滥罚款、利用罚款搞创收或从罚款中获取个人好处等不正之风,具有积极意义,应当坚决执行。本条规定的"罚没财物",主要包括依法对违反治安管理的行为人处以的罚款、没收的保证金、收缴的违禁品、收缴违反治安管理所得的财物、收缴直接用于实施违反治安管理行为的工具等财物。根据本法及其他有关法律的规定,这些罚没的财物,应当上缴国库或按有关规定处理,如违禁品就应当按照有关规定予以销毁。

(4)私分、侵占、挪用、故意损毁收缴、扣押的财物。对于与违反治安案件有关的物品,需要作为证据使用的,公安机关可以依照本法的有关规定予以扣押,但有责任妥善保管,不得挪作他用,更不得私分、侵占、故意损毁。对于未履行保管义务,造成被收缴、扣押的财物遗失或者损毁的,应依法承担赔偿责任。有私分、侵占、挪用行为,构成犯罪的,还应依法承担刑事责任。

(5)违反规定使用或者不及时返还被侵害人财物。对于收缴的违反治安管理所得的财物,以及被扣押的有关财物,其中有的可能是被侵害人的合法财物,对这种情况应当及时退还给被侵害人,防止办案时间的拖延而影响和损害被侵害人的利益。对于需要作为证据使用的被害人的财物,应当在登记并固定证据后立即退还。

(6)违反规定不及时退还保证金。依照本法的规定,被决定给予行政拘留处罚的人交纳暂缓执行的保证金后,能够履行义务,随传随到,不逃避处罚,在行政拘留的处罚决定被撤销,或者行政拘留处罚开始执行的,公安机关应当及时将保证金退还给交纳人。有的应当退还保证金的,当事人出于某种原因没有提出申请或要求,公安机关应主动通知有关人员取回保证金。

(7) 利用职务上的便利收受他人财物或者谋取其他利益。"利用职务上的便利"主要是指利用与履行职务有关的方便条件。"收受他人财物或者谋取其他利益",包括收受他人的金钱、有价证券、礼品及各种物品,或者接受他人提供的免费旅游、服务等。

(8) 当场收缴罚款不出具罚款收据或者不如实填写罚款数额。为了简化办理治安案件的一些手续,既方便当事人,也有利于高效办案,节约执法成本,根据本法规定,对于被处五十元以下罚款,被处罚人没有异议的;在边远、水上、交通不便地区,公安机关及其人民警察依照本法的规定作出罚款决定后,被处罚人向指定的银行缴纳罚款确有困难,经被处罚人提出的;在当地没有固定的住所,不当场收缴事后难以执行的,可以由人民警察当场收缴罚款。并规定,当场收缴罚款的,应向被处罚人出具省、自治区、直辖市人民政府财政部门统一制发的罚款收据。这一制度实际上已经执行多年,但实际执行中还存在一些执法人员采取罚款不开收据或虽然开了收据但不如实填写罚款数额等行为,从中谋利,这实际上是一种贪污行为。针对这种情况,本法重申了这一规定,并规定,不出具统一制发的罚款收据的,被处罚人有权拒绝缴纳罚款。

(9) 接到要求制止违反治安管理行为的报警后,不及时出警。人民警察在接到要求制止违反治安管理行为的报警后,应当立即出警,这是人民警察应当履行的一项重要职责。这里规定的"报警",包括人民群众在受到违反治安管理行为的侵害,处于危难之中向人民警察发出的求助,也包括人民群众发现有违反治安管理行为发生,向人民警察报案,要求人民警察予以制止;还包括发生了民间纠纷,人民群众要求调解等。针对实践中有个别公安民警漠视人民群众的疾苦,对人民群众的求助不予理睬的不作为行为,这种行为有时会给群众利益造成不可弥补的损失,为此,本条规定,人民警察有这种行为要给予行政处分,构成犯罪的要追究其刑事责任。

(10) 在查处违反治安管理活动时,为违法犯罪行为人通风报信。实践中,有些违法犯罪人员为了逃避法律的制裁,往往寻找一些意志比较薄弱的公安干警作"保护伞",相互勾结、利用,谋取各自的利益。有极个别的公安干警,放任、纵容违法犯罪行为人进行违反治安管理的行为,有的甚至在公安机关决定采取行动时,给违法犯罪行为人通风报信。这种情况往往发生在公安机关打击卖淫嫖娼、非法制售淫秽物品、非法倒卖各种票证活动时,有些警察为了小集体的利益、个人的利益,为违法犯罪行为人通风报信,使其逃脱处理。针对这种情况,本条作了专门规定，对人民警察的这种行为给予行政处分。应当注意的是，如果警察与其共谋，应按共犯处理。这里"为违法犯罪行为人通风报信"是指在依法查处违反治安管理活动时，将采取行动的时间、地点、对象等部署情况以及有关的消息告知违法行为人本人或与其相关的人。这里所讲的"在查处违反治安管理活动时"是指依法查处的全过程中的任何阶段，既包括部署阶段，也包括实施阶段。无论在哪一个阶段向违法行为人通风报信，以使他们及时隐藏、逃避查处的行为都应按照本条的规定给予处罚，而不能仅仅理解为具体实施查处行动的时刻。此外，"通风报信"包括采用各种传递消息的方法和手段，如打电话、发送短信、发送邮件或事先规定的各种联系暗号等。

（11）徇私舞弊、滥用职权，不依法履行法定职责的其他情形。依法办理治安案件，查处违反治安管理行为人，维护良好的社会治安秩序是人民警察的重要职责。人民警察在办理治安案件的过程中，应当严格依照法律规定的权限和程序，不折不扣地履行自己的法定职责。本条前十项规定的行为主要是针对实践中比较常见的情况，也是群众反映比较强烈的。除此以外，对于其他违法违纪情况，也同样应当依法处理，所以本项对其他滥用职权，超越职权，利用职权寻求个人私利，不履行或不正确履行自己法定职责的行为，作了进一步规定。

根据本款规定，人民警察有上述十一种违法行为之一的，应当依法给予行政处分。这里所说的"依法"，主要是指依照《中华人民共和国警察法》《中华人民共和国警衔条例》《中华人民共和国公务员法》《中华人民共和国行政处罚法》等法律、法规中有关对违法、违纪的人民警察以及公务员予以行政处分的规定。根据《中华人民共和国公务员法》的规定，对公务员的行政处分有警告、记过、记大过、降级、撤职和开除。其中警告的期间为六个月，记过的期间为十二个月，记大过的期间为十八个月，降级、撤职的期间为二十四个月。"降级"是指降低行政级别的处分；"撤职"是指撤销其担任的行政职务的处分；"开除"不仅要撤销其行政职务，取消其行政级别，而且要开除出人民警察队伍。根据有关规定，对国家公务员的行政处分，由任用该公务员的行政机关或者行政监察机关决定。行政处分决定应当做到事实清楚、证据确凿、定性正确、处理恰当、程序合法、手续完备，并应当以书面形式通知公务员本人。

根据本款的规定，人民警察有上述十一种违法行为之一，除应依法给予行政处分外，对情节严重或危害后果严重，构成犯罪的，还应当依法追究其刑事责任。本款列举的十一种违法行为，可能涉及的犯罪主要有：故意伤害罪、过失致人死亡罪、侮辱罪、刑讯逼供罪、虐待被监管人员罪、贪污罪、挪用罪、受贿罪、私分国有资产罪、滥用职权、玩忽职守、徇私舞弊罪等。

本条第二款是关于公安机关有第一款所列行为如何处理的规定。第一款主要是针对人民警察在办理治安案件，依法履行职务中作为个人违法违纪的情况作出的规定。在实际执法过程中,人民警察个人可能出现违法违纪的情形外,公安机关以单位名义作为执法主体时也同样有可能出现违法违纪的情况,如出现个别公安机关不执行罚款收缴与罚款决定分离制度,私设小金库,私分罚款等情况时,就面临着对单位如何处理的问题。根据本款的规定,如果办理治安案件的公安机关有第一款所列的十一项行为之一的,对直接负责的主管人员和其他直接责任人员要给予相应的行政处分。这里规定的"直接负责的主管人员",主要是指在以单位名义作出决定时起决策、领导作用的人,一般是单位的领导或者负责人,如公安局的局长、副局长等。所谓"其他直接责任人员",主要是指直接负责办理某项事务或某个案件的公安民警,即通常所说的"经办人"。

第一百一十七条 【公安机关赔偿责任】

公安机关及其人民警察违法行使职权,侵犯公民、法人和其他组织合法权益的,应当赔礼道歉;造成损害的,应当依法承担赔偿责任。

【条文解读】

本条是关于公安机关及其人民警察违法行使职权,造成公民、法人和其他组织合法权益损害的应当承担赔偿责任的规定。

即使本法对公安机关及其人民警察办理治安案件的程序作了严格的规范,对公安机关及其人民警察违反规定的要追究法律责任,直至刑事处罚,但实践中还是难免会发生公安机关及其人民警察违法行使职权的问题。因此,本法在此重申了公安机关及其人民警察违法行使职权,造成公民、法人和其他组织合法权益损害的,应当承担赔偿责任的规定,对于促进公安机关及其人民警察依法行政,推动公安队伍的廉政建设,切实保障公民、法人和其他组织行使取得国家赔偿的权利,化解社会矛盾,有着十分重要的意义。

本法第一百一十六条对人民警察在办理治安案件中的违法行为规定了行政处分,同时规定,对构成犯罪的,依法追究刑事责任。而本条规定的是行政赔偿责任,它是指行政机关及其工作人员执行职务的具体行政行为违法,侵犯公民、法人和其他组织的合法权益,造成了损害,而应当承担的赔偿责任,属于国家赔偿。发生国家赔偿的原因,必须是国家机关及其工作人员实施了违法行使职权的行为。也就是说,国家仅对国家机关及其工作人员行使职权时的侵权行为负赔偿责任,国家机关及其工作人员与行使职权无关的侵权行为,不发生国家赔偿问题,而应当由该机关或者该机关的工作人员对损害后果负民事上的赔偿责任。另外,侵权行为要发生损害后果,且损害后果与侵权行为之间具有因果关系,国家才承担赔偿责任,否则也不发生国家赔偿的问题。关于损害,必须是现实的、直接的损害,将来可能受到的损害不包括在国家赔偿内。国家赔偿的主要方式是支付赔偿金，特别是对人身造成损害的，都应当采用付赔偿金的方式。对于其他的责任形式，要根据不同的情况，原财产仍在的，或者恢复原状比较容易的，可以返还财产或者恢复原状。

从办理治安案件的过程来看，公安机关及其人民警察违法行使职权主要有以下几种情况：(1) 超过了本法规定的询问时间限制人身自由。(2) 在办理治安案件时，采用打骂、侮辱等刑讯逼供的手段。(3) 违反法律规定，对不应当给予拘留处罚的给予拘留处罚。(4) 违法实施罚款、吊销许可证的处罚。(5) 违法处理收缴、扣押的财物等。根据本条规定，公安机关及其人民警察违法行使职权，侵犯公民、法人和其他组织合法权益的，首先应当赔礼道歉；对造成损害的，应当依法承担赔偿责任。根据这一规定，不管是公安机关作出的决定违法，还是办理治安案件的人民警察作出的决定违法，只要公民、法人和其他组织认为其合法权益受到损害的，都有权提出要求赔偿。根据有关法律的规定，公民、法人和其他组织提出赔偿请求的途径主要有以下几种：(1) 直接向作出具体决定的有关公安机关提出，公安机关经核查后，认为其请求合理的，应当对本部门及其办案的人民警察因违法行为造成公民、法人和其他组织的损失予以赔偿。(2) 在依法向有关行政机关提起行政复议的同时，提出赔偿请求。行政复议机关经复议认为原行政机关作出的决定是错误的或有违法的情形，在作出撤销、变更原行政决定或者确认原行政决定违法的同时，决定原作出行政决定的公安机关予以赔偿。(3) 在依法向人民法院提起行政诉讼时，提出赔偿请求。也可以在行政机关不予赔偿时，单独就损害赔偿问题向人民法院提起诉讼，由人民法院判决原行政机关予以赔偿。此外，法律规定，赔偿机关赔偿后，应当责令故意或者有重大过失的人民警察承担部分或者全部赔偿费用，即有关的公安机关对公民、法人和其他组织进行赔偿后，应当责令对违法行为负有直接责任的人民警察承担部分或者全部赔偿费用。这样可以对人民警察依法办案起到更好的警示和教育作用。

根据《国家赔偿法》等有关法律规定，财产赔偿的形式主要包括：(1) 返还非法处以的罚款、非法扣押的财物以及非法追缴的财产，如果应当返还的财产有损坏的，应当恢复原状，无法恢复原状的，按照损害的程度给付相应的赔偿金。应当返还的财产灭失的，应当给付相应的赔偿金。(2) 赔偿违法吊销许可证而引起的停产停业期间必要的经常性费用开支，以及赔偿其他造成公民、法人和其他组织财产权的直接损失。(3) 如果是错误拘留或者违法限制他人人身自由需要赔偿的，每日的赔偿金按照国家上年度职工日平均工资计算。

另外，需要明确的是，国务院法制办公室《对〈关于国家行政机关工作人员执行职务过程中的违法行为能否给予治安处罚的请示〉的复函》，根据有关法律规定，行政机关工作人员在执行职务时因故意或者重大过失侵犯公民合法权益造成损害的,一是承担民事责任,即承担部分或者全部的赔偿费用;二是承担行政责任,即由有关行政机关依法给予行政处分。同时,依照刑法规定,构成犯罪的,还应当承担刑事责任。行政机关工作人员执行职务时的侵权行为,不属于违法治安管理的行为,不应当给予治安管理处罚。

【实例解析】

国内疑罪从无当庭无罪释放第一人——死刑保证书案[①]

2001年8月2日夜,河南平顶山市叶县湾李村一13岁女孩在村北河堤遇害,同村村民李怀亮因当晚曾在案发现场附近经过成为嫌疑对象,被警方刑拘,后被检察机关批捕。此后数年间,该案历经七审三判,均因"事实不清,证据不足"被上级法院发回重审。

2004年5月,平顶山中院在证据不足、争议较大的情况下,为了避免被害人家属上访,与其约定尽量判李怀亮死刑,该案因此被称"死刑保证书案"。

在社会各界的关注下,2013年4月25日,平顶山中院再次开庭审理该案,最终以"事实不清、证据不足,事实不能成立"为由,判决李怀亮无罪,被关押了12年的李怀亮当庭释放。

2013年6月3日,李怀亮向平顶山中院提出国家赔偿申请。申请书中,李怀亮除要求平顶山中院赔偿379.67万元外,还要求平顶山市公安局、市检察院、市中院为其消除影响、恢复名誉并赔礼道歉。

本案涉及国家机关及工作人员(包括人民警察)违法行使职权,侵犯公民、法人和其他组织合法权益应当承担赔偿责任的规定。宪法和国家赔偿法同时规定,由于国家机关和国家机关工作人员违法行使职权侵犯公民、法人和其他组织的合法权益造成损害的,受害人有依法取得赔偿的权利。

---

① 案例来源:辽宁公安教育培训中心整理的案例,有删减。

第六章 附 则

第一百一十八条 【"以上、以下、以内"的含义】
本法所称以上、以下、以内,包括本数。

【条文解读】
本条是关于如何理解本法所称的"以上、以下、以内"的含义的规定。根据本条规定,本法所称的"以上、以下、以内"均都包括本数在内。如,本法对某种违反治安管理的行为规定处十日以上十五日以下拘留,并处五百元以上一千元以下罚款。这时拘留最低要处十日,最高可处十五日;罚款最低要罚五百元,最高可罚一千元。

第一百一十九条 【生效日期】
本法自2006年3月1日起施行。1986年9月5日公布、1994年5月12日修订公布的《中华人民共和国治安管理处罚条例》同时废止。

【条文解读】
本条是关于本法生效日期和原治安管理处罚条例废止的规定。

本条规定了两层意思:第一,规定了本法的具体生效日期;第二,规定了本法施行前全国人大常委会制定的《中华人民共和国治安管理处罚条例》自本法开始施行之日起予以废止,不再有效。根据本条规定,本法自2006年3月1日起施行,也就是本法自2006年3月1日起发生法律效力。《公安机关执行〈中华人民共和国治安管理处罚法〉有关问题的解释》十五、关于《治安管理处罚法》的溯及力问题,按照《中华人民共和国立法法》第八十四条的规定,《治安管理处罚法》不溯及既往。《治安管理处罚法》施行后,对其施行前发生且尚未作出处罚决定的违反治安管理行为,适用《中华人民共和国治安管理处罚条例》;但是,如果《治安管理处罚法》不认为是违反治安管理行为或者处罚较轻的,适用《治安管理处罚法》。

附录一

中华人民共和国治安管理处罚法

（2005年8月28日第十届全国人民代表大会常务委员会第十七次会议通过《中华人民共和国治安管理处罚法》，根据2012年10月26日第十一届全国人民代表大会常务委员会第二十九次会议《关于修改〈中华人民共和国治安管理处罚法〉的决定》修正）

目　　录

第一章　总则
第二章　处罚的种类和适用
第三章　违反治安管理的行为和处罚
　　第一节　扰乱公共秩序的行为和处罚
　　第二节　妨害公共安全的行为和处罚
　　第三节　侵犯人身权利、财产权利的行为和处罚
　　第四节　妨害社会管理的行为和处罚
第四章　处罚程序
　　第一节　调查
　　第二节　决定
　　第三节　执行
第五章　执法监督
第六章　附则

第一章　总　则

第一条　为维护社会治安秩序，保障公共安全，保护公民、法人和其他组织的合法权益，规范和保障公安机关及其人民警察依法履行治安管理职责，制定本法。

第二条　扰乱公共秩序，妨害公共安全，侵犯人身权利、财产权利，妨害社会管理，具有社会危害性，依照《中华人民共和国刑法》的规定构成犯罪的，依法追究刑事责任；尚不够刑事处罚的，由公安机关依照本法给予治安管理处罚。

第三条　治安管理处罚的程序，适用本法的规定；本法没有规定的，适用《中

华人民共和国行政处罚法》的有关规定。

第四条 在中华人民共和国领域内发生的违反治安管理行为，除法律有特别规定的外，适用本法。

在中华人民共和国船舶和航空器内发生的违反治安管理行为，除法律有特别规定的外，适用本法。

第五条 治安管理处罚必须以事实为依据，与违反治安管理行为的性质、情节以及社会危害程度相当。

实施治安管理处罚，应当公开、公正，尊重和保障人权，保护公民的人格尊严。

办理治安案件应当坚持教育与处罚相结合的原则。

第六条 各级人民政府应当加强社会治安综合治理，采取有效措施，化解社会矛盾，增进社会和谐，维护社会稳定。

第七条 国务院公安部门负责全国的治安管理工作。县级以上地方各级人民政府公安机关负责本行政区域内的治安管理工作。

治安案件的管辖由国务院公安部门规定。

第八条 违反治安管理的行为对他人造成损害的，行为人或者其监护人应当依法承担民事责任。

第九条 对于因民间纠纷引起的打架斗殴或者损毁他人财物等违反治安管理行为，情节较轻的，公安机关可以调解处理。经公安机关调解，当事人达成协议的，不予处罚。经调解未达成协议或者达成协议后不履行的，公安机关应当依照本法的规定对违反治安管理行为人给予处罚，并告知当事人可以就民事争议依法向人民法院提起民事诉讼。

第二章 处罚的种类和适用

第十条 治安管理处罚的种类分为：

（一）警告；

（二）罚款；

（三）行政拘留；

（四）吊销公安机关发放的许可证。

对违反治安管理的外国人，可以附加适用限期出境或者驱逐出境。

第十一条 办理治安案件所查获的毒品、淫秽物品等违禁品，赌具、赌资，吸食、注射毒品的用具以及直接用于实施违反治安管理行为的本人所有的工具，应当收缴，按照规定处理。

违反治安管理所得的财物，追缴退还被侵害人；没有被侵害人的，登记造册，公开拍卖或者按照国家有关规定处理，所得款项上缴国库。

第十二条 已满十四周岁不满十八周岁的人违反治安管理的，从轻或者减轻处罚；不满十四周岁的人违反治安管理的，不予处罚，但是应当责令其监护人严加管教。

第十三条　精神病人在不能辨认或者不能控制自己行为的时候违反治安管理的，不予处罚，但是应当责令其监护人严加看管和治疗。间歇性的精神病人在精神正常的时候违反治安管理的，应当给予处罚。

第十四条　盲人或者又聋又哑的人违反治安管理的，可以从轻、减轻或者不予处罚。

第十五条　醉酒的人违反治安管理的，应当给予处罚。

醉酒的人在醉酒状态中，对本人有危险或者对他人的人身、财产或者公共安全有威胁的，应当对其采取保护性措施约束至酒醒。

第十六条　有两种以上违反治安管理行为的，分别决定，合并执行。行政拘留处罚合并执行的，最长不超过二十日。

第十七条　共同违反治安管理的，根据违反治安管理行为人在违反治安管理行为中所起的作用，分别处罚。

教唆、胁迫、诱骗他人违反治安管理的，按照其教唆、胁迫、诱骗的行为处罚。

第十八条　单位违反治安管理的，对其直接负责的主管人员和其他直接责任人员依照本法的规定处罚。其他法律、行政法规对同一行为规定给予单位处罚的，依照其规定处罚。

第十九条　违反治安管理有下列情形之一的，减轻处罚或者不予处罚：

（一）情节特别轻微的；

（二）主动消除或者减轻违法后果，并取得被侵害人谅解的；

（三）出于他人胁迫或者诱骗的；

（四）主动投案，向公安机关如实陈述自己的违法行为的；

（五）有立功表现的。

第二十条　违反治安管理有下列情形之一的，从重处罚：

（一）有较严重后果的；

（二）教唆、胁迫、诱骗他人违反治安管理的；

（三）对报案人、控告人、举报人、证人打击报复的；

（四）六个月内曾受过治安管理处罚的。

第二十一条　违反治安管理行为人有下列情形之一，依照本法应当给予行政拘留处罚的，不执行行政拘留处罚：

（一）已满十四周岁不满十六周岁的；

（二）已满十六周岁不满十八周岁，初次违反治安管理的；

（三）七十周岁以上的；

（四）怀孕或者哺乳自己不满一周岁婴儿的。

第二十二条　违反治安管理行为在六个月内没有被公安机关发现的,不再处罚。

前款规定的期限,从违反治安管理行为发生之日起计算;违反治安管理行为有连续第三章 违反治安管理的行为和处罚。

第三章　违反治安管理的行为和处罚

第一节　扰乱公共秩序的行为和处罚

第二十三条　有下列行为之一的,处警告或者二百元以下罚款;情节较重的,处五日以上十日以下拘留,可以并处五百元以下罚款:

（一）扰乱机关、团体、企业、事业单位秩序,致使工作、生产、营业、医疗、教学、科研不能正常进行,尚未造成严重损失的;

（二）扰乱车站、港口、码头、机场、商场、公园、展览馆或者其他公共场所秩序的;

（三）扰乱公共汽车、电车、火车、船舶、航空器或者其他公共交通工具上的秩序的;

（四）非法拦截或者强登、扒乘机动车、船舶、航空器以及其他交通工具,影响交通工具正常行驶的;

（五）破坏依法进行的选举秩序的。

聚众实施前款行为的,对首要分子处十日以上十五日以下拘留,可以并处一千元以下罚款。

第二十四条　有下列行为之一,扰乱文化、体育等大型群众性活动秩序的,处警告或者二百元以下罚款;情节严重的,处五日以上十日以下拘留,可以并处五百元以下罚款:

（一）强行进入场内的;

（二）违反规定,在场内燃放烟花爆竹或者其他物品的;

（三）展示侮辱性标语、条幅等物品的;

（四）围攻裁判员、运动员或者其他工作人员的;

（五）向场内投掷杂物,不听制止的;

（六）扰乱大型群众性活动秩序的其他行为。

因扰乱体育比赛秩序被处以拘留处罚的,可以同时责令其十二个月内不得进入体育场馆观看同类比赛;违反规定进入体育场馆的,强行带离现场。

第二十五条　有下列行为之一的,处五日以上十日以下拘留,可以并处五百元以下罚款;情节较轻的,处五日以下拘留或者五百元以下罚款:

（一）散布谣言,谎报险情、疫情、警情或者以其他方法故意扰乱公共秩序的;

（二）投放虚假的爆炸性、毒害性、放射性、腐蚀性物质或者传染病病原体等危险物质扰乱公共秩序的；

（三）扬言实施放火、爆炸、投放危险物质扰乱公共秩序的。

第二十六条　有下列行为之一的，处五日以上十日以下拘留，可以并处五百元以下罚款；情节较重的，处十日以上十五日以下拘留，可以并处一千元以下罚款：

（一）结伙斗殴的；

（二）追逐、拦截他人的；

（三）强拿硬要或者任意损毁、占用公私财物的；

（四）其他寻衅滋事行为。

第二十七条　有下列行为之一的，处十日以上十五日以下拘留，可以并处一千元以下罚款；情节较轻的，处五日以上十日以下拘留，可以并处五百元以下罚款：

（一）组织、教唆、胁迫、诱骗、煽动他人从事邪教、会道门活动或者利用邪教、会道门、迷信活动，扰乱社会秩序、损害他人身体健康的；

（二）冒用宗教、气功名义进行扰乱社会秩序、损害他人身体健康活动的。

第二十八条　违反国家规定，故意干扰无线电业务正常进行的，或者对正常运行的无线电台（站）产生有害干扰，经有关主管部门指出后，拒不采取有效措施消除的，处五日以上十日以下拘留；情节严重的，处十日以上十五日以下拘留。

第二十九条　有下列行为之一的，处五日以下拘留；情节较重的，处五日以上十日以下拘留：

（一）违反国家规定，侵入计算机信息系统，造成危害的；

（二）违反国家规定，对计算机信息系统功能进行删除、修改、增加、干扰，造成计算机信息系统不能正常运行的；

（三）违反国家规定，对计算机信息系统中存储、处理、传输的数据和应用程序进行删除、修改、增加的；

（四）故意制作、传播计算机病毒等破坏性程序，影响计算机信息系统正常运行的。

第二节　妨害公共安全的行为和处罚

第三十条　违反国家规定，制造、买卖、储存、运输、邮寄、携带、使用、提供、处置爆炸性、毒害性、放射性、腐蚀性物质或者传染病病原体等危险物质的，处十日以上十五日以下拘留；情节较轻的，处五日以上十日以下拘留。

第三十一条　爆炸性、毒害性、放射性、腐蚀性物质或者传染病病原体等危险物质被盗、被抢或者丢失，未按规定报告的，处五日以下拘留；故意隐瞒不报的，处五日以上十日以下拘留。

第三十二条　非法携带枪支、弹药或者弩、匕首等国家规定的管制器具的，处五日以下拘留,可以并处五百元以下罚款;情节较轻的,处警告或者二百元以下罚款。

非法携带枪支、弹药或者弩、匕首等国家规定的管制器具进入公共场所或者公共交通工具的,处五日以上十日以下拘留,可以并处五百元以下罚款。

第三十三条 有下列行为之一的,处十日以上十五日以下拘留:

(一)盗窃、损毁油气管道设施、电力电信设施、广播电视设施、水利防汛工程设施或者水文监测、测量、气象测报、环境监测、地质监测、地震监测等公共设施的;

(二)移动、损毁国家边境的界碑、界桩以及其他边境标志、边境设施或者领土、领海标志设施的;

(三)非法进行影响国(边)界线走向的活动或者修建有碍国(边)境管理的设施的。

第三十四条 盗窃、损坏、擅自移动使用中的航空设施,或者强行进入航空器驾驶舱的,处十日以上十五日以下拘留。

在使用中的航空器上使用可能影响导航系统正常功能的器具、工具,不听劝阻的,处五日以下拘留或者五百元以下罚款。

第三十五条 有下列行为之一的,处五日以上十日以下拘留,可以并处五百元以下罚款;情节较轻的,处五日以下拘留或者五百元以下罚款:

(一)盗窃、损毁或者擅自移动铁路设施、设备、机车车辆配件或者安全标志的;

(二)在铁路线路上放置障碍物,或者故意向列车投掷物品的;

(三)在铁路线路、桥梁、涵洞处挖掘坑穴、采石取沙的;

(四)在铁路线路上私设道口或者平交过道的。

第三十六条 擅自进入铁路防护网或者火车来临时在铁路线路上行走坐卧、抢越铁路,影响行车安全的,处警告或者二百元以下罚款。

第三十七条 有下列行为之一的,处五日以下拘留或者五百元以下罚款;情节严重的,处五日以上十日以下拘留,可以并处五百元以下罚款:

(一)未经批准,安装、使用电网的,或者安装、使用电网不符合安全规定的;

(二)在车辆、行人通行的地方施工,对沟井坎穴不设覆盖物、防围和警示标志的,或者故意损毁、移动覆盖物、防围和警示标志的;

(三)盗窃、损毁路面井盖、照明等公共设施的。

第三十八条 举办文化、体育等大型群众性活动,违反有关规定,有发生安全事故危险的,责令停止活动,立即疏散;对组织者处五日以上十日以下拘留,并处二百元以上五百元以下罚款;情节较轻的,处五日以下拘留或者五百元以下罚款。

第三十九条 旅馆、饭店、影剧院、娱乐场、运动场、展览馆或者其他供社会公众活动的场所的经营管理人员,违反安全规定,致使该场所有发生安全事故危险,经公安机关责令改正,拒不改正的,处五日以下拘留。

或者继续状态的,从行为终了之日起计算。

第三节 侵犯人身权利、财产权利的行为和处罚

第四十条 有下列行为之一的,处十日以上十五日以下拘留,并处五百元以上一千元以下罚款;情节较轻的,处五日以上十日以下拘留,并处二百元以上五百元以下罚款:

(一)组织、胁迫、诱骗不满十六周岁的人或者残疾人进行恐怖、残忍表演的;
(二)以暴力、威胁或者其他手段强迫他人劳动的;
(三)非法限制他人人身自由、非法侵入他人住宅或者非法搜查他人身体的。

第四十一条 胁迫、诱骗或者利用他人乞讨的,处十日以上十五日以下拘留,可以并处一千元以下罚款。

反复纠缠、强行讨要或者以其他滋扰他人的方式乞讨的,处五日以下拘留或者警告。

第四十二条 有下列行为之一的,处五日以下拘留或者五百元以下罚款;情节较重的,处五日以上十日以下拘留,可以并处五百元以下罚款:

(一)写恐吓信或者以其他方法威胁他人人身安全的;
(二)公然侮辱他人或者捏造事实诽谤他人的;
(三)捏造事实诬告陷害他人,企图使他人受到刑事追究或者受到治安管理处罚的;
(四)对证人及其近亲属进行威胁、侮辱、殴打或者打击报复的;
(五)多次发送淫秽、侮辱、恐吓或者其他信息,干扰他人正常生活的;
(六)偷窥、偷拍、窃听、散布他人隐私的。

第四十三条 殴打他人的,或者故意伤害他人身体的,处五日以上十日以下拘留,并处二百元以上五百元以下罚款;情节较轻的,处五日以下拘留或者五百元以下罚款。

有下列情形之一的,处十日以上十五日以下拘留,并处五百元以上一千元以下罚款:

(一)结伙殴打、伤害他人的;
(二)殴打、伤害残疾人、孕妇、不满十四周岁的人或者六十周岁以上的人的;
(三)多次殴打、伤害他人或者一次殴打、伤害多人的。

第四十四条 猥亵他人的,或者在公共场所故意裸露身体,情节恶劣的,处五日以上十日以下拘留;猥亵智力残疾人、精神病人、不满十四周岁的人或者有其他严重情节的,处十日以上十五日以下拘留。

第四十五条 有下列行为之一的,处五日以下拘留或者警告:
(一)虐待家庭成员,被虐待人要求处理的;
(二)遗弃没有独立生活能力的被扶养人的。

第四十六条 强买强卖商品,强迫他人提供服务或者强迫他人接受服务的,处五日以上十日以下拘留,并处二百元以上五百元以下罚款;情节较轻的,处五日以下拘留或者五百元以下罚款。

第四十七条 煽动民族仇恨、民族歧视,或者在出版物、计算机信息网络中刊载民族歧视、侮辱内容的,处十日以上十五日以下拘留,可以并处一千元以下罚款。

第四十八条 冒领、隐匿、毁弃、私自开拆或者非法检查他人邮件的,处五日以下拘留或者五百元以下罚款。

第四十九条 盗窃、诈骗、哄抢、抢夺、敲诈勒索或者故意损毁公私财物的,处五日以上十日以下拘留,可以并处五百元以下罚款;情节较重的,处十日以上十五日以下拘留,可以并处一千元以下罚款。

第四节　妨害社会管理的行为和处罚

第五十条 有下列行为之一的,处警告或者二百元以下罚款;情节严重的,处五日以上十日以下拘留,可以并处五百元以下罚款:
(一)拒不执行人民政府在紧急状态情况下依法发布的决定、命令的;
(二)阻碍国家机关工作人员依法执行职务的;
(三)阻碍执行紧急任务的消防车、救护车、工程抢险车、警车等车辆通行的;
(四)强行冲闯公安机关设置的警戒带、警戒区的。
阻碍人民警察依法执行职务的,从重处罚。

第五十一条 冒充国家机关工作人员或者以其他虚假身份招摇撞骗的,处五日以上十日以下拘留,可以并处五百元以下罚款;情节较轻的,处五日以下拘留或者五百元以下罚款。
冒充军警人员招摇撞骗的,从重处罚。

第五十二条 有下列行为之一的,处十日以上十五日以下拘留,可以并处一千元以下罚款;情节较轻的,处五日以上十日以下拘留,可以并处五百元以下罚款:
(一)伪造、变造或者买卖国家机关、人民团体、企业、事业单位或者其他组织的公文、证件、证明文件、印章的;
(二)买卖或者使用伪造、变造的国家机关、人民团体、企业、事业单位或者其他组织的公文、证件、证明文件的;
(三)伪造、变造、倒卖车票、船票、航空客票、文艺演出票、体育比赛入场券或者其他有价票证、凭证的;

（四）伪造、变造船舶户牌，买卖或者使用伪造、变造的船舶户牌，或者涂改船舶发动机号码的。

第五十三条　船舶擅自进入、停靠国家禁止、限制进入的水域或者岛屿的，对船舶负责人及有关责任人员处五百元以上一千元以下罚款；情节严重的，处五日以下拘留，并处五百元以上一千元以下罚款。

第五十四条　有下列行为之一的，处十日以上十五日以下拘留，并处五百元以上一千元以下罚款；情节较轻的，处五日以下拘留或者五百元以下罚款：

（一）违反国家规定，未经注册登记，以社会团体名义进行活动，被取缔后，仍进行活动的；

（二）被依法撤销登记的社会团体，仍以社会团体名义进行活动的；

（三）未经许可，擅自经营按照国家规定需要由公安机关许可的行业的。

有前款第三项行为的，予以取缔。

取得公安机关许可的经营者，违反国家有关管理规定，情节严重的，公安机关可以吊销许可证。

第五十五条　煽动、策划非法集会、游行、示威，不听劝阻的，处十日以上十五日以下拘留。

第五十六条　旅馆业的工作人员对住宿的旅客不按规定登记姓名、身份证件种类和号码的，或者明知住宿的旅客将危险物质带入旅馆，不予制止的，处二百元以上五百元以下罚款。

旅馆业的工作人员明知住宿的旅客是犯罪嫌疑人员或者被公安机关通缉的人员，不向公安机关报告的，处二百元以上五百元以下罚款；情节严重的，处五日以下拘留，可以并处五百元以下罚款。

第五十七条　房屋出租人将房屋出租给无身份证件的人居住的，或者不按规定登记承租人姓名、身份证件种类和号码的，处二百元以上五百元以下罚款。

房屋出租人明知承租人利用出租房屋进行犯罪活动，不向公安机关报告的，处二百元以上五百元以下罚款；情节严重的，处五日以下拘留，可以并处五百元以下罚款。

第五十八条　违反关于社会生活噪声污染防治的法律规定，制造噪声干扰他人正常生活的，处警告；警告后不改正的，处二百元以上五百元以下罚款。

第五十九条　有下列行为之一的，处五百元以上一千元以下罚款；情节严重的，处五日以上十日以下拘留，并处五百元以上一千元以下罚款：

（一）典当业工作人员承接典当的物品，不查验有关证明、不履行登记手续，或者明知是违法犯罪嫌疑人、赃物，不向公安机关报告的；

（二）违反国家规定，收购铁路、油田、供电、电信、矿山、水利、测量和城市公用设施等废旧专用器材的；

（三）收购公安机关通报寻查的赃物或者有赃物嫌疑的物品的；

（四）收购国家禁止收购的其他物品的。

第六十条　有下列行为之一的，处五日以上十日以下拘留，并处二百元以上五百元以下罚款：

（一）隐藏、转移、变卖或者损毁行政执法机关依法扣押、查封、冻结的财物的；

（二）伪造、隐匿、毁灭证据或者提供虚假证言、谎报案情，影响行政执法机关依法办案的；

（三）明知是赃物而窝藏、转移或者代为销售的；

（四）被依法执行管制、剥夺政治权利或者在缓刑、暂予监外执行中的罪犯或者被依法采取刑事强制措施的人，有违反法律、行政法规或者国务院有关部门的监督管理规定的行为。

第六十一条　协助组织或者运送他人偷越国（边）境的，处十日以上十五日以下拘留，并处一千元以上五千元以下罚款。

第六十二条　为偷越国（边）境人员提供条件的，处五日以上十日以下拘留，并处五百元以上二千元以下罚款。

偷越国（边）境的，处五日以下拘留或者五百元以下罚款。

第六十三条　有下列行为之一的，处警告或者二百元以下罚款；情节较重的，处五日以上十日以下拘留，并处二百元以上五百元以下罚款：

（一）刻划、涂污或者以其他方式故意损坏国家保护的文物、名胜古迹的；

（二）违反国家规定，在文物保护单位附近进行爆破、挖掘等活动，危及文物安全的。

第六十四条　有下列行为之一的，处五百元以上一千元以下罚款；情节严重的，处十日以上十五日以下拘留，并处五百元以上一千元以下罚款：

（一）偷开他人机动车的；

（二）未取得驾驶证驾驶或者偷开他人航空器、机动船舶的。

第六十五条　有下列行为之一的，处五日以上十日以下拘留；情节严重的，处十日以上十五日以下拘留，可以并处一千元以下罚款：

（一）故意破坏、污损他人坟墓或者毁坏、丢弃他人尸骨、骨灰的；

（二）在公共场所停放尸体或者因停放尸体影响他人正常生活、工作秩序，不听劝阻的。

第六十六条　卖淫、嫖娼的，处十日以上十五日以下拘留，可以并处五千元以下罚款；情节较轻的，处五日以下拘留或者五百元以下罚款。

在公共场所拉客招嫖的，处五日以下拘留或者五百元以下罚款。

第六十七条　引诱、容留、介绍他人卖淫的，处十日以上十五日以下拘留，可以并处五千元以下罚款;情节较轻的,处五日以下拘留或者五百元以下罚款。

第六十八条　制作、运输、复制、出售、出租淫秽的书刊、图片、影片、音像制品等淫秽物品或者利用计算机信息网络、电话以及其他通讯工具传播淫秽信息的,处十日以上十五日以下拘留,可以并处三千元以下罚款;情节较轻的,处五日以下拘留或者五百元以下罚款。

第六十九条　有下列行为之一的,处十日以上十五日以下拘留,并处五百元以上一千元以下罚款:

(一) 组织播放淫秽音像的;

(二) 组织或者进行淫秽表演的;

(三) 参与聚众淫乱活动的。

明知他人从事前款活动,为其提供条件的,依照前款的规定处罚。

第七十条　以营利为目的,为赌博提供条件的,或者参与赌博赌资较大的,处五日以下拘留或者五百元以下罚款;情节严重的,处十日以上十五日以下拘留,并处五百元以上三千元以下罚款。

第七十一条　有下列行为之一的,处十日以上十五日以下拘留,可以并处三千元以下罚款;情节较轻的,处五日以下拘留或者五百元以下罚款:

(一) 非法种植罂粟不满五百株或者其他少量毒品原植物的;

(二) 非法买卖、运输、携带、持有少量未经灭活的罂粟等毒品原植物种子或者幼苗的;

(三) 非法运输、买卖、储存、使用少量罂粟壳的。

有前款第一项行为,在成熟前自行铲除的,不予处罚。

第七十二条　有下列行为之一的,处十日以上十五日以下拘留,可以并处二千元以下罚款;情节较轻的,处五日以下拘留或者五百元以下罚款:

(一) 非法持有鸦片不满二百克、海洛因或者甲基苯丙胺不满十克或者其他少量毒品的;

(二) 向他人提供毒品的;

(三) 吸食、注射毒品的;

(四) 胁迫、欺骗医务人员开具麻醉药品、精神药品的。

第七十三条　教唆、引诱、欺骗他人吸食、注射毒品的,处十日以上十五日以下拘留,并处五百元以上二千元以下罚款。

第七十四条　旅馆业、饮食服务业、文化娱乐业、出租汽车业等单位的人员,在公安机关查处吸毒、赌博、卖淫、嫖娼活动时,为违法犯罪行为人通风报信的,处十日以上十五日以下拘留。

第七十五条　饲养动物,干扰他人正常生活的,处警告;警告后不改正的,或者放任动物恐吓他人的,处二百元以上五百元以下罚款。

驱使动物伤害他人的,依照本法第四十三条第一款的规定处罚。

第七十六条　有本法第六十七条、第六十八条、第七十条的行为,屡教不改的,可以按照国家规定采取强制性教育措施。

第四章　处罚程序

第一节　调　查

第七十七条　公安机关对报案、控告、举报或者违反治安管理行为人主动投案,以及其他行政主管部门、司法机关移送的违反治安管理案,应当及时受理,并进行登记。

第七十八条　公安机关受理报案、控告、举报、投案后,认为属于违反治安管理行为的,应当立即进行调查;认为不属于违反治安管理行为的,应当告知报案人、控告人、举报人、投案人,并说明理由。

第七十九条　公安机关及其人民警察对治安案件的调查,应当依法进行。严禁刑讯逼供或者采用威胁、引诱、欺骗等非法手段收集证据。

以非法手段收集的证据不得作为处罚的根据。

第八十条　公安机关及其人民警察在办理治安案件时,对涉及的国家秘密、商业秘密或者个人隐私,应当予以保密。

第八十一条　人民警察在办理治安案件过程中,遇有下列情形之一的,应当回避;违反治安管理行为人、被侵害人或者其法定代理人也有权要求他们回避:

(一)是本案当事人或者当事人的近亲属的;

(二)本人或者其近亲属与本案有利害关系的;

(三)与本案当事人有其他关系,可能影响案件公正处理的。

人民警察的回避,由其所属的公安机关决定;公安机关负责人的回避,由上一级公安机关决定。

第八十二条　需要传唤违反治安管理行为人接受调查的,经公安机关办案部门负责人批准,使用传唤证传唤。对现场发现的违反治安管理行为人,人民警察经出示工作证件,可以口头传唤,但应当在询问笔录中注明。

公安机关应当将传唤的原因和依据告知被传唤人。对无正当理由不接受传唤或者逃避传唤的人,可以强制传唤。

第八十三条　对违反治安管理行为人,公安机关传唤后应当及时询问查证,询问查证的时间不得超过八小时;情况复杂,依照本法规定可能适用行政拘留处罚的,询问查证的时间不得超过二十四小时。

公安机关应当及时将传唤的原因和处所通知被传唤人家属。

第八十四条　询问笔录应当交被询问人核对;对没有阅读能力的,应当向其宣读。记载有遗漏或者差错的,被询问人可以提出补充或者更正。被询问人确认笔录无误后,应当签名或者盖章,询问的人民警察也应当在笔录上签名。

被询问人要求就被询问事项自行提供书面材料的,应当准许;必要时,人民警察也可以要求被询问人自行书写。

询问不满十六周岁的违反治安管理行为人,应当通知其父母或者其他监护人到场。

第八十五条　人民警察询问被侵害人或者其他证人,可以到其所在单位或者住处进行;必要时,也可以通知其到公安机关提供证言。

人民警察在公安机关以外询问被侵害人或者其他证人,应当出示工作证件。

询问被侵害人或者其他证人,同时适用本法第八十四条的规定。

第八十六条　询问聋哑的违反治安管理行为人、被侵害人或者其他证人,应当有通晓手语的人提供帮助,并在笔录上注明。

询问不通晓当地通用的语言文字的违反治安管理行为人、被侵害人或者其他证人,应当配备翻译人员,并在笔录上注明。

第八十七条　公安机关对与违反治安管理行为有关的场所、物品、人身可以进行检查。检查时,人民警察不得少于二人,并应当出示工作证件和县级以上人民政府公安机关开具的检查证明文件。对确有必要立即进行检查的,人民警察经出示工作证件,可以当场检查,但检查公民住所应当出示县级以上人民政府公安机关开具的检查证明文件。

检查妇女的身体,应当由女性工作人员进行。

第八十八条　检查的情况应当制作检查笔录,由检查人、被检查人和见证人签名或者盖章;被检查人拒绝签名的,人民警察应当在笔录上注明。

第八十九条　公安机关办理治安案件,对与案件有关的需要作为证据的物品,可以扣押;对被侵害人或者善意第三人合法占有的财产,不得扣押,应当予以登记。对与案件无关的物品,不得扣押。

对扣押的物品,应当会同在场见证人和被扣押物品持有人查点清楚,当场开列清单一式二份,由调查人员、见证人和持有人签名或者盖章,一份交给持有人,另一份附卷备查。

对扣押的物品,应当妥善保管,不得挪作他用;对不宜长期保存的物品,按照有关规定处理。经查明与案件无关的,应当及时退还;经核实属于他人合法财产的,应当登记后立即退还;满六个月无人对该财产主张权利或者无法查清权利人的,应当公开拍卖或者按照国家有关规定处理,所得款项上缴国库。

第九十条　为了查明案情,需要解决案件中有争议的专门性问题的,应当指派或者聘请具有专门知识的人员进行鉴定;鉴定人鉴定后,应当写出鉴定意见,并且签名。

第二节 决 定

第九十一条 治安管理处罚由县级以上人民政府公安机关决定；其中警告、五百元以下的罚款可以由公安派出所决定。

第九十二条 对决定给予行政拘留处罚的人，在处罚前已经采取强制措施限制人身自由的时间，应当折抵。限制人身自由一日，折抵行政拘留一日。

第九十三条 公安机关查处治安案件，对没有本人陈述，但其他证据能够证明案件事实的，可以作出治安管理处罚决定。但是，只有本人陈述，没有其他证据证明的，不能作出治安管理处罚决定。

第九十四条 公安机关作出治安管理处罚决定前，应当告知违反治安管理行为人作出治安管理处罚的事实、理由及依据，并告知违反治安管理行为人依法享有的权利。

违反治安管理行为人有权陈述和申辩。公安机关必须充分听取违反治安管理行为人的意见，对违反治安管理行为人提出的事实、理由和证据，应当进行复核；违反治安管理行为人提出的事实、理由或者证据成立的，公安机关应当采纳。

公安机关不得因违反治安管理行为人的陈述、申辩而加重处罚。

第九十五条 治安案件调查结束后，公安机关应当根据不同情况，分别作出以下处理：

（一）确有依法应当给予治安管理处罚的违法行为的，根据情节轻重及具体情况，作出处罚决定；

（二）依法不予处罚的，或者违法事实不能成立的，作出不予处罚决定；

（三）违法行为已涉嫌犯罪的，移送主管机关依法追究刑事责任；

（四）发现违反治安管理行为人有其他违法行为的，在对违反治安管理行为作出处罚决定的同时，通知有关行政主管部门处理。

第九十六条 公安机关作出治安管理处罚决定的，应当制作治安管理处罚决定书。决定书应当载明下列内容：

（一）被处罚人的姓名、性别、年龄、身份证件的名称和号码、住址；

（二）违法事实和证据；

（三）处罚的种类和依据；

（四）处罚的执行方式和期限；

（五）对处罚决定不服，申请行政复议、提起行政诉讼的途径和期限；

（六）作出处罚决定的公安机关的名称和作出决定的日期。

决定书应当由作出处罚决定的公安机关加盖印章。

第九十七条 公安机关应当向被处罚人宣告治安管理处罚决定书，并当场交付被处罚人；无法当场向被处罚人宣告的，应当在二日内送达被处罚人。决定给予行政拘留处罚的，应当及时通知被处罚人的家属。

有被侵害人的,公安机关应当将决定书副本抄送被侵害人。

第九十八条　公安机关作出吊销许可证以及处二千元以上罚款的治安管理处罚决定前,应当告知违反治安管理行为人有权要求举行听证;违反治安管理行为人要求听证的,公安机关应当及时依法举行听证。

第九十九条　公安机关办理治安案件的期限,自受理之日起不得超过三十日;案情重大、复杂的,经上一级公安机关批准,可以延长三十日。

为了查明案情进行鉴定的期间,不计入办理治安案件的期限。

第一百条　违反治安管理行为事实清楚,证据确凿,处警告或者二百元以下罚款的,可以当场作出治安管理处罚决定。

第一百零一条　当场作出治安管理处罚决定的,人民警察应当向违反治安管理行为人出示工作证件,并填写处罚决定书。处罚决定书应当当场交付被处罚人;有被侵害人的,并将决定书副本抄送被侵害人。

前款规定的处罚决定书,应当载明被处罚人的姓名、违法行为、处罚依据、罚款数额、时间、地点以及公安机关名称,并由经办的人民警察签名或者盖章。

当场作出治安管理处罚决定的,经办的人民警察应当在二十四小时内报所属公安机关备案。

第一百零二条　被处罚人对治安管理处罚决定不服的,可以依法申请行政复议或者提起行政诉讼。

第三节　执　行

第一百零三条　对被决定给予行政拘留处罚的人,由作出决定的公安机关送达拘留所执行。

第一百零四条　受到罚款处罚的人应当自收到处罚决定书之日起十五日内,到指定的银行缴纳罚款。但是,有下列情形之一的,人民警察可以当场收缴罚款:

(一)被处五十元以下罚款,被处罚人对罚款无异议的;

(二)在边远、水上、交通不便地区,公安机关及其人民警察依照本法的规定作出罚款决定后,被处罚人向指定的银行缴纳罚款确有困难,经被处罚人提出的;

(三)被处罚人在当地没有固定住所,不当场收缴事后难以执行的。

第一百零五条　人民警察当场收缴的罚款,应当自收缴罚款之日起二日内,交至所属的公安机关;在水上、旅客列车上当场收缴的罚款,应当自抵岸或者到站之日起二日内,交至所属的公安机关;公安机关应当自收到罚款之日起二日内将罚款缴付指定的银行。

第一百零六条　人民警察当场收缴罚款的,应当向被处罚人出具省、自治区、直辖市人民政府财政部门统一制发的罚款收据;不出具统一制发的罚款收据的,被处罚人有权拒绝缴纳罚款。

第一百零七条　被处罚人不服行政拘留处罚决定,申请行政复议、提起行政诉讼的，可以向公安机关提出暂缓执行行政拘留的申请。公安机关认为暂缓执行行政拘留不致发生社会危险的，由被处罚人或者其近亲属提出符合本法第一百零八条规定条件的担保人，或者按每日行政拘留二百元的标准交纳保证金，行政拘留的处罚决定暂缓执行。

第一百零八条　担保人应当符合下列条件：

（一）与本案无牵连；

（二）享有政治权利，人身自由未受到限制；

（三）在当地有常住户口和固定住所；

（四）有能力履行担保义务。

第一百零九条　担保人应当保证被担保人不逃避行政拘留处罚的执行。

担保人不履行担保义务，致使被担保人逃避行政拘留处罚的执行的，由公安机关对其处三千元以下罚款。

第一百一十条　被决定给予行政拘留处罚的人交纳保证金，暂缓行政拘留后，逃避行政拘留处罚的执行的，保证金予以没收并上缴国库，已经作出的行政拘留决定仍应执行。

第一百一十一条　行政拘留的处罚决定被撤销，或者行政拘留处罚开始执行的，公安机关收取的保证金应当及时退还交纳人。

第五章　执法监督

第一百一十二条　公安机关及其人民警察应当依法、公正、严格、高效办理治安案件，文明执法，不得徇私舞弊。

第一百一十三条　公安机关及其人民警察办理治安案件，禁止对违反治安管理行为人打骂、虐待或者侮辱。第一百一十四条　公安机关及其人民警察办理治安案件，应当自觉接受社会和公民的监督。

公安机关及其人民警察办理治安案件，不严格执法或者有违法违纪行为的，任何单位都有权向公安机关或者人民检察院、行政监察机关检举、控告；收到检举、控告的机关，应当依据职责及时处理。

第一百一十五条　公安机关依法实施罚款处罚，应当依照有关法律、行政法规的规定，实行罚款决定与罚款收缴分离；收缴的罚款应当全部上缴国库。

第一百一十六条　人民警察办理治安案件，有下列行为之一的，依法给予行政处分；构成犯罪的，依法追究刑事责任：

（一）刑讯逼供、体罚、虐待、侮辱他人的；

（二）超过询问查证的时间限制人身自由的；

（三）不执行罚款决定与罚款收缴分离制度或者不按规定将罚没的财物上缴国库或者依法处理的；

（四）私分、侵占、挪用、故意损毁收缴、扣押的财物的；
（五）违反规定使用或者不及时返还被侵害人财物的；
（六）违反规定不及时退还保证金的；
（七）利用职务上的便利收受他人财物或者谋取其他利益的；
（八）当场收缴罚款不出具罚款收据或者不如实填写罚款数额的；
（九）接到要求制止违反治安管理行为的报警后，不及时出警的；
（十）在查处违反治安管理活动时，为违法犯罪行为人通风报信的；
（十一）有徇私舞弊、滥用职权，不依法履行法定职责的其他情形的。

办理治安案件的公安机关有前款所列行为的，对直接负责的主管人员和其他直接责任人员给予相应的行政处分。

第一百一十七条　公安机关及其人民警察违法行使职权，侵犯公民、法人和其他组织合法权益的，应当赔礼道歉；造成损害的，应当依法承担赔偿责任。

第六章　附　则

第一百一十八条　本法所称以上、以下、以内，包括本数。

第一百一十九条　本法自2006年3月1日起施行。1986年9月5日公布、1994年5月12日修订公布的《中华人民共和国治安管理处罚条例》同时废止。

附录二

公安部关于印发《公安机关执行〈中华人民共和国治安管理处罚法〉有关问题的解释》的通知

公通字〔2006〕12号

各省、自治区、直辖市公安厅、局,新疆生产建设兵团公安局:

2005年8月28日第十届全国人大常委会第十七次会议通过的《中华人民共和国治安管理处罚法》,将于2006年3月1日起施行。为确保该法的正确有效贯彻实施,现将《公安机关执行〈中华人民共和国治安管理处罚法〉有关问题的解释》印发给你们,请遵照执行。

各地贯彻执行《中华人民共和国治安管理处罚法》的情况和遇到的问题,请及时报部。

二〇〇六年一月二十三日

公安机关执行《中华人民共和国治安管理处罚法》有关问题的解释

根据全国人大常委会《关于加强法律解释工作的决议》的规定,现对公安机关执行《中华人民共和国治安管理处罚法》(以下简称《治安管理处罚法》)的有关问题解释如下:

一、关于治安案件的调解问题。根据《治安管理处罚法》第9条的规定,对因民间纠纷引起的打架斗殴或者损毁他人财物以及其他违反治安管理行为,情节较轻的,公安机关应当本着化解矛盾纠纷、维护社会稳定、构建和谐社会的要求,依法尽量予以调解处理。特别是对因家庭、邻里、同事之间纠纷引起的违反治安管理行为,情节较轻,双方当事人愿意和解的,如制造噪声、发送信息、饲养动物干扰他人正常生活,放任动物恐吓他人、侮辱、诽谤、诬告陷害、侵犯隐私、偷开机动车等治安案件,公安机关都可以调解处理。同时,为确保调解取得良好效果,调解前应当及时依法做深入细致的调查取证工作,以查明事实、收集证据、分清责任。调解达成协议的,应当制作调解书,交双方当事人签字。

二、关于涉外治安案件的办理问题。《治安管理处罚法》第10条第2款规定:"对违反治安管理的外国人可以附加适用限期出境、驱逐出境"。对外国人需要依法适用限期出境、驱逐出境处罚的,由承办案件的公安机关逐级上报公安部或者公安部授权的省级人民政府公安机关决定,由承办案件的公安机关执行。对外国人依法决定行政拘留的,由承办案件的县级以上(含县级,下同)公安机关决定,不再报上一级公安机关批准。对外国人依法决定警告、罚款、行政拘留,并附加适用限期出境、驱逐出境处罚的,应当在警告、罚款、行政拘留执行完毕后,再执行限期出境、驱逐出境。

三、关于不予处罚问题。《治安管理处罚法》第 12 条、第 13 条、第 14 条、第 19 条对不予处罚的情形作了明确规定,公安机关对依法不予处罚的违反治安管理行为人,有违法所得的,应当依法予以追缴;有非法财物的,应当依法予以收缴。

《治安管理处罚法》第 22 条对违反治安管理行为的追究时效作了明确规定,公安机关对超过追究时效的违反治安管理行为不再处罚,但有违禁品的,应当依法予以收缴。

四、关于对单位违反治安管理的处罚问题。《治安管理处罚法》第 18 条规定,"单位违反治安管理的,对其直接负责的主管人员和其他直接责任人员依照本法的规定处罚。其他法律、行政法规对同一行为规定给予单位处罚的,依照其规定处罚",并在第 54 条规定可以吊销公安机关发放的许可证。对单位实施《治安管理处罚法》第三章所规定的违反治安管理行为的,应当依法对其直接负责的主管人员和其他直接责任人员予以治安管理处罚;其他法律、行政法规对同一行为明确规定由公安机关给予单位警告、罚款、没收违法所得、没收非法财物等处罚,或者采取责令其限期停业整顿、停业整顿、取缔等强制措施的,应当依照其规定办理。对被依法吊销许可证的单位,应当同时依法收缴非法财物、追缴违法所得。参照刑法的规定,单位是指公司、企业、事业单位、机关、团体。

五、关于不执行行政拘留处罚问题。根据《治安管理处罚法》第 21 条的规定,对"已满十四周岁不满十六周岁的","已满十六周岁不满十八周岁,初次违反治安管理的","七十周岁以上的","怀孕或者哺乳自己不满一周岁婴儿的"违反治安管理行为人,可以依法作出行政拘留处罚决定,但不投送拘留所执行。被处罚人居住地公安派出所应当会同被处罚人所在单位、学校、家庭、居(村)民委员会、未成年人保护组织和有关社会团体进行帮教。上述未成年人、老年人的年龄、怀孕或者哺乳自己不满 1 周岁婴儿的妇女的情况,以其实施违反治安管理行为或者正要执行行政拘留时的实际情况确定,即违反治安管理行为人在实施违反治安管理行为时具有上述情形之一的,或者执行行政拘留时符合上述情形之一的,均不再投送拘留所执行行政拘留。

六、关于取缔问题。根据《治安管理处罚法》第 54 条的规定,对未经许可,擅自经营按照国家规定需要由公安机关许可的行业的,予以取缔。这里的"按照国家规定需要由公安机关许可的行业",是指按照有关法律、行政法规和国务院决定的有关规定,需要由公安机关许可的旅馆业、典当业、公章刻制业、保安培训业等行业。取缔应当由违反治安管理行为发生地的县级以上公安机关作出决定,按照

《治安管理处罚法》的有关规定采取相应的措施,如责令停止相关经营活动、进入无证经营场所进行检查、扣押与案件有关的需要作为证据的物品等。在取缔的同时,应当依法收缴非法财物、追缴违法所得。

七、关于强制性教育措施问题。《治安管理处罚法》第76条规定,对有"引诱、容留、介绍他人卖淫","制作、运输、复制、出售、出租淫秽的书刊、图片、影片、音像制品等淫秽物品或者利用计算机信息网络、电话以及其他通讯工具传播淫秽信息","以营利为目的,为赌博提供条件的,或者参与赌博赌资较大的"行为,"屡教不改的,可以按照国家规定采取强制性教育措施"。这里的"强制性教育措施"目前是指劳动教养;"按照国家规定"是指按照《治安管理处罚法》和其他有关劳动教养的法律、行政法规的规定;"屡教不改"是指有上述行为被依法判处刑罚执行期满后五年内又实施前述行为之一,或者被依法予以罚款、行政拘留、收容教育、劳动教养执行期满后三年内实施前述行为之一,情节较重,但尚不够刑事处罚的情形。

八、关于询问查证时间问题。《治安管理处罚法》第83条第1款规定,"对违反治安管理行为人,公安机关传唤后应当及时询问查证,询问查证的时间不得超过八小时;情况复杂,依照本法规定可能适用行政拘留处罚的,询问查证的时间不得超过二十四小时"。这里的"依照本法规定可能适用行政拘留处罚",是指本法第三章对行为人实施的违反治安管理行为设定了行政拘留处罚,且根据其行为的性质和情节轻重,可能依法对违反治安管理行为人决定予以行政拘留的案件。

根据《治安管理处罚法》第82条和第83条的规定,公安机关或者办案部门负责人在审批书面传唤时,可以一并审批询问查证时间。对经过询问查证,属于"情况复杂",且"依照本法规定可能适用行政拘留处罚"的案件,需要对违反治安管理行为人适用超过8小时询问查证时间的,需口头或者书面报经公安机关或者其办案部门负责人批准。对口头报批的,办案民警应当记录在案。

九、关于询问不满16周岁的未成年人问题。《治安管理处罚法》第84条、第85条规定,询问不满16周岁的违反治安管理行为人、被侵害人或者其他证人,应当通知其父母或者其他监护人到场。上述人员父母双亡,又没有其他监护人的,因种种原因无法找到其父母或者其他监护人的,以及其父母或者其他监护人收到通知后拒不到场或者不能及时到场的,办案民警应当将有关情况在笔录中注明。为保证询问的合法性和证据的有效性,在被询问人的父母或者其他监护人不能到场时,可以邀请办案地居(村)民委员会的人员,或者被询问人在办案地有完全行为能力的亲友,或者所在学校的教师,或者其他见证人到场。询问笔录应当由办案民警、被询问人、见证人签名或者盖章。有条件的地方,还可以对询问过程进行录音、录像。

十、关于铁路、交通、民航、森林公安机关和海关侦查走私犯罪公安机构以及新疆生产建设兵团公安局的治安管理处罚权问题。《治安管理处罚法》第 91 条规定："治安管理处罚由县级以上人民政府公安机关决定；其中警告、五百元以下罚款可以由公安派出所决定。"根据有关法律，铁路、交通、民航、森林公安机关依法负责其管辖范围内的治安管理工作，《中华人民共和国海关行政处罚实施条例》第 6 条赋予了海关侦查走私犯罪公安机构对阻碍海关缉私警察依法执行职务的治安案件的查处权。为有效维护社会治安，县级以上铁路、交通、民航、森林公安机关对其管辖的治安案件，可以依法作出治安管理处罚决定，铁路、交通、民航、森林公安派出所可以作出警告、500 元以下罚款的治安管理处罚决定；海关系统相当于县级以上公安机关的侦查走私犯罪公安机构可以依法查处阻碍缉私警察依法执行职务的治安案件，并依法作出治安管理处罚决定。

新疆生产建设兵团系统的县级以上公安局应当视为"县级以上人民政府公安机关"，可以依法作出治安管理处罚决定；其所属的公安派出所可以依法作出警告、500 元以下罚款的治安管理处罚决定。

十一、关于限制人身自由的强制措施折抵行政拘留问题。《治安管理处罚法》第 92 条规定："对决定给予行政拘留处罚的人，在处罚前已经采取强制措施限制人身自由的时间，应当折抵。限制人身自由一日，折抵行政拘留一日。"这里的"强制措施限制人身自由的时间"，包括被行政拘留人在被行政拘留前因同一行为被依法刑事拘留、逮捕时间。如果被行政拘留人被刑事拘留、逮捕的时间已超过被行政拘留的时间的，则行政拘留不再执行，但办案部门必须将《治安管理处罚决定书》送达被处罚人。

十二、关于办理治安案件期限问题。《治安管理处罚法》第 99 条规定："公安机关办理治安案件的期限，自受理之日起不得超过三十日；案情重大、复杂的，经上一级公安机关批准，可以延长三十日。为了查明案情进行鉴定的期间，不计入办理治安案件的期限。"这里的"鉴定期间"，是指公安机关提交鉴定之日起至鉴定机构作出鉴定结论并送达公安机关的期间。公安机关应当切实提高办案效率，保证在法定期限内办结治安案件。对因违反治安管理行为人逃跑等客观原因造成案件不能在法定期限内办结的，公安机关应当继续进行调查取证，及时依法作出处理决定，不能因已超过法定办案期限就不再调查取证。因违反治安管理行为人在逃，导致无法查清案件事实，无法收集足够证据而结不了案的，公安机关应当向被侵害人说明原因。对调解未达成协议或者达成协议后不履行的治安案件的办案期限，应当从调解未达成协议或者达成协议后不履行之日起开始计算。

公安派出所承办的案情重大、复杂的案件，需要延长办案期限的，应当报所属县级以上公安机关负责人批准。

十三、关于将被拘留人送达拘留所执行问题。《治安管理处罚法》第 103 条规定："对被决定给予行政拘留处罚的人，由作出决定的公安机关送达拘留所执行。"这里的"送达拘留所执行",是指作出行政拘留决定的公安机关将被决定行政拘留的人送到拘留所并交付执行,拘留所依法办理入所手续后即为送达。

十四、关于治安行政诉讼案件的出庭应诉问题。《治安管理处罚法》取消了行政复议前置程序。被处罚人对治安管理处罚决定不服的,既可以申请行政复议,也可以直接提起行政诉讼。对未经行政复议和经行政复议决定维持原处罚决定的行政诉讼案件,由作出处罚决定的公安机关负责人和原办案部门的承办民警出庭应诉;对经行政复议决定撤销、变更原处罚决定或者责令被申请人重新作出具体行政行为的行政诉讼案件,由行政复议机关负责人和行政复议机构的承办民警出庭应诉。

十五、关于《治安管理处罚法》的溯及力问题。按照《中华人民共和国立法法》第 84 条的规定,《治安管理处罚法》不溯及既往。《治安管理处罚法》施行后,对其施行前发生且尚未作出处罚决定的违反治安管理行为,适用《中华人民共和国治安管理处罚条例》;但是,如果《治安管理处罚法》不认为是违反治安管理行为或者处罚较轻的,适用《治安管理处罚法》。

附录三

公安部关于印发《公安机关执行〈中华人民共和国治安管理处罚法〉有关问题的解释(二)》的通知

公通字〔2007〕1号

各省、自治区、直辖市公安厅、局,新疆生产建设兵团公安局:

现将《公安机关执行〈中华人民共和国治安管理处罚法〉有关问题的解释(二)》印发给你们,请遵照执行。

各地贯彻执行《中华人民共和国治安管理处罚法》的情况和遇到的问题,请及时报部。

二〇〇七年一月八日

公安机关执行《中华人民共和国治安管理处罚法》有关问题的解释(二)

为正确、有效地执行《中华人民共和国治安管理处罚法》(以下简称《治安管理处罚法》),根据全国人民代表大会常务委员会《关于加强法律解释工作的决议》的规定,现对公安机关执行《治安管理处罚法》的有关问题解释如下:

一、关于制止违反治安管理行为的法律责任问题

为了免受正在进行的违反治安管理行为的侵害而采取的制止违法侵害行为,不属于违反治安管理行为。但对事先挑拨、故意挑逗他人对自己进行侵害,然后以制止违法侵害为名对他人加以侵害的行为,以及互相斗殴的行为,应当予以治安管理处罚。

二、关于未达目的违反治安管理行为的法律责任问题

行为人为实施违反治安管理行为准备工具、制造条件的,不予处罚。

行为人自动放弃实施违反治安管理行为或者自动有效地防止违反治安管理行为结果发生,没有造成损害的,不予处罚;造成损害的,应当减轻处罚。

行为人已经着手实施违反治安管理行为,但由于本人意志以外的原因而未得逞的,应当从轻处罚、减轻处罚或者不予处罚。

三、关于未达到刑事责任年龄不予刑事处罚的,能否予以治安管理处罚问题

对已满十四周岁不满十六周岁不予刑事处罚的,应当责令其家长或者监护人加以管教;必要时,可以依照《治安管理处罚法》的相关规定予以治安管理处罚,或者依照《中华人民共和国刑法》第十七条的规定予以收容教养。

四、关于减轻处罚的适用问题

违反治安管理行为人具有《治安管理处罚法》第十二条、第十四条、第十九条减轻处罚情节的,按下列规定适用:

(一)法定处罚种类只有一种,在该法定处罚种类的幅度以下减轻处罚;

(二)法定处罚种类只有一种,在该法定处罚种类的幅度以下无法再减轻处罚的,不予处罚;

(三)规定拘留并处罚款的,在法定处罚幅度以下单独或者同时减轻拘留和罚款,或者在法定处罚幅度内单处拘留;

(四)规定拘留可以并处罚款的,在拘留的法定处罚幅度以下减轻处罚;在拘留的法定处罚幅度以下无法再减轻处罚的,不予处罚。

五、关于"初次违反治安管理"的认定问题

《治安管理处罚法》第二十一条第二项规定的"初次违反治安管理",是指行为人的违反治安管理行为第一次被公安机关发现或者查处。但具有下列情形之一的,不属于"初次违反治安管理":

(一)曾违反治安管理,虽未被公安机关发现或者查处,但仍在法定追究时效内的;

(二)曾因不满十六周岁违反治安管理,不执行行政拘留的;

(三)曾违反治安管理,经公安机关调解结案的;

(四)曾被收容教养、劳动教养的;

(五)曾因实施扰乱公共秩序,妨害公共安全,侵犯人身权利、财产权利,妨害社会管理的行为被人民法院判处刑罚或者免除刑事处罚的。

六、关于扰乱居(村)民委员会秩序和破坏居(村)民委员会选举秩序行为的法律适用问题

对扰乱居(村)民委员会秩序的行为,应当根据其具体表现形式,如侮辱、诽谤、殴打他人、故意伤害、故意损毁财物等,依照《治安管理处罚法》的相关规定予以处罚。

对破坏居(村)民委员会选举秩序的行为,应当依照《治安管理处罚法》第二十三条第一款第五项的规定予以处罚。

七、关于殴打、伤害特定对象的处罚问题

对违反《治安管理处罚法》四十三条第二款第二项规定行为的处罚,不要求行为人主观上必须明知殴打、伤害的对象为残疾人、孕妇、不满十四周岁的人或者六十周岁以上的人。

八、关于"结伙"、"多次"、"多人"的认定问题

《治安管理处罚法》中规定的"结伙"是指两人(含两人)以上;"多次"是指三次(含三次)以上;"多人"是指三人(含三人)以上。

九、关于运送他人偷越国(边)境、偷越国(边)境和吸食、注射毒品行为的法律适用问题

对运送他人偷越国(边)境、偷越国(边)境和吸食、注射毒品行为的行政处罚，适用《治安管理处罚法》第六十一条、第六十二条第二款和第七十二条第三项的规定，不再适用全国人民代表大会常务委员会《关于严惩组织、运送他人偷越国(边)境犯罪的补充规定》和《关于禁毒的决定》的规定。

十、关于居住场所与经营场所合一的检查问题

违反治安管理行为人的居住场所与其在工商行政管理部门注册登记的经营场所合一的，在经营时间内对其检查时，应当按照检查经营场所办理相关手续；在非经营时间内对其检查时，应当按照检查公民住所办理相关手续。

十一、关于被侵害人是否有权申请行政复议问题

根据《中华人民共和国行政复议法》第二条的规定，治安案件的被侵害人认为公安机关依据《治安管理处罚法》作出的具体行政行为侵犯其合法权益的，可以依法申请行政复议。

附录四

公安机关办理行政案件程序规定

修订后的《公安机关办理行政案件程序规定》已经 2012 年 12 月 3 日公安部部长办公会议通过，自 2013 年 1 月 1 日起施行。

公安机关办理行政案件程序规定

目 录

第一章　总则
第二章　管辖
第三章　回避
第四章　证据
第五章　期间与送达
第六章　简易程序
第七章　调查取证
　第一节　一般规定
　第二节　受案
　第三节　询问
　第四节　勘验、检查
　第五节　鉴定
　第六节　辨认
　第七节　证据保全
第八章　听证程序
　第一节　一般规定
　第二节　听证人员和听证参加人
　第三节　听证的告知、申请和受理
　第四节　听证的举行
第九章　行政处理决定
　第一节　行政处罚的适用
　第二节　行政处理的决定

第十章　治安调解

第十一章　涉案财物的管理和处理

第十二章　执行

　　第一节　一般规定

　　第二节　罚款的执行

　　第三节　行政拘留的执行

　　第四节　其他处理决定的执行

第十三章　涉外行政案件的办理

第十四章　案件终结

第十五章　附则

第一章　总　则

第一条　为了规范公安机关办理行政案件程序,保障公安机关在办理行政案件中正确履行职责,保护公民、法人和其他组织的合法权益,根据《中华人民共和国行政处罚法》、《中华人民共和国行政强制法》、《中华人民共和国治安管理处罚法》等有关法律、行政法规,制定本规定。

第二条　本规定所称行政案件,是指公安机关依照法律、法规和规章的规定对违法行为人决定行政处罚以及强制隔离戒毒、收容教育等处理措施的案件。

本规定所称公安机关,是指县级以上公安机关、公安派出所、依法具有独立执法主体资格的公安机关业务部门以及出入境边防检查站。

第三条　办理行政案件应当以事实为根据,以法律为准绳。

第四条　办理行政案件应当遵循合法、公正、公开、及时的原则,尊重和保障人权,保护公民的人格尊严。

第五条　办理行政案件应当坚持教育与处罚相结合的原则,教育公民、法人和其他组织自觉守法。

第六条　办理未成年人的行政案件,应当根据未成年人的身心特点,保障其合法权益。

第七条　办理行政案件,在少数民族聚居或者多民族共同居住的地区,应当使用当地通用的语言进行询问。对不通晓当地通用语言文字的当事人,应当为他们提供翻译。

第八条　公安机关人民警察在办案中玩忽职守、徇私舞弊、滥用职权、索取或者收受他人财物的,依法给予处分;构成犯罪的,依法追究刑事责任。

第二章　管　辖

第九条　行政案件由违法行为地的公安机关管辖。由违法行为人居住地公安机关管辖更为适宜的,可以由违法行为人居住地公安机关管辖,但是涉及卖淫、嫖娼、赌博、毒品的案件除外。

移交违法行为人居住地公安机关管辖的行政案件,违法行为地公安机关在移交前应当及时收集证据,并配合违法行为人居住地公安机关开展调查取证工作。

第十条 几个公安机关都有权管辖的行政案件,由最初受理的公安机关管辖。必要时,可以由主要违法行为地公安机关管辖。

第十一条 对管辖权发生争议的,报请共同的上级公安机关指定管辖。

对于重大、复杂的案件,上级公安机关可以直接办理或者指定管辖。

上级公安机关直接办理或者指定管辖的,应当书面通知被指定管辖的公安机关和其他有关的公安机关。

原受理案件的公安机关自收到上级公安机关书面通知之日起不再行使管辖权,并立即将案卷材料移送被指定管辖的公安机关或者办理的上级公安机关,及时书面通知当事人。

第十二条 铁路公安机关管辖列车上、火车站工作区域内、铁路系统的机关、厂、段、所、队等单位内发生的行政案件,以及在铁路线上放置障碍物或者损毁、移动铁路设施等可能影响铁路运输安全、盗窃铁路设施的行政案件。

交通公安机关管辖港航管理机构管理的轮船上、港口、码头工作区域内和港航系统的机关、厂、所、队等单位内发生的行政案件。

民航公安机关管辖民航管理机构管理的机场工作区域以及民航系统的机关、厂、所、队等单位内和民航飞机上发生的行政案件。

国有林区的森林公安机关管辖林区内发生的行政案件。

海关缉私机构管辖阻碍海关缉私警察依法执行职务的治安案件。

第十三条 公安机关和军队互涉公安行政案件的管辖分工由公安部和中国人民解放军总政治部另行规定。

第三章 回 避

第十四条 公安机关负责人、办案人民警察有下列情形之一的,应当自行提出回避申请,案件当事人及其法定代理人有权要求他们回避:

(一)是本案的当事人或者当事人近亲属的;

(二)本人或者其近亲属与本案有利害关系的;

(三)与本案当事人有其他关系,可能影响案件公正处理的。

第十五条 公安机关负责人、办案人民警察提出回避申请的,应当说明理由。

第十六条 办案人民警察的回避,由其所属的公安机关决定;公安机关负责人的回避,由上一级公安机关决定。

第十七条 当事人及其法定代理人要求公安机关负责人、办案人民警察回避的,应当提出申请,并说明理由。口头提出申请的,公安机关应当记录在案。

第十八条　对当事人及其法定代理人提出的回避申请,公安机关应当在收到申请之日起二日内作出决定并通知申请人。

第十九条　公安机关负责人、办案人民警察具有应当回避的情形之一,本人没有申请回避,当事人及其法定代理人也没有申请其回避的,有权决定其回避的公安机关可以指令其回避。

第二十条　在行政案件调查过程中,鉴定人和翻译人员需要回避的,适用本章的规定。鉴定人、翻译人员的回避,由指派或者聘请的公安机关决定。

第二十一条　在公安机关作出回避决定前,办案人民警察不得停止对行政案件的调查。

作出回避决定后,公安机关负责人、办案人民警察不得再参与该行政案件的调查和审核、审批工作。

第二十二条　被决定回避的公安机关负责人、办案人民警察、鉴定人和翻译人员,在回避决定作出前所进行的与案件有关的活动是否有效,由作出回避决定的公安机关根据案件情况决定。

第四章　证　据

第二十三条　可以用于证明案件事实的材料,都是证据。公安机关办理行政案件的证据包括:

（一）物证;

（二）书证;

（三）被侵害人陈述和其他证人证言;

（四）违法嫌疑人的陈述和申辩;

（五）鉴定意见;

（六）勘验、检查、辨认笔录,现场笔录;

（七）视听资料、电子数据。

证据必须经过查证属实,才能作为定案的根据。

第二十四条　公安机关必须依照法定程序,收集能够证实违法嫌疑人是否违法、违法情节轻重的证据。

严禁刑讯逼供和以威胁、欺骗等非法方法收集证据。采用刑讯逼供等非法方法收集的违法嫌疑人的陈述和申辩以及采用暴力、威胁等非法方法收集的被侵害人陈述、其他证人证言,不能作为定案的根据。收集物证、书证不符合法定程序,可能严重影响执法公正的,应当予以补正或者作出合理解释;不能补正或者作出合理解释的,不能作为定案的根据。

第二十五条　公安机关向有关单位和个人收集、调取证据时,应当告知其必须如实提供证据,并告知其伪造、隐匿、毁灭证据,提供虚假证词应当承担的法律责任。

需要向有关单位和个人调取证据的,经公安机关办案部门负责人批准,开具调取证据通知书。被调取人应当在通知书上盖章或者签名,被调取人拒绝的,公安机关应当注明。必要时,公安机关应当采用录音、录像等方式固定证据内容及取证过程。

第二十六条　收集调取的物证应当是原物。在原物不便搬运、不易保存或者依法应当由有关部门保管、处理或者依法应当返还时,可以拍摄或者制作足以反映原物外形或者内容的照片、录像。

物证的照片、录像,经与原物核实无误或者经鉴定证明为真实的,可以作为证据使用。

第二十七条　收集、调取的书证应当是原件。在取得原件确有困难时,可以使用副本或者复制件。

书证的副本、复制件,经与原件核实无误或者经鉴定证明为真实的,可以作为证据使用。书证有更改或者更改迹象不能作出合理解释的,或者书证的副本、复制件不能反映书证原件及其内容的,不能作为证据使用。

第二十八条　书证的副本、复制件,视听资料、电子数据的复制件,物证的照片、录像,应当附有关制作过程及原件、原物存放处的文字说明,并由制作人和物品持有人或者持有单位有关人员签名。

第二十九条　刑事案件转为行政案件办理的,刑事案件办理过程中收集的证据材料,可以作为行政案件的证据使用。

第三十条　凡知道案件情况的人,都有作证的义务。

生理上、精神上有缺陷或者年幼,不能辨别是非、不能正确表达的人,不能作为证人。

第三十一条　公安机关及其人民警察在办理行政案件时,对涉及的国家秘密、商业秘密或者个人隐私,应当保密。

第五章　期间与送达

第三十二条　期间以时、日、月、年计算,期间开始之时或者日不计算在内。法律文书送达的期间不包括路途上的时间。期间的最后一日是节假日的,以节假日后的第一日为期满日期,但违法行为人被限制人身自由的期间,应当至期满之日为止,不得因节假日而延长。

第三十三条　送达法律文书,应当遵守下列规定:

(一)依照简易程序作出当场处罚决定的,应当将决定书当场交付被处罚人,并由被处罚人在备案的决定书上签名或者捺指印;被处罚人拒绝的,由办案人民警察在备案的决定书上注明；

（二）除本款第一项规定外，作出行政处罚决定和其他行政处理决定，应当在宣告后将决定书当场交付被处理人，并由被处理人在附卷的决定书上签名或者捺指印，即为送达；被处理人拒绝的，由办案人民警察在附卷的决定书上注明；被处理人不在场的，公安机关应当在作出决定的七日内将决定书送达被处理人，治安管理处罚决定应当在二日内送达。

送达法律文书应当首先采取直接送达方式，交给受送达人本人；受送达人不在的，可以交付其成年家属、所在单位的负责人员或者其居住地居（村）民委员会代收。受送达人本人或者代收人拒绝接收或者拒绝签名和捺指印的，送达人可以邀请其邻居或者其他见证人到场，说明情况，也可以对拒收情况进行录音录像，把文书留在受送达人处，在附卷的法律文书上注明拒绝的事由、送达日期，由送达人、见证人签名或者捺指印，即视为送达。

无法直接送达的，委托其他公安机关代为送达，或者邮寄送达。

经采取上述送达方式仍无法送达的，可以公告送达。公告的范围和方式应当便于公民知晓，公告期限不得少于六十日。

第六章　简易程序

第三十四条　违法事实确凿，且具有下列情形之一的，人民警察可以当场作出处罚决定，有违禁品的，可以当场收缴：

（一）对违反治安管理行为人或者道路交通违法行为人处二百元以下罚款或者警告的；

（二）出入境边防检查机关对违反出境入境管理行为人处五百元以下罚款或者警告的；

（三）对有其他违法行为的个人处五十元以下罚款或者警告、对单位处一千元以下罚款或者警告的；

（四）法律规定可以当场处罚的其他情形。

涉及卖淫、嫖娼、赌博、毒品的案件，不适用当场处罚。

第三十五条　当场处罚，应当按照下列程序实施：

（一）向违法行为人表明执法身份；

（二）收集证据；

（三）口头告知违法行为人拟作出行政处罚决定的事实、理由和依据，并告知违法行为人依法享有的陈述权和申辩权；

（四）充分听取违法行为人的陈述和申辩。违法行为人提出的事实、理由或者证据成立的，应当采纳；

（五）填写当场处罚决定书并当场交付被处罚人；

（六）当场收缴罚款的,同时填写罚款收据,交付被处罚人;未当场收缴罚款的,应当告知被处罚人在规定期限内到指定的银行缴纳罚款。

第三十六条　适用简易程序处罚的,可以由人民警察一人作出行政处罚决定。

人民警察当场作出行政处罚决定的,应当于作出决定后的二十四小时内将当场处罚决定书报所属公安机关备案,交通警察应当于作出决定后的二日内报所属公安机关交通管理部门备案。在旅客列车、民航飞机、水上作出行政处罚决定的,应当在返回后的二十四小时内报所属公安机关备案。

第七章　调查取证

第一节　一般规定

第三十七条　对行政案件进行调查时,应当合法、及时、客观、全面地收集、调取证据材料,并予以审查、核实。

第三十八条　需要调查的案件事实包括:

（一）违法嫌疑人的基本情况;

（二）违法行为是否存在;

（三）违法行为是否为违法嫌疑人实施;

（四）实施违法行为的时间、地点、手段、后果以及其他情节;

（五）违法嫌疑人有无法定从重、从轻、减轻以及不予行政处罚的情形;

（六）与案件有关的其他事实。

第三十九条　公安机关调查取证时,应当防止泄露工作秘密。

第四十条　在调查取证时,人民警察不得少于二人,并表明执法身份。

第四十一条　对查获或者到案的违法嫌疑人应当进行安全检查,发现违禁品或者管制器具、武器、易燃易爆等危险品以及与案件有关的需要作为证据的物品的,应当立即扣押;对违法嫌疑人随身携带的与案件无关的物品,应当按照有关规定予以登记、保管、退还。安全检查不需要开具检查证。

前款规定的扣押适用本规定第四十三条和第四十四条以及本章第七节的规定。

第四十二条　办理行政案件时,可以依法采取下列行政强制措施:

（一）对物品、设施、场所采取扣押、扣留、临时查封、查封、先行登记保存、抽样取证等强制措施;

（二）对违法嫌疑人采取保护性约束措施、继续盘问、强制传唤、强制检测、拘留审查、限制活动范围等强制措施。

第四十三条　实施行政强制措施应当遵守下列规定:

（一）实施前须依法向公安机关负责人报告并经批准;

（二）通知当事人到场，当场告知当事人采取行政强制措施的理由、依据以及当事人依法享有的权利、救济途径。当事人不到场的，邀请见证人到场，并在现场笔录中注明；

（三）听取当事人的陈述和申辩；

（四）制作现场笔录，由当事人和办案人民警察签名或者盖章，当事人拒绝的，在笔录中注明。当事人不在场的，由见证人和办案人民警察在笔录上签名或者盖章；

（五）实施限制公民人身自由的行政强制措施的，应当当场告知当事人家属实施强制措施的公安机关、理由、地点和期限；无法当场告知的，应当在实施强制措施后立即通过电话、短信、传真等方式通知；身份不明、拒不提供家属联系方式或者因自然灾害等不可抗力导致无法通知的，可以不予通知。告知、通知家属情况或者无法通知家属的原因应当在询问笔录中注明。

（六）法律、法规规定的其他程序。

检查时实施行政强制措施的，制作检查笔录，不再制作现场笔录。

第四十四条　情况紧急，当场实施行政强制措施的，办案人民警察应当在二十四小时内依法向其所属的公安机关负责人报告，并补办批准手续。当场实施限制公民人身自由的行政强制措施的，办案人民警察应当在返回单位后立即报告，并补办批准手续。公安机关负责人认为不应当采取行政强制措施的，应当立即解除。

第四十五条　为维护社会秩序，人民警察对有违法嫌疑的人员，经表明执法身份后，可以当场盘问、检查。对当场盘问、检查后，不能排除其违法嫌疑，依法可以适用继续盘问的，可以将其带至公安机关，经公安派出所负责人批准，对其继续盘问。对违反出境入境管理的嫌疑人依法适用继续盘问的，应当经县级以上公安机关或者出入境边防检查机关负责人批准。

继续盘问的时限一般为十二小时；对在十二小时以内确实难以证实或者排除其违法犯罪嫌疑的，可以延长至二十四小时；对不讲真实姓名、住址、身份，且在二十四小时以内仍不能证实或者排除其违法犯罪嫌疑的，可以延长至四十八小时。

第四十六条　违法嫌疑人在醉酒状态中，对本人有危险或者对他人的人身、财产或者公共安全有威胁的，可以对其采取保护性措施约束至酒醒，也可以通知其家属、亲友或者所属单位将其领回看管，必要时，应当送医院醒酒。对行为举止失控的醉酒人，可以使用约束带或者警绳等进行约束，但是不得使用手铐、脚镣等警械。

约束过程中，应当指定专人严加看护。确认醉酒人酒醒后，应当立即解除约束，并进行询问。约束时间不计算在询问查证时间内。

第二节 受 案

第四十七条 公安机关对报案、控告、举报、群众扭送或者违法嫌疑人投案，以及其他行政主管部门、司法机关移送的案件，应当及时受理，制作受案登记表，并分别作出以下处理：

（一）对属于本单位管辖范围内的事项，应当及时调查处理；

（二）对属于公安机关职责范围，但不属于本单位管辖的，应当在受理后的二十四小时内移送有管辖权的单位处理，并告知报案人、控告人、举报人、扭送人、投案人；

（三）对不属于公安机关职责范围内的事项，书面告知报案人、控告人、举报人、扭送人、投案人向其他有关主管机关报案或者投案。

公安机关接受案件时，应当制作受案回执单一式二份，一份交报案人、控告人、举报人、扭送人，一份附卷。

公安机关及其人民警察在日常执法执勤中发现的违法行为，适用第一款的规定。

第四十八条 属于公安机关职责范围但不属于本单位管辖的案件，具有下列情形之一的，受理案件或者发现案件的公安机关及其人民警察应当依法先行采取必要的强制措施或者其他处置措施，再移送有管辖权的单位处理：

（一）违法嫌疑人正在实施危害行为的；

（二）正在实施违法行为或者违法后即时被发现的现行犯被扭送至公安机关的；

（三）在逃的违法嫌疑人已被抓获或者被发现的；

（四）有人员伤亡，需要立即采取救治措施的；

（五）其他应当采取紧急措施的情形。

行政案件移送管辖的，询问查证时间和扣押等措施的期限重新计算。

第四十九条 报案人不愿意公开自己的姓名和报案行为的，公安机关应当在受案登记时注明，并为其保密。

第五十条 对报案人、控告人、举报人、扭送人、投案人提供的有关证据材料、物品等应当登记，出具接受证据清单，并妥善保管。必要时，应当拍照、录音、录像。移送案件时，应当将有关证据材料和物品一并移交。

第五十一条 对发现或者受理的案件暂时无法确定为刑事案件或者行政案件的，可以按照行政案件的程序办理。在办理过程中，认为涉嫌构成犯罪的，应当按照《公安机关办理刑事案件程序规定》办理。

第三节 询 问

第五十二条 询问违法嫌疑人，可以到违法嫌疑人住处或者单位进行，也可以将违法嫌疑人传唤到其所在市、县内的指定地点进行。

第五十三条　需要传唤违法嫌疑人接受调查的,经公安派出所、县级以上公安机关办案部门或者出入境边防检查机关负责人批准,使用传唤证传唤。对现场发现的违法嫌疑人,人民警察经出示工作证件,可以口头传唤,并在询问笔录中注明违法嫌疑人到案经过、到案时间和离开时间。

单位违反公安行政管理规定,需要传唤其直接负责的主管人员和其他直接责任人员的,适用前款规定。

对无正当理由不接受传唤或者逃避传唤的违反治安管理、消防安全管理、出境入境管理的嫌疑人以及法律规定可以强制传唤的其他违法嫌疑人,经公安派出所、县级以上公安机关办案部门或者出入境边防检查机关负责人批准,可以强制传唤。强制传唤时,可以依法使用手铐、警绳等约束性警械。

公安机关应当将传唤的原因和依据告知被传唤人,并通知其家属。公安机关通知被传唤人家属适用本规定第四十三条第一款第五项的规定。

第五十四条　使用传唤证传唤的,违法嫌疑人被传唤到案后和询问查证结束后,应当由其在传唤证上填写到案和离开时间并签名。拒绝填写或者签名的,办案人民警察应当在传唤证上注明。

第五十五条　对被传唤的违法嫌疑人,应当及时询问查证,询问查证的时间不得超过八小时;案情复杂,违法行为依法可能适用行政拘留处罚的,询问查证的时间不得超过二十四小时。

不得以连续传唤的形式变相拘禁违法嫌疑人。

第五十六条　对于投案自首或者群众扭送的违法嫌疑人,公安机关应当立即进行询问查证,并在询问笔录中记明违法嫌疑人到案经过、到案和离开时间。询问查证时间适用本规定第五十五条第一款的规定。

对于投案自首或者群众扭送的违法嫌疑人,公安机关应当适用本规定第四十三条第一款第五项的规定通知其家属。

第五十七条　询问违法嫌疑人,应当在公安机关的办案场所进行。

询问查证期间应当保证违法嫌疑人的饮食和必要的休息时间,并在询问笔录中注明。

在询问查证的间隙期间,可以将违法嫌疑人送入候问室,并按照候问室的管理规定执行。

第五十八条　询问违法嫌疑人、被侵害人或者其他证人,应当个别进行。

第五十九条　首次询问违法嫌疑人时,应当问明违法嫌疑人的姓名、出生日期、户籍所在地、现住址、身份证件种类及号码,是否为各级人民代表大会代表,是否受过刑事处罚或者行政拘留、劳动教养、收容教育、强制隔离戒毒、社区戒毒、收容教养等情况。必要时,还应当问明其家庭主要成员、工作单位、文化程度、民族、身体状况等情况。

违法嫌疑人为外国人的,首次询问时还应当问明其国籍、出入境证件种类及号码、签证种类、入境时间、入境事由等情况。必要时,还应当问明其在华关系人等情况。

第六十条 询问时,应当告知被询问人必须如实提供证据、证言和故意作伪证或者隐匿证据应负的法律责任,对与本案无关的问题有拒绝回答的权利。

第六十一条 询问未成年人时,应当通知其父母或者其他监护人到场,其父母或者其他监护人不能到场的,也可以通知未成年人的其他成年亲属,所在学校、单位、居住地基层组织或者未成年人保护组织的代表到场,并将有关情况记录在案。确实无法通知或者通知后未到场的,应当在询问笔录中注明。

第六十二条 询问聋哑人,应当有通晓手语的人提供帮助,并在询问笔录中注明被询问人的聋哑情况以及翻译人员的姓名、住址、工作单位和联系方式。

对不通晓当地通用的语言文字的被询问人,应当为其配备翻译人员,并在询问笔录中注明翻译人员的姓名、住址、工作单位和联系方式。

第六十三条 询问笔录应当交被询问人核对,对没有阅读能力的,应当向其宣读。记录有误或者遗漏的,应当允许被询问人更正或者补充,并要求其在修改处捺指印。被询问人确认笔录无误后,应当在询问笔录上逐页签名或者捺指印。拒绝签名和捺指印的,办案人民警察应当在询问笔录中注明。

办案人民警察应当在询问笔录上签名,翻译人员应当在询问笔录的结尾处签名。

询问时,可以全程录音、录像,并保持录音、录像资料的完整性。

第六十四条 违法嫌疑人、被侵害人或者其他证人请求自行提供书面材料的,应当准许。必要时,办案人民警察也可以要求违法嫌疑人、被侵害人或者其他证人自行书写。违法嫌疑人、被侵害人或者其他证人应当在其提供的书面材料的结尾处签名或者捺指印。对打印的书面材料,违法嫌疑人、被侵害人或者其他证人应当逐页签名或者捺指印。办案人民警察收到书面材料后,应当在首页注明收到日期,并签名。

第六十五条 询问违法嫌疑人时,应当听取违法嫌疑人的陈述和申辩。对违法嫌疑人的陈述和申辩,应当核查。

第六十六条 询问被侵害人、其他证人或者其他与案件有关的人,可以在现场进行,也可以到其单位、学校、住所、其居住地居(村)民委员会或者其提出的地点进行。必要时,也可以书面、电话或者当场通知其到公安机关提供证言。

在现场询问的,办案人民警察应当出示工作证件。

询问前,应当了解被询问人的身份以及其与被侵害人、其他证人、违法嫌疑人之间的关系。

第四节 勘验、检查

第六十七条 对于违法行为案发现场,必要时应当进行勘验,提取与案件有关的证据材料,判断案件性质,确定调查方向和范围。

现场勘验参照刑事案件现场勘验的有关规定执行。

第六十八条 对与违法行为有关的场所、物品、人身可以进行检查。检查时,人民警察不得少于二人,并应当出示工作证件和县级以上公安机关开具的检查证。对确有必要立即进行检查的,人民警察经出示工作证件,可以当场检查;但检查公民住所的,必须有证据表明或者有群众报警公民住所内正在发生危害公共安全或者公民人身安全的案(事)件,或者违法存放危险物质,不立即检查可能会对公共安全或者公民人身、财产安全造成重大危害。

对机关、团体、企业、事业单位或者公共场所进行日常执法监督检查,依照有关法律、法规和规章执行,不适用前款规定。

第六十九条 对违法嫌疑人进行检查时,应当尊重被检查人的人格尊严,不得以有损人格尊严的方式进行检查。

检查妇女的身体,应当由女性工作人员进行。

依法对卖淫、嫖娼人员进行性病检查,应当由医生进行。

第七十条 检查场所或者物品时,应当注意避免对物品造成不必要的损坏。

检查场所时,应当有被检查人或者见证人在场。

第七十一条 检查情况应当制作检查笔录。检查笔录由检查人员、被检查人或者见证人签名;被检查人不在场或者拒绝签名的,办案人民警察应当在检查笔录中注明。

第五节 鉴 定

第七十二条 为了查明案情,需要对专门性技术问题进行鉴定的,应当指派或者聘请具有专门知识的人员进行。

需要聘请本公安机关以外的人进行鉴定的,应当经公安机关办案部门负责人批准后,制作鉴定聘请书。

第七十三条 公安机关应当为鉴定提供必要的条件,及时送交有关检材和比对样本等原始材料,介绍与鉴定有关的情况,并且明确提出要求鉴定解决的问题。

办案人民警察应当做好检材的保管和送检工作,并注明检材送检环节的责任人,确保检材在流转环节中的同一性和不被污染。

禁止强迫或者暗示鉴定人作出某种鉴定意见。

第七十四条 对人身伤害的鉴定由法医进行。

卫生行政主管部门许可的医疗机构具有执业资格的医生出具的诊断证明,可以作为公安机关认定人身伤害程度的依据,但具有本规定第七十五条规定情形的除外。

对精神病的鉴定,由有精神病鉴定资格的鉴定机构进行。

第七十五条 人身伤害案件具有下列情形之一的,公安机关应当进行伤情鉴定:

(一)受伤程度较重,可能构成轻伤以上伤害程度的;

(二)被侵害人要求作伤情鉴定的;

(三)违法嫌疑人、被侵害人对伤害程度有争议的。

第七十六条 对需要进行伤情鉴定的案件,被侵害人拒绝提供诊断证明或者拒绝进行伤情鉴定的,公安机关应当将有关情况记录在案,并可以根据已认定的事实作出处理决定。

经公安机关通知,被侵害人无正当理由未在公安机关确定的时间内作伤情鉴定的,视为拒绝鉴定。

第七十七条 涉案物品价值不明或者难以确定的,公安机关应当委托价格鉴证机构估价。

根据当事人提供的购买发票等票据能够认定价值的涉案物品,或者价值明显不够刑事立案标准的涉案物品,公安机关可以不进行价格鉴证。

第七十八条 对涉嫌吸毒的人员,应当进行吸毒检测,被检测人员应当配合;对拒绝接受检测的,经县级以上公安机关或者其派出机构负责人批准,可以强制检测。采集女性被检测人检测样本,应当由女性工作人员进行。

对涉嫌服用国家管制的精神药品、麻醉药品驾驶机动车的人员,可以对其进行体内国家管制的精神药品、麻醉药品含量检验。

第七十九条 对有酒后驾驶机动车嫌疑的人,应当对其进行呼气酒精测试,对具有下列情形之一的,应当立即提取血样,检验血液酒精含量:

(一)当事人对呼气酒精测试结果有异议的;

(二)当事人拒绝配合呼气酒精测试的;

(三)涉嫌醉酒驾驶机动车的;

(四)涉嫌饮酒后驾驶机动车发生交通事故的。

当事人对呼气酒精测试结果无异议的,应当签字确认。事后提出异议的,不予采纳。

第八十条 鉴定人鉴定后,应当出具鉴定意见。鉴定意见应当载明委托人、委托鉴定的事项、提交鉴定的相关材料、鉴定的时间、依据和结论性意见等内容,并由鉴定人签名或者盖章。通过分析得出鉴定意见的,应当有分析过程的说明。鉴定意见应当附有鉴定机构和鉴定人的资质证明或者其他证明文件。

鉴定人对鉴定意见负责,不受任何机关、团体、企业、事业单位和个人的干涉。多人参加鉴定,对鉴定意见有不同意见的,应当注明。

鉴定人故意作虚假鉴定的,应当承担法律责任。

第八十一条　办案人民警察应当对鉴定意见进行审查。

对经审查作为证据使用的鉴定意见,公安机关应当在收到鉴定意见之日起五日内将鉴定意见复印件送达违法嫌疑人和被侵害人。

医疗机构出具的诊断证明作为公安机关认定人身伤害程度的依据的,应当将诊断证明结论书面告知违法嫌疑人和被侵害人。

违法嫌疑人或者被侵害人对鉴定意见有异议的,可以在收到鉴定意见复印件之日起三日内提出重新鉴定的申请,经县级以上公安机关批准后,进行重新鉴定。同一行政案件的同一事项重新鉴定以一次为限。

当事人是否申请重新鉴定,不影响案件的正常办理。

公安机关认为必要时,也可以直接决定重新鉴定。

第八十二条　具有下列情形之一的,应当进行重新鉴定:

(一)鉴定程序违法或者违反相关专业技术要求,可能影响鉴定意见正确性的;

(二)鉴定机构、鉴定人不具备鉴定资质和条件的;

(三)鉴定意见明显依据不足的;

(四)鉴定人故意作虚假鉴定的;

(五)鉴定人应当回避而没有回避的;

(六)检材虚假或者被损坏的;

(七)其他应当重新鉴定的。

不符合前款规定情形的,经县级以上公安机关负责人批准,作出不准予重新鉴定的决定,并在作出决定之日起的三日以内书面通知申请人。

第八十三条　重新鉴定,公安机关应当另行指派或者聘请鉴定人。

第八十四条　鉴定费用由公安机关承担,但当事人自行鉴定的除外。

第六节　辨　认

第八十五条　为了查明案情,办案人民警察可以让违法嫌疑人、被侵害人或者其他证人对与违法行为有关的物品、场所或者违法嫌疑人进行辨认。

第八十六条　辨认由二名以上办案人民警察主持。

组织辨认前,应当向辨认人详细询问辨认对象的具体特征,并避免辨认人见到辨认对象。

第八十七条　多名辨认人对同一辨认对象或者一名辨认人对多名辨认对象进行辨认时,应当个别进行。

第八十八条　辨认时,应当将辨认对象混杂在特征相类似的其他对象中,不得给辨认人任何暗示。

辨认违法嫌疑人时,被辨认的人数不得少于七人;对违法嫌疑人照片进行辨认的,不得少于十人的照片。

辨认每一件物品时,混杂的同类物品不得少于五件。

同一辨认人对与同一案件有关的辨认对象进行多组辨认的,不得重复使用陪衬照片或者陪衬人。

第八十九条　辨认人不愿意暴露身份的,对违法嫌疑人的辨认可以在不暴露辨认人的情况下进行,公安机关及其人民警察应当为其保守秘密。

第九十条　辨认经过和结果,应当制作辨认笔录,由办案人民警察和辨认人签名或者捺指印。必要时,应当对辨认过程进行录音、录像。

第七节　证据保全

第九十一条　对下列物品,经公安机关负责人批准,可以依法扣押或者扣留:

(一)与治安案件、违反出境入境管理的案件有关的需要作为证据的物品;

(二)道路交通安全法律、法规规定适用扣留的车辆、机动车驾驶证;

(三)其他法律、法规规定适用扣押或者扣留的物品。

对下列物品,不得扣押或者扣留:

(一)与案件无关的物品;

(二)公民个人及其所扶养家属的生活必需品;

(三)被侵害人或者善意第三人合法占有的财产。

对具有本条第二款第二项、第三项情形的,应当予以登记,写明登记财物的名称、规格、数量、特征,并由占有人签名或者捺指印。必要时,可以进行拍照。但是,与案件有关必须鉴定的,可以依法扣押,结束后应当立即解除。

第九十二条　办理下列行政案件时,对专门用于从事无证经营活动的场所、设施、物品,经公安机关负责人批准,可以依法查封。但对与违法行为无关的场所、设施,公民个人及其扶养家属的生活必需品不得查封:

(一)擅自经营按照国家规定需要由公安机关许可的行业的;

(二)依照《娱乐场所管理条例》可以由公安机关采取取缔措施的;

(三)法律、法规规定适用查封的其他公安行政案件。

对有关单位或者个人经通知不及时消除消防安全隐患可能严重威胁公共安全的,公安机关消防机构应当对危险部位或者场所采取临时查封措施。

场所、设施、物品已被其他国家机关依法查封的,不得重复查封。

第九十三条　收集证据时,经公安机关办案部门负责人批准,可以采取抽样取证的方法。

抽样取证应当采取随机的方式,抽取样品的数量以能够认定本品的品质特征为限。

抽样取证时,应当对抽样取证的现场、被抽样物品及被抽取的样品进行拍照或者对抽样过程进行录像。

对抽取的样品应当及时进行检验。经检验,能够作为证据使用的,应当依法扣押、先行登记保存或者登记；不属于证据的，应当及时返还样品。样品有减损的，应当予以补偿。

第九十四条　在证据可能灭失或者以后难以取得的情况下，经公安机关办案部门负责人批准，可以先行登记保存。

先行登记保存期间，证据持有人及其他人员不得损毁或者转移证据。

对先行登记保存的证据，应当在七日内作出处理决定。逾期不作出处理决定的，视为自动解除。

第九十五条　实施扣押、扣留、查封、抽样取证、先行登记保存等证据保全措施时，应当会同当事人查点清楚，制作并当场交付证据保全决定书。必要时，应当对采取证据保全措施的证据进行拍照或者对采取证据保全的过程进行录像。证据保全决定书应当载明下列事项：

（一）当事人的姓名或者名称、地址；
（二）抽样取证、先行登记保存、扣押、扣留、查封的理由、依据和期限；
（三）申请行政复议或者提起行政诉讼的途径和期限；
（四）作出决定的公安机关的名称、印章和日期。

证据保全决定书应当附清单，载明被采取证据保全措施的场所、设施、物品的名称、规格、数量、特征等，由办案人民警察和当事人签名后，一份交当事人，一份附卷。有见证人的，还应当由见证人签名。当事人或者见证人拒绝签名的，办案人民警察应当在证据保全清单上注明。

对可以作为证据使用的录音带、录像带、电子数据存储介质，在扣押时应当予以检查，记明案由、内容以及录取和复制的时间、地点等，并妥为保管。

第九十六条　扣押、扣留、查封期限为三十日，情况复杂的，经县级以上公安机关负责人批准，可以延长三十日；法律、行政法规另有规定的除外。延长扣押、扣留、查封期限的，应当及时书面告知当事人，并说明理由。

对物品需要进行鉴定的，鉴定期间不计入扣押、扣留、查封期间，但应当将鉴定的期间书面告知当事人。

第九十七条　有下列情形之一的，公安机关应当及时作出解除证据保全决定：

（一）当事人没有违法行为的；
（二）被采取证据保全的场所、设施、物品与违法行为无关的；
（三）已经作出处理决定，不再需要采取证据保全措施的；
（四）采取证据保全措施的期限已经届满的；
（五）被临时查封的危险部位和场所的火灾隐患已经消除的；
（六）其他不再需要采取证据保全措施的。

解除证据保全措施的，应当立即退还财物，并由当事人签名确认。

第九十八条　行政案件变更管辖时，与案件有关的财物及其孳息应当随案移交，并书面告知当事人。移交时，由接收人、移交人当面查点清楚，并在交接单据上共同签名。

第八章　听证程序

第一节　一般规定

第九十九条　在作出下列行政处罚决定之前，应当告知违法嫌疑人有要求举行听证的权利：

（一）责令停产停业；

（二）吊销许可证或者执照；

（三）较大数额罚款；

（四）法律、法规和规章规定违法嫌疑人可以要求举行听证的其他情形。

前款第三项所称"较大数额罚款"，是指对个人处以二千元以上罚款，对单位处以一万元以上罚款，对违反边防出境入境管理法律、法规和规章的个人处以六千元以上罚款。对依据地方性法规或者地方政府规章作出的罚款处罚，适用听证的罚款数额按照地方规定执行。

第一百条　听证由公安机关法制部门组织实施。

依法具有独立执法主体资格的公安机关业务部门以及出入境边防检查站依法作出行政处罚决定的，由其非本案调查人员组织听证。

第一百零一条　公安机关不得因违法嫌疑人提出听证要求而加重处罚。

第一百零二条　听证人员应当就行政案件的事实、证据、程序、适用法律等方面全面听取当事人陈述和申辩。

第二节　听证人员和听证参加人

第一百零三条　听证设听证主持人一名，负责组织听证；记录员一名，负责制作听证笔录。必要时，可以设听证员一至二名，协助听证主持人进行听证。

本案调查人员不得担任听证主持人、听证员或者记录员。

第一百零四条　听证主持人决定或者开展下列事项：

（一）举行听证的时间、地点；

（二）听证是否公开举行；

（三）要求听证参加人到场参加听证，提供或者补充证据；

（四）听证的延期、中止或者终止；

（五）主持听证，就案件的事实、理由、证据、程序、适用法律等组织质证和辩论；

（六）维持听证秩序，对违反听证纪律的行为予以制止；

（七）听证员、记录员的回避；

（八）其他有关事项。

第一百零五条　听证参加人包括：

（一）当事人及其代理人；

（二）本案办案人民警察；

（三）证人、鉴定人、翻译人员；

（四）其他有关人员。

第一百零六条　当事人在听证活动中享有下列权利：

（一）申请回避；

（二）委托一至二人代理参加听证；

（三）进行陈述、申辩和质证；

（四）核对、补正听证笔录；

（五）依法享有的其他权利。

第一百零七条　与听证案件处理结果有直接利害关系的其他公民、法人或者其他组织，作为第三人申请参加听证的，应当允许。为查明案情，必要时，听证主持人也可以通知其参加听证。

第三节　听证的告知、申请和受理

第一百零八条　对适用听证程序的行政案件，办案部门在提出处罚意见后，应当告知违法嫌疑人拟作出的行政处罚和有要求举行听证的权利。

第一百零九条　违法嫌疑人要求听证的，应当在公安机关告知后三日内提出申请。

第一百一十条　违法嫌疑人放弃听证或者撤回听证要求后，处罚决定作出前，又提出听证要求的，只要在听证申请有效期限内，应当允许。

第一百一十一条　公安机关收到听证申请后，应当在二日内决定是否受理。认为听证申请人的要求不符合听证条件，决定不予受理的，应当制作不予受理听证通知书，告知听证申请人。逾期不通知听证申请人的，视为受理。

第一百一十二条　公安机关受理听证后，应当在举行听证的七日前将举行听证通知书送达听证申请人，并将举行听证的时间、地点通知其他听证参加人。

第四节　听证的举行

第一百一十三条　听证应当在公安机关收到听证申请之日起十日内举行。

除涉及国家秘密、商业秘密、个人隐私的行政案件外，听证应当公开举行。

第一百一十四条　听证申请人不能按期参加听证的，可以申请延期，是否准许，由听证主持人决定。

第一百一十五条　二个以上违法嫌疑人分别对同一行政案件提出听证要求的，可以合并举行。

第一百一十六条　同一行政案件中有二个以上违法嫌疑人，其中部分违法嫌疑人提出听证申请的,应当在听证举行后一并作出处理决定。

第一百一十七条　听证开始时,听证主持人核对听证参加人;宣布案由;宣布听证员、记录员和翻译人员名单;告知当事人在听证中的权利和义务;询问当事人是否提出回避申请;对不公开听证的行政案件,宣布不公开听证的理由。

第一百一十八条　听证开始后,首先由办案人民警察提出听证申请人违法的事实、证据和法律依据及行政处罚意见。

第一百一十九条　办案人民警察提出证据时,应当向听证会出示。对证人证言、鉴定意见、勘验笔录和其他作为证据的文书,应当当场宣读。

第一百二十条　听证申请人可以就办案人民警察提出的违法事实、证据和法律依据以及行政处罚意见进行陈述、申辩和质证,并可以提出新的证据。

第三人可以陈述事实,提出新的证据。

第一百二十一条　听证过程中,当事人及其代理人有权申请通知新的证人到会作证,调取新的证据。对上述申请,听证主持人应当当场作出是否同意的决定;申请重新鉴定的,按照本规定第七章第五节有关规定办理。

第一百二十二条　听证申请人、第三人和办案人民警察可以围绕案件的事实、证据、程序、适用法律、处罚种类和幅度等问题进行辩论。

第一百二十三条　辩论结束后,听证主持人应当听取听证申请人、第三人、办案人民警察各方最后陈述意见。

第一百二十四条　听证过程中,遇有下列情形之一,听证主持人可以中止听证:

(一)需要通知新的证人到会、调取新的证据或者需要重新鉴定或者勘验的;

(二)因回避致使听证不能继续进行的;

(三)其他需要中止听证的。

中止听证的情形消除后,听证主持人应当及时恢复听证。

第一百二十五条　听证过程中,遇有下列情形之一,应当终止听证:

(一)听证申请人撤回听证申请的;

(二)听证申请人及其代理人无正当理由拒不出席或者未经听证主持人许可中途退出听证的;

(三)听证申请人死亡或者作为听证申请人的法人或者其他组织被撤销、解散的;

(四)听证过程中,听证申请人或者其代理人扰乱听证秩序,不听劝阻,致使听证无法正常进行的;

(五)其他需要终止听证的。

第一百二十六条　听证参加人和旁听人员应当遵守听证会场纪律。对违反听证会场纪律的,听证主持人应当警告制止;对不听制止,干扰听证正常进行的旁听人员,责令其退场。

第一百二十七条 记录员应当将举行听证的情况记入听证笔录。听证笔录应当载明下列内容:

(一)案由;
(二)听证的时间、地点和方式;
(三)听证人员和听证参加人的身份情况;
(四)办案人民警察陈述的事实、证据和法律依据以及行政处罚意见;
(五)听证申请人或者其代理人的陈述和申辩;
(六)第三人陈述的事实和理由;
(七)办案人民警察、听证申请人或者其代理人、第三人质证、辩论的内容;
(八)证人陈述的事实;
(九)听证申请人、第三人、办案人民警察的最后陈述意见;
(十)其他事项。

第一百二十八条 听证笔录应当交听证申请人阅读或者向其宣读。听证笔录中的证人陈述部分,应当交证人阅读或者向其宣读。听证申请人或者证人认为听证笔录有误的,可以请求补充或者改正。听证申请人或者证人审核无误后签名或者捺指印。听证申请人或者证人拒绝的,由记录员在听证笔录中记明情况。

听证笔录经听证主持人审阅后,由听证主持人、听证员和记录员签名。

第一百二十九条 听证结束后,听证主持人应当写出听证报告书,连同听证笔录一并报送公安机关负责人。

听证报告书应当包括下列内容:

(一)案由;
(二)听证人员和听证参加人的基本情况;
(三)听证的时间、地点和方式;
(四)听证会的基本情况;
(五)案件事实;
(六)处理意见和建议。

第九章 行政处理决定

第一节 行政处罚的适用

第一百三十条 违反治安管理行为在六个月内没有被公安机关发现,其他违法行为在二年内没有被公安机关发现的,不再给予行政处罚。

前款规定的期限,从违法行为发生之日起计算,违法行为有连续、继续或者持续状态的,从行为终了之日起计算。

被侵害人在违法行为追究时效内向公安机关控告,公安机关应当受理而不受理的,不受本条第一款追究时效的限制。

第一百三十一条　实施行政处罚时,应当责令违法行为人当场或者限期改正违法行为。

第一百三十二条　对违法行为人的同一个违法行为,不得给予两次以上罚款的行政处罚。

第一百三十三条　不满十四周岁的人有违法行为的,不予行政处罚,但是应当责令其监护人严加管教,并在不予行政处罚决定书中载明。已满十四周岁不满十八周岁的人有违法行为的,从轻或者减轻行政处罚。

第一百三十四条　精神病人在不能辨认或者不能控制自己行为时有违法行为的,不予行政处罚,但应当责令其监护人严加看管和治疗,并在不予行政处罚决定书中载明。间歇性精神病人在精神正常时有违法行为的,应当给予行政处罚。尚未完全丧失辨认或者控制自己行为能力的精神病人有违法行为的,应当予以行政处罚,但可以从轻或者减轻行政处罚。

第一百三十五条　违法行为人有下列情形之一的,应当从轻、减轻处罚或者不予行政处罚:

(一) 主动消除或者减轻违法行为危害后果,并取得被侵害人谅解的;

(二) 受他人胁迫或者诱骗的;

(三) 有立功表现的;

(四) 主动投案,向公安机关如实陈述自己的违法行为的;

(五) 其他依法应当从轻、减轻或者不予行政处罚的。

违法行为轻微并及时纠正,没有造成危害后果的,不予行政处罚。

盲人或者又聋又哑的人违反治安管理的,可以从轻、减轻或者不予行政处罚;醉酒的人违反治安管理的,应当给予处罚。

第一百三十六条　违法行为人有下列情形之一的,应当从重处罚:

(一) 有较严重后果的;

(二) 教唆、胁迫、诱骗他人实施违法行为的;

(三) 对报案人、控告人、举报人、证人等打击报复的;

(四) 六个月内曾受过治安管理处罚或者一年内因同类违法行为受到两次以上公安行政处罚的;

(五) 刑罚执行完毕、劳动教养解除三年内,或者在缓刑期间,违反治安管理的。

第一百三十七条　一人有两种以上违法行为的,分别决定,合并执行,可以制作一份决定书,分别写明对每种违法行为的处理内容和合并执行的内容。

一个案件有多个违法行为人的,分别决定,可以制作一式多份决定书,写明给予每个人的处理决定,分别送达每一个违法行为人。

第一百三十八条 行政拘留处罚合并执行的,最长不超过二十日。

行政拘留处罚执行完毕前,发现违法行为人有其他违法行为,公安机关依法作出行政拘留决定的,不与正在执行的行政拘留合并执行。

第一百三十九条 对决定给予行政拘留处罚的人,在处罚前因同一行为已经被采取强制措施限制人身自由的时间应当折抵。限制人身自由一日,折抵执行行政拘留一日。询问查证和继续盘问时间不予折抵。

被采取强制措施限制人身自由的时间超过决定的行政拘留期限的,行政拘留决定不再执行。

第一百四十条 违法行为人具有下列情形之一,依法应当给予行政拘留处罚的,应当作出处罚决定,但不送拘留所执行:

(一)已满十四周岁不满十六周岁的;

(二)已满十六周岁不满十八周岁,初次违反治安管理或者其他公安行政管理的。但是,曾被收容教养、被行政拘留依法不执行行政拘留或者曾因实施扰乱公共秩序,妨害公共安全,侵犯人身权利、财产权利,妨害社会管理的行为被人民法院判决有罪的除外;

(三)七十周岁以上的;

(四)孕妇或者正在哺乳自己婴儿的妇女。

第二节 行政处理的决定

第一百四十一条 公安机关办理治安案件的期限,自受理之日起不得超过三十日;案情重大、复杂的,经上一级公安机关批准,可以延长三十日。办理其他行政案件,有法定办案期限的,按照相关法律规定办理。

为了查明案情进行鉴定的期间,不计入办案期限。

对因违反治安管理行为人逃跑等客观原因造成案件在法定期限内无法作出行政处理决定的,公安机关应当继续进行调查取证,并向被侵害人说明情况,及时依法作出处理决定。

第一百四十二条 违法嫌疑人不讲真实姓名、住址,身份不明,但只要违法事实清楚、证据确实充分的,可以按其自报的姓名、贴附照片作出处理决定,并在相关法律文书中注明。

第一百四十三条 在作出行政处罚决定前,应当告知违法嫌疑人拟作出行政处罚决定的事实、理由及依据,并告知违法嫌疑人依法享有陈述权和申辩权。单位违法的,应当告知其法定代表人、主要负责人或者其授权的人员。

适用一般程序作出行政处罚决定的,采用书面形式或者笔录形式告知。

第一百四十四条 对违法行为事实清楚,证据确实充分,依法应当予以行政处罚,因违法行为人逃跑等原因无法履行告知义务的,公安机关可以采取公告方式予以告知。自公告之日起七日内,违法嫌疑人未提出申辩的,可以依法作出行政处罚决定。

第一百四十五条 违法嫌疑人有权进行陈述和申辩。对违法嫌疑人提出的新的事实、理由和证据,公安机关应当进行复核。

公安机关不得因违法嫌疑人申辩而加重处罚。

第一百四十六条 对行政案件进行审核、审批时,应当审查下列内容:

(一)违法嫌疑人的基本情况;

(二)案件事实是否清楚,证据是否确实充分;

(三)案件定性是否准确;

(四)适用法律、法规和规章是否正确;

(五)办案程序是否合法;

(六)拟作出的处理决定是否适当。

第一百四十七条 公安机关根据行政案件的不同情况分别作出下列处理决定:

(一)确有违法行为,应当给予行政处罚的,根据其情节和危害后果的轻重,作出行政处罚决定;

(二)确有违法行为,但有依法不予行政处罚情形的,作出不予行政处罚决定;有违法所得和非法财物、违禁品、管制器具的,应当予以追缴或者收缴;

(三)违法事实不能成立的,作出不予行政处罚决定;

(四)对需要给予社区戒毒、强制隔离戒毒、收容教育、收容教养等处理的,依法作出决定;

(五)对符合劳动教养条件的,依法呈报劳动教养;

(六)违法行为涉嫌构成犯罪的,转为刑事案件办理或者移送有权处理的主管机关、部门办理,无需撤销行政案件。公安机关已经作出行政处理决定的,应当附卷;

(七)发现违法行为人有其他违法行为的,在依法作出行政处理决定的同时,通知有关行政主管部门处理。

治安案件有被侵害人的,公安机关应当在作出处罚决定之日起二日内将决定书复印件送达被侵害人。无法送达的,应当注明。

第一百四十八条 行政拘留处罚由县级以上公安机关或者出入境边防检查机关决定。依法应当对违法行为人予以行政拘留的,公安派出所、依法具有独立执法主体资格的公安机关业务部门应当报其所属的县级以上公安机关决定。

第一百四十九条 对县级以上的各级人民代表大会代表予以行政拘留的,作出处罚决定前应当经该级人民代表大会主席团或者人民代表大会常务委员会许可。

对乡、民族乡、镇的人民代表大会代表予以行政拘留的,作出决定的公安机关应当立即报告乡、民族乡、镇的人民代表大会。

第一百五十条　作出行政处罚决定的,应当制作行政处罚决定书。决定书应当载明下列内容:

(一)被处罚人的姓名、性别、出生日期、身份证件种类及号码、户籍所在地、现住址、工作单位、违法经历以及被处罚单位的名称、地址和法定代表人;

(二)违法事实和证据以及从重、从轻、减轻等情节;

(三)处罚的种类、幅度和法律依据;

(四)处罚的执行方式和期限;

(五)对涉案财物的处理结果及对被处罚人的其他处理情况;

(六)对处罚决定不服,申请行政复议、提起行政诉讼的途径和期限;

(七)作出决定的公安机关的名称、印章和日期。

作出罚款处罚的,行政处罚决定书应当载明逾期不缴纳罚款依法加处罚款的标准和最高限额;对涉案财物作出处理的,行政处罚决定书应当附没收、收缴、追缴物品清单。

第一百五十一条　作出行政拘留处罚决定的,应当及时将处罚情况和执行场所或者依法不执行的情况通知被处罚人家属。

作出社区戒毒决定的,应当通知被决定人户籍所在地或者现居住地的城市街道办事处、乡镇人民政府。作出强制隔离戒毒、收容教育、收容教养决定的,应当在法定期限内通知被决定人的家属、所在单位、户籍所在地公安派出所。

被处理人拒不提供家属联系方式或者不讲真实姓名、住址,身份不明的,可以不予通知,但应当在附卷的决定书中注明。

第一百五十二条　公安机关办理的刑事案件,尚不够刑事处罚,依法应当给予公安行政处理的,经县级以上公安机关负责人批准,依照本章规定作出处理决定。

第十章　治安调解

第一百五十三条　对于因民间纠纷引起的殴打他人、故意伤害、侮辱、诽谤、诬告陷害、故意损毁财物、干扰他人正常生活、侵犯隐私、非法侵入住宅等违反治安管理行为,情节较轻,且具有下列情形之一的,可以调解处理:

(一)亲友、邻里、同事、在校学生之间因琐事发生纠纷引起的;

(二)行为人的侵害行为系由被侵害人事前的过错行为引起的;

(三)其他适用调解处理更易化解矛盾的。

对不构成违反治安管理行为的民间纠纷,应当告知当事人向人民法院或者人民调解组织申请处理。

对情节轻微、事实清楚、因果关系明确,不涉及医疗费用、物品损失或者双方当事人对医疗费用和物品损失的赔付无争议,符合治安调解条件,双方当事人同意当场调解并当场履行的治安案件,可以当场调解,并制作调解协议书。

第一百五十四条 具有下列情形之一的,不适用调解处理:

(一)雇凶伤害他人的;

(二)结伙斗殴或者其他寻衅滋事的;

(三)多次实施违反治安管理行为的;

(四)当事人明确表示不愿意调解处理的;

(五)当事人在治安调解过程中又针对对方实施违反治安管理行为的;

(六)调解过程中,违法嫌疑人逃跑的;

(七)其他不宜调解处理的。

第一百五十五条 调解处理案件,应当查明事实,收集证据,并遵循合法、公正、自愿、及时的原则,注重教育和疏导,化解矛盾。

第一百五十六条 当事人中有未成年人的,调解时应当通知其父母或者其他监护人到场。但是,当事人为年满十六周岁以上的未成年人,以自己的劳动收入为主要生活来源,本人同意不通知的,可以不通知。

被侵害人委托其他人参加调解的,应当向公安机关提交委托书,并写明委托权限。违法嫌疑人不得委托他人参加调解。

第一百五十七条 对因邻里纠纷引起的治安案件进行调解时,可以邀请当事人居住地的居(村)民委员会的人员或者双方当事人熟悉的人员参加帮助调解。

第一百五十八条 调解一般为一次。对一次调解不成,公安机关认为有必要或者当事人申请的,可以再次调解,并应当在第一次调解后的七个工作日内完成。调解应当制作笔录。

第一百五十九条 调解达成协议的,在公安机关主持下制作调解协议书,双方当事人应当在调解协议书上签名,并履行调解协议。

调解协议书应当包括调解机关名称、主持人、双方当事人和其他在场人员的基本情况,案件发生时间、地点、人员、起因、经过、情节、结果等情况、协议内容、履行期限和方式等内容。

对调解达成协议的,应当保存案件证据材料,与其他文书材料和调解协议书一并归入案卷。

第一百六十条 调解达成协议并履行的,公安机关不再处罚。对调解未达成协议或者达成协议后不履行的,应当对违反治安管理行为人依法予以处罚;对违法行为造成的损害赔偿纠纷,公安机关可以进行调解,调解不成的,应当告知当事人向人民法院提起民事诉讼。

调解案件的办案期限从调解未达成协议或者调解达成协议不履行之日起开始计算。

第一百六十一条　对符合本规定第一百五十三条规定的治安案件,当事人自行和解并履行和解协议,双方当事人书面申请并经公安机关认可的,公安机关不予治安管理处罚,但公安机关已依法作出处理决定的除外。

第十一章　涉案财物的管理和处理

第一百六十二条　对于依法扣押、扣留、查封、抽样取证、追缴、收缴的财物以及由公安机关负责保管的先行登记保存的财物,公安机关应当妥善保管,不得使用、挪用、调换或者损毁。造成损失的,应当承担赔偿责任。

涉案财物的保管费用由作出决定的公安机关承担。

第一百六十三条　对涉案财物应当统一管理,有条件的公安机关办案部门应当指定不承担具体办案工作的民警负责本部门涉案财物的接收、保管、移交等管理工作。

公安机关可以建立专门的涉案财物保管场所、账户,并指定其内设部门负责对办案部门保管的涉案财物进行集中统一管理。

对查封的场所、设施、财物,可以委托第三人保管,第三人不得损毁或者擅自转移、处置。因第三人的原因造成的损失,公安机关先行赔付后,有权向第三人追偿。

第一百六十四条　公安机关涉案财物管理部门和办案部门应当建立电子台账,对涉案财物逐一编号登记,载明案由、来源、保管状态、场所和去向。

第一百六十五条　办案人民警察应当在依法提取涉案财物后的二十四小时内将财物移交涉案财物管理人员,并办理移交手续。对查封、先行登记保存的涉案财物,应当在采取措施后的二十四小时内,将法律文书复印件及涉案财物的情况送交涉案财物管理人员予以登记。

在异地或者在偏远、交通不便地区提取涉案财物的,办案人民警察应当在返回单位后的二十四小时内移交。

对情况紧急,需要在提取涉案财物后的二十四小时内进行鉴定、辨认的,经办案部门负责人批准,可以在完成鉴定、辨认后的二十四小时内移交。

在提取涉案财物后的二十四小时内已将涉案财物处理完毕的,不再移交。

因询问、鉴定、辨认、检验等办案需要,经办案部门负责人批准,办案人民警察可以调用涉案财物,并及时归还。

第一百六十六条　对容易腐烂变质及其他不易保管的物品、危险物品,经公安机关负责人批准,在拍照或者录像后依法变卖或者拍卖,变卖或者拍卖的价款暂予保存,待结案后按有关规定处理。

对易燃、易爆、毒害性、放射性等危险物品应当存放在符合危险物品存放条件的专门场所。

对属于被侵害人或者善意第三人合法占有的财物,应当在登记、拍照或者录像、估价后及时返还,并在案卷中注明返还的理由,将原物照片、清单和领取手续存卷备查。

对不宜入卷的物证,应当拍照入卷,原物在结案后按照有关规定处理。

第一百六十七条　在作出行政处理决定时,应当对涉案财物一并作出处理。

第一百六十八条　对在办理行政案件中查获的下列物品应当依法收缴:

(一)毒品、淫秽物品等违禁品;

(二)赌具和赌资;

(三)吸食、注射毒品的用具;

(四)伪造、变造的公文、证件、证明文件、票证、印章等;

(五)倒卖的车船票、文艺演出票、体育比赛入场券等有价票证;

(六)主要用于实施违法行为的本人所有的工具以及直接用于实施毒品违法行为的资金;

(七)法律、法规规定可以收缴的其他非法财物。

前款第六项所列的工具,除非有证据表明属于他人合法所有,可以直接认定为违法行为人本人所有。

违法所得应当依法予以追缴或者没收。

多名违法行为人共同实施违法行为,违法所得或者非法财物无法分清所有人的,作为共同违法所得或者非法财物予以处理。

第一百六十九条　收缴由县级以上公安机关决定。但是,违禁品,管制器具,吸食、注射毒品的用具以及非法财物价值在五百元以下且当事人对财物价值无异议的,公安派出所可以收缴。

追缴由县级以上公安机关决定。但是,追缴的财物应当退还被侵害人的,公安派出所可以追缴。

第一百七十条　对收缴和追缴的财物,经原决定机关负责人批准,按照下列规定分别处理:

(一)属于被侵害人或者善意第三人的合法财物,应当及时返还;

(二)没有被侵害人的,登记造册,按照规定上缴国库或者依法变卖、拍卖后,将所得款项上缴国库;

(三)违禁品、没有价值的物品,或者价值轻微,无法变卖、拍卖的物品,统一登记造册后销毁;

(四)对无法变卖或者拍卖的危险物品,由县级以上公安机关主管部门组织销毁或者交有关厂家回收。

第一百七十一条　对应当退还原主或者当事人的财物,通知原主或者当事人在六个月内来领取;原主不明确的,应当采取公告方式告知原主认领。在通知原主、当事人或者公告后六个月内,无人认领的,按无主财物处理,登记后上缴国库,或者依法变卖或者拍卖后,将所得款项上缴国库。遇有特殊情况的,可酌情延期处理,延长期限最长不超过三个月。

第十二章 执 行

第一节 一般规定

第一百七十二条 公安机关依法作出行政处理决定后,被处理人应当在行政处理决定的期限内予以履行。逾期不履行的,作出行政处理决定的公安机关可以依法强制执行或者申请人民法院强制执行。

第一百七十三条 被处理人对行政处理决定不服申请行政复议或者提起行政诉讼的,行政处理决定不停止执行,但法律另有规定的除外。

第一百七十四条 公安机关在依法作出强制执行决定或者申请人民法院强制执行前,应当事先催告被处理人履行行政处理决定。催告以书面形式作出,并直接送达被处理人。被处理人拒绝接受或者无法直接送达被处理人的,依照本规定第五章的有关规定送达。

催告书应当载明下列事项:

(一) 履行行政处理决定的期限和方式;

(二) 涉及金钱给付的,应当有明确的金额和给付方式;

(三) 被处理人依法享有的陈述权和申辩权。

第一百七十五条 被处理人收到催告书后有权进行陈述和申辩。公安机关应当充分听取并记录、复核。被处理人提出的事实、理由或者证据成立的,公安机关应当采纳。

第一百七十六条 经催告,被处理人无正当理由逾期仍不履行行政处理决定,法律规定由公安机关强制执行的,公安机关可以依法作出强制执行决定。

在催告期间,对有证据证明有转移或者隐匿财物迹象的,公安机关可以作出立即强制执行决定。

强制执行决定应当以书面形式作出,并载明下列事项:

(一) 被处理人的姓名或者名称、地址;

(二) 强制执行的理由和依据;

(三) 强制执行的方式和时间;

(四) 申请行政复议或者提起行政诉讼的途径和期限;

(五) 作出决定的公安机关名称、印章和日期。

第一百七十七条 依法作出要求被处理人履行排除妨碍、恢复原状等义务的行政处理决定,被处理人逾期不履行,经催告仍不履行,其后果已经或者将危害交通安全、消防安全的,公安机关可以代履行,或者委托没有利害关系的第三人代履行。

代履行应当遵守下列规定：

（一）代履行前送达决定书，代履行决定书应当载明当事人的姓名或者名称、地址，代履行的理由和依据、方式和时间、标的、费用预算及代履行人；

（二）代履行三日前，催告当事人履行，当事人履行的，停止代履行；

（三）代履行时，作出决定的公安机关应当派员到场监督；

（四）代履行完毕，公安机关到场监督人员、代履行人和当事人或者见证人应当在执行文书上签名或者盖章。

代履行的费用由当事人承担。但是，法律另有规定的除外。

第一百七十八条　需要立即清理道路的障碍物，当事人不能清除的，或者有其他紧急情况需要立即履行的，公安机关可以决定立即实施代履行。当事人不在场的，公安机关应当在事后立即通知当事人，并依法作出处理。

第一百七十九条　实施行政强制执行，公安机关可以在不损害公共利益和他人合法权益的情况下，与当事人达成执行协议。执行协议可以约定分阶段履行；当事人采取补救措施的，可以减免加处的罚款。

执行协议应当履行。被处罚人不履行执行协议的，公安机关应当恢复强制执行。

第一百八十条　当事人在法定期限内不申请行政复议或者提起行政诉讼，又不履行行政处理决定的，法律没有规定公安机关强制执行的，作出行政处理决定的公安机关可以自期限届满之日起三个月内，向所在地有管辖权的人民法院申请强制执行。因情况紧急，为保障公共安全，公安机关可以申请人民法院立即执行。

强制执行的费用由被执行人承担。

第一百八十一条　申请人民法院强制执行前，公安机关应当催告被处理人履行义务，催告书送达十日后被处理人仍未履行义务的，公安机关可以向人民法院申请强制执行。

第一百八十二条　公安机关向人民法院申请强制执行，应当提供下列材料：

（一）强制执行申请书；

（二）行政处理决定书及作出决定的事实、理由和依据；

（三）当事人的意见及公安机关催告情况；

（四）申请强制执行标的情况；

（五）法律、法规规定的其他材料。

强制执行申请书应当由作出处理决定的公安机关负责人签名，加盖公安机关印章，并注明日期。

第一百八十三条　公安机关对人民法院不予受理强制执行申请、不予强制执行的裁定有异议的，可以在十五日内向上一级人民法院申请复议。

第一百八十四条　具有下列情形之一的,中止强制执行:

(一) 当事人暂无履行能力的;

(二) 第三人对执行标的主张权利,确有理由的;

(三) 执行可能对他人或者公共利益造成难以弥补的重大损失的;

(四) 其他需要中止执行的。

中止执行的情形消失后,公安机关应当恢复执行。对没有明显社会危害,当事人确无能力履行,中止执行满三年未恢复执行的,不再执行。

第一百八十五条　具有下列情形之一的,终结强制执行:

(一) 公民死亡,无遗产可供执行,又无义务承受人的;

(二) 法人或者其他组织终止,无财产可供执行,又无义务承受人的;

(三) 执行标的灭失的;

(四) 据以执行的行政处理决定被撤销的;

(五) 其他需要终结执行的。

第一百八十六条　在执行中或者执行完毕后,据以执行的行政处理决定被撤销、变更,或者执行错误,应当恢复原状或者退还财物;不能恢复原状或者退还财物的,依法给予赔偿。

第一百八十七条　除依法应当销毁的物品外,公安机关依法没收或者收缴、追缴的违法所得和非法财物,必须按照国家有关规定处理或者上缴国库。

罚款、没收或者收缴的违法所得和非法财物拍卖或者变卖的款项和没收的保证金,必须全部上缴国库,不得以任何形式截留、私分或者变相私分。

第二节　罚款的执行

第一百八十八条　公安机关作出罚款决定,被处罚人应当自收到行政处罚决定书之日起十五日内,到指定的银行缴纳罚款。具有下列情形之一的,公安机关及其办案人民警察可以当场收缴罚款,法律另有规定的,从其规定:

(一) 对违反治安管理行为人处五十元以下罚款和对违反交通管理的行人、乘车人和非机动车驾驶人处罚款,被处罚人没有异议的;

(二) 对违反治安管理、交通管理以外的违法行为人当场处二十元以下罚款的;

(三) 在边远、水上、交通不便地区、旅客列车上或者口岸,被处罚人向指定银行缴纳罚款确有困难,经被处罚人提出的;

(四) 被处罚人在当地没有固定住所,不当场收缴事后难以执行的。

对具有前款第一项和第三项情形之一的,办案人民警察应当要求被处罚人签名确认。

第一百八十九条　公安机关及其人民警察当场收缴罚款的,应当出具省级或者国家财政部门统一制发的罚款收据。对不出具省级或者国家财政部门统一制发的罚款收据的,被处罚人有权拒绝缴纳罚款。

第一百九十条　人民警察应当自收缴罚款之日起二日内,将当场收缴的罚款交至其所属公安机关;在水上当场收缴的罚款,应当自抵岸之日起二日内将当场收缴的罚款交至其所属公安机关;在旅客列车上当场收缴的罚款,应当自返回之日起二日内将当场收缴的罚款交至其所属公安机关。

公安机关应当自收到罚款之日起二日内将罚款缴付指定的银行。

第一百九十一条　被处罚人确有经济困难,经被处罚人申请和作出处罚决定的公安机关批准,可以暂缓或者分期缴纳罚款。

第一百九十二条　被处罚人未在本规定第一百八十八条规定的期限内缴纳罚款的,作出行政处罚决定的公安机关可以采取下列措施:

(一)将依法查封、扣押的被处罚人的财物拍卖或者变卖抵缴罚款。拍卖或者变卖的价款超过罚款数额的,余额部分应当及时退还被处罚人;

(二)不能采取第一项措施的,每日按罚款数额的百分之三加处罚款,加处罚款总额不得超出罚款数额。

拍卖财物,由公安机关委托拍卖机构依法办理。

第一百九十三条　依法加处罚款超过三十日,经催告被处罚人仍不履行的,作出行政处罚决定的公安机关可以按照本规定第一百八十条的规定向所在地有管辖权的人民法院申请强制执行。

第三节　行政拘留的执行

第一百九十四条　对被决定行政拘留的人,由作出决定的公安机关送达拘留所执行。对抗拒执行的,可以使用约束性警械。

对被决定行政拘留的人,在异地被抓获或者具有其他有必要在异地拘留所执行情形的,经异地拘留所主管公安机关批准,可以在异地执行。

第一百九十五条　对同时被决定行政拘留和社区戒毒或者强制隔离戒毒的人员,应当先执行行政拘留,行政拘留的期限不计入社区戒毒或者强制隔离戒毒的期限。拘留所不具备戒毒治疗条件的,可由公安机关管理的强制隔离戒毒所代为执行行政拘留。

第一百九十六条　被处罚人不服行政拘留处罚决定,申请行政复议或者提起行政诉讼的,可以向作出行政拘留决定的公安机关提出暂缓执行行政拘留的申请;口头提出申请的,公安机关人民警察应当予以记录,并由申请人签名或者捺指印。

被处罚人在行政拘留执行期间,提出暂缓执行行政拘留申请的,拘留所应当立即将申请转交作出行政拘留决定的公安机关。

第一百九十七条　公安机关应当在收到被处罚人提出暂缓执行行政拘留申请之时起二十四小时内作出决定。

公安机关认为暂缓执行行政拘留不致发生社会危险，且被处罚人或者其近亲属提出符合条件的担保人，或者按每日行政拘留二百元的标准交纳保证金的，应当作出暂缓执行行政拘留的决定。

对同一被处罚人，不得同时责令其提出保证人和交纳保证金。

被处罚人已送达拘留所执行的，公安机关应当立即将暂缓执行行政拘留决定送达拘留所，拘留所应当立即释放被处罚人。

第一百九十八条　被处罚人具有下列情形之一的，应当作出不暂缓执行行政拘留的决定，并告知申请人：

（一）暂缓执行行政拘留后可能逃跑的；

（二）有其他违法犯罪嫌疑，正在被调查或者侦查的；

（三）不宜暂缓执行行政拘留的其他情形。

第一百九十九条　行政拘留并处罚款的，罚款不因暂缓执行行政拘留而暂缓执行。

第二百条　在暂缓执行行政拘留期间，被处罚人应当遵守下列规定：

（一）未经决定机关批准不得离开所居住的市、县；

（二）住址、工作单位和联系方式发生变动的，在二十四小时以内向决定机关报告；

（三）在行政复议和行政诉讼中不得干扰证人作证、伪造证据或者串供；

（四）不得逃避、拒绝或者阻碍处罚的执行。

在暂缓执行行政拘留期间，公安机关不得妨碍被处罚人依法行使行政复议和行政诉讼权利。

第二百零一条　暂缓执行行政拘留的担保人应当符合下列条件：

（一）与本案无牵连；

（二）享有政治权利，人身自由未受到限制或者剥夺；

（三）在当地有常住户口和固定住所；

（四）有能力履行担保义务。

第二百零二条　公安机关经过审查认为暂缓执行行政拘留的担保人符合条件的，由担保人出具保证书，并到公安机关将被担保人领回。

第二百零三条　暂缓执行行政拘留的担保人应当履行下列义务：

（一）保证被担保人遵守本规定第二百条的规定；

（二）发现被担保人伪造证据、串供或者逃跑的，及时向公安机关报告。

暂缓执行行政拘留的担保人不履行担保义务，致使被担保人逃避行政拘留处罚执行的，公安机关可以对担保人处以三千元以下罚款，并对被担保人恢复执行行政拘留。

暂缓执行行政拘留的担保人履行了担保义务，但被担保人仍逃避行政拘留处罚执行的,或者被处罚人逃跑后,担保人积极帮助公安机关抓获被处罚人的,可以从轻或者不予行政处罚。

第二百零四条　暂缓执行行政拘留的担保人在暂缓执行行政拘留期间,不愿继续担保或者丧失担保条件的,行政拘留的决定机关应当责令被处罚人重新提出担保人或者交纳保证金。不提出担保人又不交纳保证金的,行政拘留的决定机关应当将被处罚人送拘留所执行。

第二百零五条　保证金应当由银行代收。在银行非营业时间,公安机关可以先行收取,并在收到保证金后的三日内存入指定的银行账户。

公安机关应当指定办案部门以外的法制、装备财务等部门负责管理保证金。严禁截留、坐支、挪用或者以其他任何形式侵吞保证金。

第二百零六条　行政拘留处罚被撤销或者开始执行时,公安机关应当将保证金退还交纳人。

被决定行政拘留的人逃避行政拘留处罚执行的,由决定行政拘留的公安机关作出没收或者部分没收保证金的决定,行政拘留的决定机关应当将被处罚人送拘留所执行。

第二百零七条　被处罚人对公安机关没收保证金的决定不服的,可以依法申请行政复议或者提起行政诉讼。

第四节　其他处理决定的执行

第二百零八条　作出吊销公安机关发放的许可证或者执照处罚的,应当在被吊销的许可证或者执照上加盖吊销印章后收缴。被处罚人拒不缴销证件的,公安机关可以公告宣布作废。吊销许可证或者执照的机关不是发证机关的,作出决定的机关应当在处罚决定生效后及时通知发证机关。

第二百零九条　作出取缔决定的,可以采取在经营场所张贴公告等方式予以公告,责令被取缔者立即停止经营活动;有违法所得的,依法予以没收或者追缴。拒不停止经营活动的,公安机关可以依法没收或者收缴其专门用于从事非法经营活动的工具、设备。已经取得营业执照的,公安机关应当通知工商行政管理部门依法撤销其营业执照。

第二百一十条　对拒不执行公安机关依法作出的责令停产停业决定的,公安机关可以依法强制执行或者申请人民法院强制执行。

第二百一十一条　对被决定强制隔离戒毒、收容教育、收容教养的人员,由作出决定的公安机关送强制隔离戒毒场所、收容教育场所、收容教养场所执行。

对被决定社区戒毒的人员,公安机关应当责令其到户籍所在地接受社区戒毒,在户籍所在地以外的现居住地有固定住所的,可以责令其在现居住地接受社区戒毒。

第十三章 涉外行政案件的办理

第二百一十二条 办理涉外行政案件,应当维护国家主权和利益,坚持平等互利原则。

第二百一十三条 对外国人国籍的确认,以其入境时有效证件上所表明的国籍为准;国籍有疑问或者国籍不明的,由公安机关出入境管理部门协助查明。

对无法查明国籍、身份不明的外国人,按照其自报的国籍或者无国籍人对待。

第二百一十四条 违法行为人为享有外交特权和豁免权的外国人的,办案公安机关应当将其身份、证件及违法行为等基本情况记录在案,保存有关证据,并尽快将有关情况层报省级公安机关,由省级公安机关商请同级人民政府外事部门通过外交途径处理。

对享有外交特权和豁免权的外国人,不得采取限制人身自由和查封、扣押的强制措施。

第二百一十五条 办理涉外行政案件,应当使用中华人民共和国通用的语言文字。对不通晓我国语言文字的,公安机关应当为其提供翻译;当事人通晓我国语言文字,不需要他人翻译的,应当出具书面声明。

经县级以上公安机关负责人批准,外国籍当事人可以自己聘请翻译,翻译费由其个人承担。

第二百一十六条 外国人具有下列情形之一,经当场盘问或者继续盘问后不能排除嫌疑,需要作进一步调查的,经县级以上公安机关或者出入境边防检查机关负责人批准,可以拘留审查:

(一) 有非法出境入境嫌疑的;

(二) 有协助他人非法出境入境嫌疑的;

(三) 有非法居留、非法就业嫌疑的;

(四) 有危害国家安全和利益,破坏社会公共秩序或者从事其他违法犯罪活动嫌疑的。

实施拘留审查,应当出示拘留审查决定书,并在二十四小时内进行询问。

拘留审查的期限不得超过三十日,案情复杂的,经上一级公安机关或者出入境边防检查机关批准可以延长至六十日。对国籍、身份不明的,拘留审查期限自查清其国籍、身份之日起计算。

第二百一十七条 具有下列情形之一的,应当解除拘留审查:

(一) 被决定遣送出境、限期出境或者驱逐出境的;

(二) 不应当拘留审查的;

(三) 被采取限制活动范围措施的;

(四) 案件移交其他部门处理的;

（五）其他应当解除拘留审查的。

第二百一十八条　外国人具有下列情形之一的，不适用拘留审查，经县级以上公安机关或者出入境边防检查机关负责人批准，可以限制其活动范围：

（一）患有严重疾病的；

（二）怀孕或者哺乳自己婴儿的；

（三）未满十六周岁或者已满七十周岁的；

（四）不宜适用拘留审查的其他情形。

被限制活动范围的外国人，应当按照要求接受审查，未经公安机关批准，不得离开限定的区域。限制活动范围的期限不得超过六十日。对国籍、身份不明的，限制活动范围期限自查清其国籍、身份之日起计算。

第二百一十九条　被限制活动范围的外国人应当遵守下列规定：

（一）未经决定机关批准，不得变更生活居所，超出指定的活动区域；

（二）在传唤的时候及时到案；

（三）不得以任何形式干扰证人作证；

（四）不得毁灭、伪造证据或者串供。

第二百二十条　外国人具有下列情形之一的，经县级以上公安机关或者出入境边防检查机关负责人批准，可以遣送出境：

（一）被处限期出境，未在规定期限内离境的；

（二）有不准入境情形的；

（三）非法居留、非法就业的；

（四）违反法律、行政法规需要遣送出境的。

其他境外人员具有前款所列情形之一的，可以依法遣送出境。

被遣送出境的人员，自被遣送出境之日起一至五年内不准入境。

第二百二十一条　被遣送出境的外国人可以被遣送至下列国家或者地区：

（一）国籍国；

（二）入境前的居住国或者地区；

（三）出生地国或者地区；

（四）入境前的出境口岸的所属国或者地区；

（五）其他允许被遣送出境的外国人入境的国家或者地区。

第二百二十二条　具有下列情形之一的外国人，应当羁押在拘留所或者遣返场所：

（一）被拘留审查的；

（二）被决定遣送出境或者驱逐出境但因天气、交通运输工具班期、当事人健康状况等客观原因或者国籍、身份不明，不能立即执行的。

第二百二十三条　外国人对继续盘问、拘留审查、限制活动范围、遣送出境措施不服的,可以依法申请行政复议,该行政复议决定为最终决定。

其他境外人员对遣送出境措施不服,申请行政复议的,适用前款规定。

第二百二十四条　外国人具有下列情形之一的,经县级以上公安机关或者出入境边防检查机关决定,可以限期出境:

(一)违反治安管理的;

(二)从事与停留居留事由不相符的活动的;

(三)违反中国法律、法规规定,不适宜在中国境内继续停留居留的。

对外国人决定限期出境的,应当规定外国人离境的期限,注销其有效签证或者停留居留证件。限期出境的期限不得超过三十日。

第二百二十五条　外国人违反治安管理或者出境入境管理,情节严重,尚不构成犯罪的,承办的公安机关可以层报公安部处以驱逐出境。公安部作出的驱逐出境决定为最终决定,由承办机关宣布并执行。

被驱逐出境的外国人,自被驱逐出境之日起十年内不准入境。

第二百二十六条　对外国人处以罚款或者行政拘留并处限期出境或者驱逐出境的,应当于罚款或者行政拘留执行完毕后执行限期出境或者驱逐出境。

第二百二十七条　办理涉外行政案件,应当按照国家有关办理涉外案件的规定,严格执行请示报告、内部通报、对外通知等各项制度。

第二百二十八条　对外国人作出行政拘留、拘留审查或者其他限制人身自由以及限制活动范围的决定后,决定机关应当在四十八小时内将外国人的姓名、性别、入境时间、护照或者其他身份证件号码,案件发生的时间、地点及有关情况,违法的主要事实,已采取的措施及其法律依据等情况报告省级公安机关;省级公安机关应当在规定期限内,将有关情况通知该外国人所属国家的驻华使馆、领馆,并通报同级人民政府外事部门。当事人要求不通知使馆、领馆,且我国与当事人国籍国未签署双边协议规定必须通知的,可以不通知,但应当由其本人提出书面请求。

第二百二十九条　外国人在被行政拘留、拘留审查、限制活动范围或者其他限制人身自由期间死亡的,有关省级公安机关应当通知该外国人所属国家驻华使馆、领馆,同时报告公安部并通报同级人民政府外事部门。

第二百三十条　外国人在被行政拘留、拘留审查或者其他限制人身自由以及限制活动范围期间,其所属国家驻华外交、领事官员要求探视的,决定机关应当及时安排。该外国人拒绝其所属国家驻华外交、领事官员探视的,公安机关可以不予安排,但应当由其本人出具书面声明。

第二百三十一条　办理涉外行政案件,本章未作规定的,适用其他各章的有关规定。

第十四章 案件终结

第二百三十二条 行政案件具有下列情形之一的,应当予以结案:
(一)作出不予行政处罚决定的;
(二)适用调解程序的案件达成协议并已履行的;
(三)作出行政处罚等处理决定,且已执行的;
(四)违法行为涉嫌构成犯罪,转为刑事案件办理的;
(五)作出处理决定后,因执行对象灭失、死亡等客观原因导致无法执行或者无需执行的。

第二百三十三条 经过调查,发现行政案件具有下列情形之一的,经公安派出所、县级公安机关办案部门或者出入境边防检查机关以上负责人批准,终止调查:
(一)没有违法事实的;
(二)违法行为已过追究时效的;
(三)违法嫌疑人死亡的;
(四)其他需要终止调查的情形。

终止调查时,违法嫌疑人已被采取行政强制措施的,应当立即解除。

第二百三十四条 对在办理行政案件过程中形成的文书材料,应当按照一案一卷原则建立案卷,并按照有关规定在结案或者终止案件调查后将案卷移交档案部门保管或者自行保管。

第二百三十五条 行政案件的案卷应当包括下列内容:
(一)受案登记表或者其他发现案件的记录;
(二)证据材料;
(三)决定文书;
(四)在办理案件中形成的其他法律文书。

第二百三十六条 行政案件的法律文书及定性依据材料应当齐全完整,不得损毁、伪造。

第十五章 附 则

第二百三十七条 省级公安机关应当建立并不断完善统一的执法办案信息系统。

办案部门应当按照有关规定将行政案件的受理、调查取证、采取强制措施、处理等情况以及相关文书材料录入执法办案信息系统,并进行网上审核审批。

第二百三十八条 执行本规定所需要的法律文书式样,由公安部制定。公安部没有制定式样,执法工作中需要的其他法律文书,省级公安机关可以制定式样。

第二百三十九条　本规定所称"以上"、"以下"、"内"皆包括本数或者本级。

第二百四十条　本规定自2013年1月1日起施行,依照《中华人民共和国出境入境管理法》新设定的制度自2013年7月1日起施行。2006年8月24日发布的《公安机关办理行政案件程序规定》同时废止。

公安部其他规章对办理行政案件程序有特别规定的,按照特别规定办理;没有特别规定的,按照本规定办理。

附录五

公安部关于印发《违反公安行政管理行为的名称及其适用意见》的通知

(公通字〔2010〕72号,2010年12月27日)

各省、自治区、直辖市公安厅、局,新疆生产建设兵团公安局:

为了进一步加强执法规范化建设,统一规范违反公安行政管理的行为名称及其法律依据的适用,现将《违反公安行政管理行为的名称及其适用意见》印发给你们,请遵照执行。

执行情况及遇到的问题,请及时报部。

违反公安行政管理行为的名称及其适用意见

为了进一步加强执法规范化建设,统一规范违反公安行政管理的行为名称及其法律依据的适用,现对法律、行政法规和规章中涉及违反公安行政管理的行为名称及其适用规范如下:

一、治安管理

(一)《中华人民共和国人民警察法》(法律 1995年2月28日起施行)

1. 非法制造、贩卖、持有、使用警用标志、制式服装、警械、证件(《中华人民共和国人民警察法》第36条,《人民警察制式服装及其标志管理规定》第14条、第15条、第16条,《公安机关警戒带使用管理办法》第10条)

对单位或者个人非法生产、销售人民警察制式服装及其标志的,违法行为名称表述为"非法制造、贩卖警用标志、制式服装",法律依据适用《中华人民共和国人民警察法》第36条和《人民警察制式服装及其标志管理规定》第14条。对指定生产企业违反规定,超计划生产或者擅自转让生产任务的,违法行为名称表述为"非法制造警用标志、制式服装",法律依据适用《中华人民共和国人民警察法》第36条和《人民警察制式服装及其标志管理规定》第14条及第15条。对单位或者个人非法持有、使用人民警察制式服装及其标志的,违法行为名称表述为"非法持有、使用警用标志、制式服装",法律依据适用《中华人民共和国人民警察法》第36条和《人民警察制式服装及其标志管理规定》第16条。

(二)《人民警察制式服装及其标志管理规定》(规章 2001年3月16日起施行)

2. 生产、销售仿制警用制式服装、标志(第17条)
3. 穿着、佩带仿制警用制式服装、标志(第18条)

(三)《中华人民共和国治安管理处罚法》(法律 2006年3月1日起施行)

4. 扰乱单位秩序(第23条第1款第1项)
5. 扰乱公共场所秩序(第23条第1款第2项)
6. 扰乱公共交通工具上的秩序(第23条第1款第3项)
7. 妨碍交通工具正常行驶(第23条第1款第4项)
8. 破坏选举秩序(第23条第1款第5项)
9. 聚众扰乱单位秩序(第23条第2款)
10. 聚众扰乱公共场所秩序(第23条第2款)
11. 聚众扰乱公共交通工具上的秩序(第23条第2款)
12. 聚众妨碍交通工具正常行驶(第23条第2款)
13. 聚众破坏选举秩序(第23条第2款)
14. 强行进入大型活动场内(第24条第1款第1项)
15. 违规在大型活动场内燃放物品(第24条第1款第2项)
16. 在大型活动场内展示侮辱性物品(第24条第1款第3项)
17. 围攻大型活动工作人员(第24条第1款第4项)
18. 向大型活动场内投掷杂物(第24条第1款第5项)
19. 其他扰乱大型活动秩序的行为(第24条第1款第6项)
20. 虚构事实扰乱公共秩序(第25条第1项)

《中华人民共和国消防法》第62条第3项规定的谎报火警,法行为名称表述为"虚构事实扰乱公共秩序(谎报火警)",法律依据适用《中华人民共和国消防法》第62条第3项和《中华人民共和国治安管理处罚法》第25条第1项。

21. 投放虚假危险物质(第25条第2项)
22. 扬言实施放火、爆炸、投放危险物质(第25条第3项)
23. 寻衅滋事(第26条)
24. 组织、教唆、胁迫、诱骗、煽动从事邪教、会道门活动(第27条第1项)
25. 利用邪教、会道门、迷信活动危害社会(第27条第1项)
26. 冒用宗教、气功名义危害社会(第27条第2项)
27. 故意干扰无线电业务正常进行(第28条)
28. 拒不消除对无线电台(站)的有害干扰(第28条)
29. 非法侵入计算机信息系统(第29条第1项)

《计算机信息网络国际联网安全保护管理办法》第20条与《中华人民共和国

治安管理处罚法》第29条第1项竞合。对单位未经许,进入计算机信息网络或者使用计算机信息网络资源,构成违反治安管理行为的,违法行为名称表述为"非法侵入计算机信息系统"。对单位处罚的法律依据适用《计算机信息网络国际联网安全保护管理办法》第6条第1项和第20条,对其直接负责的主管人员和其他直接责任人员处罚的法律依据适用《中华人民共和国治安管理处罚法》第18条和第29条第1项。

30. 非法改变计算机信息系统功能(第29条第2项)

《计算机信息网络国际联网安全保护管理办法》第20条与《中华人民共和国治安管理处罚法》第29条第2项竞合。对单位未经允许,对计算机信息网络功能进行删除、修改或者增加,构成违反治安管理行为的,违法行为名称表述为"非法改变计算机信息系统功能"。对单位处罚的法律依据适用《计算机信息网络国际联网安全保护管理办法》第6条第2项和第20条,对其直接负责的主管人员和其他直接责任人员处罚的法律依据适用《中华人民共和国治安管理处罚法》第18条和第29条第2项。

31. 非法改变计算机信息系统数据和应用程序(第29条第3项)

《计算机信息网络国际联网安全保护管理办法》第20条与《中华人民共和国治安管理处罚法》第29条第3项竞合。对单位未经允许,对计算机信息网络中存储、处理或者传输的数据和应用程序进行删除、修改或者增加,构成违反治安管理行为的,违法行为名称表述为"非法改变计算机信息系统数据和应用程序"。对单位处罚的法律依据适用《计算机信息网络国际联网安全保护管理办法》第6条第3项和第20条,对其直接负责的主管人员和其他直接责任人员处罚的法律依据适用《中华人民共和国治安管理处罚法》第18条和第29条第3项。

32. 故意制作、传播计算机破坏性程序影响运行(第29条第4项)

《计算机信息网络国际联网安全保护管理办法》第20条与《中华人民共和国治安管理处罚法》第29条第4项竞合。对单位故意作、传播计算机病毒等破坏性程序,构成违反治安管理行为的,违法行为名称表述为"故意制作、传播计算机破坏性程序影响运行"。对单位处罚的法律依据适用《计算机信息网络国际联网安全保护管理办法》第6条第4项和第20条,对其直接负责的主管人员和其他直接责任人员处罚的法律依据适用《中华人民共和国治安管理处罚法》第18条和第29条第4项。

33. 非法制造、买卖、储存、运输、邮寄、携带、使用、提供、处置危险物质(第30条)

《民用爆炸物品安全管理条例》第44条第4款和《中华人民共和国治安管理处罚法》第30条竞合。对未经许可购买、运输民用爆炸物品的,违法行为名称表述为"非法购买、运输危险物质(民用爆炸物品)"。对单位未经许可购买、运输民用爆炸物品的,对单位处罚的法律依据适用《民用爆炸物品安全管理条例》第44

条第 4 款,对其直接负责的主管人员和其他直接责任人员处罚的法律依据适用《中华人民共和国治安管理处罚法》第 18 条和第 30 条。对个人未经许可购买、运输民用爆炸物品的,法律依据适用《中华人民共和国治安管理处罚法》第 30 条。

《民用爆炸物品安全管理条例》第 49 条第 3 项、第 4 项与《中华人民共和国治安管理处罚法》第 30 条竞合。对违规储存民用爆炸物品的,违法行为名称表述为"非法储存危险物质(民用爆炸物品)"。对单位违规储存民用爆炸物品的,对单位处罚的法律依据适用《民用爆炸物品安全管理条例》第 49 条第 3 项或者第 4 项,对其直接负责的主管人员和其他直接责任人员处罚的法律依据适用《中华人民共和国治安管理处罚法》第 18 条和第 30 条。对个人非法储存民用爆炸物品的,法律依据适用《中华人民共和国治安管理处罚法》第 30 条。

《民用爆炸物品安全管理条例》第 51 条和《中华人民共和国治安管理处罚法》第 30 条竞合。对携带民用爆炸物品搭乘公共交通工具或者进入公共场所,邮寄或者在托运的货物、行李、包裹、邮件中夹带民用爆炸物品,尚不构成犯罪的,违法行为名称表述为"非法携带邮寄危险物质(民用爆炸物品)",法律依据适用《中华人民共和国安管理处罚法》第 30 条和《民用爆炸物品安全管理条例》第 51 条。

《中华人民共和国消防法》第 62 条第 1 项规定的违反有关消防技术标准和管理规定生产、储存、运输、销售、使用、销毁易燃易爆危险品,尚不够刑事处罚的,违法行为名称表述为"非法制造、买卖、储存、运输、使用、处置危险物质(易燃易爆危险品)",法律依据适用《中华人民共和国消防法》第 62 条第 1 项和《中华人民共和国治安管理处罚法》第 30 条。

《中华人民共和国消防法》第 62 条第 2 项规定的非法携带易燃易爆危险品进入公共场所或者乘坐公共交通工具的,违法行为名称表述为"非法携带危险物质(易燃易爆危险品)",法律依据适用《中华人民共和国消防法》第 62 条第 2 项和《中华人民共和国治安管理处罚法》第 30 条。

《烟花爆竹安全管理条例》第 36 条第 2 款与《中华人民共和国治安管理处罚法》第 30 条竞合。对未经许可经道路运输烟花爆竹的,违法行为名称表述为"非法运输危险物质(烟花爆竹)",对单位处罚的法律依据适用《烟花爆竹安全管理条例》第 36 条第 2 款,对其直接负责的主管人员和其他直接责任人员处罚的法律依据适用《中华人民共和国治安管理处罚法》第 18 条和第 30 条。对个人未经许可经道路运输烟花爆竹的,法律依据适用《中华人民共和国治安管理处罚法》第 30 条。

《烟花爆竹安全管理条例》第 41 条和《中华人民共和国治安管理处罚法》第 30 条竞合。《烟花爆竹安全管理条例》第 41 条规定的携带烟花爆竹搭乘公共交通工具的,或者邮寄烟花爆竹以及在托运的行李、包裹、邮件中夹带烟花爆竹的,违法行为名称表述为"非法邮寄、携带危险物质(烟花爆竹)",情节较轻的,法律依据适用《烟花爆竹安全管理条例》第41条,情节较重的,法律依据适用《中华人民共和国治安管理处罚法》第30条和《烟花爆竹安全管理条例》第41条。

《危险化学品安全管理条例》第67条第1项和《剧毒化学品购买和公路运输许可证件管理办法》第20条与《中华人民共和国治安管理处罚法》第30条竞合。对托运人未向公安部门申领剧毒化学品公路运输通行证,擅自通过公路运输剧毒化学品的,或者利用骗取的许可证通过公路运输剧毒化学品的,违法行为名称表述为"非法运输危险物质(剧毒化学品)"。对单位未经许可通过公路运输剧毒化学品的,对单位处罚的法律依据适用《危险化学品安全管理条例》第67条第1项和《剧毒化学品购买和公路运输许可证件管理办法》第20条,对其直接负责的主管人员和其他直接责任人员处罚的法律依据适用《中华人民共和国治安管理处罚法》第18条和第30条。对单位利用骗取的许可证通过公路运输剧毒化学品的,对单位处罚的法律依据适用《危险化学品安全管理条例》第67条第1项和《剧毒化学品购买和公路运输许可证件管理办法》第21条第3款。对个人未经许可经由公路运输剧毒化学品的,法律依据适用《中华人民共和国治安管理处罚法》第30条。

《剧毒化学品购买和公路运输许可证件管理办法》第20条与《中华人民共和国治安管理处罚法》第30条竞合。对未申领剧毒化学品购买凭证〔《国务院关于第五批取消和下放管理层级行政审批项目的决定》(国发〔2010〕21号)已取消剧毒化学品准购证核发批〕,擅自购买剧毒化学品的,违法行为名称表述为"非法购买危险物质(剧毒化学品)"。对单位非法购买剧毒化学品的,对单位处罚的法律依据适用《剧毒化学品购买和公路运输许可证件管理办法》第20条,对其直接负责的主管人员和其他直接责任人员处罚的法律依据适用《中华人民共和国治安管理处罚法》第18条和第30条。对个人非法购买剧毒化学品的,法律依据适用《中华人民共和国治安管理处罚法》第30条。

《危险化学品安全管理条例》第61条第3项与《中华人民共和国治安管理处罚法》第30条竞合。对单位未在专用仓库储存危险化学品的,违法行为名称表述为"非法储存危险物质(危险化学品)",法律依据适用《危险化学品安全管理条例》第61条第3项,对其直接负责的主管人员和其他直接责任人员处罚的法律依据适用《中华人民共和国治安管理处罚法》第18条和第30条。

《危险化学品安全管理条例》第68条与《中华人民共和国治安管理处罚法》第30条竞合。对邮寄或者在邮件内夹带危险化学品,或者将危险化学品匿报、谎报为普通物品邮寄的,违法行为名称表述为"非法邮寄危险物质(危险化学品)",情节较轻的,法律依据适用《危险化学品安全管理条例》第68条,情节较重的,法律依据适用《中华人民共和国治安管理处罚法》第30条和《危险化学品安全管理条例》第68条。

《放射性物品运输安全管理条例》第62条第1项与《中华人民共和国治安管理处罚法》第30条竞合。未经公安机关批准通过道路运输放射性物品的,违法行为名称表述为"非法运输危险物质(放射性物品)"。对单位处罚的法律依据适用《放射性物品运输安全管理条例》第62条第1项,对其直接负责的主管人员和其他直接责任人员处罚的法律依据适用《中华人民共和国治安管理处罚法》第18条和第30条。对个人未经公安机关批准通过道路运输放射性物品的,法律依据适用《中华人民共和国治安管理处罚法》第30条。

34. 危险物质被盗、被抢、丢失不报(第31条)

《民用爆炸物品安全管理条例》第50条第2项和《中华人民共和国治安管理处罚法》第31条竞合。对民用爆炸物品丢失、被盗、被抢不报的,违法行为名称表述为"危险物质(民用爆炸物品)被盗、被抢、丢失不报"。对单位民用爆炸物品被盗、被抢、丢失不报的,对单位处罚的法律依据适用《民用爆炸物品安全管理条例》第50条第2项,对其直接负责的主管人员和其他直接责任人员处罚的法律依据适用《中华人民共和国治安管理处罚法》第18条和第31条。

《烟花爆竹安全管理条例》第39条与《中华人民共和国治安管理处罚法》第31条竞合。对生产、经营、使用黑火药、烟火药、引火线的企业,丢失黑火药、烟火药、引火线未及时向当地安全生产监督管理部门和公安部门报告的,违法行为名称表述为"危险物质(烟花爆竹)丢失不报",对企业主要负责人处罚的法律依据适用《烟花爆竹安全管理条例》第39条,对其直接负责的主管人员和其他直接责任人员处罚的法律依据适用《中华人民共和国治安管理处罚法》第18条和第31条。

《危险化学品安全管理条例》第61条第8项和《中华人民共和国治安管理处罚法》第31条竞合。对危险化学品生产单位发生剧毒化学品被盗、丢失后不立即向当地公安机关报告的,违法行为名称表述为"危险物质(剧毒化学品)被盗、丢失不报",对单位处罚的法律依据适用《危险化学品安全管理条例》第61条第8项,对其直接负责的主管人员和其他直接责任人员处罚的法律依据适用《中华人民共和国治安管理处罚法》第18条和第31条。

《危险化学品安全管理条例》第61条第9项和《中华人民共和国治安管理处罚法》第31条竞合。对危险化学品经营企业发生剧毒化学品被盗、丢失后不立即向当地公安机关报告的,违法行为名称表述为"危险物质(剧毒化学品)被盗、丢失不报",对单位处罚的法律依据适用《危险化学品安全管理条例》第61条第9项,对其直接负责的主管人员和其他直接责任人员处罚的法律依据适用《中华人民共和国治安管理处罚法》第18条和第31条。

《危险化学品安全管理条例》第67条第4项与《中华人民共和国治安管理处罚法》第31条竞合。对危险化学品运输企业运输剧毒化学品,在公路运输途中发生被盗、丢失,不立即向当地公安机关报告的,违法行为名称表述为,"危险物质

（剧毒化学品）被盗、丢失不报"，对单位处罚的法律依据适用《危险化学品安全管理条例》第67条第4项，对其直接负责的主管人员和其他直接责任人员处罚的法律依据适用《中华人民共和国治安管理处罚法》第18条和第31条。

35. 非法携带枪支、弹药、管制器具（第32条）

《中华人民共和国枪支管理法》第44条第1款第2项与《中华人民共和国治安管理处罚法》第32条竞合。对《中华人民共和国枪支管理法》第44条第1款第2项规定的在禁止携带枪支的区域、场所携带枪支的，违法行为名称表述为"非法携带枪支"，法律依据适用《中华人民共和国治安管理处罚法》第32条。

36. 盗窃、损毁公共设施（第33条第1项）
37. 移动、损毁边境、领土、领海标志设施（第33条第2项）
38. 非法进行影响国（边）界线走向的活动（第33条第3项）
39. 非法修建有碍国（边）境管理的设施（第33条第3项）
40. 盗窃、损坏、擅自移动航空设施（第34条第1款）
41. 强行进入航空器驾驶舱（第34条第1款）
42. 在航空器上使用禁用物品（第34条第2款）
43. 盗窃、损毁、擅自移动铁路设施、设备、机车车辆配件、安全标志（第35条第1项）
44. 在铁路线上放置障碍物（第35条第2项）
45. 故意向列车投掷物品（第35条第2项）
46. 在铁路沿线非法挖掘坑穴、采石取沙（第35条第3项）
47. 在铁路线路上私设道口、平交过道（第35条第4项）
48. 擅自进入铁路防护网（第36条）
49. 违法在铁路线上行走坐卧、抢越铁路（第36条）
50. 擅自安装、使用电网（第37条第1项）
51. 安装、使用电网不符合安全规定（第37条第1项）
52. 道路施工不设置安全防护设施（第37条第2项）
53. 故意损毁、移动道路施工安全防护设施（第37条第2项）
54. 盗窃、损毁路面公共设施（第37条第3项）
55. 违规举办大型活动（第38条）
56. 公共场所经营管理人员违反安全规定（第39条）
57. 组织、胁迫、诱骗进行恐怖、残忍表演（第40条第1项）
58. 强迫劳动（第40条第2项）

《中华人民共和国劳动法》第96条第1项与《中华人民共和国治安管理处罚法》第40条第2项竞合。对用人单位以暴力、威胁或者非法限制人身自由的手段强迫劳动的，违法行为名称表述为"强迫劳动"，法律依据适用《中华人民共和国治安管理处罚法》第 40 条第 2 项。

59. 非法限制人身自由（第 40 条第 3 项）

《保安服务管理条例》第 45 条第 1 款第 1 项与《中华人民共和国治安管理处罚法》第 40 条第 3 项竞合。对保安员限制他人人身自由的，违法行为名称表述为"非法限制人身自由"。如果其行为依法应当予以治安管理处罚，无需吊销保安员证的，法律依据适用《中华人民共和国治安管理处罚法》第 40 条第 3 项。如果其行为情节严重，依法应当吊销保安员证，并应当依法予以治安管理处罚的，法律依据适用《中华人民共和国治安管理处罚法》第 40 条第 3 项和《保安服务管理条例》第 45 条第 1 款第 1 项。如果其行为情节轻微，不构成违反治安管理行为，仅应当予以训诫的，法律依据适用《保安服务管理条例》第 45 条第 1 款第 1 项。

《中华人民共和国劳动法》第 96 条第 2 项与《中华人民共和国治安管理处罚法》第 40 条第 3 项竞合。对用人单位拘禁劳动者的，违法行为名称表述为"非法限制人身自由"，法律依据适用《中华人民共和国治安管理处罚法》第 40 条第 3 项。

60. 非法侵入住宅（第 40 条第 3 项）

61. 非法搜查身体（第 40 条第 3 项）

《保安服务管理条例》第 45 条第 1 款第 1 项与《中华人民共和国治安管理处罚法》第 40 条第 3 项竞合。对保安员搜查他人身体的，违法行为名称表述为"非法搜查身体"。如果其行为依法应当予以治安管理处罚，无需吊销保安员证的，法律依据适用《中华人民共和国治安管理处罚法》第 40 条第 3 项。如果其行为情节严重，依法应当吊销保安员证，并应当依法予以治安管理处罚的，法律依据应当适用《中华人民共和国治安管理处罚法》第 40 条第 3 项和《保安服务管理条例》第 45 条第 1 款第 1 项。如果其行为情节轻微，不构成违反治安管理行为，仅应当予以训诫的，法律依据适用《保安服务管理条例》第 45 条第 1 款第 1 项。

《中华人民共和国劳动法》第 96 条第 2 项与《中华人民共和国治安管理处罚法》第 40 条第 3 项竞合。对用人单位非法搜查劳动者的，违法行为名称表述为"非法搜查身体"，法律依据适用《中华人民共和国治安管理处罚法》第 40 条第 3 项。

62. 胁迫、诱骗、利用他人乞讨（第 41 条第 1 款）

63. 以滋扰他人的方式乞讨（第 41 条第 2 款）

64. 威胁人身安全（第 42 条第 1 项）

65. 侮辱（第 42 条第 2 项）

《保安服务管理条例》第 45 条第 1 款第 1 项与《中华人民共和国治安管理处罚法》第 42 条第 2 项竞合。对保安员侮辱他人的，违法行为名称表述为"侮辱"。如果其行为依法应当予以治安管理处罚，无需吊销保安员证的，法律依据适用《中华人民共和国治安管理处罚法》第42条第2项。如果其行为情节严重，依法应当吊销保安员证，并应当依法予以治安管理处罚的，法律依据适用《中华人民共和国治安管理处罚法》第42条第2项和《保安服务管理条例》第45条第1款第1项。如果其行为情节轻微，不构成违反治安管理行为，仅应当予以训诫的，法律依据适用《保安服务管理条例》第45条第1款第1项。

《中华人民共和国劳动法》第96条第2项与《中华人民共和国治安管理处罚法》第42条第2项竞合。对用人单位侮辱劳动者的，违法行为名称表述为"侮辱"，法律依据适用《中华人民共和国治安管理处罚法》第42条第2项。

66．诽谤（第42条第2项）

67．诬告陷害（第42条第3项）

68．威胁、侮辱、殴打、打击报复证人及其近亲属（第42条第4项）

69．发送信息干扰正常生活（第42条第5项）

70．侵犯隐私（第42条第6项）

《保安服务管理条例》第45条第1款第6项与《中华人民共和国治安管理处罚法》第42条第6项竞合。对保安员侵犯个人隐私的，违法行为名称表述为"侵犯隐私"。如果其行为依法应当予以治安管理处罚，无需吊销保安员证的，法律依据适用《中华人民共和国治安管理处罚法》第42条第6项。如果其行为情节严重，依法应当吊销保安员证，并应当依法予以治安管理处罚的，法律依据适用《中华人民共和国治安管理处罚法》第42条第6项和《保安服务管理条例》第45条第1款第6项。如果其行为情节轻微，不构成违反治安管理行为，仅应当予以训诫的，法律依据适用《保安服务管理条例》第45条第1款第6项。

71．殴打他人（第43条第1款）

《保安服务管理条例》第45条第1款第1项与《中华人民共和国治安管理处罚法》第43条第1款竞合。对保安员殴打他人的，违法行为名称表述为"殴打他人"。如果其行为依法应当予以治安管理处罚，无需吊销保安员证的，法律依据适用《中华人民共和国治安管理处罚法》第43条第1款。如果其行为情节严重，依法应当吊销保安员证，并应当依法予以治安管理处罚的，法律依据适用《中华人民共和国治安管理处罚法》第43条第1款和《保安服务管理条例》第45条第1款第1项，有法定加重情节的，法律依据适用《中华人民共和国治安管理处罚法》第43条第2款和《保安服务管理条例》第45条第1款第1项。如果其行为情节轻微，不构成违反治安管理行为，仅应当予以训诫的，法律依据适用《保安服务管理条例》第45条第1款第1项。

《中华人民共和国劳动法》第96条第2项与《中华人民共和国治安管理处罚法》第43条第1款竞合。对用人单位体罚、殴打劳动者的，违法行为名称表述为"殴打他人"，法律依据适用《中华人民共和国治安管理处罚法》第43条第1款。

72. 故意伤害(第43条第1款)
73. 猥亵(第44条)
74. 在公共场所故意裸露身体(第44条)
75. 虐待(第45条第1项)
76. 遗弃(第45条第2项)
77. 强迫交易(第46条)
78. 煽动民族仇恨、民族歧视(第47条)
79. 刊载民族歧视、侮辱内容(第47条)
80. 冒领、隐匿、毁弃、私自开拆、非法检查他人邮件(第48条)
81. 盗窃(第49条)
82. 诈骗(第49条)
83. 哄抢(第49条)
84. 抢夺(第49条)
85. 敲诈勒索(第49条)
86. 故意损毁财物(第49条)
87. 拒不执行紧急状态下的决定、命令(第50条第1款第1项)
88. 阻碍执行职务(第50条第1款第2项)

《保安服务管理条例》第45条第1款第3项与《中华人民共和国治安管理处罚法》第50条第1款第2项竞合。对保安员阻碍依法执行公务,尚不够刑事处罚的,违法行为名称表述为"阻碍执行职务"。如果其行为依法应当予以治安管理处罚,无需吊销保安员证的,法律依据适用《中华人民共和国治安管理处罚法》第50条第1款第2项。如果其行为情节严重,依法应当吊销保安员证,并应当依法予以治安管理处罚的,法律依据适用《中华人民共和国治安管理处罚法》第50条第1款第2项和《保安服务管理条例》第45条第1款第3项。如果其行为情节轻微,不构成违反治安管理行为,仅应当予以训诫的,法律依据适用《保安服务管理条例》第45条第1款第3项。

阻碍公安机关消防机构的工作人员依法执行职务,尚不够刑事处罚的,违法行为名称表述为"阻碍执行职务",法律依据适用《中华人民共和国消防法》第62条第5项和《中华人民共和国治安管理处罚法》第50条第1款第2项。

89. 阻碍特种车辆通行(第50条第1款第3项)

对阻碍消防车、消防艇执行任务的,违法行为名称表述为"阻碍特种车辆通行(消防车、消防艇)",法律依据适用《中华人民共和国消防法》第62条第4项和《中华人民共和国治安管理处罚法》第50条第1款第3项。

90. 冲闯警戒带、警戒区(第50条第1款第4项)
91. 招摇撞骗(第51条第1款)

92. 伪造、变造、买卖公文、证件、证明文件、印章(第52条第1项)

93. 买卖、使用伪造、变造的公文、证件、证明文件(第52条第2项)

94. 伪造、变造、倒卖有价票证、凭证(第52条第3项)

95. 伪造、变造船舶户牌(第52条第4项)

96. 买卖、使用伪造、变造的船舶户牌(第52条第4项)

97. 涂改船舶发动机号码(第52条第4项)

98. 驾船擅自进入、停靠国家管制的水域、岛屿(第53条)

《沿海船舶边防治安管理规定》第28条第1项与《中华人民共和国治安管理处罚法》第53条竞合。对沿海船舶非法进入国家禁止或者限制进入的海域或者岛屿的,违法行为名称表述为"驾船擅自进入国家管制的水域、岛屿",法律依据适用《中华人民共和国治安管理处罚法》第53条。

99. 非法以社团名义活动(第54条第1款第1项)

100. 以被撤销登记的社团名义活动(第54条第1款第2项)

101. 未获公安许可擅自经营(第54条第1款第3项)

《中华人民共和国治安管理处罚法》第54条第1款第3项、第2款和《旅馆业治安管理办法》第15条竞合。对未经公安机关许可开办旅馆的,违法行为名称表述为"未获公安许可擅自经营(旅馆)",法律依据适用《中华人民共和国治安管理处罚法》第54条第1款第3项、第2款和《旅馆业治安管理办法》第4条。

《保安服务管理条例》第41条与《中华人民共和国治安管理处罚法》第54条第1款第3项、第2款竞合。对未经许可从事保安服务的,违法行为名称表述为"未获公安许可擅自经营(保安服务)",法律依据适用《中华人民共和国治安管理处罚法》第54条第1款第3项、第2款以及《保安服务管理条例》第9条和第41条。对未经许可从事保安培训的,违法行为名称表述为"未获公安许可擅自经营(保安培训)",法律依据适用《中华人民共和国治安管理处罚法》第54条第1款第3项、第2款以及《保安服务管理条例》第33条和第41条。

102. 煽动、策划非法集会、游行、示威(第55条)

103. 不按规定登记住宿旅客信息(第56条第1款)

104. 不制止住宿旅客带入危险物质(第56条第1款)

105. 明知住宿旅客是犯罪嫌疑人不报(第56条第2款)

106. 将房屋出租给无身份证件人居住(第57条第1款)

107. 不按规定登记承租人信息(第57条第1款)

108. 明知承租人利用出租屋犯罪不报(第57条第2款)

109. 制造噪声干扰正常生活(第58条)

110. 违法承接典当物品(第59条第1项)

111. 典当发现违法犯罪嫌疑人、赃物不报(第59条第1项)

《典当管理办法》第66条第1款与《中华人民共和国治安管理处罚法》第59条第1项竞合。对典当行发现公安机关通报协查的人员或者赃物不向公安机关报告的,违法行为名称表述为"典当发现违法犯罪嫌疑人、赃物不报"。对典当行处罚的法律依据适用《典当管理办法》第27条和第52条及第66条第1款,对其直接负责的主管人员和其他直接责任人员处罚的法律依据适用《中华人民共和国治安管理处罚法》第18条和第59条第1项。对典当行工作人员发现违法犯罪嫌疑人、赃物不向公安机关报告的,法律依据适用《中华人民共和国治安管理处罚法》第59条第1项。

112. 违法收购废旧专用器材(第59条第2项)
113. 收购赃物、有赃物嫌疑的物品(第59条第3项)
114. 收购国家禁止收购的其他物品(第59条第4项)
115. 隐藏、转移、变卖、损毁依法扣押、查封、冻结的财物(第60条第1项)
116. 伪造、隐匿、毁灭证据(第60条第2项)
117. 提供虚假证言(第60条第2项)
118. 谎报案情(第60条第2项)
119. 窝藏、转移、代销赃物(第60条第3项)

对机动车修理企业和个体工商户、报废机动车回收企业明知是盗窃、抢劫所得机动车而予以拆解、改装、拼装、倒卖的,对其直接负责的主管人员和其他直接责任人员处罚的法律依据适用《中华人民共和国治安管理处罚法》第18条和第60条第3项以及《机动车修理业、报废机动车回收业治安管理办法》第15条。

120. 违反监督管理规定(第60条第4项)
121. 协助组织、运送他人偷越国(边)境(第61条)
122. 为偷越国(边)境人员提供条件(第62条第1款)
123. 偷越国(边)境(第62条第2款)
124. 故意损坏文物、名胜古迹(第63条第1项)
125. 违法实施危及文物安全的活动(第63条第2项)
126. 偷开机动车(第64条第1项)
127. 无证驾驶、偷开航空器、机动船舶(第64条第2项)

《沿海船舶边防治安管理规定》第29条第2项规定的"偷开他人船舶",与《中华人民共和国治安管理处罚法》第64条第2项规定的"偷开机动船舶"竞合。对偷开他人船舶的,法律依据适用《中华人民共和国治安管理处罚法》第64条第2项。

128. 破坏、污损坟墓(第65条第1项)
129. 毁坏、丢弃尸骨、骨灰(第65条第1项)
130. 违法停放尸体(第65条第2项)

131. 卖淫（第66条第1款）
132. 嫖娼（第66条第1款）
133. 拉客招嫖（第66条第2款）
134. 引诱、容留、介绍卖淫（第67条）
135. 制作、运输、复制、出售、出租淫秽物品（第68条）
136. 传播淫秽信息（第68条）
137. 组织播放淫秽音像（第69条第1款第1项）
138. 组织淫秽表演（第69条第1款第2项）
139. 进行淫秽表演（第69条第1款第2项）
140. 参与聚众淫乱（第69条第1款第3项）
141. 为淫秽活动提供条件（第69条第2款）
142. 为赌博提供条件（第70条）
143. 赌博（第70条）
144. 非法种植毒品原植物（第71条第1款第1项）
145. 非法买卖、运输、携带、持有毒品原植物种苗（第71条第1款第2项）
146. 非法运输、买卖、储存、使用罂粟壳（第71条第1款第3项）
147. 非法持有毒品（第72条第1项）
148. 提供毒品（第72条第2项）
149. 吸毒（第72条第3项）
150. 胁迫、欺骗开具麻醉药品、精神药品（第72条第4项）
151. 教唆、引诱、欺骗吸毒（第73条）
152. 为吸毒、赌博、卖淫、嫖娼人员通风报信（第74条）
153. 饲养动物干扰正常生活（第75条第1款）
154. 放任动物恐吓他人（第75条第1款）
155. 担保人不履行担保义务（第109条第2款）

（四）《中华人民共和国国旗法》（法律 1990年10月1日起施行，根据2009年8月27日《全国人民代表大会常务委员会关于修改部分法律的决定》修正）

156. 侮辱国旗（第19条）

（五）《中华人民共和国国徽法》（法律 1991年10月1日起施行，根据2009年8月27日《全国人民代表大会常务委员会关于修改部分法律的决定》修正）

157. 侮辱国徽（第13条）

（六）《全国人民代表大会常务委员会关于惩治破坏金融秩序犯罪的决定》（法律 1995年6月30日起施行）

158. 出售、购买、运输假币（第2条第1款和第21条）

对"出售、运输伪造、变造的人民币"的，法律依据适用《中华人民共和国中国

159. 金融工作人员购买假币、以假币换取货币(第 2 条第 2 款和第 21 条)

160. 持有、使用假币(第 4 条和第 21 条)

对"购买、持有、使用伪造、变造的人民币"的,法律依据适用《中华人民共和国中国人民银行法》第 43 条。

161. 变造货币(第 5 条和第 21 条)

对"变造人民币"的,法律依据适用《中华人民共和国中国人民银行法》第 42 条。

162. 伪造、变造金融票证(第 11 条和第 21 条)

163. 金融票据诈骗(第 12 条和第 21 条)

164. 信用卡诈骗(第 14 条和第 21 条)

165. 保险诈骗(第 16 条和第 21 条)

(七)《中华人民共和国中国人民银行法》(法律 根据 2003 年 12 月 27 日第十届全国人民代表大会常务委员会第六次会议《关于修改〈中华人民共和国中国人民银行法〉的决定》修正,2004 年 2 月 1 日起施行)

166. 伪造人民币(第 42 条)

167. 变造人民币(第 42 条)

168. 出售、运输伪造、变造的人民币(第 42 条)

169. 购买、持有、使用伪造、变造的人民币(第 43 条)

(八)《中华人民共和国人民币管理条例》(行政法规 2000 年 5 月 1 日起施行)

170. 故意毁损人民币(第 43 条)

(九)《全国人民代表大会常务委员会关于惩治虚开、伪造和非法出售增值税专用发票犯罪的决定》(法律 1995 年 10 月 30 日起施行)

171. 伪造、出售伪造的增值税专用发票(第 2 条第 1 款和第 11 条)

172. 非法出售增值税专用发票(第 3 条和第 11 条)

173. 非法购买增值税专用发票(第 4 条第 1 款和第 11 条)

174. 购买伪造的增值税专用发票(第 4 条第 1 款和第 11 条)

175. 非法制造、出售非法制造的可以用于骗取出口退税、抵扣税款的其他发票(第 6 条第 1 款和第 11 条)

176. 非法制造、出售非法制造的发票(第 6 条第 2 款和第 11 条)

177. 非法出售可以用于骗取出口退税、抵扣税款的其他发票(第 6 条第 3 款和第 11 条)

178. 非法出售发票(第 6 条第 4 款和第 11 条)

"非法制造、出售非法制造的发票"、"非法出售发票"中的"发票",是指用于骗取出口退税、抵扣税款发票以外的发票。

(十)《全国人民代表大会常务委员会关于严禁卖淫嫖娼的决定》(法律 1991年9月4日起施行)

179. 放任卖淫、嫖娼活动(第7条)

(十一)《中华人民共和国集会游行示威法》(法律 1989年10月31日起施行)

180. 非法集会、游行、示威(第28条第2款第1项、第2项)

181. 破坏集会、游行、示威(第30条)

(十二)《大型群众性活动安全管理条例》(行政法规 2007年10月1日起施行)

182. 擅自变更大型活动时间、地点、内容、举办规模(第20条第1款)

对承办者擅自变更大型群众性活动的时间、地点、内容或者擅自扩大大型群众性活动的举办规模,对大型群众性活动承办单位的处罚,法律依据适用《大型群众性活动安全管理条例》第20条第1款,对有发生安全事故危险的,对其直接负责的主管人员和其他直接责任人员的处罚,法律依据适用《中华人民共和国治安管理处罚法》第18条和第38条。

183. 未经许可举办大型活动(第20条第2款)

184. 举办大型活动发生安全事故(第21条)

对举办大型群众性活动发生安全事故的,对大型群众性活动承办单位或者大型群众性活动场所管理单位的处罚,法律依据适用《大型群众性活动安全管理条例》第21条,对安全责任人和其他直接责任人员的处罚,法律依据适用《中华人民共和国治安管理处罚法》第18条和第38条以及《大型群众性活动安全管理条例》第21条。

185. 大型活动发生安全事故不处置(第22条)

186. 大型活动发生安全事故不报(第22条)

(十三)《中华人民共和国居民身份证法》(法律 2004年1月1日起施行)

187. 骗领居民身份证(第16条第1项)

188. 使用骗领的居民身份证(第17条第1款第1项)

189. 出租、出借、转让居民身份证(第16条第2项)

190. 非法扣押居民身份证(第16条第3项)

保安员扣押他人居民身份证的,违法行为名称表述为"非法扣押居民身份证",法律依据适用《保安服务管理条例》第45条第1款第2项。

191. 冒用居民身份证(第17条第1款第1项)

192. 购买、出售、使用伪造、变造的居民身份证(第17条第1款第2项)

(十四)《暂住证申领办法》(规章 1995年6月2日起施行)

193. 未按规定申报暂住户口登记、申领暂住证(第14条第1项)

194. 骗取、冒领、转借、转让、买卖、伪造、变造暂住证(第14条第2项)

《暂住证申领办法》第 14 条第 2 项规定的"买卖、伪造、变造暂住证"与《中华人民共和国治安管理处罚法》第 52 条第 1 项规定的"伪造、变造、买卖公文、证件、证明文件、印章"竞合。对买卖、伪造、变造暂住证的,违法行为名称表述为"买卖、伪造、变造暂住证",法律依据适用《暂住证申领办法》第 14 条第 2 项。

195. 雇用无暂住证人员(第 14 条第 3 项)
196. 非法扣押暂住证、其他身份证件(第 14 条第 3 项)

本意见第 196 条所称"其他身份证件",是指居民身份证、暂住证以外的其他身份证件。对非法扣押居民身份证的,违法行为名称表述为"非法扣押居民身份证",法律依据适用《中华人民共和国居民身份证法》第 16 条第 3 项。

(十五)《中华人民共和国枪支管理法》(法律 1996 年 10 月 1 日起施行)

197. 违规制造、销(配)售枪支(第 40 条)

对"超过限额或者不按照规定的品种制造枪支"的,违法行为名称表述为"违规制造枪支",法律依据适用《中华人民共和国枪支管理法》第 40 条第 1 项;对"制造无号、重号、假号的枪支"的,其违法行为名称表述为"违规制造枪支",法律依据适用《中华人民共和国枪支管理法》第 40 条第 2 项。

对"超过限额或者不按照规定的品种配售枪支"的,违法行为名称表述为"违规配售枪支",法律依据适用《中华人民共和国枪支管理法》第 40 条第 1 项;对"私自销售枪支"、"在境内销售为出口制造的枪支"的,违法行为名称表述为"违规销售枪支",法律依据适用《中华人民共和国枪支管理法》第 40 条第 3 项。

198. 违规运输枪支(第 42 条)
199. 非法出租、出借枪支(第 43 条第 5 款)
200. 未按规定标准制造民用枪支(第 44 条第 1 款第 1 项和第 2 款)

《中华人民共和国枪支管理法》第 44 条第 1 款第 2 项规定的在禁止携带枪支的区域、场所携带枪支的行为名称及法律适用规范按照本意见第 35 条的规定执行。

201. 不上缴报废枪支(第 44 条第 1 款第 3 项和第 2 款)
202. 丢失枪支不报(第 44 条第 1 款第 4 项)
203. 制造、销售仿真枪(第 44 条第 1 款第 5 项和第 2 款)

(十六)《民用爆炸物品安全管理条例》(行政法规 2006 年 9 月 1 日起施行)

204. 未经许可从事爆破作业(第 44 条第 4 款)

《民用爆炸物品安全管理条例》第 44 条第 4 款规定的未经许可购买、运输民用爆炸物品的行为名称及法律适用规范按照本意见第 33 条的规定执行。

205. 未按规定对民用爆炸物品作出警示、登记标识(第 46 条第 1 项)
206. 未按规定对雷管编码打号(第 46 条第 1 项)
207. 超出许可购买民用爆炸物品(第 46 条第 2 项)

208. 使用现金、实物交易民用爆炸物品(第46条第3项)

209. 销售民用爆炸物品未按规定保存交易证明材料(第46条第4项)

210. 销售、购买、进出口民用爆炸物品未按规定备案(第46条第5项)

211. 未按规定建立民用爆炸物品登记制度(第46条第6项、第48条第1款第3项、第49条第2项)

对未如实将本单位生产、销售、购买、运输、储存、使用民用爆炸物品的品种、数量和流向信息输入计算机系统的,违法行为名称表述为"未按规定建立民用爆炸物品登记制度",法律依据适用《民用爆炸物品安全管理条例》第46条第6项;对爆破作业单位未按规定建立民用爆炸物品领取登记制度、保存领取登记记录的,违法行为名称表述为"未按规定建立民用爆炸物品登记制度",法律依据适用《民用爆炸物品安全管理条例》第48条第1款第3项;对未按规定建立出入库检查、登记制度或者收存和发放民用爆炸物品,致使账物不符的,违法行为名称表述为"未按规定建立民用爆炸物品登记制度",法律依据适用《民用爆炸物品安全管理条例》第49条第2项。

212. 未按规定核销民用爆炸物品运输许可证(第46条第7项)

213. 违反许可事项运输民用爆炸物品(第47条第1项)

214. 未携带许可证运输民用爆炸物品(第47条第2项)

215. 违规混装民用爆炸物品(第47条第3项)

216. 民用爆炸物品运输车辆未按规定悬挂、安装警示标志(第47条第4项)

217. 违反行驶、停靠规定运输民用爆炸物品(第47条第5项)

218. 装载民用爆炸物品的车厢载人(第47条第6项)

219. 运输民用爆炸物品发生危险未处置(第47条第7项)

220. 运输民用爆炸物品发生危险不报(第47条第7项)

221. 未按资质等级从事爆破作业(第48条第1款第1项)

222. 营业性爆破作业单位跨区域作业未报告(第48条第1款第2项)

223. 违反标准实施爆破作业(第48条第1款第4项)

对爆破作业人员违反国家有关标准和规范的规定实施爆破作业,情节严重,依法应当吊销《爆破作业人员许可证》的,违法行为名称表述为"违反标准实施爆破作业",法律依据适用《民用爆炸物品安全管理条例》第48条第1款第4项和第2款。

224. 未按规定设置民用爆炸物品专用仓库技术防范设施(第49条第1项)

《民用爆炸物品安全管理条例》第49条第3项、第4项规定的超量储存、在非专用仓库储存或者违反储存标准和规范储存民用爆炸物品以及其他违反规定储存民用爆炸物品的违法行为名称及法律适用规范按照本意见第33条的规定执行。

225. 违反制度致使民用爆炸物品丢失、被盗、被抢(第50条第1项)

《民用爆炸物品安全管理条例》第50条第2项规定的民用爆炸物品丢失、被盗、被抢不报的违法行为名称及法律适用规范按照本意见第34条的规定执行。

226. 非法转让、出借、转借、抵押、赠送民用爆炸物品(第50条第3项)

《民用爆炸物品安全管理条例》第51条规定的携带民用爆炸物品搭乘公共交通工具或者进入公共场所,邮寄或者在托运的货物、行李、包裹、邮件中夹带民用爆炸物品,尚不构成犯罪的违法行为名称及法律适用规范按照本意见第33条的规定执行。

227. 未履行民用爆炸物品安全管理责任(第52条)

(十七)《烟花爆竹安全管理条例》(行政法规 2006年1月21日起施行)

《烟花爆竹安全管理条例》第36条第2款规定的未经许可经道路运输烟花爆竹的违法行为名称和法律依据按照本意见第33条的规定执行。

《烟花爆竹安全管理条例》第39条规定的生产、经营、使用黑火药、烟火药、引火线的企业丢失黑火药、烟火药、引火线未及时报告的违法行为名称及法律适用规范按照本意见第34条的规定执行。

228. 违反许可事项经道路运输烟花爆竹(第40条第1项)

229. 未携带许可证经道路运输烟花爆竹(第40条第2项)

230. 烟花爆竹道路运输车辆未按规定悬挂、安装警示标志(第40条第3项)

231. 未按规定装载烟花爆竹(第40条第4项)

232. 装载烟花爆竹的车厢载人(第40条第5项)

233. 烟花爆竹运输车辆超速行驶(第40条第6项)

234. 烟花爆竹运输车辆经停无人看守(第40条第7项)

235. 未按规定核销烟花爆竹道路运输许可证(第40条第8项)

《烟花爆竹安全管理条例》第41条规定的携带烟花爆竹搭乘公共交通工具,或者邮寄烟花爆竹以及在托运的行李、包裹、邮件中夹带烟花爆竹的违法行为名称及法律适用规范按照本意见第33条的规定执行。

236. 非法举办大型焰火燃放活动(第42条第1款)

237. 违规从事燃放作业(第42条第1款)

238. 违规燃放烟花爆竹(第42条第2款)

(十八)《危险化学品安全管理条例》(行政法规 2002年3月15日起施行)

239. 未按规定设置危险化学品安全设施、设备(第58条)

240. 未在危险化学品生产、储存、使用场所设置有效通讯、报警装置(第61条第2项)

241. 未设专人管理危险化学品(第61条第3项)

《危险化学品安全管理条例》第61条第3项规定的危险化学品未储存在专用

仓库的违法行为名称及法律适用规范按照本意见第33条的规定执行。

242. 危险化学品专用仓库不符合安全、消防标准（第61条第5项）

243. 危险化学品专用仓库未设置明显标志（第61条第5项）

244. 未定期检测危险化学品专用仓库的储存设备、安全设施（第61条第5项）

245. 未按规定存放、收发、保管剧毒化学品、构成重大危险源的危险化学品（第61条第7项）

246. 未备案剧毒化学品、构成重大危险源的危险化学品的储存情况（第61条第7项）

247. 未如实记录剧毒化学品相关情况（第61条第8项）

248. 未采取剧毒化学品保安措施（第61条第8项）

249. 剧毒化学品误售、误用不报（第61条第8项、第9项）

《危险化学品安全管理条例》第61条第8项、第9项规定的剧毒化学品被盗、丢失的违法行为名称及法律适用规范按照本意见第34条的规定执行。

250. 未记录剧毒化学品购买信息（《危险化学品安全管理条例》第61条第9项和《剧毒化学品购买和公路运输许可证件管理办法》第23条第2款）

251. 未按规定核对剧毒化学品销售情况（第61条第9项）

252. 伪造、变造、买卖、出借、转让剧毒化学品许可证件（第64条）

《危险化学品安全管理条例》第64条与《中华人民共和国治安管理处罚法》第52条第1项竞合。对伪造、变造、买卖剧毒化学品许可证件的，法律依据适用《危险化学品安全管理条例》第64条。

253. 使用作废的剧毒化学品许可证件（第64条）

254. 违反押运、装载限制运输危险化学品（第67条第2项）

《危险化学品安全管理条例》第67条第1项规定的非法运输剧毒化学品的违法行为名称及法律适用规范按照本意见第33条的规定执行。

255. 公路运输危险化学品中途住宿、无法正常运输不报（第67条第2项）

256. 公路运输危险化学品擅自进入禁止通行区域（第67条第3项）

257. 公路运输危险化学品未按规定时间、路线进入禁止通行区域（第67条第3项）

258. 剧毒化学品运输途中流散、泄露不报（第67条第4项）

《危险化学品安全管理条例》第67条第4项规定的剧毒化学品运输途中被盗、丢失不报的违法行为名称及法律适用规范按照本意见第34条的规定执行。

259. 剧毒化学品运输途中被盗、丢失、流散、泄露未采取有效警示措施（第67条第4项）

260. 非法托运危险化学品（第67条第5项）

《危险化学品安全管理条例》第 68 条规定的邮寄或者在邮件内夹带危险化学品,或者将危险化学品匿报、谎报为普通货物邮寄的违法行为名称及法律适用规范按照本意见第 33 条的规定执行。

(十九)《剧毒化学品购买和公路运输许可证件管理办法》(规章　2005 年 8 月 1 日起施行)

《剧毒化学品购买和公路运输许可证件管理办法》第 20 条规定的未经许可购买、通过公路运输剧毒化学品的违法行为名称及法律适用规范按照本意见第 33 条的规定执行。

261. 非法获取剧毒化学品购买、公路运输许可证件(第 21 条第 1 款)

262. 未按规定更正剧毒化学品购买许可证件回执填写错误(第 23 条第 1 款)

263. 未携带许可证经公路运输剧毒化学品(第 24 条第 1 款)

264. 违反许可事项经公路运输剧毒化学品(第 24 条第 2 款)

对违反许可事项通过公路运输剧毒化学品,尚未造成严重后果的,对单位处罚的法律依据适用《剧毒化学品购买和公路运输许可证件管理办法》第 24 条第 2 款,对其直接负责的主管人员和其他直接责任人员处罚的法律依据适用《中华人民共和国治安管理处罚法》第 18 条和第 30 条。

265. 未按规定缴交剧毒化学品购买证件回执(第 25 条第 1 项)

266. 未按规定缴交剧毒化学品公路运输通行证件(第 25 条第 2 项)

267. 未按规定缴交已使用剧毒化学品购买凭证存根(第 25 条第 3 项)

268. 未按规定缴交不再需要使用的剧毒化学品购买凭证(第 25 条第 3 项)

269. 未按规定作废、缴交填写错误的剧毒化学品购买凭证(第 25 条第 4 项)

(二十)《放射性物品运输安全管理条例》(行政法规　2010 年 1 月 1 日起施行)

《放射性物品运输安全管理条例》第 62 条第 1 项规定的未经许可通过道路运输放射性物品的违法行为名称及法律适用规范按照本意见第 33 条的规定执行。

271. 放射性物品运输车辆未悬挂警示标志(第 62 条第 2 项)

272. 道路运输放射性物品未配备押运人员(第 62 条第 3 项)

273. 道路运输放射性物品脱离押运人员监管(第 62 条第 3 项)

(二十一)《中华人民共和国民用航空安全保卫条例》(行政法规　1996 年 7 月 6 日起施行)

274. 装载未采取安全措施的物品(第 24 条第 4 项和第 35 条第 1 项)

275. 违法交运、捎带他人货物(第 24 条第 3 项和第 35 条第 2 项)

276. 托运人伪报品名托运(第 30 条第 2 款和第 35 条第 3 项)

277. 托运人在托运货物中夹带危险物品(第 30 条第 2 款和第 35 条第 3 项)

278. 携带、交运禁运物品(第 32 条和第 35 条第 3 项)

279. 违反警卫制度致使航空器失控(第15条和第36条第1项)
280. 违规出售客票(第17条和第36条第2项)
281. 承运时未核对乘机人和行李(第18条和第36条第3项)
282. 承运人未核对登机旅客人数(第19条和第36条第4项)
283. 将未登机人员的行李装入、滞留航空器内(第19条和第36条第4项)
284. 承运人未全程监管承运物品(第20条和第36条第5项)
285. 配制、装载单位未对供应品采取安全措施(第21条和第36条第5项)
286. 未对承运货物采取安全措施(第30条第1款和第36条第5项)
287. 未对航空邮件安检(第31条和第36条第5项)

(二十二)《铁路运输安全保护条例》(行政法规 2005年4月1日起施行)
288. 危害铁路运输安全(第59条和第97条)

对具有《铁路运输安全保护条例》第59条规定的危害铁路运输安全行为之一,但未构成违反治安管理行为的,违法行为名称表述为"危害铁路运输安全",适用《铁路运输安全保护条例》第59条和第97条。如果行为人实施了《铁路运输安全保护条例》第59条规定的危害铁路运输安全行为之一,该行为同时又构成违反治安管理行为的,违法行为名称表述为《中华人民共和国治安管理处罚法》中的相关违法行为名称,对单位处罚的法律依据适用《铁路运输安全保护条例》第59条和第97条,对其直接负责的主管人员和其他直接责任人员处罚的法律依据适用《中华人民共和国治安管理处罚法》的相关规定;对违法行为人为自然人的,法律依据适用《中华人民共和国治安管理处罚法》的相关规定。

289. 危害电气化铁路设施(第61条和第97条)
适用规范同本意见第288条。
290. 危害铁路通信、信号设施安全(第60条和第98条)

(二十三)《娱乐场所管理条例》(行政法规 2006年3月1日起施行)
291. 娱乐场所从事毒品违法犯罪活动(第14条和第42条)

对娱乐场所从业人员实施《娱乐场所管理条例》第14条规定的禁止行为的,按照相关法律、法规确定违法行为名称,并适用相关法律、法规。

292. 娱乐场所为毒品违法犯罪活动提供条件(第14条和第42条)
293. 娱乐场所组织、强迫、引诱、容留、介绍他人卖淫、嫖娼(第14条和第42条)

《娱乐场所管理条例》第42条与《中华人民共和国治安管理处罚法》第67条竞合。对娱乐场所引诱、容留、介绍他人卖淫的,法律依据适用《娱乐场所管理条例》第42条。

294. 娱乐场所为组织、强迫、引诱、容留、介绍他人卖淫、嫖娼提供条件(第14条和第42条)

295. 娱乐场所制作、贩卖、传播淫秽物品(第14条和第42条)

《娱乐场所管理条例》第42条与《中华人民共和国治安管理处罚法》第68条竞合。对娱乐场所制作、贩卖、传播淫秽物品的,法律依据适用《娱乐场所管理条例》第42条。

296. 娱乐场所为制作、贩卖、传播淫秽物品提供条件(第14条和第42条)

297. 娱乐场所提供营利性陪侍(第14条和第42条)

298. 娱乐场所从业人员从事营利性陪侍(第14条和第42条)

299. 娱乐场所为提供、从事营利性陪侍提供条件(第14条和第42条)

300. 娱乐场所赌博(第14条和第42条)

《娱乐场所管理条例》第42条与《中华人民共和国治安管理处罚法》第70条竞合。对娱乐场所赌博的,法律依据适用《娱乐场所管理条例》第42条。

301. 娱乐场所为赌博提供条件(第14条和第42条)

《娱乐场所管理条例》第42条与《中华人民共和国治安管理处罚法》第70条竞合。对娱乐场所为赌博提供条件的,法律依据适用《娱乐场所管理条例》第42条。

302. 娱乐场所从事邪教、迷信活动(第14条和第42条)

303. 娱乐场所为从事邪教、迷信活动提供条件(第14条和第42条)

304. 娱乐场所设施不符合规定(第43条第1项)

305. 未按规定安装、使用娱乐场所闭路电视监控设备(第43条第2项)

306. 删改、未按规定留存娱乐场所监控录像资料(第43条第3项)

《娱乐场所管理条例》第43条第3项"删改娱乐场所监控录像资料"的规定和《中华人民共和国治安管理处罚法》第29条第3项"非法改变计算机信息系统数据"的规定竞合。对删改娱乐场所监控录像资料的,违法行为名称表述为"删改娱乐场所监控录像资料",对娱乐场所处罚的法律依据适用《娱乐场所管理条例》第43条第3项的规定,对其直接负责的主管人员和其他直接责任人员处罚的法律依据适用《中华人民共和国治安管理处罚法》第18条和第29条第3项。

307. 未按规定配备娱乐场所安全检查设备(第43条第4项)

308. 未对进入娱乐场所人员进行安全检查(第43条第4项)

对因未配备娱乐场所安全检查设备而未对进入营业场所人员进行安全检查的,违法行为名称表述为"未按规定配备娱乐场所安全检查设备"。

309. 未按规定配备娱乐场所保安人员(第43条第5项)

310. 设置具有赌博功能的游戏设施设备(第44条第1项)

311. 以现金、有价证券作为娱乐奖品(第44条第2项)

312. 非法回购娱乐奖品(第44条第2项)

对以现金、有价证券作为娱乐奖品,并回购娱乐奖品的,违法行为名称表述为

"非法回购娱乐奖品"。

313. 指使、纵容娱乐场所从业人员侵害消费者人身权利(第45条)

314. 未按规定备案娱乐场所营业执照(第46条)

315. 未按规定建立娱乐场所从业人员名簿、营业日志(第49条)

316. 娱乐场所内发现违法犯罪行为不报(第49条)

317. 未按规定悬挂娱乐场所警示标志(第50条)

(二十四)《娱乐场所治安管理办法》(规章　2008年10月1日起施行)

318. 拒不补齐娱乐场所备案项目(第41条第1款)

319. 未按规定进行娱乐场所备案变更(第7条和第41条第2款)

320. 要求娱乐场所保安人员从事非职务活动(第29条和第43条第1款)

321. 未按规定通报娱乐场所保安人员工作情况(第29条和第43条第1款)

322. 未按规定建立、使用娱乐场所治安管理信息系统(第26条和第44条)

(二十五)《营业性演出管理条例》(行政法规　2005年9月1日起施行,根据2008年7月22日国务院令第528号修订)

323. 未制止有非法内容的营业性演出(第26条和第46条第2款)

324. 发现有非法内容的营业性演出不报(第27条和第46条第2款)

325. 超过核准数量印制、出售营业性演出门票(第51条第2款)

326. 印制、出售营业性演出观众区域以外的门票(第51条第2款)

(二十六)《印刷业管理条例》(行政法规　2001年8月2日起施行)

327. 印刷非法印刷品(第3条、第36条)

328. 印刷经营中发现违法犯罪行为未报告(第37条第1款第2项)

329. 单位内部设立印刷厂(所)未备案(第37条第2款)

330. 擅自印刷特种印刷品(第41条第1款第1项)

331. 再委托他人印刷特种印刷品(第41条第1款第1项)

332. 擅自承印特种印刷品(第41条第1款第2项)

333. 印刷业经营者伪造、变造国家机关、企业、事业单位、人民团体公文、证件(第41条第1款第3项)

《印刷业管理条例》第41条第1款第3项与《中华人民共和国治安管理处罚法》第52条第1项"伪造、变造、买卖公文、证件"行为竞合。对印刷业经营者伪造、变造国家机关、企业、事业单位、人民团体公文、证件的,法律依据适用《印刷业管理条例》第41条第1款第3项。334. 擅自委托印刷特种印刷品(第41条第2款)

335. 委托非指定印刷企业印刷特种印刷品(第41条第2款)

(二十七)《旅馆业治安管理办法》(行政法规　1987年11月10日起施行)

336. 旅馆变更登记未备案(第4条第2款和第15条)

《旅馆业治安管理办法》第15条规定的未经许可开办旅馆的违法行为名称及法律适用规范按照本意见第101条的规定执行。

(二十八)《租赁房屋治安管理规定》(规章　1995年3月6日起施行)

337．不履行出租房屋治安责任(第9条第3项)

对房屋出租人明知承租人利用出租房屋进行犯罪活动,不向公安机关报告的,违法行为名称表述为"明知承租人利用出租屋犯罪不报",法律依据适用《中华人民共和国治安管理处罚法》第57条第2款。对房屋出租人不履行治安责任,出租房屋发生案件、治安灾害事故的,违法行为名称表述为"不履行出租房屋治安责任",法律依据适用《租赁房屋治安管理规定》第9条第3项。但是,如果并处罚款的,其罚款数额不得超过《国务院关于贯彻实施〈中华人民共和国行政处罚法〉的通知》(国发〔1996〕13号)第2条中"国务院各部门制定的规章对非法经营活动中的违法行为设定罚款不得超过1 000元;对经营活动中的违法行为,有违法所得的,设定罚款不得超过违法所得的3倍,但是最高不得超过30 000元,没有违法所得的,设定罚款不得超过10 000元;超过上述限额的,应当报国务院批准"的规定。

338．转租、转借承租房屋未按规定报告(第9条第4项)

339．利用出租房屋非法生产、储存、经营危险物品(第9条第5项)

依照《租赁房屋治安管理规定》第9条第5项的规定"处月租金十倍以下罚款"的,其罚款数额不得超过《国务院关于贯彻实施〈中华人民共和国行政处罚法〉的通知》(国发〔1996〕13号)第2条中"国务院各部门制定的规章对非法经营活动中的违法行为设定罚款不得超过1 000元;对经营活动中的违法行为,有违法所得的,设定罚款不得超过违法所得的3倍,但是最高不得超过30 000元,没有违法所得的,设定罚款不得超过10 000元;超过上述限额的,应当报国务院批准"的规定。

(二十九)《废旧金属收购业治安管理办法》(行政法规　1994年1月25日起施行)

340．非法设点收购废旧金属(第7条和第13条第1款第4项)

341．收购生产性废旧金属未如实登记(第8条和第13条第1款第5项)

对再生资源回收企业收购生产性废旧金属未如实登记的,违法行为名称表述为"收购生产性废旧金属未如实登记",法律依据适用《再生资源回收管理办法》第23条和《废旧金属收购业治安管理办法》第13条第1款第5项。

342．收购国家禁止收购的金属物品(第9条和第13条第1款第6项)

对单位违反《废旧金属收购业治安管理办法》第9条的规定,收购国家禁止收购的金属物品的,法律依据适用《废旧金属收购业治安管理办法》第9条和第13条第1款第6项,对其直接负责的主管人员和其他直接责任人员处罚的法律依据适用《中华人民共和国治安管理处罚法》第18条和第59条第2项、第3项或者第4项。对个人收购国家禁止收购的金属物品的,法律依据适用《中华人民共和国治安管理处罚法》第59条第2项、第3项或者第4项。

(三十)《报废汽车回收管理办法》(行政法规　2001年6月16日起施行)

343. 买卖、伪造、变造报废汽车回收证明(第21条)

《报废汽车回收管理办法》第21条和《中华人民共和国治安管理处罚法》第52条第1项规定的"伪造、变造、买卖公文、证明文件"行为竞合。对买卖、伪造、变造报废汽车回收证明的,违法行为名称表述为"买卖、伪造、变造报废汽车回收证明",法律依据适用《报废汽车回收管理办法》第21条。

344. 非法赠与、转让报废汽车(第22条)

345. 自行拆解报废汽车(第22条)

346. 擅自拆解、改装、拼装、倒卖有犯罪嫌疑的汽车、零配件(第23条)《报废汽车回收管理办法》第26条规定的报废汽车、拼装车上路行驶的违法行为名称及法律适用规范按照本意见第643条、第644条的规定执行。

(三十一)《机动车修理业、报废机动车回收业治安管理办法》(规章　1999年3月25日起施行)

347. 承修机动车不如实登记(第14条)

348. 回收报废机动车不如实登记(《机动车修理业、报废机动车回收业治安管理办法》第14条和《废旧金属收购业治安管理办法》第13条第1款第5项)

349. 承修非法改装机动车(第16条)

350. 承修交通肇事逃逸车辆不报(第16条)

351. 回收无报废证明的机动车(第16条)

352. 更改机动车发动机号码、车架号码(第17条)

353. 非法拼(组)装汽车、摩托车(《机动车修理业、报废机动车回收业治安管理办法》第19条和《关于禁止非法拼(组)装汽车、摩托车的通告》(行政法规1996年8月21日起施行)(第5条)

对机动车修理企业和个体工商户、报废机动车回收企业实施本意见第347条至353条规定的违法行为,情节严重或者屡次不改,依法应当吊销有关证照的,法律依据除适用上述各条的法律依据外,还应当适用《机动车修理业、报废机动车回收业治安管理办法》第20条。

(三十二)《典当管理办法》(规章　2005年4月1日起施行)

354. 收当禁当财物(第27条和第63条)

355. 未按规定记录、统计、报送典当信息(第51条第3款和第65条)

对典当业工作人员承接典当物品,不查验有关证明、不履行登记手续的,违法行为表述为"违法承接典当物品",法律依据适用《中华人民共和国治安管理处罚法》第 59 条第 1 项。

356. 典当行发现禁当财物不报(第 27 条和第 52 条及第 66 条第 1 款)

《典当管理办法》第 52 条和第 66 条第 1 款规定的典当行发现公安机关通报协查的人员或者赃物不向公安机关报告的违法行为名称及法律适用规范按照本意见第 111 条的规定执行。

(三十三)《再生资源回收管理办法》(规章 2007 年 5 月 1 日起施行)

357. 未按规定进行再生资源回收从业备案(第 8 条和第 22 条)

358. 未按规定保存回收生产性废旧金属登记资料(第 10 条第 3 款和第 24 条)

359. 再生资源回收经营中发现赃物、有赃物嫌疑物品不报(第 11 条和第 25 条)

(三十四)《企业事业单位内部治安保卫条例》(行政法规 2004 年 12 月 1 日起施行)

360. 不落实单位内部治安保卫措施(《企业事业单位内部治安保卫条例》第 19 条,《公安机关监督检查企业事业单位内部治安保卫工作规定》第 8 条、第 11 条或者第 12 条,《金融机构营业场所和金库安全防范设施建设许可实施办法》第 15 条)

对金融机构安全防范设施建设、使用存在治安隐患的,违法行为名称表述为"不落实单位内部治安保卫措施",法律依据适用《企业事业单位内部治安保卫条例》第 19 条和《金融机构营业场所和金库安全防范设施建设许可实施办法》第 15 条。

对企业事业单位具有《公安机关监督检查企业事业单位内部治安保卫工作规定》第 11 条或者第 12 条规定情形的,违法行为名称表述为"不落实单位内部治安保卫措施",法律依据适用《企业事业单位内部治安保卫条例》第 19 条和《公安机关监督检查企业事业单位内部治安保卫工作规定》第 8 条、第 11 条或者第 12 条。

(三十五)《保安服务管理条例》(行政法规 2010 年 1 月 1 日起施行)

《保安服务管理条例》第 41 条规定的未经许可从事保安服务、保安培训的违法行为名称及法律适用规范按照本意见第 101 条的规定执行。

361. 未经审核变更保安服务公司法人代表(第 42 条第 1 款第 1 项)

362. 未按规定进行自招保安员备案(第 42 条第 1 款第 2 项)

363. 未按规定撤销自招保安员备案(第 42 条第 1 款第 2 项)

364. 超范围开展保安服务(第 42 条第 1 款第 3 项)

365. 违反规定条件招用保安员(第 42 条第 1 款第 4 项)

366. 未按规定核查保安服务合法性(第 42 条第 1 款第 5 项)

367. 未报告违法保安服务要求(第42条第1款第5项)
368. 未按规定签订、留存保安服务合同(第42条第1款第6项)
369. 未按规定留存保安服务监控影像资料、报警记录(第42条第1款第7项及第2款)
370. 保安从业单位泄露保密信息(第43条第1款第1项)
371. 保安从业单位使用监控设备侵犯他人合法权益(第43条第1款第2项)
372. 保安从业单位删改、扩散保安服务监控影像资料、报警记录(第43条第1款第3项及第2款)
373. 保安从业单位指使、纵容保安员实施违法犯罪行为(第43条第1款第4项)
374. 保安从业单位疏于管理导致发生保安员违法犯罪案件(第43条第1款第5项)
375. 保安员扣押、没收他人证件、财物(第45条第1款第2项)
376. 保安员参与追索债务(第45条第1款第4项)
377. 保安员采用暴力、以暴力相威胁处置纠纷(第45条第1款第四项)
378. 保安员删改、扩散保安服务监控影像资料、报警记录(第45条第1款第5项)
379. 保安员泄露保密信息(第45条第1款第6项)
380. 未按规定进行保安员培训(第47条)

(三十六)《保安培训机构管理办法》(规章　2006年3月1日起施行)

381. 非法获取保安培训许可证(第33条第2款)
382. 未按规定办理保安培训机构变更手续(第10条和第34条第1款)
383. 未按规定时间安排保安学员实习(第15条第1款和第34条第1款)
384. 非法提供保安服务(第15条第2款和第34条第1款)
385. 未按规定签订保安培训合同(第20条和第34条第1款)
386. 未按规定备案保安培训合同式样(第20条和第34条第1款)
387. 发布虚假招生广告(第22条和第34条第2款)
388. 非法传授侦察技术手段(第16条第2款和第35条第2款)
389. 未按规定内容、计划进行保安培训(第14条和第36条)
390. 未按规定颁发保安培训结业证书(第17条和第36条)
391. 未按规定建立保安学员档案管理制度(第18条第1款和第36条)
392. 未按规定保存保安学员文书档案(第18条第1款和第36条)

对保安培训机构因未按规定建立保安学员档案管理制度而未按规定保存保安学员文书档案的,违法行为名称表述为"未按规定建立保安学员档案管理制度"。

393. 未按规定备案保安学员、师资人员档案(第18条第2款和第36条)
394. 违规收取保安培训费用(第19条和第36条)
395. 转包、违规委托保安培训业务(第21条和第36条)

(三十七)《金融机构营业场所和金库安全防范设施建设许可实施办法》(规章 2006年2月1日起施行)

396. 安全防范设施建设方案未经许可施工(第16条)
397. 安全防范设施建设工程未经验收投入使用(第17条)

(三十八)《安全技术防范产品管理办法》(规章 2000年9月1日起施行)

398. 未经许可生产、销售实行生产登记制度的安全技术防范产品(第14条第1项、第2项)

(三十九)《中华人民共和国安全生产法》(法律 2002年11月1日起施行 2009年8月27日修正)

399. 发生重大生产安全事故逃匿(第91条第1款)
400. 隐瞒、谎报、拖延不报生产安全事故(第91条第2款)

(四十)《中华人民共和国收养法》(法律 1992年4月1日起施行 1998年11月4日修正)

401. 出卖亲生子女(第31条第3款)

二、出入境和边防管理

(四十一)《中华人民共和国护照法》(法律 2007年1月1日起施行)、《中华人民共和国普通护照和出入境通行证签发管理办法》(规章2007年12月15日起施行)

402. 骗取护照、出入境通行证(《中华人民共和国护照法》第17条和《中华人民共和国普通护照和出入境通行证签发管理办法》第23条)

对提交虚假或者通过非法途径获取的材料,或者冒用他人身份证件骗取普通护照的,违法行为名称表述为"骗取护照",法律依据适用《中华人民共和国护照法》第17条。对骗取出入境通行证的,违法行为名称表述为"骗取出入境通行证",法律依据适用《中华人民共和国护照法》第17条和《中华人民共和国普通护照和出入境通行证签发管理办法》第25条。对骗取旅行证等出入境证件,或者以行贿等手段获取护照、出入境通行证、旅行证等出入境证件的,违法行为名称表述为"非法获取出境、入境证件",法律依据适用《中华人民共和国公民出境入境管理法实施细则》第25条。

403. 提供伪造、变造的护照、出入境通行证(《中华人民共和国护照法》第18条、《中华人民共和国普通护照和出入境通行证签发管理办法》第25条)

对提供伪造、变造的护照的,违法行为名称表述为"提供伪造、变造的护照",

法律依据适用《中华人民共和国护照法》第18条。对提供伪造、变造的出入境通行证的,违法行为名称表述为"提供伪造、变造的出入境通行证",法律依据适用《中华人民共和国护照法》第18条和《中华人民共和国普通护照和出入境通行证签发管理办法》第25条。

404. 出售护照、出入境通行证(《中华人民共和国护照法》第18条、《中华人民共和国普通护照和出入境通行证签发管理办法》第25条)

法律依据适用原则同本意见第403条。

405. 持用伪造、变造护照、出入境通行证出境、入境(《中华人民共和国护照法》第19条和《中华人民共和国公民出境入境管理法实施细则》第23条、《中华人民共和国普通护照和出入境通行证签发管理办法》第25条、《中华人民共和国出境入境边防检查条例》第32条第4项)

法律依据适用原则同本意见第403条。

(四十二)《中华人民共和国公民出境入境管理法》(法律 1986年2月1日起施行)、《中华人民共和国公民出境入境管理法实施细则》(行政法规1986年12月26日起施行,根据1994年7月13日国务院国函〔1994〕72号批准修订)

406. (中国公民)非法出境、入境(《中华人民共和国公民出境入境管理法》第14条)

本意见第405条"持用伪造、变造护照、出入境通行证出境、入境"、第407条"冒用证件出境、入境"属于"非法出境、入境"行为,法律依据分别按照本意见第405条、第407条的规定执行。

对中国公民非法出境、入境的,违法行为名称按照本意见第405条、第406条、第407条表述,并按照违法行为名称的不同法律依据相应地适用《中华人民共和国公民出境入境管理法》第14条、《中华人民共和国护照法》第19条、《中华人民共和国公民出境入境管理法实施细则》第23条、《中华人民共和国出境入境边防检查条例》第32条。

持用伪造、涂改等无效旅行证件出境、入境,违法行为名称及法律依据适用规范同本意见第447条。

407. (中国公民)冒用证件出境、入境(《中华人民共和国公民出境入境管理法》第14条、《中华人民共和国护照法》第19条、《中华人民共和国公民出境入境管理法实施细则》第23条、《中华人民共和国出境入境边防检查条例》第32条第3项、《中国公民往来台湾地区管理办法》第33条、《中华人民共和国普通护照和出入境通行证签发管理办法》第25条)

中国公民冒用他人护照出境、入境的,法律依据适用《中华人民共和国护照法》第19条和《中华人民共和国公民出境入境管理法实施细则》第23条,中国公民冒用他人出入境通行证出境、入境的,法律依据适用《中华人民共和国护照法》

第19条和《中华人民共和国公民出境入境管理法实施细则》第23条及《中华人民共和国普通护照和出入境通行证签发管理办法》第25条。

中国公民冒用他人护照、出入境通行证以外的出入境证件出境、入境的,如果公安机关依法作出拘留、警告处罚的,法律依据适用《中华人民共和国公民出境入境管理法》第14条和《中华人民共和国公民出境入境管理法实施细则》第23条,拘留期限适用《中华人民共和国公民出境入境管理法实施细则》第23条的规定。如果边防检查站依法作出罚款处罚的,法律依据适用《中华人民共和国出境入境边防检查条例》第32条第3项。

冒用他人旅行证件出境、入境的,违法行为名称表述为"冒用(旅行)证件出境、入境",法律依据适用《中华人民共和国公民出境入境管理法》第14条和《中华人民共和国公民出境入境管理法实施细则》第23条及《中国公民往来台湾地区管理办法》第33条。

408.(中国公民)伪造、变造、转让出境、入境证件(《中华人民共和国公民出境入境管理法》第14条)

出售护照的,违法行为名称表述为"出售护照",法律依据适用《中华人民共和国护照法》第18条。出售出入境通行证的,违法行为名称表述为"出售出入境通行证",法律依据适用《中华人民共和国护照法》第18条和《中华人民共和国普通护照和出入境通行证签发管理办法》第25条。

409.非法获取出境、入境证件(《中华人民共和国公民出境入境管理法实施细则》第25条)

编造情况,提供假证明,或者以行贿等手段获取旅行证件的,违法行为名称表述为"非法获取出境、入境(旅行)证件",法律依据适用《中华人民共和国公民出境入境管理法实施细则》第25条和《中国公民往来台湾地区管理办法》第35条。

(四十三)《中华人民共和国外国人入境出境管理法》(法律 1986年2月1日起施行)、《中华人民共和国外国人入境出境管理法实施细则》(行政法规 1986年12月27日起施行,根据1994年7月13日国务院国函〔1994〕71号批准修订,2010年4月24日《国务院关于修改〈中华人民共和国外国人入境出境管理法实施细则〉的决定》公布施行)

410.(外国人)非法入境、出境(《中华人民共和国外国人入境出境管理法》第12条、第27条、第29条第1款、第30条和《中华人民共和国外国人入境出境管理法实施细则》第40条)

《中华人民共和国外国人入境出境管理法实施细则》第40条是对《中华人民共和国外国人入境出境管理法》第29条第1款的细化,援引法律依据时,应当同时适用。如果对非法入境、出境的外国人适用限期出境或者驱逐出境的,法律依据还应当适用《中华人民共和国外国人入境出境管理法》第30条。

411. 协助外国人非法入境、出境(《中华人民共和国外国人入境出境管理法》第29条第1款和《中华人民共和国外国人入境出境管理法实施细则》第40条、第49条) 对违法行为人是外国人的,法律依据还可以适用《中华人民共和国外国人入境出境管理法》第12条、第16条、第26条。

412. 非法居留、停留(《中华人民共和国外国人入境出境管理法》第12条、27条、第29条第1款、第30条和《中华人民共和国外国人入境出境管理法实施细则》第16条、第19条、第20条和第42条第1款)

对持标有D、Z、X、J-1字签证的外国人,非法居留的,法律依据适用《中华人民共和国外国人入境出境管理法》第12条、第27条、第29条第1款和《中华人民共和国外国人入境出境管理法实施细则》第16条、第20条及第42条第1款。对免签入境的外国人非法居留的,法律依据适用《中华人民共和国外国人入境出境管理法》第12条、第27条、第29条第1款和《中华人民共和国外国人入境出境管理法实施细则》第19条、第20条及第42条第1款。对外国人的其他非法居留、停留行为,法律依据适用《中华人民共和国外国人入境出境管理法》第12条、第27条、第29条第1款和《中华人民共和国外国人入境出境管理法实施细则》第20条和第42条第1款。对非法居留的外国人适用限期出境或者驱逐出境处罚的,法律依据除适用上述条款外,还应当适用《中华人民共和国外国人入境出境管理法》第30条。

413. 造成外国人非法居留、停留(《中华人民共和国外国人入境出境管理法》第29条第1款和《中华人民共和国外国人入境出境管理法实施细则》第42条第1款、第49条)

对违法行为人是外国人的,法律依据还可以适用《中华人民共和国外国人入境出境管理法》第12条、第16条、第26条。

414. 擅自前往不对外国人开放地区、场所(《中华人民共和国外国人入境出境管理法》第12条、第16条、第26条、第29条第1款、第30条和《中华人民共和国外国人入境出境管理法实施细则》第34条、第36条、第37条和第46条)

对外国人未经批准前往不对外国人开放地区旅行的,法律依据适用《中华人民共和国外国人入境出境管理法》第12条、第16条、第26条、第29条第1款和《中华人民共和国外国人入境出境管理法实施细则》第34条、第36条和第46条;对外国人未经允许进入不对外开放的场所的,法律依据适用《中华人民共和国外国人入境出境管理法》第12条、第16条、第26条、第29条第1款和《中华人民共和国外国人入境出境管理法实施细则》第37条和第46条。对擅自前往不对外国人开放地区、场所的外国人适用限期出境或者驱逐出境处罚的,法律依据除适用上述条款外,还应当适用《中华人民共和国外国人入境出境管理法》第30条。

415. 为擅自前往不对外国人开放地区旅行的外国人提供方便(《中华人民共

和国外国人入境出境管理法》第29条第1款以及《中华人民共和国外国人入境出境管理法实施细则》第46条和第49条)

对违法行为人是外国人的,法律依据还可以适用《中华人民共和国外国人入境出境管理法》第12条、第16条、第26条。

416.(外国人)伪造、变造、冒用、转让入境、出境证件(《中华人民共和国外国人入境出境管理法》第12条、第16条、第26条、第29条第1款、第30条和《中华人民共和国外国人入境出境管理法实施细则》第47条)

417.入境外国交通工具的负责人、代理人不履行法定义务(《中华人民共和国外国人入境出境管理法实施细则》第11条和第41条)

对违法主体是外国人的,还可以适用《中华人民共和国外国人入境出境管理法》第12条、第16条、第26条。

根据《中华人民共和国行政处罚法》的规定,《中华人民共和国外国人入境出境管理法实施细则》作为行政法规,在上位法没有规定的情况下,无权设定拘留处罚。因此,对"入境外国交通工具的负责人、代理人不履行法定义务"的,不能适用拘留处罚。

418.未按规定办理居留证件变更、迁移登记(《中华人民共和国外国人入境出境管理法》第12条、第16条、第26条和《中华人民共和国外国人入境出境管理法实施细则》第21条、第22条和第42条第2款)

419.拒不执行迁移决定(《中华人民共和国外国人入境出境管理法》第12条、第16条、第26条和《中华人民共和国外国人入境出境管理法实施细则》第23条和第42条第3款)

420.未按要求缴验居留证件(《中华人民共和国外国人入境出境管理法》第12条、第16条、第26条和《中华人民共和国外国人入境出境管理法实施细则》第24条和第43条)

421.不随身携带护照、居留证件(《中华人民共和国外国人入境出境管理法》第12条、第16条、第26条和《中华人民共和国外国人入境出境管理法实施细则》第25条和第43条)

422.拒绝查验出入境、居留证件(《中华人民共和国外国人入境出境管理法》第12条、第16条、第26条和《中华人民共和国外国人入境出境管理法实施细则》第25条和第43条)

423.非法工作(《中华人民共和国外国人入境出境管理法》第12条、第16条、第26条和《中华人民共和国外国人入境出境管理法实施细则》第44条第1款)

424.非法雇用外国人(《中华人民共和国外国人入境出境管理法实施细则》第44条第2款)

对外国人实施《中华人民共和国外国人入境出境管理法实施细则》第44条第2款行为的,法律依据还可以适用《中华人民共和国外国人入境出境管理法》第12条、第16条、第26条。

425. 对非法就业、非法雇用外国人提供方便(《中华人民共和国外国人入境出境管理法实施细则》第44条第2款和第49条)

426. 违反外国人住宿登记规定(《中华人民共和国外国人入境出境管理法》第17条和《中华人民共和国外国人入境出境管理法实施细则》第29条、第30条、第31条、第32条、第33条和第45条)

适用《中华人民共和国外国人入境出境管理法实施细则》第32条关于长期在中国居留的外国人离开自己的住所临时在其他地方住宿,应按规定申报住宿登记的规定时,还应当同时适用《中华人民共和国外国人入境出境管理法实施细则》第29条、第30条、第31条。

427. (外国人)买卖签证、证件(《中华人民共和国外国人入境出境管理法》第12条、第16条、第26条、第29条第1款、第30条和《中华人民共和国外国人入境出境管理法实施细则》第47条)

(四十四)《中华人民共和国出境入境边防检查条例》(行政法规　1995年9月1日起施行)

428. 未持证件出境、入境(第32条第1项)

429. 持用无效证件出境、入境(第32条第2项)

430. 持用他人证件出境、入境(第32条第3项)

431. 持用伪造、变造证件出境、入境(第32条第4项)

《中华人民共和国出境入境边防检查条例》第32条设定的本意见第428条至第431条违法行为,与《中华人民共和国公民出境入境管理法》及其实施细则、《中华人民共和国外国人入境出境管理法》及其实施细则的有关非法出境、入境的违法行为竞合。如果是边防检查站对上述行为依法作出处罚的,法律依据适用《中华人民共和国出境入境边防检查条例》第32条,如果是公安机关对上述行为依法作出处罚的,法律依据适用《中华人民共和国公民出境入境管理法》及其实施细则、《中华人民共和国外国人入境出境管理法》及其实施细则的相关规定。

432. 协助非法出境、入境(第33条)

《中华人民共和国出境入境边防检查条例》第33条与《中华人民共和国外国人入境出境管理法实施细则》第49条的规定竞合。《中华人民共和国出境入境边防检查条例》第33条规定的"协助非法出境、入境",既包括协助中国人非法出境、入境,也包括协助外国人非法入境、出境。《中华人民共和国外国人入境出境管理法实施细则》第49条界定的是协助外国人非法入境、出境。

433. 未经批准携带、托运枪支、弹药出境、入境(第34条)

434. 扰乱口岸管理秩序(第35条第1项)
435. 污辱边防检查人员(第35条第2项)
436. 未经批准登陆(第35条第3项)

《关于进一步放宽境外船员登陆住宿限制等有关问题的通知》(公境〔2005〕770号)已取消《船员住宿证》。

437. 未按规定登陆(第35条第3项)
438. 交通运输工具载运非法人员出境、入境(第36条)
439. 交通运输工具擅自出境、入境(第37条第1项)
440. 交通运输工具未按规定申报(第37条第2项)
441. 交通运输工具拒绝协助检查(第37条第2项)
442. 交通运输工具未经许可上下人员、装卸物品(第37条第3项)
443. 交通运输工具不按规定路线行驶(第38条第1项)
444. 外国船舶未经许可停靠非对外开放港口(第38条第2项)
445. 中国船舶未经批准擅自搭靠外籍船舶(第38条第3项)
446. 交通运输工具驶入对外开放口岸以外地区未按规定报告、驶离(第39条)

(四十五)《中国公民往来台湾地区管理办法》(行政法规 1992年5月1日起施行)

447. 持用无效旅行证件出境、入境(《中华人民共和国公民出境入境管理法实施细则》第23条及《中国公民往来台湾地区管理办法》第33条)

《中国公民往来台湾地区管理办法》第33条规定的冒用旅行证件出境、入境的违法行为名称及法律适用规范按照本意见第407条的规定执行。

448. 伪造、涂改、转让、倒卖旅行证件(《中华人民共和国公民出境入境管理法》14条和《中华人民共和国公民出境入境管理法实施细则》第24条及《中国公民往来台湾地区管理办法》第34条)

《中国公民往来台湾地区管理办法》第35条规定的非法获取旅行证件的违法行为名称及法律适用规范按照本意见第409条的规定执行。

449. 协助骗取旅行证件(《中华人民共和国公民出境入境管理法实施细则》第25条及《中国公民往来台湾地区管理办法》第36条)

450. 台湾居民未按规定办理暂住登记(第18条、第19条和第37条)

按照《公安部关于简化办理台湾居民在大陆暂住手续的通知》(公通字〔1992〕76号)规定,对申请办理在大陆暂住手续的台湾居民,实行在其持有的入出大陆旅行证件上加注暂住手续的办法,不再单独制发暂住证。

451. 台湾居民非法居留(第21条和第38条)

（四十六）《中国公民因私事往来香港地区或者澳门地区的暂行管理办法》（行政法规 1986年12月25日起施行）

452. 持用无效往来港澳证件出境、入境（第26条）
453. 冒用他人往来港澳证件出境、入境（第26条）
454. 伪造、涂改、转让往来港澳证件（第27条）
455. 非法获取往来港澳证件（第28条）

（四十七）《中国公民出国旅游管理办法》（行政法规 2002年7月1日起施行）

456. 因滞留不归被遣返回国（第22条和第32条第2款）

（四十八）《国际航班载运人员信息预报实施办法》（规章 2008年5月1日起施行）

457. 未准确预报国际航班载运人员信息（第7条第1款和第2款）
458. 延迟预报国际航班载运人员信息（第7条第1款和第3款）

对航空公司的单个航班同时具有"未准确预报国际航班载运人员信息"和"延迟预报国际航班载运人员信息"的，根据《国际航班载运人员信息预报实施办法》第7条第4款的规定，分别决定，合并执行，合并执行总额不超过3万元。

根据《国际航班载运人员信息预报实施办法》第7条第1款的规定，对航空公司有证据证明因基础设施不具备或者网络故障等客观原因未能按规定预报信息的，可以不予处罚；有证据证明已采取必要措施确保预报信息准确性的，可以从轻或者减轻处罚，初次违反预报信息规定或者情节特别轻微的，可以不予处罚，但应当责令其改正。

（四十九）《中华人民共和国边境管理区通行证管理办法》（规章 1999年9月4日起施行）

459. 持用伪造、涂改、过期、失效的边境管理区通行证（第24条）
460. 冒用他人边境管理区通行证（第24条）
461. 伪造、涂改、盗窃、贩卖边境管理区通行证（第25条）

（五十）《因私出入境中介活动管理办法》（规章 2001年6月6日起施行）

462. 擅自开展因私出入境中介活动（第31条）
463. 跨区域开展因私出入境中介活动（第11条第1款和第32条）
464. 违规设立因私出入境中介分支机构（第11条第2款和第32条）
465. 承包、转包因私出入境中介活动（第12条和第32条）
466. 委托无资质单位、个人代理因私出入境中介活动（第12条和第32条）
467. 中介机构协助骗取出入境证件（第33条）

（五十一）《沿海船舶边防治安管理规定》（规章 2000年5月1日起施行）

468. 未携带有效证件出海（第26条第1项）
469. 未按规定办理出海证件变更、注销手续（第26条第2项）

470. 未按规定办理船舶进出港边防签证手续(第26条第3一项)
471. 擅自容留非出海人员作业、住宿(第26条第4项)
472. 未申领有效证件擅自出海(第27条第1项)
473. 涂改、伪造、冒用、转借出海证件(第27条第2项)
474. 拒不编刷船名、船号(第27条第3项)
475. 擅自拆换、遮盖、涂改船名、船号(第27条第3项)
476. 悬挂活动船牌号(第27条第3项)
477. 私自载运非出海人员出海(第27条第4项)
478. 擅自引航境外船舶进入未开放港口、锚地(第28条第2项)

《沿海船舶边防治安管理规定》第28条第1项规定的非法进入国家禁止或者限制进入的海域、岛屿的违法行为名称及法律适用规范按照本意见第98条的规定执行。

479. 擅自搭靠境外船舶(第28条第3项)
480. 被迫搭靠境外船舶不及时报告(第28条第3项)
481. 擅自在非指定港口停泊、上下人员、装卸货物(第28条第4项)
482. 携带、隐匿、留用、擅自处理违禁物品(第29条第1项)
483. 非法拦截、强行靠登、冲撞他人船舶(第29条第2项)

《沿海船舶边防治安管理规定》第29条第2项规定的偷开他人船舶的违法行为名称及法律适用规范按照本意见第127条的规定执行。

484. 非法扣押他人船舶、船上物品(第29条第3项)
485. "三无"船舶擅自出海作业(第30条)

(五十二)《台湾渔船停泊点边防治安管理办法》(规章 2002年3月1日起施行)

486. 骗领对台劳务人员登轮作业证(第21条第1项)
487. 涂改、转让对台劳务人员登轮作业证(第21条第2项)
488. 未在指定停泊点登、离台湾渔船(第21条第3项)
489. 大陆劳务人员携带违禁物品、国家机密资料(第21条第4项)
490. 擅自启用电台(第22条第1项)
491. 台湾渔船播放非法广播(第22条第2项)
492. 台湾渔船悬挂、显示非法标志(第22条第3项)
493. 台湾渔船从事有损两岸关系其他活动(第22条第4项)
494. 擅自引带大陆居民登船(第23条第1项)
495. 台湾居民擅自上岸(第23条第2项)
496. 涂改、转让台湾居民登陆证件(第23条第3项)
497. 登陆人员未按规定返回、活动(第23条第4项)

498. 传播、散发非法物品(第23条第5项)
499. 台湾居民携带违禁物品上岸(第23条第5项)
500. 体罚、殴打台湾渔船大陆劳务人员(第23条第6项)
501. 扰乱台湾渔船停泊点管理秩序(第23条第7项)
502. 未按规定办理台湾渔船进出港手续(第24条第1项)
503. 台湾渔船擅自搭靠其他船舶(第24条第2项)
504. 擅自雇用大陆居民登船作业(第24条第3项)
505. 擅自将大陆劳务人员带至境外登陆(第24条第4项)
506. 台湾渔船未经检查擅自离港(第24条第5项)
507. 台湾渔船无故滞留(第24条第6项)
508. 台湾渔船未在指定地点停泊(第25条)

三、消防管理

(五十三)《中华人民共和国消防法》(法律 2009年5月1日起施行)

509. 未经消防设计审核擅自施工(第58条第1款第1项)
510. 消防设计审核不合格擅自施工(第58条第1款第1项)
511. 消防设计抽查不合格不停止施工(第58条第1款第2项)
512. 未经消防验收擅自投入使用(第58条第1款第3项)

根据《建设工程消防监督管理规定》第44条的规定,对依法应当经公安机关消防机构进行消防设计审核的建设工程未经消防设计审核和消防验收,擅自投入使用的,违法行为名称表述为"未经消防设计审核擅自投入使用"和"未经消防验收擅自投入使用",法律依据适用《中华人民共和国消防法》第58条第1款第1项和第3项,分别处罚,合并执行。

513. 消防验收不合格擅自投入使用(第58条第1款第3项)
514. 投入使用后抽查不合格不停止使用(第58条第1款第4项)
515. 未经消防安全检查擅自投入使用、营业(第58条第1款第5项)
516. 消防安全检查不合格擅自投入使用、营业(第58条第1款第5项)
517. 未进行消防设计备案(第58条第2款)
518. 未进行竣工消防备案(第58条第2款)
519. 违法要求降低消防技术标准设计、施工(第59条第1项)
520. 不按照消防技术标准强制性要求进行消防设计(第59条第2项)
521. 违法施工降低消防施工质量(第59条第3项)
522. 违法监理降低消防施工质量(第59条第4项)
523. 消防设施、器材、消防安全标志配置、设置不符合标准(第60条第1款第1项)

524. 消防设施、器材、消防安全标志未保持完好有效(第60条第1款第1项)
525. 损坏、挪用消防设施、器材(第60条第1款第2项)
526. 擅自停用、拆除消防设施、器材(第60条第1款第2项)
527. 占用、堵塞、封闭疏散通道、安全出口(第60条第1款第3项)
528. 其他妨碍安全疏散行为(第60条第1款第3项)
529. 埋压、圈占、遮挡消火栓(第60条第1款第4项)
530. 占用防火间距(第60条第1款第4项)
531. 占用、堵塞、封闭消防车通道(第60条第1款第5项)
532. 门窗设置影响逃生、灭火救援的障碍物(第60条第1款第6项)
533. 不及时消除火灾隐患(第60条第1款第7项)
534. 易燃易爆危险品场所与居住场所设置在同一建筑物内(第61条第1款)
535. 易燃易爆危险品场所未与居住场所保持安全距离(第61条第1款)
536. 其他场所与居住场所设置在同一建筑物内不符合消防技术标准(第61条第2款)

《中华人民共和国消防法》第62条第1项规定的违反有关消防技术标准和管理规定生产、储存、运输、销售、使用、销毁易燃易爆危险品,以及第62条第2项规定的非法携带易燃易爆危险品进入公共场所或者乘坐公共交通工具的违法行为名称及法律适用规范按照本意见第33条的规定执行。

《中华人民共和国消防法》第62条第3项规定的谎报火警的违法行为名称及法律适用规范按照本意见第20条的规定执行。

《中华人民共和国消防法》第62条第4项规定的阻碍消防车、消防艇执行任务的违法行为名称及法律适用规范按照本意见第89条的规定执行。

《中华人民共和国消防法》第62条第5项规定的阻碍公安机关消防机构的工作人员依法执行职务的违法行为名称及法律适用规范按照本意见第88条的规定执行。

537. 违规进入生产、储存易燃易爆危险品场所(第63条第1项)
538. 违规使用明火作业(第63条第2项)
539. 在具有火灾、爆炸危险的场所吸烟、使用明火(第63条第2项)
540. 指使、强令他人冒险作业(第64条第1项)
541. 过失引起火灾(第64条第2项)
542. 阻拦、不及时报告火警(第64条第3项)
543. 扰乱火灾现场秩序(第64条第4项)
544. 拒不执行火灾现场指挥员指挥(第64条第4项)
545. 故意破坏、伪造火灾现场(第64条第5项)

546. 擅自拆封、使用被查封场所、部位（第64条第6项）

547. 人员密集场所使用不合格、国家明令淘汰的消防产品逾期未改（第65条第2款）

548. 电器产品的安装、使用不符合规定（第66条）

549. 燃气用具的安装、使用不符合规定（第66条）

550. 电器线路的设计、敷设、维护保养、检测不符合规定（第66条）

551. 燃气管路的设计、敷设、维护保养、检测不符合规定（第66条）

552. 不履行消防安全职责逾期未改（第67条）

553. 不履行组织、引导在场人员疏散义务（第68条）

554. 消防技术服务机构出具虚假、失实文件（第69条第1款、第2款）

四、计算机和网络安全

（五十四）《中华人民共和国计算机信息系统安全保护条例》（行政法规 1994年2月18日起施行）

555. 违反计算机信息系统安全等级保护制度（第20条第1项）

556. 违反计算机信息系统国际联网备案制度（第20条第2项）

557. 计算机信息系统发生案件不报（第20条第3项）

558. 拒不改进计算机信息系统安全状况（第20条第4项）

559. 故意输入计算机病毒、有害数据（《中华人民共和国计算机信息系统安全保护条例》第23条、《计算机病毒防治管理办法》第6条第1项和第16条第3款、《计算机信息系统安全专用产品检测和销售许可证管理办法》第22条）

560. 未经许可出售计算机信息系统安全专用产品（《中华人民共和国计算机信息系统安全保护条例》第23条和《计算机信息系统安全专用产品检测和销售许可证管理办法》第20条）

（五十五）《中华人民共和国计算机信息网络国际联网管理暂行规定》（行政法规 1996年2月1日起施行，根据1997年5月20日国务院令第218号修正）、《中华人民共和国计算机信息网络国际联网管理暂行规定实施办法》（行政法规 1998年3月6日起施行）

561. 擅自建立、使用非法定信道进行国际联网（《中华人民共和国计算机信息网络国际联网管理暂行规定》第6条和第14条、《中华人民共和国计算机信息网络国际联网管理暂行规定实施办法》第7条和第22条第1款）

562. 接入网络未通过互联网络接入国际联网（《中华人民共和国计算机信息网络国际联网管理暂行规定》第8条和第14条）

563. 未经许可从事国际联网经营业务（《中华人民共和国计算机信息网络国际联网管理暂行规定》第8条和第14条以及《中华人民共和国计算机信息网络国

际联网管理暂行规定实施办法》第 11 条和第 22 条第 2 款)

564. 未经批准擅自进行国际联网(《中华人民共和国计算机信息网络国际联网管理暂行规定》第 8 条和第 14 条)

565. 未通过接入网络进行国际联网(《中华人民共和国计算机信息网络国际联网管理暂行规定》第 10 条和第 14 条,《中华人民共和国计算机信息网络国际联网管理暂行规定实施办法》第 12 条和第 22 条第 3 款)

566. 未经接入单位同意接入接入网络(《中华人民共和国计算机信息网络国际联网管理暂行规定》第 10 条和第 14 条)

567. 未办理登记手续接入接入网络(《中华人民共和国计算机信息网络国际联网管理暂行规定》第 10 条和第 14 条)

568. 违规经营国际互联网络业务(《中华人民共和国计算机信息网络国际联网管理暂行规定实施办法》第 21 条第 1 款和第 22 条第 5 款)

(五十六)《互联网上网服务营业场所管理条例》(行政法规　2002 年 11 月 15 日起施行)

569. 利用上网服务营业场所制作、下载、复制、查阅、发布、传播、使用违法信息(第 29 条)

《互联网上网服务营业场所管理条例》第 29 条第 2 款规定,上网消费者有第 29 条第 1 款行为,尚不够刑事处罚的,由公安机关依照治安管理处罚法的规定给予处罚。对上网消费者利用上网服务营业场所制作、下载、复制、查阅、发布、传播、使用违法信息,尚不够刑事处罚的,依照《中华人民共和国治安管理处罚法》中界定的相关违法行为名称表述,法律依据适用《中华人民共和国治安管理处罚法》的相关条款。

570. 向上网消费者提供直接接入互联网的计算机(第 31 条第 1 项)

571. 未建立互联网上网服务营业场所巡查制度(第 31 条第 2 项)

572. 不制止、不举报上网消费者违法行为(第 31 条第 2 项)

573. 未按规定核对、登记上网消费者有效身份证件(第 31 条第 3 项)

574. 未按规定记录上网信息(第 31 条第 3 项)

575. 未按规定保存上网消费者登记内容、记录备份(第 31 条第 4 项)

576. 擅自修改、删除上网消费者登记内容、记录备份(第 31 条第 4 项)

577. 上网服务经营单位未依法办理变更登记注册事项、终止经营手续、备案(第 31 条第 5 项)

578. 上网服务营业场所内利用明火照明(第 32 条第 1 项)

579. 上网服务营业场所内不制止吸烟行为(第 32 条第 1 项)

580. 上网服务营业场所未悬挂禁烟标志(第 32 条第 1 项)

581. 上网服务营业场所允许带入、存放易燃易爆物品(第 32 条第 2 项)

582. 上网服务营业场所安装固定封闭门窗栅栏(第32条第3项)

583. 上网服务营业场所营业期间封堵、锁闭门窗、安全疏散通道、安全出口(第32条第4项)

584. 上网服务营业场所擅自停止实施安全技术措施(第32条第5项)

(五十七)《计算机信息网络国际联网安全保护管理办法》(行政法规 1997年12月30日起施行)

585. 利用国际联网制作、复制、查阅、传播违法信息(第5和第20条)

586. 擅自进入计算机信息网络(第6条第1项和第20条)

587. 擅自使用计算机信息网络资源(第6条第1项和第20条)

588. 擅自改变计算机信息网络功能(第6条第2项和第20条)

589. 擅自改变计算机信息网络数据、应用程序(第6条第3项和第20条)

590. 故意制作、传播计算机破坏性程序(第6条第4项和第20条)

根据《计算机信息网络国际联网安全保护管理办法》第20条的规定,对实施本意见第586条至590条的行为,构成违反治安管理行为的,违法行为名称及法律适用规范按照本意见第29条至第32条的规定执行。

591. 未建立国际联网安全保护管理制度(第21条第1项)

592. 未采取国际联网安全技术保护措施(《计算机信息网络国际联网安全保护管理办法》第21条第2项和《互联网安全保护技术措施规定》第15条)

593. 未对网络用户进行安全教育、培训(第21条第3项)

594. 未按规定提供安全保护管理相关信息、资料、数据文件(第21条第4项)

595. 未依法审核网络发布信息内容(第21条第5项)

596. 未依法登记网络信息委托发布单位和个人信息(第21条第5项)

597. 未建立电子公告系统的用户登记、信息管理制度(第21条第6项)

598. 未按规定删除网络地址、目录(第21条第7项)

599. 未按规定关闭网络服务器(第21条第7项)

600. 未建立公用账号使用登记制度(第21条第8项)

601. 违法转借、转让用户账号(第21条第9项)

602. 不履行国际联网备案职责(第11条、第12条和第23条)

(五十八)《计算机病毒防治管理办法》(规章 2000年4月26日起施行)

603. 制作、传播计算机病毒(《计算机病毒防治管理办法》第5条、第6条第2、3、4项和第16条第1、2款)

制作、传播计算机病毒,尚未影响计算机信息系统正常运行,即尚未构成违反治安管理行为的,违法行为名称表述为"制作、传播计算机病毒",法律依据适用《计算机病毒防治管理办法》第5条、第6条第2、3、4项和第16条第1、2款。制作、传播计算机病毒,构成违反治安管理行为的,违法行为名称表述为"故意制作、传播计算机破坏性程序",法律依据适用《中华人民共和国治安管理处罚法》第29条第4项。单位"故意制作、传播计算机破坏性程序",对单位处罚的法律依据适用《计算机病毒防治管理办法》第5条、第6条第2、3、4项和第16条第2款,对其直接负责的主管人员和其他直接责任人员处罚的法律依据适用《中华人民共和国治安管理处罚法》第18条和第29条第4项。

604．发布虚假计算机病毒疫情(第7条和第17条)

605．未按规定提交计算机病毒样本(第8条和第17条)

606．未按规定上报计算机病毒分析结果(第9条和第18条)

607．未建立计算机病毒防治管理制度(第19条第1项)

608．未采取计算机病毒安全技术防治措施(第19条第2项)

609．未进行计算机病毒防治教育、培训(第19条第3项)

610．未及时检测、清除计算机病毒(第19条第4项)

611．未按规定使用具有销售许可证的计算机病毒防治产品(第19条第5项)

612．未按规定检测、清除计算机病毒(第14条和第20条)

613．未依法保存计算机病毒检测、清除记录(第14条和第20条)

五、交通管理

(五十九)《中华人民共和国道路交通安全法》(法律　2004年5月1日起施行,根据2007年12月29日《全国人民代表大会常务委员会关于修改〈中华人民共和国道路交通安全法〉的决定》修正)

614．行人、乘车人、非机动车驾驶人违反道路通行规定(相关条款和第89条)

本意见第614条所称违法行为名称包括《关于印发〈道路交通违法信息系统升级改造方案〉的通知》(公交管〔2009〕43号)之附件2《道路交通违法管理信息代码》中代码为1013至1016、1018至1077、1081至1082、1102至1240、1301至1334、1340、1611至1619、2004至2055、3001至3030、4001至4011、4201至4203、4301至4310、4601至4605、5030、5035至5038行为。

"相关条款"是指设定行为规范的条款。

615．机动车驾驶人违反道路通行规定(相关条款和第90条)

驾驶临时入境的机动车超出行驶区域或者路线的,违法行为名称表述为"机动车驾驶入违反道路通行规定",法律依据适用《中华人民共和国道路交通安全法》第90条和《临时入境机动车和驾驶人管理规定》(公安部令第90号)第19条第3项。

"相关条款"是指设定行为规范的条款。

616. 饮酒后驾驶机动车(第91条第1款)
617. 醉酒后驾驶机动车(第91条第1、3款)
618. 饮酒后驾驶营运机动车(第91条第2款)
619. 醉酒后驾驶营运机动车(第91条第2、3款)
620. 公路客运车辆超员载客(第92条第1、3款)
621. 公路客运车辆违规载货(第92条第1、3款)
622. 货运机动车超载(第92条第2、3款)
623. 货运机动车违规载客(第92条第2、3款)
624. 违规停放机动车(第93条)
625. 出具虚假机动车安全技术检验结果(第94条第2款)
626. 未悬挂机动车号牌(第95条第1款和第90条)

驾驶未取得临时入境机动车号牌的机动车的,或者驾驶临时入境机动车号牌超过有效期的机动车的,违法行为名称表述为"未悬挂机动车号牌",法律依据适用《中华人民共和国道路交通安全法》第95条第1款和第90条及《临时入境机动车和驾驶人管理规定》第19条第2项。

627. 未放置机动车检验合格标志、保险标志(《中华人民共和国道路交通安全法》第95条第1款和第90条,《机动车交通事故责任强制保险条例》第40条第1款)

《中华人民共和国道路交通安全法》第95条第1款和第90条、《机动车交通事故责任强制保险条例》第40条第1款对"未放置机动车保险标志"设定了相同的法律责任,法律依据可以适用《中华人民共和国道路交通安全法》第95条第1款和第90条,也可以适用《机动车交通事故责任强制保险条例》第40条第1款。

628. 未随车携带行驶证、驾驶证(第95条第1款和第90条)

驾驶未取得临时入境机动车行驶证的机动车的,或者驾驶临时入境机动车行驶证超过有效期的机动车的,违法行为名称表述为"未随车携带行驶证",法律依据适用《中华人民共和国道路交通安全法》第95条第1款和第90条及《临时入境机动车和驾驶人管理规定》第19条第2项。

629. 故意遮挡、污损机动车号牌(第95条第2款和第90条)
630. 未按规定安装机动车号牌(第95条第2款和第90条)
631. 伪造、变造、使用伪造、变造的机动车登记证书、号牌、行驶证、检验合格标志、保险标志、驾驶证(《中华人民共和国道路交通安全法》第96条第1款,《机动车交通事故责任强制保险条例》第41条第1款)

《中华人民共和国道路交通安全法》第96条第1款和《机动车交通事故责任强制保险条例》第41条第1款对"伪造、变造、使用伪造、变造的机动车保险标志"

的法律责任作了相同规定法律依据可以适用《中华人民共和国道路交通安全法》第96条第1款,也可以适用《机动车交通事故责任强制保险条例》第41条第1款。

632. 使用其他车辆的机动车登记证书、号牌、行驶证、检验合格标志、保险标志(《中华人民共和国道路交通安全法》第96条第1款,《机动车交通事故责任强制保险条例》第41条第1款)

《中华人民共和国道路交通安全法》第96条第1款和《机动车交通事故责任强制保险条例》第41条第1款对"使用其他车辆的机动车保险标志"的法律责任作了相同规定,法律依据可以适用《中华人民共和国道路交通安全法》第96条第1款,也可以适用《机动车交通事故责任强制保险条例》第41条第1款。

633. 非法安装警报器、标志灯具(第97条)

634. 未投保机动车交通事故责任强制保险(《中华人民共和国道路交通安全法》第98条第1款,《机动车交通事故责任强制保险条例》第39条第1款)

《中华人民共和国道路交通安全法》第98条第1款和《机动车交通事故责任强制保险条例》第39条第1款对"未投保机动车交通事故责任强制保险"的法律责任作了相同的规定,法律依据可以适用《中华人民共和国道路交通安全法》第98条第1款,也可以适用《机动车交通事故责任强制保险条例》第39条第1款。

635. 无有效机动车驾驶证驾驶机动车(第99条第1款第1项、第2款)对未取得临时机动车驾驶许可驾驶机动车,或者临时机动车驾驶许可超过有效期驾驶机动车的,违法行为名称表述为"无有效机动车驾驶证驾驶机动车",法律依据适用《中华人民共和国道路交通安全法》第99条第1款第1项、第2款和《临时入境机动车和驾驶人管理规定》第19条第1项。对未取得机动车驾驶证驾驶机动车、机动车驾驶证被吊销期间驾驶机动车、机动车驾驶证被暂扣期间驾驶机动车、驾驶机动车与准驾车型不符、机动车驾驶证被公告停止使用期间驾驶机动车的,违法行为名称表述为"无有效机动车驾驶证驾驶机动车",法律依据适用《中华人民共和国道路交通安全法》第99条第1款第1项、第2款。

636. 将机动车交由无有效机动车驾驶证人员驾驶(第99条第1款第2项、第2款)

将机动车交由未取得机动车驾驶证或者机动车驾驶证被吊销、暂扣的人驾驶的,违法行为名称表述为"将机动车交由无有效机动车驾驶证人员驾驶",法律依据适用《中华人民共和国道路交通安全法》第99条第1款第2项、第2款。

637. 交通肇事逃逸(第99条第1款第3项、第2款、第101条第2款)

638. 机动车行驶超速50%以上(第99条第1款第4项、第2款)

639. 强迫机动车驾驶人违规驾驶机动车造成交通事故(第99条第1款第5项、第2款)

640. 违反交通管制强行通行(第99条第1款第6项、第2款)

641. 故意损毁、移动、涂改交通设施(第99条第1款第7项、第2款)

642. 非法拦截、扣留机动车(第99条第1款第8项、第2款)

对非法拦截或者强登、扒乘机动车,影响交通工具正常行驶的,违法行为名称表述为"妨碍交通工具正常行驶",法律依据适用《中华人民共和国治安管理处罚法》第23条第1款第4项。

643. 驾驶拼装机动车(第100条第1、2款)

对驾驶拼装机动车上路行驶的,法律依据适用《中华人民共和国道路交通安全法》第100条第1款和第2款,不适用《报废汽车回收管理办法》第26条。

644. 驾驶报废机动车(《中华人民共和国道路交通安全法》第100条第1、2款,《报废汽车回收管理办法》第15条第3款和第26条)

对驾驶报废机动车上道路行驶的,对驾驶人适用《中华人民共和国道路交通安全法》第100条第1款和第2款。对报废汽车的拥有单位或者个人,法律依据适用《报废汽车回收管理办法》第15条第3款和第26条。对报废汽车驾驶人和报废汽车的所有人同一时,法律依据适用《中华人民共和国道路交通安全法》第100条第1款和第2款。

645. 出售报废机动车(第100条第1款和第3款)

646. 种植物、设置设施物妨碍交通安全(第106条)

(六十)《中华人民共和国道路交通安全法实施条例》(行政法规 2004年5月1日起施行)

647. 以不正当手段取得机动车登记、驾驶许可(第103条)

(六十一)《机动车号牌生产管理办法》(规章 1993年5月13日起施行)

648. 生产不合格机动车号牌(第14条第1款第1、2项,第15条第2项)

649. 向无证企业转让机动车号牌生产计划(第14条第1款第3项)

650. 未经许可生产机动车号牌(第15条第1项)

(六十二)《机动车登记规定》(规章 2008年10月1日起施行)

651. 未按规定喷涂机动车牌号(第47条第1项)

652. 机动车牌号喷涂不清晰(第47条第1项)

653. 机动车喷涂、粘贴影响安全驾驶的标识、车身广告(第47条第2项)

654. 未按规定安装防护装置、粘贴反光标识(第47条第3项)

655. 机动车未按期进行安全技术检验(第47条第4项)

656. 未按规定办理机动车变更登记手续(第47条第5项)

657. 未按规定办理机动车转移登记手续(第47条第6项)

658. 未按规定办理机动车转入手续(第47条第7项)

659. 擅自改变机动车外形、技术数据(第48条)

660. 以不正当手段办理补、换领机动车登记证书、号牌、行驶证、检验合格标志业务(第49条第2款)

(六十三)《机动车驾驶证申领和使用规定》(规章 2004年5月1日起施行,2006年12月20日公安部令第91号修订发布,根据2009年12月7日《公安部关于修改〈机动车驾驶证申领和使用规定〉的决定》修正)

661. 使用报失的机动车驾驶证(第41条第3款和第5款)

662. 非法补领机动车驾驶证(第41条第4款和第5款)

六、禁毒

(六十四)《中华人民共和国禁毒法》(法律 2008年6月1日起施行)

663. 容留吸毒(第61条)

664. 介绍买卖毒品(第61条)

(六十五)《易制毒化学品管理条例》(行政法规 2005年11月1日起施行)

665. 未经许可、备案购买、运输易制毒化学品(《易制毒化学品管理条例》第38条第1款,《易制毒化学品购销和运输管理办法》第30条第1项、第32条第1项、第34条第2款)

《易制毒化学品管理条例》第38条第1款和《易制毒化学品购销和运输管理办法》第30条第1项、第32条第1项,对"未经许可、备案购买易制毒化学品"、"未经许可、备案运输易制毒化学品"的法律责任均作了相同规定,法律依据适用《易制毒化学品管理条例》第38条第1款。

对使用以伪造的申请材料骗取的易制毒化学品购买、运输许可证、备案证明购买、运输易制毒化学品的,违法行为名称表述为"未经许可、备案购买、运输易制毒化学品",法律依据适用《易制毒化学品管理条例》第38条第1款及《易制毒化学品购销和运输管理办法》第30条第1项、第32条第1项和第34条第2款。

666. 骗取易制毒化学品购买、运输许可证、备案证明(《易制毒化学品管理条例》第38条第1款和《易制毒化学品购销和运输管理办法》第34条第1款)

对伪造申请材料骗取易制毒化学品购买、运输许可证或者备案证明的,法律依据适用《易制毒化学品管理条例》第38条第1款和《易制毒化学品购销和运输管理办法》第34条第1款,并按照《易制毒化学品购销和运输管理办法》第34条第1款予以处理。

667. 使用他人的许可证、备案证明购买、运输易制毒化学品(第38条第1款)

668. 使用伪造、变造、失效的许可证、备案证明购买、运输易制毒化学品(第38条第1款)

669. 易制毒化学品购买、运输单位未按规定建立安全管理制度(第40条第1

670. 转借易制毒化学品购买、运输许可证、备案证明（《易制毒化学品管理条例》第 40 条第 1 款第 2 项，《易制毒化学品购销和运输管理办法》第 36 条第 1 项）

《易制毒化学品管理条例》第 40 条第 1 款第 2 项和《易制毒化学品购销和运输管理办法》第 36 条第 1 项对"转借易制毒化学品购买、运输许可证、备案证明"的法律责任作了相同规定，《易制毒化学品购销和运输管理办法》第 36 条第 1 项对违法行为的界定更为明确，法律依据可以适用《易制毒化学品管理条例》第 40 条第 1 款第 2 项，也可以适用《易制毒化学品购销和运输管理办法》第 36 条第 1 项。

671. 超出购买许可、备案范围购买易制毒化学品（《易制毒化学品管理条例》第 40 条第 1 款第 3 项，《易制毒化学品购销和运输管理办法》第 36 条第 2 项）

法律依据适用原则同本意见第 670 条。

672. 未按规定记录、保存、备案易制毒化学品交易情况（《易制毒化学品管理条例》第 40 条第 1 款第 4 项，《易制毒化学品购销和运输管理办法》第 36 条第 3 项）

法律依据适用原则同本意见第 670 条。

673. 易制毒化学品丢失、被盗、被抢不报（《易制毒化学品管理条例》第 40 条第 1 款第 5 项，《易制毒化学品购销和运输管理办法》第 36 条第 4 项）

法律依据适用原则同本意见第 670 条。

674. 使用现金、实物交易易制毒化学品（《易制毒化学品管理条例》第 40 条第 1 款第 6 项，《易制毒化学品购销和运输管理办法》第 36 条第 5 项）

法律依据适用原则同本意见第 670 条。

675. 未按规定报告易制毒化学品年度经销、库存情况（《易制毒化学品管理条例》第 40 条第 1 款第 8 项，《易制毒化学品购销和运输管理办法》第 36 条第 6 项）

法律依据适用原则同本意见第 670 条。

676. 运输易制毒化学品货证不符（第 41 条第 1 款）

677. 运输易制毒化学品未携带许可证、备案证明（第 41 条第 1 款）

678. 违规携带易制毒化学品（第 41 条第 2 款）

679. 拒不接受易制毒化学品监督检查（《易制毒化学品管理条例》第 42 条，《易制毒化学品购销和运输管理办法》第 37 条）

《易制毒化学品管理条例》第 42 条和《易制毒化学品购销和运输管理办法》第 37 条对"拒不接受易制毒化学品监督检查"的法律责任作了相同规定，《易制毒化学品购销和运输管理办法》第 37 条对违法行为的界定更为明确，法律依据可以适用《易制毒化学品管理条例》第 42 条，也可以适用《易制毒化学品购销和运输管理办法》第 37 条。

（六十六）《易制毒化学品购销和运输管理办法》（规章　2006 年 10 月 1 日起施行）

680. 向无购买许可证、备案证明的单位、个人销售易制毒化学品（第 31 条第 1 项）

681. 超出购买许可、备案范围销售易制毒化学品（第 31 条第 2 项）

（六十七）《麻醉药品和精神药品管理条例》（行政法规　2005 年 11 月 1 日起施行）

682. 麻醉药品、精神药品流入非法渠道（第 82 条第 1 款）

七、其他适用规范

（一）本意见违法行为名称中列举多个行为的，可以根据违法行为人具体实施的行为，选择一种或者一种以上行为进行表述。例如，行为人实施了非法制造警用标志行为的，违法行为名称可表述为"非法制造警用标志"；行为人既实施了非法制造警用标志行为，又实施了贩卖警用标志行为的，则违法行为名称可表述为"非法制造、贩卖警用标志"。

（二）本意见违法行为名称中列举多个行为对象的，在具体表述时可以根据违法行为的具体对象，选择一种或者一种以上对象进行表述。例如，行为人实施了买卖公文行为的，违法行为名称可表述为"买卖公文"；行为人既实施了买卖公文行为，又实施了买卖证件行为的，则违法行为名称可表述为"买卖公文、证件"。

（三）本意见违法行为名称后括号中列举的为该行为的适用法律依据，其中适用"和"和"及"的，是指在制作相关法律文书时应当同时援引相关法律依据。例如，本意见第 158 条规定"出售、购买、运输假币（第 2 条第 1 款和第 21 条）"，对出售、购买、运输假币的，法律依据应当同时援引《全国人民代表大会常务委员会关于惩治破坏金融秩序犯罪的决定》第 2 条第 1 款和第 21 条。

（四）公安法律文书引用法律依据时，应当准确完整写明规范性法律文件的名称、条款序号，需要引用具体条文的，应当整条引用。需要并列引用多个规范性法律文件的，引用顺序如下：法律和法律解释、行政法规、地方性法规、自治条例或者单行条例、司法解释。同时引用两部以上法律的，应当先引用基本法律，后引用其他法律。引用包括实体法和程序法的，先引用实体法，后引用程序法。

（五）对同一违法行为，上位法和下位法均有规定，且下位法与上位法的行为表述和处罚都一致的，引用法律依据时，应当引用上位法，可不同时引用下位法。如果下位法行为表述或者处罚幅度是对上位法的进一步细化的，引用法律依据时，应当同时引用上位法和下位法。例如，《剧毒化学品购买和公路运输许可证件管理办法》第 23 条第 2 款是对《危险化学品安全管理条例》第 61 条第 9 项界定的违法行为的进一步细化,对这一行为作出处罚决定时,法律依据可同时引用《危险化学品安全管理条例》第 61 条第 9 项和《剧毒化学品购买和公路运输许可证件管理办法》第 23 条第 2 款。再如,《剧毒化学品购买和公路运输许可证件管理办法》第 22 条的行为表述与《危险化学品安全管理条例》第 64 条的规定一致,且规定"依照《危险化学品安全管理条例》第六十四条的规定予以处罚",对这一行为予以处罚时,法律依据只需引用《危险化学品安全管理条例》第 64 条。

(六)法律责任部分对违法行为的行为规范未作表述,仅表明违反本法(条例、办法等)规定的,对这一违法行为作出处罚决定时,法律依据应当同时援引设定行为规范的条款和设定法律责任的条款。

(七)公安部以前制定的规定,凡与本意见不一致的,以本意见为准。

参考文献

[1] 安建.中华人民共和国治安管理处罚法释义.北京:法律出版社,2009.

[2] 裴兆斌,吴华清.公安机关办理行政案件证据规范指南.北京:中国人民公安大学出版社,2009.

[3] 商小平.治安案件查处.北京:中国人民公安大学出版社,2006.

[4] 裴兆斌,刘大伟.治安调解与构建和谐社会法律机制国际比较研究.长春:吉林大学出版社,2010.

[5] 《中华人民共和国治安管理处罚法》实例解析本.北京:法律出版社,2009.

[6] 裴兆斌,李春华.公安机关治安管理执法规范指南.北京:中国人民公安大学出版社,2011.

[7] 裴兆斌,翟悦.农民与律师聊法律丛书.刑事治安200问.沈阳:东北大学出版社,2011.

[8] 裴兆斌,张弘.最新办理治安案件使用手册.北京:中国人民公安大学出版社,2007.

[9] 裴兆斌,孙雅丽.查处治安案件程序规范与文书制作.北京:中国人民公安大学出版社,2007.

[10] 裴兆斌,刘大伟,张晓鹏.网上办理治安案件实用指南.北京:中国人民公安大学出版社,2007.

[11] 刘乐国,裴兆斌.公安民警岗位练兵基本法律知识读本.北京:中国人民公安大学出版社,2007.

[12] 裴兆斌,肖汉强.治安部门管辖刑事案件侦查实务.北京:中国人民公安大学出版社,2008.

[13] 裴兆斌,刘大伟.打击制售假冒伪劣商品犯罪实用手册.北京:中国人民公安大学出版社,2008.

[14] 熊一新,裴兆斌.治安管理处罚与治安调解.北京:中国人民公安大学出版社,2009.

[15] 张弘,裴兆斌.治安管理处罚程序.沈阳:辽宁大学出版社,2007.

[16] 王丽瑛,裴兆斌.中外治安管理处罚证据制度比较研究.长春:吉林大学出版社,2010.

[17] 裴兆斌,杨文升.群体性事件的形成及处置机制调查研究.长春:吉林大学出版社,2009.

[18] 肖汉强,王芳,裴兆斌.治安管理处罚法与刑法衔接冲突及解决国际比较研究.长春:吉林大学出版社,2010.

后 记

决定撰写这本著作之后,我们及时组织编著人员深入基层公安机关和辽宁省海警总队和社区、渔村,搞了几次实地调研,在广泛征求基层执法人员和普通百姓多方面意见的基础上,我们了解到,把相关规定和实际案例直接放在法条的相应位置,既方便查找,又方便结合实际案例进行理解。于是,我们历经三个多月时间,终于修改完成了这本著作。希望本书能成为一本执法人员和百姓都喜欢的开放式的"百宝书"。但由于时间仓促,部分法条中,尚未将所有的相关规定都编入其中,一些案例收集得也不是非常全面。

在此,衷心感谢大连海洋大学、辽宁警官培训中心、辽宁省海警总队的领导和同志们,本书的编写,得到了他们的关心、关爱、提携和支持!感谢东南大学出版社孙松茜老师,正是孙松茜老师的极力帮助使本书得以在东南大学出版社高质量出版。孙松茜老师对我们的著作提出了诸多宝贵的意见和建议,从而使本书的内容更加丰富、完善。

大连海洋大学　裴兆斌

二〇一六年一月二十七日于大连